教育部高等学校旅游管理类专业教学指导委员会规划教材

旅游电子商务

LÜYOU DIANZI SHANGWU（第 2 版）

◎主　编　李云鹏　黄　超

◎副主编　涂婷婷　付　悦　胡慧君　李霄鹍

重庆大学出版社

内容提要

本书共8章，全书在对旅游电子商务基本模式、现状和趋势进行分析的基础上，阐述了基于移动终端的旅游电子商务发展现状和趋势。全书内容既涵盖了旅行社电子商务、住宿业电子商务、航空电子商务、旅游景区电子商务、旅游购物电子商务等传统要素的电子商务，又增加了“互联网+”等促进旅游购物与其他业态的深度融合的创新内容，以及其他电子商务的新热点、新案例，从多个维度为读者提供一个旅游电子商务的全景“视图”。

本书适合高等院校旅游管理、酒店管理、会展经济与管理、电子商务等专业教学需要，也可作为旅游行业管理和旅游企业经营管理实践的案头工具。

图书在版编目（CIP）数据

旅游电子商务 / 李云鹏，黄超主编．-- 2 版．
重庆：重庆大学出版社，2025. 5. --（教育部高等学校旅游管理类专业教学指导委员会规划教材）. -- ISBN 978-7-5689-5125-8

Ⅰ. F590.6-39

中国国家版本馆 CIP 数据核字第 202592LL32 号

教育部高等学校旅游管理类专业教学指导委员会规划教材

旅游电子商务（第2版）

主　编　李云鹏　黄　超

副主编　涂婷婷　付　悦　胡慧君　李霄鹍

策划编辑：尚东亮

责任编辑：李桂英　版式设计：尚东亮

责任校对：刘志刚　责任印制：张　策

*

重庆大学出版社出版发行

出版人：陈晓阳

社址：重庆市沙坪坝区大学城西路21号

邮编：401331

电话：（023）88617190　88617185（中小学）

传真：（023）88617186　88617166

网址：http：//www.cqup.com.cn

邮箱：fxk@cqup.com.cn（营销中心）

全国新华书店经销

重庆天旭印务有限责任公司印刷

*

开本：787mm×1092mm　1/16　印张：21.25　字数：462千

2019年1月第1版　2025年5月第2版　2025年5月第6次印刷

印数：16001—18000

ISBN 978-7-5689-5125-8　定价：49.00元

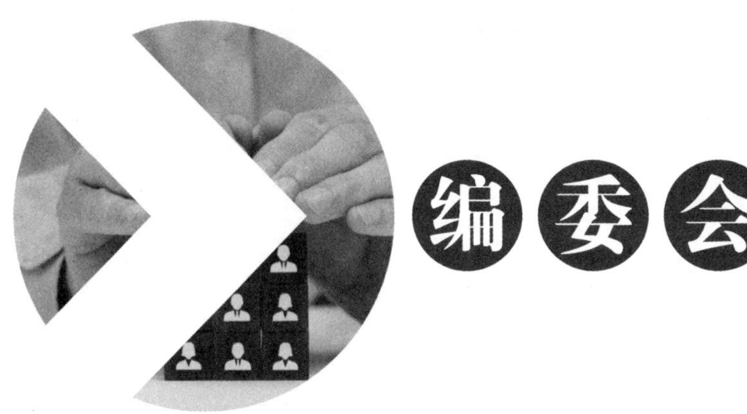

编委会

总序

一、出版背景

教材出版肩负着吸纳时代精神、传承知识体系、展望发展趋势的重任。本套旅游教材出版依托当今发展的时代背景。

一是落实立德树人这一根本任务，着力培养德智体美劳全面发展的中国特色社会主义事业合格建设者和可靠接班人。以习近平新时代中国特色社会主义思想为指导，以理想信念教育为核心，以社会主义核心价值观为引领，以全面提高学生综合能力为关键，努力提升教材思想性、科学性、时代性，让教材体现国家意志。

二是世界旅游产业发展强劲。旅游业已经发展成为全球经济中产业规模最大、发展势头最强劲的产业，其产业的关联带动作用受到全球众多国家或地区的高度重视，促使众多国家或地区将旅游业作为当地经济的支柱产业、先导产业、龙头产业，展示出充满活力的发展前景。

三是我国旅游教育日趋成熟。2012年，教育部将旅游管理类本科专业列为独立一级专业，下设旅游管理、酒店管理、会展经济与管理3个二级专业。来自文化和旅游部人事司的统计，截至2023年底，全国开设旅游管理类本科的院校有600余所。根据教育部关于公布普通高等学校本科专业备案和审批结果的通知进行汇总，2004年至今，开设旅游管理专业点215个，酒店管理专业点281个，会展经济与管理专业点147个，旅游管理与服务教育专业点51个。旅游管理类教育的蓬勃发展，对旅游教材提出了新要求。

四是创新创业成为时代的主旋律。创新创业成为当今社会经济发展的新动力，以思想观念更新、制度体制优化、技术方法创新、管理模式变革、资源重组整合、内外兼收并蓄等为特征的时代发展，需要旅游教材不断体现社会经济发展的轨迹，不断吸纳时代进步的智慧精华。

二、知识体系

本套旅游教材作为教育部高等学校旅游管理类专业教学指导委员会（以下简称“教指委”）的规划教材，体现并反映了本届“教指委”的责任和使命。

一是反映旅游管理知识体系渐趋独立的趋势。经过30多年的发展积累，旅游管理学科

在依托地理学、经济学、管理学、历史学、文化学等学科发展基础上，其知识的宽度与厚度在不断增加，旅游管理知识逐渐摆脱早期依附其他学科而不断显示其知识体系成长的独立性。

二是构筑旅游管理核心知识体系。旅游活动无论作为空间上的运行体系，还是经济上的产业体系，抑或是社会生活的组成部分，其本质都是旅游者、旅游目的地、旅游接待业三者的交互活动，旅游知识体系应该而且必须反映这种活动的性质与特征，这是建立旅游知识体系的根基。

三是构建旅游管理类专业核心课程。作为高等院校的一个专业类别，旅游管理类专业需要有自身的核心课程，以旅游学概论、旅游目的地管理、旅游消费者行为、旅游接待业作为旅游管理大类专业核心课程，旅游管理、酒店管理、会展经济与管理3个专业再确立3门核心课程，由此构成旅游管理类“4+3”的核心课程体系。确定专业核心课程，既是其他管理类专业成功且可行的做法，也是旅游管理类专业走向成熟的标志。

三、教材特点

本套教材由“教指委”组织策划和编写出版，自2015年启动至今历时9年，汇聚了全国一批知名旅游院校的专家教授。本套教材体现出以下特点：

一是准确反映国家教学质量标准的要求。《旅游管理类教学质量国家标准》既是旅游管理类本科专业的设置标准，也是旅游管理类本科专业的建设标准，还是旅游管理类本科专业的评估标准。其重点内容是确立了旅游管理类专业“4+3”核心课程体系。“4”即旅游学概论、旅游目的地管理、旅游消费者行为、旅游接待业；“3”即旅游管理专业（旅游经济学、旅游规划与开发、旅游法）、酒店管理专业（酒店管理概论、酒店运营管理、酒店客户管理）、会展经济与管理专业（会展概论、会展策划与管理、会展营销）的核心课程。

二是汇聚全国知名旅游院校的专家教授。本套教材作者由“教指委”近20名委员牵头，全国旅游教育界知名专家和教授，以及旅游业界专业人士合力编写。作者队伍专业背景深厚，教学经验丰富，研究成果丰硕，教材编写质量可靠，通过邀请优秀知名专家和教授担纲编写，以保证教材的水平和质量。

三是“互联网+”的技术支撑。本套教材依托“互联网+”，采用线上线下两个层面，在内容中广泛应用二维码技术关联扩展教学资源，如导入知识拓展、听力音频、视频、案例等内容，以弥补教材固化的缺陷。同时，也启动了将各门课程搬到数字资源教学平台的工作，实现网上备课与教学、在线即测即评，以及配套老师上课所需的教学计划书、教学PPT、案例、试题、实训实践题，以及教学串讲视频等，以增强教材的生动性和立体性。

本套教材在组织策划和编写出版过程中，得到了“教指委”各位委员、业内专家、业界精英以及重庆大学出版社的广泛支持与积极参与，在此一并表示衷心的感谢!希望本套教材能够满足旅游管理教育发展新形势下的新要求，为中国旅游教育及教材建设开拓创新贡献力量。

教育部高等学校旅游管理类专业教学指导委员会

2024年1月

第2版前言

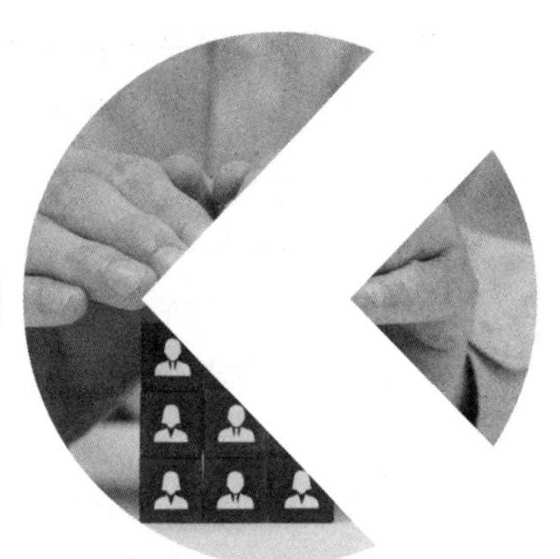

自2019年《旅游电子商务》第1版出版以来，本书受到了高校师生和行业从业者的广泛关注与认可。截至目前，本书已被全国30多所院校选用。在此期间，我们收到了许多宝贵的建议和反馈。随着时代的快速发展和科技的日新月异，旅游电子商务领域涌现出诸多新变化：从在线旅游平台（OTA）的生态化布局，到短视频与直播带货对旅游营销模式的革新；从"元宇宙+旅游"的探索，到人工智能在个性化服务中的深度应用。这些新趋势促使我们对《旅游电子商务》第1版进行全面修订，以更准确地反映行业的最新动态、技术的创新实践的前沿成果。

本书延续了第1版的编写特色，坚持理论与实践并重、学术与产业融合的原则。相较于第1版，本书的亮点主要体现在以下三个方面：

第一，案例更加前沿：本书仅保留了第1版中的部分经典案例并进行了更新，剔除了已停业的企业案例，新增了大量反映行业最新发展的案例，同时提高了案例在全书的占比，以增强实用性和参考价值。

第二，内容更加丰富：本书新增了旅游电子商务商业模式、共享住宿业电子商务、乡村旅游电子商务、滑雪旅游电子商务等内容，进一步拓展了知识体系的广度和深度。

第三，体系更加规范：本书对旅行社、住宿业、航空、旅游景区四大业态的电子商务部分进行了逻辑统一，按照"概述—具体应用—未来展望"的思路编写，使全书结构更加科学合理。

全书内容安排如下：

第1章从旅游电子商务的基本概念入手，分析其商业模式、发展现状与趋势；第2章重点阐述移动旅游电子商务的发展与应用；第3章探讨基于互联网的新型旅游电子商务典型类型——在线旅游服务商；第4章至第7章分别聚焦传统旅游产业要素的电子商务化，包括旅行社、住宿业、航空和旅游景区；第8章为延伸内容，选取乡村旅游电子商务、滑雪旅游电子商务和购物旅游电子商务三个细分领域进行介绍，不仅拓宽了旅游电子商务的范畴，也展现了新兴业态在电子商务领域的蓬勃发展势头。

本书由李云鹏（首都经济贸易大学）负责框架设计、统稿、审校和定稿。在第1版的基础上，各章节的修订工作由以下编者完成：

第1章、第2章和第3章由黄超（首都经济贸易大学密云分校）负责；第4章和第6章由付悦（青岛恒星科技学院）负责；第5章由胡慧君（南充科技职业学院）负责；第7章由涂婷婷（首都经济贸易大学旅游互联网+研究院）负责；第8章由李霄鹍（齐鲁理工学院）负责。

在本书的编写过程中，我们得到了业界同仁的大力支持。感谢路书（北京）科技有限公司、绿云科技有限公司、北京中长石基信息技术股份有限公司、北京万维罗盘信息技术有限公司、中国民航信息集团有限公司为本书提供案例。感谢深圳市鼎游信息技术有限公司（简称“鼎游信息”）丁东为本书第7章旅游景区电子商务和山水田园一体化的票务系统应用案例的编写提供支持。本书第7章旅游景区电子票务系统后台票务管理系统、电子商务系统、票务分销系统、自助票务系统、窗口售检票系统、检票系统、支付系统相关资料参考鼎游信息相关产品进行整理和编写，系统相关截图来自相应产品应用。在本书编写过程中，李洋（中国民航信息集团公司）给予了很多写作思路方面的建议和帮助，在此表示感谢！

本书中各章节多有案例和资料来自网络，经过作者加工整理，也向这些平台表示感谢!

本书的完成是对旅游电子商务发展实践的阶段性总结。期望本书能够为旅游电子商务行业的从业者、研究者以及相关专业学生提供有益的参考与借鉴，促进知识交流，也希望未来能与更多业界力量携手，共同推动旅游电子商务领域知识的传播与行业的进步。

我们诚挚欢迎广大读者和专家提出宝贵意见，您的批评与建议将是我们不断进步的动力！编者电子邮箱：liyunpeng@cueb.edu.cn。

编　者
2025年4月

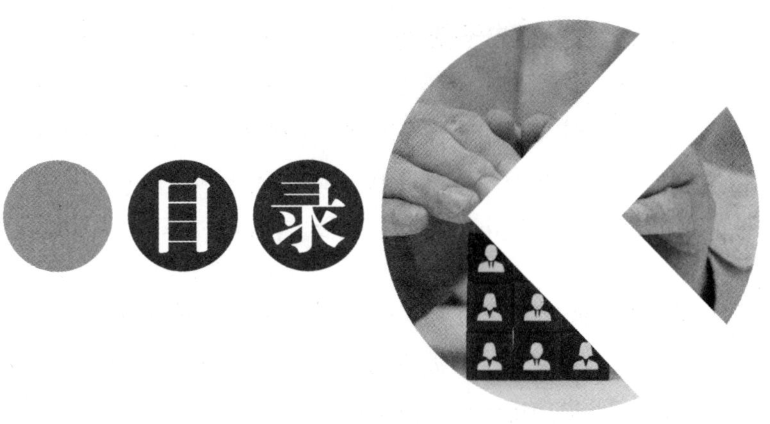

第1章 绪 论 ······ 1

1.1 电子商务基本概念 ······ 3

1.2 旅游电子商务概述 ······ 7

1.3 国内外旅游电子商务发展现状及趋势 ······ 20

第2章 移动旅游电子商务 ······ 31

2.1 移动旅游电子商务概述 ······ 35

2.2 移动旅游电子商务的入口类型 ······ 37

2.3 移动旅游电子商务的服务环节 ······ 43

2.4 移动旅游电子商务的发展趋势 ······ 54

第3章 在线旅游服务商 ······ 61

3.1 在线旅游服务商概述 ······ 65

3.2 在线旅游服务商的产品销售模式 ······ 77

3.3 在线旅游服务的发展方向 ······ 83

3.4 传统旅游企业在线化 ······ 89

第4章 旅行社电子商务 ······ 95

4.1 旅行社电子商务概述 ······ 99

4.2 旅行社电子商务的应用 ······ 105

4.3 旅行社电子商务的主要系统 ······ 110

4.4 旅行社电子商务发展方向 ······ 126

第5章　住宿业电子商务 …… 136

5.1　住宿业电子商务概述 …… 138

5.2　住宿业电子商务平台 …… 143

5.3　住宿业电子商务的主要系统 …… 148

5.4　住宿业电子商务的发展方向 …… 170

第6章　航空电子商务 …… 178

6.1　航空电子商务概述 …… 182

6.2　航空电子商务的应用 …… 198

6.3　航空电子商务的发展方向 …… 207

第7章　旅游景区电子商务 …… 222

7.1　旅游景区电子商务概述 …… 224

7.2　旅游景区电子票务系统 …… 232

7.3　旅游景区其他系统 …… 262

7.4　旅游景区电子商务的发展方向 …… 269

第8章　其他旅游业态电子商务 …… 284

8.1　乡村旅游电子商务 …… 286

8.2　滑雪旅游电子商务 …… 300

8.3　购物旅游电子商务 …… 315

参考文献 …… 326

第1章 绪　论

【教学目标与要求】

· 了解电子商务基本概念及其概念模型。
· 掌握旅游电子商务基本概念及内涵。
· 了解旅游电子商务发展历程。
· 掌握旅游电子商务商业模式涉及的关键要素。
· 了解国内外旅游电子商务发展现状。
· 了解旅游电子商务发展趋势。

【知识架构】

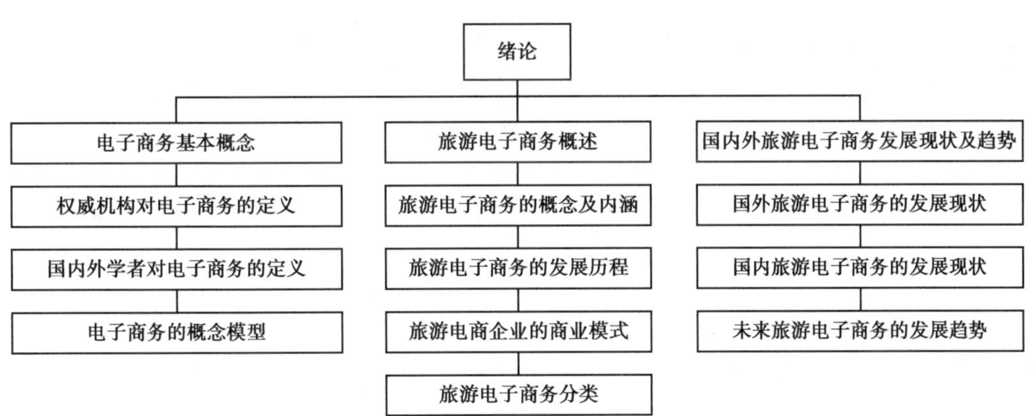

【导入案例】

Priceline（在线旅游C2B商业模式的开创者）

Priceline是创建于1998年的一家基于C2B商业模式旅游服务型网站，是目前全球大型在线旅游服务商之一，为欧洲、北美洲、南美洲、亚太地区、中东和非洲等超过180个国家的消费者，提供机票、酒店、租车、订餐等在线预订以及搜索比价服务。

1998年，美国人杰·沃克（Jay Walker）创立了Priceline，并将其核心业务模式“Name Your Own Price”（用户出价）进行了专利注册。凭借着颇具特色的商业模式，Priceline很快拿到了1亿美元的融资。1999年3月，Priceline在纳斯达克上市。

Priceline的发展模式可以概括为以下三点：

1.自定价（倒定价）模式

Priceline最独特的，是它的“Name Your Own Price”商业模式。事实上，“Name Your Own Price”是一种逆向拍卖的模糊交易模式，消费者输入对所需酒店的各项要求以及自己可以接受的价格，Priceline会自动从自己的数据库或供应商网络中匹配出最佳酒店，仅在消费者接受报价后才知道具体是哪家酒店，并且消费者在接受报价后将不能反悔，如果消费者不接受，则可以通过调整某些参数来重复竞价。这种模式遵循了经济学中的“保质期”越近，商品价值越小的原理。比如飞机起飞前一天，卖不出去的位置理论价值是0，对于供应商来说，多卖一个赚一个。这种独特的商业模式建立了巨大的客户黏性，预订酒店、机票只去Priceline，这在海外是非常常见的生活习惯。

2.多品牌独立运营协同发展

2004年和2005年，Prineline先后收购了欧洲两家酒店预订网站：Active Hotels和Booking.com，之后Active Hotels并入Booking.com。2015年，Priceline全年的总交易额当中，有88%来自美国以外的海外市场。同时，Priceline开始转向平台化发展模式，只收取代理佣金，然后再通过持续的广告营销和资源整合争夺用户入口，使Booking.com成为欧洲最大的在线酒店预订平台。如今，其业务已遍布全球220个国家，提供42种不同语言的服务。自2005年以后，Priceline就开启了“买买买”模式，通过不断地并购扩大规模，进入海外市场以及垂直搜索、租车、订餐等领域，分享旅游在线化浪潮红利。 2007年，收购亚洲在线酒店预订平台Agoda.com，2010年收购租车代理平台Rentalcars.com，2012年收购美国旅游产品搜索与比价网站KAYAK，2014年收购美国在线订餐平台OpenTable.com。2014年8月7日，Priceline宣布以可换股债券的形式对中国领先的在线旅行公司——携程国际进行投资，总额在5亿美元，占股最多为10%。目前，Priceline旗下已经拥有Booking.com、priceline.com、Agoda.com和Rentalcars.com（汽车租赁）、OpenTable.com（订餐平台）多个品牌。

3.人工智能（AI）的应用

2023年，Priceline与谷歌合作部署生成式AI技术，旨在改善客户旅游体验，提高内部运营效率。2023年6月，Priceline推出了生成式AI聊天机器人Penny，与通过电话进行沟通的方式相比，与Penny沟通的用户每次通话平均节省近10分钟。升级后，Penny增加了30多项新功能，可大幅简化旅行规划和预订流程，改善旅行体验。Penny不仅用于酒店服务，还用于航班、汽车租赁和度假套餐推荐等领域，具体包括规划、预订和修改行程；推荐相关住宿和旅行套餐以匹配用户的偏好；使用GPT-4 Turbo，Priceline iOS应用程序可以创建详细的行程，包括活动、餐厅和附近的景点；客户可以用新的“Priceline Wallet”来保存优惠券、跟踪航空公司积分等，以及在票价变化时接收通知。

Priceline的研究发现，超过一半的旅客表示，他们会使用人工智能工具来缩短时间并获得最优惠的价格。在熟悉生成式人工智能的人中，73%的人表示愿意使用生成式人工智能，并相信它将简化旅行计划和预订过程。此外，65%的人表示这将使旅行变得更轻松、更愉快。

资料来源：根据书生剑客.Priceline公司简史［EB/OL］.（2018-07-03）［2024-06-08］和Priceline：升级生成式AI服务，简化旅行规划流程［EB/OL］.（2024-02-18）［2024-06-08］.作者整理.

【关键术语】

电子商务　旅游电子商务　交易模式　发展现状　发展趋势

本章介绍了一些权威机构和国内外学者给出的电子商务、旅游电子商务定义，对我国旅游电子商务发展阶段、典型的旅游电子商务业务模式、商业模式进行了归纳和总结，并结合实际案例进行了分析，最后提出了全书的理论框架和结构关系。

1.1 电子商务基本概念

1.1.1 权威机构对电子商务的定义

1997年11月6日，法国巴黎举行的世界电子商务会议（The World Business Agenda Electronic Commerce）提出电子商务概念，将电子商务（Electronic Commerce）定义为一种贸易活动的方式，即对整个贸易活动实现电子化。

联合国经济合作和发展组织在有关电子商务的报告中将电子商务定义为：电子商务是发生在开放网络上的包括企业之间（Business to Business）、企业和消费者之间（Business to Consumer）的商业交易。

世界贸易组织定义电子商务是通过电信网络进行的生产、营销、销售和流通活动，它不仅指基于因特网上的交易活动，而且指所有利用电子信息技术（IT）来解决问题、降低成本、增加价值、创造商业和贸易机会的商业活动，包括通过网络实现从原材料查询、采购、产品展示、订购到出品、储运、电子支付等一系列的贸易活动。

全球信息基础设施委员会（GHC）电子商务工作委员会报告草案中对电子商务定义如下：电子商务是将电子通信作为手段的经济活动，通过这种方式人们可以对带有经济价值的产品和服务进行宣传、购买和结算。

美国政府在《全球电子商务纲要》中比较笼统地指出：电子商务是通过因特网进行的各项商务活动，包括广告、交易、支付、服务等，全球电子商务将涉及世界各国。这个概念与联合国经济合作和发展组织在有关电子商务的报告中指出的概念存在共同之处，他们都在强调网络在电子商务发展中的重要作用，指出电子商务是现代贸易活动的一种，同时强调了电子商务的整体性。

惠普公司对电子商务的定义是：通过电子化手段来完成商业贸易活动的一种方式，电子商务使我们能够以电子交易为手段完成物品和服务等内容的交换，是联系商家和客户之间的纽带。

2021年，商务部、中央网信办、发展改革委关于印发《“十四五”电子商务发展规划》的通知中提出：电子商务是通过互联网等信息网络销售商品或者提供服务的经营活动，是数字经济和实体经济的重要组成部分。

1.1.2 国内外学者对电子商务的定义

国内外学者对电子商务的定义颇多，在整理分析的基础上，本书挑选了一些比较有代表性的学者对电子商务的定义进行对比分析。美国学者瑞维·卡拉克塔（Ravi Kalakota）和安德鲁·B.惠斯顿（Andrew B Whiston）在《电子商务的前沿》一书中提出：“广义地讲，电子商务是一种现代商业方法。这种方法通过改善产品和服务质量、提高服务传递速度，满足政府组织、厂商和消费者降低成本的需求。”

巫宁、杨路明认为电子商务是以信息技术、网络技术、通信技术为基础，高效率、低成本地从事以商品交换为中心的各种商务活动。该概念可以将电子商务归纳为以电子工具和电子技术为基础，实现商品交换目的的商务活动。电子商务过程就是利用各种电子工具和电子技术从事各种商务活动的过程。其中电子工具是指计算机硬件和网络基础设施（包括Internet、Intranet、各种局域网等），电子技术是指处理、传递、交换和获得数据的多技术集合。[1]

杜文才认为：电子商务是利用现有的计算机硬件设备、软件设备和网络技术设施，通过一定协议链接起来的网络环境进行各种商务活动的方式。[2]

朱若男认为：所谓电子商务，就是通过一些自动化和电子化的方法来进行商业活动中的部分或者全部流程。[3]

1 巫宁，杨路明. 旅游电子商务[M]. 北京：旅游教育出版社，2004：2-3.
2 杜文才. 旅游电子商务[M]. 北京：清华大学出版社，2006：3-4.
3 朱若男，辛江，刘娜. 旅游电子商务[M]. 北京：中国旅游出版社，2008：4.

董林峰认为：电子商务是指利用互联网及现代通信技术进行任何形式的商务运作、管理和信息交换。其内容包含两个方面：一是电子方式，二是商贸活动。电子商务采用最先进的信息技术形成一个虚拟的市场交换场所，电子商务的参与方在这个虚拟的市场进行商贸活动。狭义的电子商务是指基于互联网环境下的商品交易以及与商品交易相关的商务活动。广义的电子商务是指一切利用电子手段进行的商业活动，如电话购物、电视购物、POS联机销售等都是广义电子商务的范畴。[1]

张浩宇认为：电子商务通常是指在全球各地广泛的商业贸易活动中，在开放的网络环境下，基于浏览器、服务器的应用方式，买卖双方在无须见面的情况下，进行各种商贸活动，实现消费者的网上购物、商户之间的网上交易和在线电子支付以及各种商务活动、交易活动、金融活动和相关的综合服务活动的一种新型的商业运营模式。[2]

周春林认为：电子商务是各种具有商业活动能力和需求的实体（企业、政府机构、个人消费等）采用计算机网络和现代信息技术等电子方式，在一定标准和规范下进行的各种商贸活动。[3]

宗乾进将电子商务定义为：在社交媒介环境下，通过整合社交图谱（人际互动）和兴趣图谱（基于信息流互动）来推广和销售企业的产品或服务。[4]

郑淑蓉、吕庆华在电子商务概念研究中，将其分为范围说、内容说、流程说和技术说，认为电子商务是“网络武装的传统商务”，实质没变，但网络介入导致形式变化，影响消费方式和数量增加。[5]

杨修强调：电子商务具有网络、不谋面、综合服务等特点，是在互联网基础上，借助浏览器或服务器应用，使交易双方异地完成商贸活动，实现全球化消费、企业间交易与金融等服务。[6]

孔庆琰提出：电子商务是指利用信息技术和互联网平台，通过在线交易、物流配送等手段，促进农村地区商品和服务的交换与销售的商业活动。它将农村地区的农产品、手工艺品、旅游等资源，转化为可通过电子渠道购买的产品，为农民提供扩大市场、增加收入的机会[7]。

胡文岭提出：广义的电子商务（E-Business）是指利用网络实现商家、生产商、原料商以及政府部门之间的所有商务业务流程的电子化。这种概念包含了现实社会中所有商业

1　董林峰. 旅游电子商务[M]. 天津：南开大学出版社，2009：2-3.
2　张浩宇. 旅游电子商务[M]. 北京：中国旅游出版社，2011：5-6.
3　周春林，王新宇，周其楼，等. 旅游电子商务教程[M]. 北京：旅游教育出版社，2013：2-4.
4　宗乾进. 国外社会化电子商务研究综述[J]. 情报杂志，2013，32（10）：117-121.
5　郑淑蓉，吕庆华. 电子商务概念综述[J]. 商贸研究，2013（0）：13-23.
6　杨修. 电子商务影响研究[J]. 现代商业，2014（10）：45，1.
7　孔庆琰，徐明. 基于电子商务视角农村经济发展策略分析[J]. 商场现代化，2024（9）：53-55.

关系的电子化，不局限于顾客与服务提供者或商家之间的贸易活动。[1]

从以上定义中可以发现：第一，电子商务是利用网络实现的商贸活动，网络技术是基础和前提。第二，电子商务改变了传统的交易模式，实现电子化、虚拟化。第三，电子商务参与主体没有类型限制。第四，电子商务需要环境支撑，包括技术环境、标准规范环境等。

1.1.3 电子商务的概念模型

什么是电子商务的概念模型？就是我们在认识和分析电子商务时，所关注的对象以及这些对象相互之间的关系。电子商务的概念模型是一种抽象的框架，用于描述电子商务系统的基本组成元素和它们之间的相互作用。（图1.1）简单来讲，电子商务通常包括以下几个关键部分[2]：

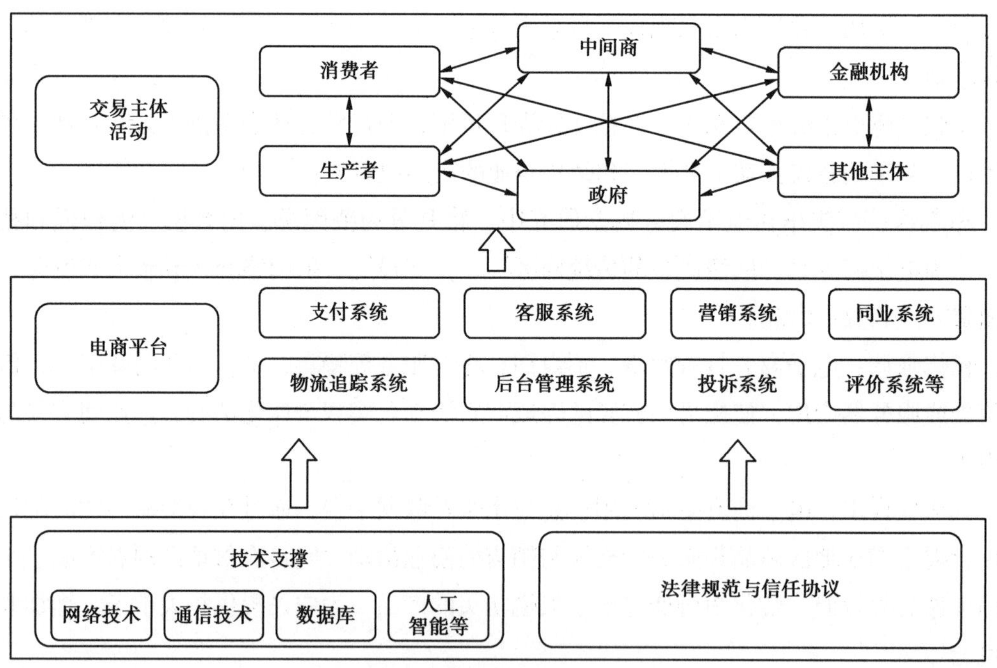

图1.1 电子商务概念模型

（1）交易参与主体：指电子商务活动的参与主体，如消费者、生产者、中间商、金融机构、政府等。

（2）电子市场：指在线交易发生的场所，也就是电商平台。

（3）交易活动：指在电子市场中发生的买卖行为，包括商品或服务的交换动作。

（4）支付系统：确保交易中资金的安全转移的系统，包括电子支付、信用卡支付、

1 胡文岭，阎立波，关军锋. 基于电子商务发展视角的数字经济与实体经济融合机制研究[J]. 商业经济研究，2024（3）：123-127.

2 来自通义千问AI大模型，经过作者整理归纳。问题：电子商务的概念模型是什么？

第三方支付平台等，提供货币的转账、结算和退款等业务支持。

（5）物流系统：负责商品的存储、运输和配送，确保商品从卖家到买家的物理流动。

（6）信息流：指在电子商务活动中交换的信息，如产品信息、价格信息、交易信息、用户评价等。

（7）信任机制：建立在电子商务平台和用户之间的信任关系，包括安全协议、认证机制等。

（8）法律和规范：电子商务活动需要遵守的法律法规和行业标准，确保交易的合法性和安全性，主要目的是维护电子商务的合法、健康、有序。

1.2 旅游电子商务概述

1.2.1 旅游电子商务的概念及内涵

旅游电子商务的概念始于20世纪90年代，最初由瑞维·卡拉克塔（Ravi Kalakota）提出，并由约翰·海格尔（John Hagel）进一步发展。目前，国际上普遍公认的是世界旅游组织对旅游电子商务的定义：旅游电子商务就是通过先进的信息技术手段改进旅游机构内部和对外的连通性，即改进旅游企业之间、旅游企业与上游供应商之间、旅游企业与旅游者之间的交流与交易，改进旅游企业内部流程，增进知识共享。赵立群指出这一定义概括了旅游电子商务的应用领域，侧重的是对其功效的描述，但并未凸显旅游电子商务自身的特征。[1]

目前全球范围内沿用较广的是世界旅游组织对旅游电子商务的定义：旅游电子商务就是改进旅游企业之间、旅游企业与供应商之间、旅游企业与旅游者之间的交流与交易，改进企业内部流程，增进知识共享。

百度百科上对旅游电子商务的定义为：利用先进的计算机网络及通信技术和电子商务的基础环境，整合旅游企业的内部和外部资源，扩大旅游信息的传播和推广，实现旅游产品的在线发布和销售，为旅游者与旅游企业之间提供一个知识共享，增进交流与交互平台的网络化运营模式。

国内的研究文献中，王欣将旅游电子商务定义为：以网络为主体，以旅游信息库、电子商务银行为基础，利用最先进的电子手段运作旅游业及其分销系统的商务体系。杨春宇将旅游电子商务定义为：旅游企业基于Internet提供的互联网技术，使用计算机技术、电子

1 赵立群，梁露，李伟. 旅游电子商务[M]. 北京：清华大学出版社，2013：3.

通信技术与企业购销网络系统联通而形成的一种新型的商业活动。巫宁指出：旅游电子商务是指通过先进的网络信息技术手段实现旅游商务活动各环节的电子化，包括通过网络发布、交流旅游基本信息和旅游商务信息，以电子手段进行旅游宣传促销、开展旅游售前售后服务；通过网络查询、预订旅游产品并进行支付；也包括旅游企业内部流程的电子化及管理信息系统的应用等。[1]杜文才将旅游电子商务定义为：利用互联网和通信技术，实现旅游信息搜集与整合，实现旅游业及其相关产业电子化运作和旅游目的地营销活动，是一种先进的运营模式。旅游电子商务主要包括旅游信息网络宣传，旅游产品在线预订、支付以及旅游企业业务流程的电子化、旅游目的地的营销等。[2]杨宏伟认为：可以从两个方面来认识旅游电子商务：一是互联网上在线销售，即旅游网站即时在线为每一位旅游者提供专门的服务；二是以整个旅游市场为基础的电子商务，泛指一切与数字化处理有关的商务活动。周春林把旅游电子商务定义为：利用计算机网络和信息技术开展旅游商务活动，实现旅游交易询价+报价+预订+支付+配送（服务）等一系列商务活动电子化。[3]王庆生认为：通过先进的信息技术手段改进旅游机构内部和对外的连通性，即改进旅游企业之间、旅游企业与供应商之间、旅游企业与旅游者之间的交流与交易，同时改进企业内部流程，增进知识共享。[4]徐颖将旅游电子商务定义为：以互联网为主体，以旅游信息库及在线商业银行作为基石，通过最新的计算机网络技术来运行旅游产业和相关分销系统的商务网络化运营模式。它包括旅游相关产品及其服务在互联网在线销售，以及旅游企业通过现代通信技术，利用互联网改变与旅游者、企业内部以及企业间交流的方式。[5]吴思锐认为：旅游电子商务是指通过信息技术手段改进旅游机构内部和对外的连通性，改进企业内部流程，增进知识共享，且不存在物流和仓储环节，对物流的依赖度低。[6]苏杭认为：旅游电子商务通过现代网络信息技术手段，实现旅游商务活动各个环节的电子化，包括通过网络发布、交流旅游基本信息和商务信息，以电子手段进行旅游宣传营销、开展旅游售前售后服务；通过网络查询，预订旅游产品并进行支付，旅游企业内部流程的电子化及管理信息系统的应用等。[7]朱佳利认为：旅游电子商务是指利用现代的计算机和网络技术整合旅游资源，实现旅游产品的线上发布、推广和销售的过程，为旅游者与旅游企业之间提供信息共享的网络化运营模式。[8]陈坤指出：旅游电子商务是指通过互联网技术，实现旅游服务和产品的在线交易、预订和支付等商务活动。[9]《中国旅游电

1 巫宁，杨路明，旅游电子商务理论与实务[M]. 北京：中国旅游出版社，2003：22.
2 杜文才. 旅游电子商务[M]. 北京：清华大学出版社，2006：13.
3 周春林，王新宇，周其楼，等. 旅游电子商务教程[M]. 北京：旅游教育出版社，2013：11–12.
4 王庆生，张亚州. 我国旅游电子商务研究新进展述评[J]. 天津商业大学学报，2014（4）：18–19.
5 徐颖. 浅谈中国旅游电子商务[J]. 旅游管理研究.2014年3月下半月刊：15–16.
6 吴思锐. “互联网”时代旅游电商发展概况[J]. 商场现代化，2016（82）：36–37.
7 苏杭. 互联网时代的旅游电子商务创新[J]. 农村经济与科技，2016，27（6）：122–126.
8 朱佳利，隋智勇. 广西旅游电子商务人才培养对策研究[J]. 中国集体经济，2017（21）：83–85.
9 陈坤. 关于旅游电子商务发展的现状、问题与对策研究[J]. 佳木斯职业学院学报，2019（9）：54，56.

子商务行业发展模式分析与“十四五”规划建议报告2023—2030年》指出：旅游电子商务行业指的是通过电子方式进行的旅游服务和产品的交易活动，包括在线预订、支付和客户服务等。

我们认为：从供给方来看，旅游电子商务是指参与旅游市场活动的各类企事业单位，利用各类技术手段，实现旅游销售活动各个环节的在线化；从需求方来看，旅游电子商务是指游客借助网络技术手段和软硬件条件，实现旅游产品和服务的线上查询、预订、移动支付、在线体验等，从而将旅游产品和服务购买活动以及部分体验活动从线下转向线上。

1.2.2 旅游电子商务的发展历程

随着电子商务被广泛应用，旅游业的电子商务问题逐渐受到重视，亦有很多企业探索出了符合中国国情的旅游电子商务模式。近些年，高速增长的旅游市场和日益增长的网络消费人群，给电子商务在旅游业的应用带来了新的契机；同时，旅游业信息密集型和信息依托型的产业特性，也使旅游电子商务的发展有其必要性和可行性。

中国旅游电子商务从1997年开始出现，至今总共经历了8个发展阶段。

1）萌芽阶段（1997—1998）

我国旅游网站的建设最早可以追溯到1997年。1997年由国旅总社参与投资的华夏旅游网的创办，是中国旅游电子商务的开端。此后，各类旅游电子商务网站如雨后春笋般建立起来，行业规模逐渐扩大。

2）起步阶段（1999—2002）

1999年5月，携程旅行网（以下简称“携程”）成立，是这一阶段的标志。携程是一家吸纳海外风险投资组建的旅行服务公司，在当时被称为“没有门店的旅行社”，它将信息技术、现代运作管理理念与传统旅游业相结合，打造了具有极强竞争力的服务价值链，形成了全新的服务和业务模式。这种全新的模式和理念，拓展了旅游电子商务的发展模式，适应了旅游业的发展要求，对旅游业的发展起到了巨大的推动作用。

3）发展阶段（2003—2004）

2003年是互联网全面复苏的时期，以携程在美国纳斯达克成功上市为标志。在这一阶段，中国旅游电子商务市场还处于探索的阶段，携程上市客观上加速了我国旅游电子商务市场的扩张。

4）完善阶段（2005—2008）

2005年，我国第三方支付平台——支付宝出现，为解决网上支付这一瓶颈问题，提供了非常好的解决方案，更重要的是为消费者建立了网上支付的信心，旅游电子商务也开启了在线交易的新纪元，特别是对于机票产品，越来越多地实现了在线支付。

5）蓄势待发阶段（2009—2011）

2009年1月，千橡互动集团以1850万美元收购艺龙旅行网（以下简称“艺龙”，在线旅行服务提供商）5283202股流通股，占后者总流通股本的23.7%。千橡互动集团收购艺龙这一事件表明，在中国旅游电子商务市场日益发展的前提下，Web 2.0应用逐渐在探索与旅游业结合的有效模式。2011年9月14日，中国旅游研究院发布的《中国旅游电子商务发展报告》显示，2010年全国旅游电子商务（基于互联网平台的在线旅游业交易）市场规模达到2000亿元，占整体旅游收入份额的15%。同时芒果、同程、途牛、驴妈妈等后起在线旅游服务商开始出现在消费者的视线里。

6）激烈竞争阶段（2012—2014）

2012年8月，随着京东商城、苏宁易购、国美电器等电商之间的价格大战，另一场OTA（在线旅游服务供应商）领域的战争也被激化。携程获得了海外172个国家的20万家酒店资源，艺龙在国际酒店方面和外资企业Expedia合作，拥有15.5万家酒店资源。从数字看，携程略占上风。之后，其他OTA纷纷卷入价格战争，持续到2014年，价格战造就了在线旅游行业竞争的激烈氛围。

7）市场重组和优化阶段（2015—2019）

2015年5月8日，京东以3.5亿美元投资途牛，标志着在线旅游3.0时代的战争开始了。随着优酷土豆合并、滴滴快的合并、58同城收购赶集，在线旅游业也揭开巨头兼并的序幕。携程出资约4亿美元购买在线旅游公司Expedia所持有艺龙的部分股权，实现了对后者的战略投资。携程通过与百度的股权置换取得了对去哪儿的控制权，并投资同程、途牛等竞争对手，完成了旅游电子商务领域的战略布局。

8）市场转型阶段（2020—至今）

受全球新冠疫情的影响，自2020年初旅游业线下活动受到巨大创伤，旅游企业的市场活动纷纷从线下转到线上，在2020年进行了数字化营销和运营的尝试，例如直播+网红带货模式的兴起，以及“云旅游”模式的出现。移动应用成为主流，手机支付和便捷的移动端用户体验促进了旅游消费的恢复与增长，旅游目的地积极投身“一部手机游”平台建设，社交媒体和内容营销在吸引用户、建立品牌信任方面发挥了关键作用。

1.2.3 旅游电商企业的商业模式

1）商业模式的界定

商业模式这个词并不新鲜和陌生，但什么是商业模式？很多时候人们容易把商业模式与企业盈利模式、交易模式、生产模式、服务模式、营销模式、企业之间的合作模式等混淆。

商业模式从其出现到发展流行，从时间上来看大致可分为以下4个阶段。

概念提出阶段（20世纪40—90年代）：商业模式并非一个新鲜概念，其作为一个商业名词，在1947年就已经出现。

概念描述阶段（1996—2005年）：随着计算机网络的出现和电子商务的兴起，商业模式作为一个重要术语，开始被用来描述网络企业的经营方式和盈利方式。

普适商业模式定义阶段（2000—2005年）：主要通过总结企业的经营方式对商业模式进行定义。

逻辑分析阶段（2005年以后—至今）：关于商业模式的研究不再局限于对商业模式要素的归纳，更侧重于商业模式分析、构成要素内在逻辑的研究，并延伸到其背后的商业模式特征和因素。[1]

从范畴上来讲，商业模式包括的内容更多。Osterwalder、Pigneur和Tucci在2005年发表的《厘清商业模式：这个概念的起源、现状和未来》一文中提出商业模式的定义：商业模式是一种包含了一系列要素及其关系的概念性工具，用以阐明某个特定实体的商业逻辑，它描述了公司所能为客户提供的价值以及公司的内部结构、合作伙伴网络和关系资本等用以实现（创造、营销和交付）这一价值并产生可持续、可营利性收入的要素。

商业模式的核心本质是什么呢？

哈佛大学教授约翰逊、克里斯坦森和SAP公司的CEO（首席执行官）孔翰宁共同撰写的《商业模式创新白皮书》把“客户价值、企业资源和能力、盈利方式构成”三个要素概括为商业模式的核心本质。埃森哲公司认为，成功的商业模式应当具有三个最基本的特征：

第一特征：成功的商业模式要能为用户提供独特价值，这是第一要义。

第二特征：商业模式是难以模仿的，也就意味着每家企业的商业模式都难以被套用。

第三特征：企业要做到量入为出、收支平衡甚至盈利，表现在利润水平直接决定其商业模式是否成功可行。

商业模式涉及的关键要素主要有[2]：

---

1 净若尘. 商业模式到底是什么？［EB/OL］.（2022-04-22）［2024-08-02］.

2 由KIMI大模型生成，经过作者加工整理。问题：商业模式包括哪些关键要素？

·价值主张：企业向其目标市场提供的产品或服务是什么，解决了客户的哪些需求或痛点？

·客户细分：企业如何寻找到目标客户？

·渠道通路：企业如何与客户沟通、交付产品或服务？

·客户关系：企业与客户建立和维护怎样的关系？

·收入（利润）来源：企业如何及从何处获得收入？

·核心资源：企业如何获取和运营所必需的关键资产、能力和技术？

·业务模式：企业必须执行哪些关键活动以提供其价值主张？

·重要伙伴：企业与谁合作以增强其提供价值的能力？

·成本结构：运营商业模式所产生的主要成本是什么，如何控制成本？

总之，商业模式对于一个企业来说是独一无二的，是企业生存发展的基础，是企业的无形资产，企业成立之初就应该对其商业模式有一个清晰的蓝图，并且随着企业的发展不断调整。任何其他企业的商业模式都仅仅提供参考价值，世界上并不存在完全可以复制的商业模式。

2）旅游电商企业的商业模式

在行业层面，商业模式就是指该行业内企业普遍采用的商业运作方式，它体现了企业如何创造价值、交付价值和获取价值的一系列活动和关系。

旅游业中包含各类旅游企业，既有传统的旅游产品和服务生产者，又有扮演分销商的在线旅游企业。这些企业产品内容不同、核心资源不同、客户群体不同、利润来源不同、合作伙伴不同、成本结构不同等等，差距大，使旅游行业没有普遍采用的商业模式，即使在同类旅游企业中，可能产品和服务内容类似、目标市场重叠，但是受到企业规模大小、发展阶段、资金充足程度、管理层认知等因素的影响，商业模式在企业层面是独一无二、无法复制的，也就是说企业的商业模式不能套用。

通过查阅文献发现，目前已有的绝大部分文献主要集中在研究某个或某些旅游电商企业的价值主张、渠道模式和盈利模式上，这显然不是商业模式的整体。同时，旅游电商企业不仅仅指携程、去哪儿网、途牛这类在线旅行社，传统旅游产品和服务的生产者也在积极开展线上销售，搭建自己的门户网站，开设天猫旗舰店、抖店，开发小程序等，从这个角度看，这些传统旅游企业也转型加入旅游电商的行列。

旅游电商企业的商业模式可以从以下几个角度进行拆解和总结。

（1）旅游电商企业的价值主张

价值主张是指企业或者个人能为用户所能提供的价值，在商业环境下，价值主张是指企业能够给用户提供的商品或者服务。企业会根据自己的商业理念、追求、态度，选择不同表现形式、不同渠道、不同价格的商品或者服务解决用户的某种需求，而提供商品和服务的细节也体现出这家企业的价值观念。

旅游电商企业的价值主张在满足用户需求层面存在类同，即都是便利或者刺激用户旅游过程中的需求。在商品层面看，目前旅游电商企业主要提供两类产品：一类是传统的旅游产品供应商的产品，例如旅游线路、住宿、交通、门票、旅游购物等，将这些传统产品打包、整合、创新放在线上平台出售给用户。另一类是线上旅游体验，例如穿越、元宇宙、360实景等，利用科技为用户创造线上体验产品。

（2）旅游电商企业的市场细分

市场细分是在市场上占据优势地位的重要三环之一［STP市场细分（Segmentation）、目标市场选择（Targeting）、市场定位（Positioning）］，进行市场细分，实现旅游产品的销售是所有旅游企业生存的前提，旅游电商企业目前的市场细分标准主要有：按照旅游搜索引擎（如去哪儿网）、旅游产品中介（如携程）、旅游供应商线上直销平台（如旅游企业门户网站）等。

（3）旅游电商企业的产品（服务）销售渠道模式

从渠道角度看，旅游电子商务有四种最基础的模式：旅游企业间电子商务（B2B）、个人自媒体对旅游企业的电子商务（P2B）、旅游者与旅游企业的电子商务（B2C和C2B），而后随着互联网发展衍生出更多新模式。

①旅游企业间电子商务（B2B）

企业间电子商务（Business to Business）是指企业之间通过网络信息手段实现相互之间的一对一或一对多的交易，如采购、分销等。在旅游电子商务中，B2B交易形式包括：旅游企业之间的产品代理，如旅行社代订机票与酒店客房，旅游代理商代售旅游批发商组织的旅游线路产品。组团社之间相互拼团，即两家或多家组团社经营同一条旅游线路，并且出团时间相近，而每家旅行社只收到为数较少的客人。这时，旅行社征得游客同意后可将客源合并，交给其中一家旅行社操作，以降低规模运作的成本。图1.2所示的Wing公司是一家典型的B2B平台。

旅游业是一个由众多子行业构成、需要各子行业协调配合的综合性产业，食、宿、行、游、购、娱等各类旅游企业之间存在复杂的代理、交易、合作关系。因此，旅游B2B电子商务有很大的发展空间。旅游企业间电子商务又分为两种形式：一是非特定企业间的电子商务，它是在开放的网络中为每笔交易寻找最佳的合作伙伴。一些专业旅游网站的同业交易平台就提供了各类旅游企业之间查询、报价、询价直至交易的虚拟市场空间。二是特定企业之间的电子商务，它是在过去一直有交易关系或者今后一定要继续进行交易的旅游企业之间，为了共同的经济利益，共同进行设计、开发或全面进行市场和存量管理的信息网络，企业与交易伙伴间建立信息数据共享、信息交换和单证传输。例如，航空公司的计算机预订系统是一个旅游业内的机票分销系统，它连接航空公司与机票代理商（可以是航空售票处、旅行社、旅游酒店等）。机票代理商的服务器与航空公司的服务器是在线实时链接在一起的，当机票的优惠和折扣信息有变化时，会实时地反映到代理商的数据库中。机票代理商每售出一张机票，航空公司数据库中的机票存量就会发生变化。B2B大大提高了旅游企业间的信息共享和对接效率，提高了整个旅游业的运作效率。

图1.2　Wing公司网站首页截图

②个人自媒体对旅游企业的电子商务（P2B）

个人自媒体对旅游企业的电子商务（People to Business）是指在自媒体时代，个人对于旅游企业产品的分销功能，个人通过多种自媒体渠道成为代理销售各类旅游产品（酒店、民宿、景区门票、餐饮等）的重要渠道之一。

当下，网红经济释放的效能已经不容小觑，在当今旅游行业中扮演着举足轻重的角色。通过提升旅游目的地的知名度、增加旅游消费和经济效益、拓宽旅游业的发展渠道以及带动相关产业发展等，网红经济为旅游业的发展注入了新的动力和活力。在网红经济显而易见的影响下，越来越多的人选择做自媒体，个人自媒体爆发。

个人自媒体在此仅指进行的自媒体创作的个体（没有公司背景）。这些个体会选择在各大自媒体平台上通过分享自己的旅游经历来帮助旅游企业销售旅游产品。当前比较主流的平台有抖音、小红书、西瓜视频、微信视频号等。这些个人自媒体通常先积攒一定的粉丝量，然后接受旅游企业的代销邀请，通过短视频或者直播的形式，帮助旅游企业销售产品，再通过销售额提成等形式获得报酬。（图1.3）

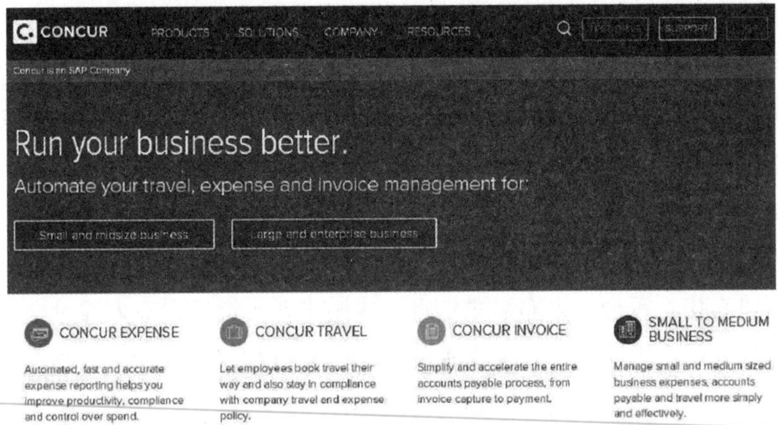

图1.3　concur公司网站首页截图

③旅游企业对旅游者的电子商务（B2C）

旅游企业对旅游者的电子商务（Business to Consumer）基本等同于旅游电子零售。旅游散客通过网络获取信息，设计旅游活动日程表，预订旅游酒店客房、车船机票等，或报名参加旅行团，都属于B2C旅游电子商务。对旅游业这样一个游客地域高度分散的行业来说，旅游B2C电子商务方便了旅游者远程搜寻、预订旅游产品，克服了距离带来的信息不对称。通过旅游电子商务网站订房、订票，是当今世界应用最为广泛的电子商务形式之一。

旅游B2C电子商务还包括旅游企业对旅游者拍卖旅游产品，由旅游电子商务网站提供中介服务。例如美国著名旅游网站（图1.4）针对美国的旅游酒店和游船旅游客舱普遍存在空房的现象，组织旅游企业将这些闲置资源公布到网上，组织旅游者之间竞价的拍卖服务，有效地均衡了旅游市场供求，从而成为一种有生命力的网上交易服务形式。

图1.4　skyauction.com公司网站首页截图

④旅游者对旅游企业的电子商务（C2B）

旅游者与旅游企业间旅游电子商务的另一种形式是旅游者对旅游企业（包括旅游服务提供商和旅游中间商）的交易（Consumer to Business）。它由旅游者提出需求，然后由企业通过竞争满足旅游者的需求，或者是由旅游者通过网络结成群体与旅游企业讨价还价。

旅游C2B电子商务主要通过旅游电商平台（专业旅游网站、门户网站旅游频道）进行（图1.5）。这类旅游电商平台提供一个虚拟开放的网上中介市场和一个信息交互的平台。旅游者可以直接在平台上发布需求信息，旅游企业查询后，双方通过交流自愿达成交易。旅游者可以在平台上实现对自己需求的修改、支付和订单管理。旅游企业获得这些信息后，进行一系列产品定制化设计、营销和业务管理活动。

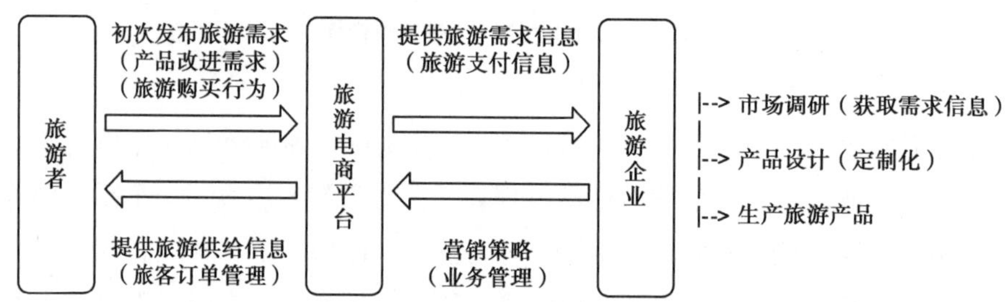

图1.5　旅游C2B电子商务示意图

旅游C2B电子商务主要有两种形式：第一种形式是反向拍卖，是竞价拍卖的反向过程。旅游者提供一个价格范围，求购某一旅游服务产品，旅游企业出价，出价可以是公开的或是隐蔽的，旅游者选择他们认为质价合适的旅游产品成交。第二种形式是网上成团。即旅游者在网上发布他设计的旅游线路，吸引其他有相同兴趣的旅游者。愿意按同一条线路出行的旅游者汇聚到一定数量时，他们再请旅行社安排行程，或直接预订酒店客房等旅游产品，可增加与旅游企业议价和得到优惠的能力。

旅游C2B电子商务是一种需求方主导型的交易模式，它体现了旅游者在市场交易中的主体地位，能够帮助旅游企业更加准确和及时地了解客户需求，对实现旅游业向产品丰富和个性满足的方向发展起到了促进作用。

相比于传统的旅游经营模式以及B2B、B2C的旅游电子商务模式，C2B旅游电子商务模式交易平台，以消费者为中心，是消费者和企业之间的桥梁，能够吸引庞大的用户群并形成较大的黏性，将规模庞大的消费者信息聚集起来。从市场细分的角度来说，这也是旅游企业将旅游市场细分到每位客户的模式。

旅游C2B电子商务模式最典型代表即Priceline（图1.6），该公司在酒店和租车业务上强大的客户定价模式，能够有效帮助游客与拥有空闲资源的产品提供方建立快速匹配，满足了游客的“长尾”需求，也使其成为目前在线旅游领域全球市值最高的公司。

For Deeper Discounts - Name Your Own Price®

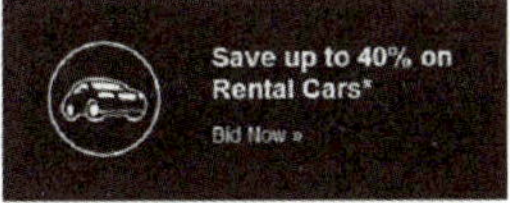

图1.6 Priceline公司广告截图

（4）旅游电商企业的获客模式

在成立初期，获客模式对旅游电商企业能否生存下来，至关重要。例如，携程网在初期采用交通枢纽线下拉客（推广会员制）的形式扩张，为其提升市场占有率立下汗马功劳，也成为日后占据竞争优势的重要因素之一。此外，马蜂窝采用了“内容获客”模式。通过提供高质量的旅游内容，如攻略、笔记、短视频等，吸引用户关注并激发其旅游兴趣，提供个性化服务，以增强客户忠诚度。

旅游电商企业的获客模式虽然各家不同，但是整体上也会随着技术的发展呈现一定的“流行趋势”。例如，在2000年至2010年，企业喜欢在相关网站、应用程序、社交媒体等渠道投放广告，吸引目标客户群体。2010年至2019年，搜索引擎营销（SEM）和搜索引擎优化（SEO）成为企业比较喜欢的获客方式，通过提高在搜索引擎中的可见度来吸引潜在客户，利用关键词广告和优化网站内容来提高搜索排名，典型的是利用百度推广来获客。2020年至今，短视频和直播带货成为获客主流渠道。旅游企业通过直播预售旅游产品，开辟在线营销新路径，利用直播的强交易属性缩短用户旅游决策周期。

当然，互联网的发展并没有否定传统获客方式，例如口碑营销、线下活动、合作伙伴推荐等方式，旅游电商企业也一直在使用，而且这些方式对于增加用户黏性具有重要意义。例如，单纯线上维系客户关系有时候力量不够，旅游电商企业也会定期或者不定期举办一些线下旅游展览会、旅游节等活动，直接与客户接触并推广旅游产品，维系情感。总之，获客模式既可以单独使用，也可以组合使用，以达到最佳的营销效果。

（5）旅游电商企业的盈利模式

商业模式中最重要的就是盈利模式，这也是商业模式经常被简单地理解成盈利模式的原因。盈利模式就是要说清楚企业如何及从何处获得收入。旅游电商企业作为企业法人，本质上是以赚钱为目的，其所有活动的最终目的就是盈利，否则任何一家企业都无法生存，更谈不上发展。

当前，旅游电商企业的盈利模式主要有这样几种：第一，靠佣金。携程是典型依靠收取下游企业佣金实现盈利的。携程作为一个旅游中介，按照平台成交额收取企业一定比例的佣金。第二，靠转换率。去哪儿网早期的盈利点是游客通过去哪儿网拨打旅游产品供应商热线（平台直接对接）的通话时长，按照折算比例收取供应商费用，这只针对成交的电话。此外，去哪儿网还通过点击费用和展示广告等方式获得收入。第三，靠广告推广收费。类似于百度推广的模式。Travelzoo 是一家全球性的互联网媒体公司，专注于为会员提供旅游和本地生活优惠信息。Travelzoo 在北美、欧洲和亚太区（包括中国）拥有超过 3000 万会员，并在全球设有 22 家办公室。Travelzoo 与超过 5000 个业内合作伙伴合作，覆盖旅游及本地娱乐生活领域。他们通过人工搜索和测试，为会员推荐真实的、高性价比的旅游及生活优惠产品。用户可免费订阅邮件，Travelzoo会在每周三向其邮箱发布“Top 20 精选优惠”，有的里面还会有一些目的地的优惠券。而Travelzoo的盈利则主要来自这些旅游目的地的广告推广费用（图1.7）。第四，靠自有产品销售。将自有产品拿到线上开展销售的旅游电商企业都是靠产品的销售额盈利的。大部分线上销售额中包含企业盈利，也有一部分企业线上产品只是为了便于用户查询和比较，目的是促进线下销售。

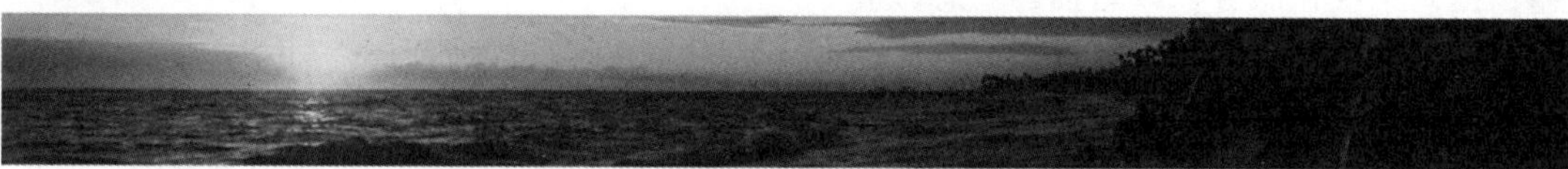

图1.7 Travelzoo网站截图

（6）旅游电商企业的资源模式

在线旅游行业是一个技术密集型、资金密集型行业，在线旅游市场的竞争很大程度上就是旅游电商企业之间在资金、技术领域的竞争。为获得技术资源，旅游电商企业都紧跟技术潮流，重视技术在本领域的应用研究和试探。例如，去哪儿网于2010年成立无线事业部，是最早开展移动业务的在线旅行网站之一，自2010年开始加大无线业务的投入力度，并于2010年7月上线了移动应用平台。为了获得资金资源，旅游电商企业非常重视融资，能否获得风险投资成为旅游电商企业能否持续生存和发展的重要因素，放眼当今旅游电商第一梯队的企业，基本上都获得过风险投资，甚至获得过多轮投资才成就今天的业绩和地位。

另一项资源就是人才，人才是其他一切资源的基础，旅游电商需要的是有经验、有创新、有远见，懂旅游懂技术，懂用户懂业务的综合型人才。这些人才的培养并不容易，但是这些人才的流动性却相对比较大，这与在线旅游市场瞬息万变的特性有关。如何获得和留住人才？旅游电商企业目前常用的方式就是“给股份”，使其变成合伙人。

（7）旅游电商企业的业务模式

尽管旅游电商企业的业务内容不尽相同，服务方式和覆盖范围也不同，但是企业必须执行一些关键活动以提供其价值主张。这些活动包括采购、组合、加工、营销、售后等。就旅游电商企业而言，绝大部分旅游产品和服务都需要从上游供应商企业采购，即便是旅游攻略这类UGC（用户生产内容）也需要从其他用户那里进行一定程度的采购才能保证其充足。采购的产品不能直接“拿来就用”，作为电商平台，一定程度上有针对产品进行审核，甚至结合用户需求进行组合加工的需求。而这些旅游产品一旦销售出去，电商平台就成为第一责任人，对产品质量承担主要责任。营销活动是每一个企业的必要活动，旅游电商企业很大一部分收入来自帮助供应商开展营销，因此，这一环节对于旅游电商企业最为关键。最后，在大众看评论的年代，线上信息透明化，旅游电商企业要想树立一个好形象，树立口碑，必须做好售后服务，如何避免投诉，如何处理投诉，对于旅游电商企业来说不仅会受到政府监管，还关系其客户评价，关系未来发展。

（8）旅游电商企业的规模扩张模式

在当今激烈的市场竞争中，单枪匹马并非良策，更多旅游电商企业选择合作甚至并购重组，这在一定程度上也与资本市场对于在线旅游市场的控制力较强有关。在线旅游市场中，旅游电商企业与其他企业之间的合作较为常见，例如，旅游电商企业与中国移动、中国联通、中国电信这三大电信运营商开展技术合作，帮助旅游目的地搭建电商系统。借助电信运营商的用户数据，开展精准营销。旅游电商企业与科技企业的合作也很常见，例如，同程旅游背靠腾讯的巨大流量支持，专注于下沉市场，通过微信小程序等渠道获得流量支持，推动差异化竞争发展。

另一方面，旅游电商企业之间的并购重组也成为其规模扩张的重要模式。例如2016年11月，携程以14亿英镑收购了英国旅游搜索巨头天巡（Skyscanner），这是欧洲有史以来最大的旅游科技收购项目之一[1]。2015年，携程通过一系列的资本运作并购了去哪儿网，这一举措加强了携程在在线旅游市场的领导地位。2018年，途牛旅游网并购了同程旅游的部分业务，进一步扩大了自身的市场影响力[2]。目前并购重组仍然是旅游电商企业实现规模扩张最快速的方式。

（9）旅游电商企业的成本控制模式

市场营销学认为，每节约的一块钱就直接变成企业的利润。对于企业来说，成本控制至关重要。旅游电商行业本身就是一个“烧钱”行业，对于企业来说，如何有效降低运营成本，控制成本也是其必须考虑的因素。旅游电商企业成本控制方法主要有：第一，部分

1 中信建投证券. 携程集团研究报告：在线旅游龙头，于变局中求破局［EB/OL］.（2022-10-22）［2024-08-02］.

2 平安证券. 携程集团专题研究报告：深度复盘OTA龙头，蛛网式布局迈入全球化［EB/OL］.（2021-08-16）［2024-08-02］.

业务外包。对于一些耗时耗力企业不擅长的业务板块，开展外包，降低运营成本。第二，减少中间环节。例如简化企业内部流程，提高办公效率。第三，利用数据分析精准营销。有的放矢，提高营销准确性和成功率的同时，降低营销成本。第四，利用人工智能提高效率。当然，旅游电商企业也在积极创新更多节省成本的方式方法。

1.2.4 旅游电子商务分类

从旅游企业类型角度出发，旅游电子商务可以分为旅行社电子商务、住宿业电子商务、景区电子商务、航空电子商务、新兴旅游业态电子商务。在旅游电子商务的发展过程中，不仅有互联网与传统旅游业态的融合，也衍生出一些新的旅游电子商务模式，例如在线旅游服务、移动旅游电子商务。其中在线旅游服务是电子商务和互联网发展到一定阶段的产物，是为游客提供高效率服务的新型旅游电子商务模式，通过资源供给和需求的有效对接实现高效率的电子商务过程；移动旅游电子商务是在移动互联网发展过程中产生的旅游电子商务新模式，其经营模式与基于PC端的旅游电子商务有着根本性的区别，它将位置信息及更加便捷的手机应用结合起来，为游客提供更加便捷的旅游电子商务服务。本书的内容就是按照上述分类展开的，试图从电子商务改变旅游传统行业运营模式，到产生新的商业模式进而带动新的市场空间形成和发展，来阐述旅游电子商务的发展历程和规律。

1.3 国内外旅游电子商务发展现状及趋势

1.3.1 国外旅游电子商务的发展现状

新冠疫情对旅游业的影响是全球化的，全球在线旅游预订量也经过了2020年以后两三年的短暂下降，自2023年开始稳步提升。Expedia 2023年总营收128.39亿美元，同比增长10.05%。全年净利润同比仍然增长127%，达到7.97亿美元。Booking 2023年收入214亿美元，同比增长25%。全年利润只有27.3亿美元（由于遭遇欧洲监管风暴，Booking接连被荷兰、西班牙罚没超过8亿美元巨额罚金），同比负增长10%[1]。在线旅行网站Whimstay宣布，2023年的预订量将比2022年增长400%，拥有超过100万独立用户[2]。

全球在线旅游市场已经基本恢复并稳步发展，这并不是新冠疫情后的“报复性旅行”所导致，而是旅游业发展的自然规律。一方面说明旅游业的脆弱性，另一方面也说明旅游业的成长性。

国际上旅游电子商务的另一个发展特点是科技运用的速度增强，尤其表现在人工智能

1　OTA三巨头2023成绩单出炉 携程增长强劲［N/OL］.（2024-02-23）［2024-08-03］.

2　在线旅行网站Whimstay宣布2023年的预订量将增长400%［EB/OL］.（2023-12-15）［2024-08-03］.

技术在旅游电商企业对客服务中的普遍试探。在Priceline 2024年冬季产品发布会上，引人瞩目的是其人工智能驱动的旅行助手Penny的重大升级，新增功能可节省游客的时间和开销。Penny自2023年6月推出以来，使用该技术的用户数量达到数百万。与Penny沟通的用户每次通话平均节省近10分钟[1]。2023年4月Expedia宣布接入ChatGPT插件，7月Tripadvisor将数据与OpenAI集成[2]。全国范围内营造的氛围就是：旅游电商企业中，谁抓住了人工智能，谁就赢得未来领先发展的主动权。谁落后于本轮科技竞争，就意味着被动。

国际上旅游电子商务近些年的并购重组较之于前十年少了许多。吸引的风险投资也少了许多。这一方面与新冠疫情影响整体旅游业下滑有直接关系，也与全球资本市场波动，资本对于旅游业信心不足有关。在此影响下，在线旅游市场上的创业热退去，随之而来的是保守收紧的态度，以及对于游客体验度的更多关注。

1.3.2　国内旅游电子商务的发展现状

2020年度国内旅游人数28.79亿人次，同比下降52.1%。国内旅游收入2.23万亿元，下降61.1%。2020年，中国在线旅游交易额同比下降了50.9%，但线上交易比例提高较快，2020年携程在线旅游（OTA）市场份额达40.7%，排名榜首，遥遥领先主要竞争对手，携程作为全球三大在线旅游平台之一，业务恢复率也显著快于Booking及Expedia[3]。2023年第一季度，中国在线旅游预订交易额达到了7875亿元人民币，同比增长76.10%，相比2019年同期增长了52.73%，显示出强劲的恢复趋势。2024年，中国在线旅游市场规模达到912.1亿美元，并预计在2029年将增长到1854.5亿美元，复合年增长率为15.25%[4]。

国内旅游电子商务的发展呈现出以下几个特点：

第一，移动电子商务是大势所趋。随着智能手机的普及，在移动互联网技术加持下，移动网民覆盖率不断提升。根据QuestMobile发布的《2024年中国移动互联网春季报告》，截至2024年3月，中国移动互联网的月活跃用户规模已达到12.32亿，较前一年同期增加了超过2000万用户。这一数据凸显了中国移动互联网市场的强劲发展势头。此外，用户黏性也在持续增长，移动互联网全网用户使用总时长达到2039.6亿小时，同比增长了116亿小时。这表明用户在移动互联网上的活动越来越频繁，对于移动互联网的依赖程度也越来越高。

第二，旅游电子商务的智能化程度明显提升。自2019年底至2022年底，受到新冠疫情的影响，国内旅游业，尤其是长线旅游受到重大冲击，旅游交易额下滑。但这在一定程度上也催生了消费者线上交易的习惯，再加上数字技术的应用，如大数据、人工智能、5G、虚拟现实技术等在旅游领域的尝试，促进了旅游电子商务的快速转型。

1　Priceline：升级生成式AI服务，简化旅行规划流程［EB/OL］.（2024-02-21）［2024-08-03］.

2　在线旅游平台撞进人工智能［EB/OL］.（2023-11-10）［2024-08-03］.

3　2020年中国在线旅游报告。

4　中国在线旅游市场规模及份额分析—— 增长趋势及预测（2024 — 2029）［EB/OL］.［2024-08-03］.

第三，市场参与主体的范畴扩大。随着旅游电子商务市场整体规模不断扩大，越来越多的资源类企业、互联网平台类企业、客户服务型企业进入这个充满活力而又广阔的市场，其中不乏京东、美团、大众点评、苏宁、腾讯、百度、盈科律师事务所等企业，我们可以看到旅游电子商务市场的吸引力正在不断扩大。

1.3.3 未来旅游电子商务的发展趋势

随着中国居民收入逐步提高和对旅游休闲的重视程度大幅增加，居民对旅游出行的需求迅速增长。近年来，移动互联网发展方兴未艾，移动互联网确保用户随时随地使用在线旅游服务，极大拓展了在线旅游市场空间，成为在线旅游市场发展的强刺激因素。而以人工智能为代表的新一代先进科技力量与旅游电子商务的融合发展又呈现出新的特点。我国未来旅游电子商务呈现出以下发展趋势：

1）以人工智能为代表的先进科技对旅游电子商务的影响越来越大

随着科学技术飞速发展，人工智能等技术在旅游中的应用越来越广泛。一方面，一些大型的科技企业着手开发和搭建开放式大模型，并不断推向用户，培养用户习惯，为旅游电子商务采用这一技术提供前提条件。另一方面，绝大部分旅游电商企业（尤其是大企业）也看到了未来市场中，人工智能技术的研发和推广水平，将直接影响其未来市场地位。

当前国内用户普遍使用的开放式大模型有：通义千问、KIMI、天工AI、讯飞星火、文心一言、豆包、智谱清言、deepseek等等。人工智能在旅游业的应用突出表现在生成个性化的旅游行程（编排旅游线路）方面。然而，人工智能在旅游电子商务领域的应用绝非仅仅面向用户做智能行程规划一个场景。未来，人工智能在这个领域的渗透将是面向游客、面向供应商、面向中间商、面向政府等全方位的、多角度、多层次的。在游客方面，人工智能将成为游客出行的私人助理，帮助游客完成行程规划、一键购买、导航导览、智能推荐、拍照成片等各个环节的活动，让越来越多的游客一个人也能轻轻松松完成旅行。在供应商和中间商方面，人工智能将成为供应商的前哨，拉近供应商与游客（终极市场）的距离，通过获取市场反馈数据，智能化解读市场需求，修改产品和销售模式，同时，人工智能将成为其节约劳动力、创新营销模式的智力支持。在政府方面，人工智能将为其市场数据获取、市场动态监管等提供技术支持。

除了人工智能，新科技革命将引领更多技术在旅游电子商务领域的渗透，例如元宇宙、大数据等，不仅体现在应用主体上，就具体某一领域（例如旅游产品），科技的融合也将使旅游电子商务市场更多样化。

2）旅游电子商务营销从产品信息营销走向场景体验营销

传统旅游电子商务被简单理解为“线上购票、线下体验”。随着短视频时代到来，商家向游客传递的产品信息不再是简简单单的文字、图片、录播视频，而更多转向实时直播、虚拟体验，尽量将游客拉入旅游目的地的场景中去体验和感受，这样比原始的营销方式更直接、传播的信息更全面，对于游客来说更具有说服力。

当前，各类旅游业态的线上销售渠道都纷纷聚焦直播带货。旅行社、酒店、民宿、航空公司、景区以及其他旅游目的地，都将自己的营销渠道不断铺向抖音、拼多多、微信视频号等平台上，这种趋势还在迅猛上升。而这些平台为了更大限度地吸引用户（商家和消费者），也不断推出各种子平台、子项目，丰富营销的手段、方式。未来旅游电子商务的发展打破“人、货、场”三方的交互时空界限，朝着更有利于消费者快速作出决策的方向发展。如何快速作出决策，就是将“货”搬到“人”面前，同时创造各种各样的“场”。旅游电子商务营销的场景体验功能就在于此。

3）移动端在线旅游市场规模迅速发展并向O2O深化转型

随着移动互联网技术的快速发展，中国移动互联网2023年12月的月独立设备数达到13.93亿台。网民人均单日使用时长为271.7分钟、人均单日使用次数为64.2次[1]。目前，在线旅游市场主要集中在“旅行前”和“旅行后”这两个阶段，智能终端的普及和移动互联网的易得性使消费者可以在“旅行中”实时满足对旅游产品或服务的需求，填补了消费者“旅行中”的在线旅游消费空白，从而形成“旅行前+旅行中+旅行后”的完整的在线旅游市场覆盖。在线旅游市场对“旅行中”阶段的渗透将激发全新的市场机会，通过与线下旅游产品进行信息化整合，可以加速行业信息化进程，形成线上线下一体化的O2O（Online to Offline，线上到线下）旅游市场。

【案例】

“AI游云南”正式上线

2023年，我国国内首个省级旅游目的地大语言模型应用场景“AI游云南”正式上线，旨在为计划到云南旅游的游客提供AI咨询服务。

“AI游云南”是“一部手机游云南”项目建设与运营方——云南腾云信息产业有限公司，在云南省文化和旅游厅的指导下推出的旅游行业AI人工智能服务，也是“一部手机游云南”项目的最新成果。用户可通过“游云南”App或“游云南”微信小程序体验AI服务。同时，针对B端用户，“AI游云南”将开放自己的底层能力、API接口和SaaS化产品，赋能到更多的行业，为客户提供旅游咨询、旅游问答、旅游指引等方面的助手服务。（图1.8）

“AI游云南”为游客提供游前、游中、游后所需要的大部分旅游内容及智能服务，

1　艾瑞咨询. 中国移动互联网流量年度报告2023［EB/OL］.［2024-08-03］.

具体包括：游前的行程规划、资源预订，游中的天气查询、旅游注意事项、目的地攻略查询，游后对旅游服务或产品发起投诉。游客可以通过输入语音或者文本的方式快速获得自己想要的信息及服务，节省搜索及筛选信息的时间，并可一站式完成信息获取和服务订购。

目前“AI游云南”的获取方式主要有以下两种：

第一，下载并打开“游云南”App，点击主页上的“AI游云南”板块。（图1.9）

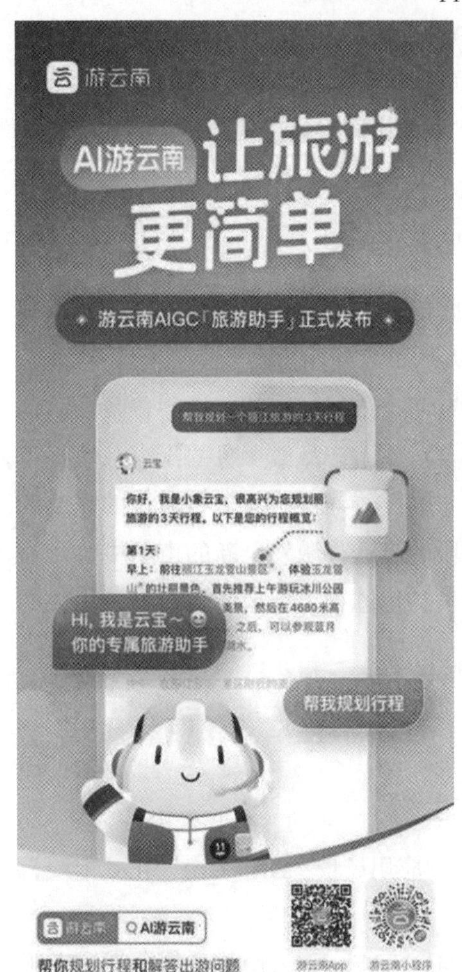

图1.8 “AI游云南”页面

图1.9 “AI游云南”App入口

第二，微信搜索“游云南”小程序，进入后点击页面下方的“服务”按钮，体验AI服务。（图1.10）

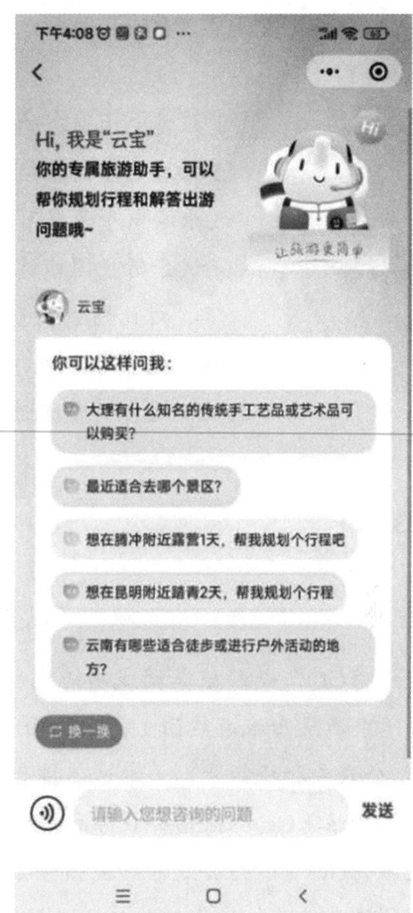

图1.10　"AI游云南"小程序入口

资料来源："AI游云南"正式上线［OE/OL］.云南网，2023-07-28［2024-08-03］.有改动.

本章小结

· 本章内容从电子商务的基本概念入手，引出不同机构和学者对旅游电子商务的定义。通过介绍旅游电子商务不同发展阶段的划分，希望读者能够对旅游电子商务的内涵有更加深入的理解。而后，本章介绍了旅游电子商务四种基本交易模式，即B2B、P2B、B2C、C2B，虽然与电子商务交易模式类似，但其实质和内涵却有差异，原因是旅游业有不同于其他行业的特点。最后，本章分析了旅游电子商务的发展现状和趋势。

复习思考题

一、简答题

1.旅游电子商务的概念是什么?

2.旅游电子商务主要商业模式有哪些关键要素?

3.旅游电子商务可以划分为哪些发展阶段?

4.试分析我国旅游电子商务发展的现状和趋势。

二、讨论题

与传统实物型电子商务相比，旅游业的电子商务有哪些特殊性，如何认识这样的特殊性?

【案例分析】

陕旅嗨GO

“陕旅嗨GO”是陕旅集团成功孵化的创新文旅项目，认证主体是陕西骏途数字传媒有限公司（隶属陕西旅游集团），是陕西旅游集团电商官方账号。目前已经开通“陕旅嗨GO”微信公众号和视频号、一卡通、抖音抖店。

一、“陕旅嗨GO”微信公众号和视频号

“陕旅嗨GO”微信公众号和视频号介绍和出售陕西文旅产品。“陕旅嗨GO” 微信公众号内置“陕旅嗨购”板块销售陕西文旅产品，其视频号中也有一些陕西文旅产品的介绍视频，用于营销宣传。（图1.11）

二、“陕旅嗨GO”陕旅一卡通

陕西旅游集团每年推出99元一卡通，在其微信公众号上可直接购买和激活，一卡通内包含陕西省著名景点的门票优惠和演艺活动优惠。（表1.1，图1.12）

表1.1　2024版陕旅一卡通优惠权益

景区	华清宫	首门票免费一张
	少华山	首门票免费一张
	中国·周原	景区通票免费一张
	丝路欢乐世界	设备游玩通票买一送一（备注：周六、周日及国家法定节假日不可用）
景区	安特大世界	首门票免费一张

续表

演艺篇	《长恨歌》	单次演出票免费一张（周五、周六、周日，法定节假日及暑期皆不可用）
	《丝路之声》	单次演出票全价买一送一（每周一公休停演，本票为《丝路之声》音乐剧演出票，不含丝路欢乐世界入园及游乐项目）
	《大唐女皇》	单次演出票全价买一送一
	《红色娘子军》	单次演出票全价买一送一
	《黄河之水天上来》	单次演出票全价买一送一
	《铁道游击战》	单次演出票全价买一送一
	《出师表》	单次演出票全价买一送一
	《黑娃演艺》	单次演出票全价买一送一
	《夜谭・白鹿原》	单次演出票全价买一送一
	《二虎守长安》	单次演出票全价买一送一
	《鬼方之战》	单次演出票全价买一送一
	《延安十三年》	单次演出票全价买一送一（提前24小时预订0911-8690999，跟团游客不可同时享受此优惠政策）
	《延安保育院》	单次演出票全价买一送一（提前24小时预订0911-8690999，跟团游客不可同时享受此优惠政策）
索道篇	华山西峰索道	索道单程全价买一送一
	少华山索道	索道往返全价买一送一
	阳朔如意峰索道	索道单程全价买一送一
附加篇	山花工程后备箱自驾游活动	免费参与1次

三、“陕旅嗨GO”抖音抖店

“陕旅嗨GO”直播间是陕西旅游集团抖音平台上的官方电商，精心打造300平方米直播基地，内含虚拟演播间、专业直播间和5米级LED融媒体平台展示大屏等，借助媒体中台数字大屏进行大数据分析管理、数据挖掘、产品开发、服务管理，实现数字化运营。通过在抖音本地生活赛道发力，以数字运营实现增量，累计产出GMV（商品交易总额）1.06亿+，成为西北首家3星级服务商。（图1.13）

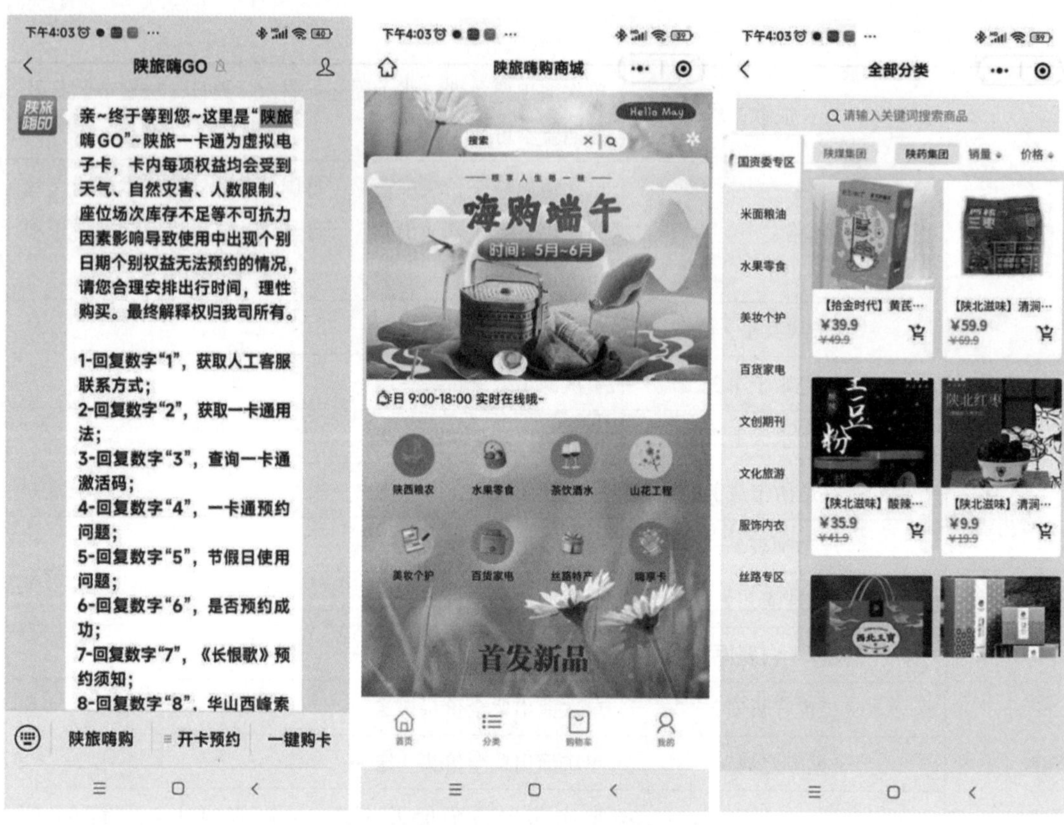

图1.11　微信公众号“陕旅嗨购”板块

图1.12　“陕旅嗨GO”陕旅一卡通界面

图1.13 “陕旅嗨GO”抖音抖店

“陕旅嗨GO”直播间以景区、演艺、索道、文创、餐饮、娱乐以及商业综合业态为产品支撑，以“陕旅嗨GO”视频电商平台+抖音直播间为渠道，以自有文旅达人网红孵化为动能储备，为实体经济赋能。

直播间以选品展陈区、实景直播区、绿幕合成区三大区域，助力直播实现景随货移、虚实结合，打造沉浸式直播消费场景，利用“内容+互动+电商”的玩法，实现日播模式，推介种草各大景点及相关文旅产品的新玩法，构建以播带景带货的沉浸式直播消费场景，助力集团数字化转型。

通过虚拟合成技术，内场直播与外场漫游相互结合，将固定的直播间延伸向更广阔的户外，将户外美景无缝导入直播间，可以极大地提升观众的参与感和互动感，增加直播的趣味性和吸引力，打造出沉浸式直播消费场景。同时，利用陕旅集团媒体中台数字大屏进行大数据分析管理、数据挖掘、产品开发、服务管理等，一站式分析和运营平台助力集团数字化运营提质增效。（图1.14）

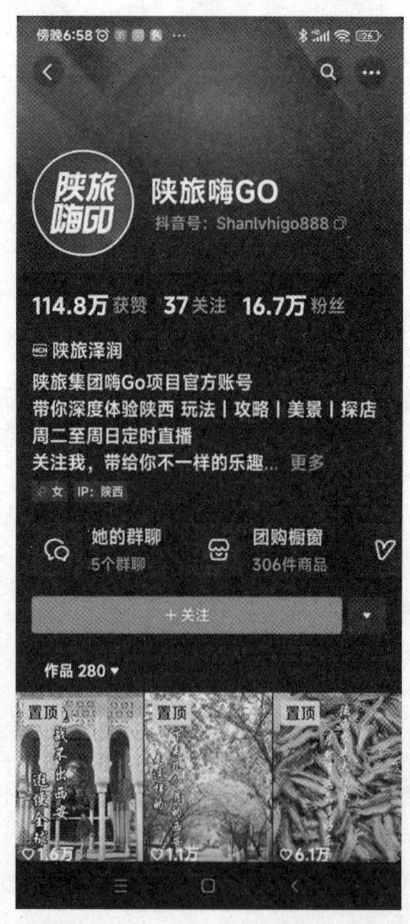

图1.14 “陕旅嗨GO”直播间

问题：作为一个旅游目的地官方电商平台，“陕旅嗨GO”有哪些值得借鉴的地方，你认为旅游目的地该如何打造自己的电商“帝国”？

第2章 移动旅游电子商务

【教学目标与要求】

· 掌握移动旅游电子商务的基本概念和特点。

· 了解移动旅游电子商务的商业模式。

· 了解移动旅游电子商务的组成部分。

· 掌握移动旅游电子商务的服务过程。

· 理解移动旅游电子商务未来的发展趋势。

【知识架构】

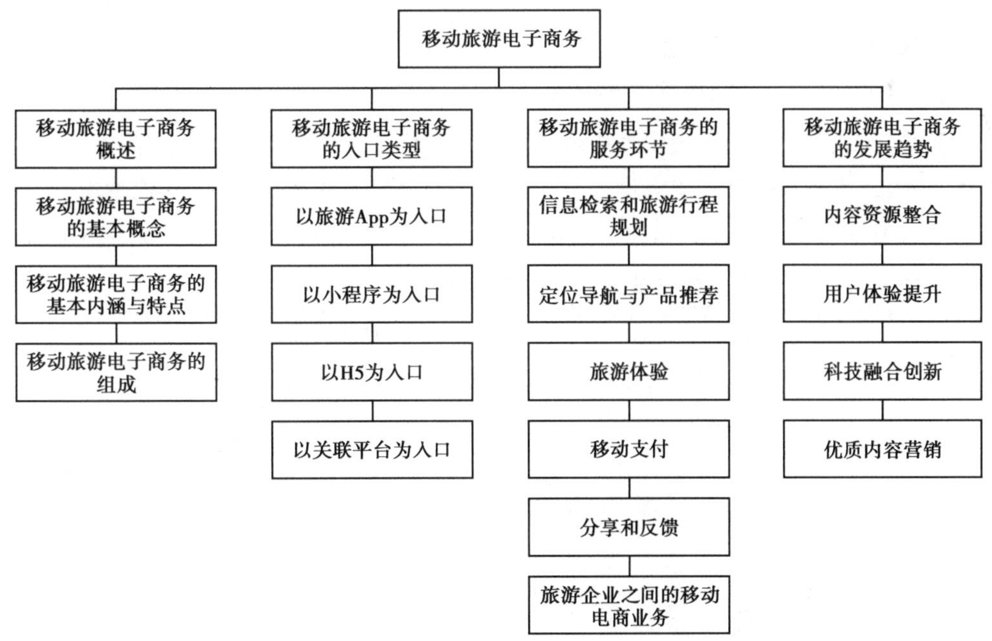

【导入案例】

艾瑞咨询发布《2023中国移动互联网流量年度报告》（节选）

2024年，艾瑞咨询发布《2023中国移动互联网流量年度报告》，报告中就2023年中国移动互联网App使用情况进行调查研究，以下是报告中关于移动互联网整体使用情况和旅游领域移动应用使用情况的部分内容。

一、核心发现

用户规模趋于饱和，增速放缓：截至2023年12月，中国移动互联网月独立设备数达到13.93亿台，与年中相比增长了万分之四。网民人均单日使用时长为271.7分钟、人均单日使用次数为64.2次，线上黏性同比负增长。

用户行为日趋多元化、需求差异显著：随着用户群体的扩张和需求的日益多样化，不同性别、年龄段和地域的用户在上网偏好上呈现出显著的差异。

2023年1–12月，在线旅游行业月独立设备同比实现两位数增长，并与节假日形成联动效应；年轻消费者群体成为流量贡献主力军。

视频服务行业渗透率高达95.5%，居所有一级行业首位，且保持增长态势，其中短视频持续抢占网民的使用时间份额。

2023年12月MAV（月活跃设备数）达到5000万级以上的App复合增长前三名是：携程旅行、大众点评、番茄免费小说。

二、在线旅游——行业概览及用户画像

2023年1–12月，在线旅游行业月独立设备数同比呈两位数幅度增长，其中4月同比增长率达74.6%，达全年峰值。流量增长与节假日、寒暑假呈相关性，且App流量增长高峰，往往在节假日到来之前出现。从用户属性来看：18~24岁用户占比最高，新一线和二、三线用户群体为行业流量的主要贡献者。（图2.1）

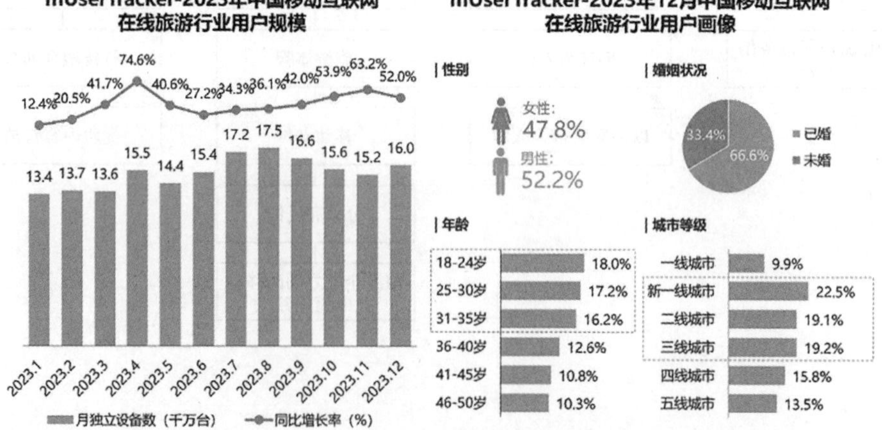

图2.1　2023年1–12月中国移动互联网在线旅游行业用户画像

主流平台流量同比增长幅度均达到三成以上，“五一”假期前的4月和暑假的7–8月是流量增长高峰。（图2.2）

mUserTracker-2023年中国移动互联网在线旅游行业典型APP用户规模

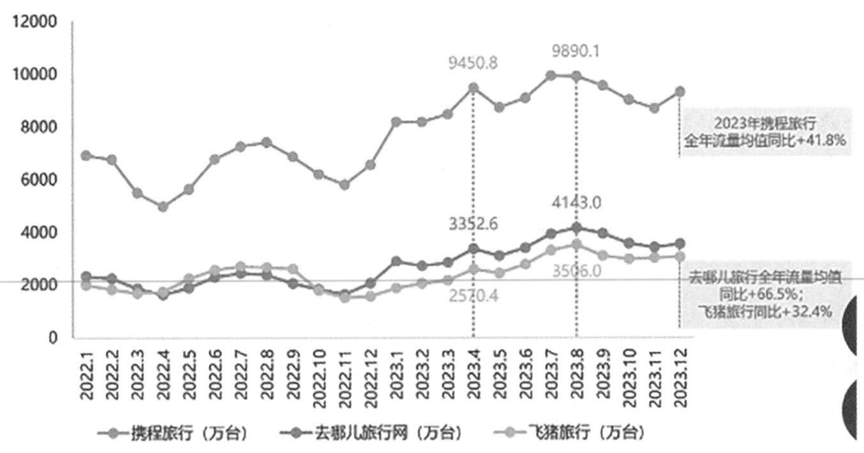

图2.2　2023年中国移动互联网在线旅游行业典型App用户规模

三、2023年中国移动互联网价值榜

2023年中国移动互联网用户增速榜中显示：在用户规模5000万级以上的TOP15增速App榜，携程旅行位居第一名，2023年12月独立设备数9290.8万台，近12个月复合增长率为3.0%。（图2.3）

2023年中国移动互联网用户规模5000万级以上的TOP15增速APP榜

序号	APP名称	一级行业	二级行业	2023年12月独立设备数（万台）	近12个月复合增长率（%）
1	携程旅行	旅游出行	在线旅游	9290.8	3.0%
2	大众点评	生活服务	本地生活	6000.9	2.8%
3	番茄免费小说	电子阅读	在线阅读	8274.5	2.4%
4	汽车之家	汽车服务	汽车资讯	6247.4	1.5%
5	中国银行	金融理财	银行	7985.1	1.5%
6	七猫免费小说	电子阅读	在线阅读	5670.1	1.4%
7	喜马拉雅	音乐音频	有声音频	6470.9	1.4%
8	百度网盘	办公管理	云盘	9735.9	1.1%
9	美团外卖	美食外卖	外卖	6842.0	1.1%
10	小米视频	视频服务	聚合视频	7276.2	1.0%
11	夸克浏览器	实用工具	浏览器	5917.9	1.0%
12	QQ邮箱	通讯聊天	电子邮件	9410.6	0.9%
13	知乎	社区社交	社区交友	6803.7	0.9%
14	小米应用商店	下载分发	厂商商店	9277.4	0.6%
15	唯品会	电子商务	网络购物	9117.9	0.4%

图2.3　2023年中国移动互联网用户规模5000万级以上TOP15App

资料来源：艾瑞咨询. 2023中国移动互联网流量年度报告［EB/OL］.［2024-08-06］. 有改动.

移动支付行业数字化进程分析——易观分析：2023年第1季度中国第三方支付移动支付市场交易规模83.33万亿元人民币

2023年第1季度，我国移动支付业务量增长显著。其中，占据主导地位的银行移动支付业务规模为144.60万亿元人民币，环比增长19.15%。易观分析发布的《中国第三方支付移动支付市场季度监测报告2023年第1季度》显示，作为我国移动支付业务重要补充力量的第三方移动支付2023年第1季度市场交易规模83.33万亿元人民币，环比增长8.97%。

易观分析认为，2023年1季度，国内经济进入向上修复阶段，激发消费市场活力。在消费的强有力拉动下，我国第三方移动支付无论是交易笔数还是交易规模均得到强劲增长。

2023年第1季度，餐饮、电影、旅游等线下消费迅速回暖。统计显示，2023年第1季度，中国线下扫码市场交易规模为13.89万亿元人民币，环比增长10.41%。

2023年第1季度，我国社会消费品零售总额11.49万亿元人民币，同比增长5.8%。随着居民消费信心边际修复，2023年第1季度第三方移动支付消费类支付业务量取得较大幅度增长。

金融类交易方面，2023年第1季度，A股市场延续了去年四季度以来的反弹态势，幅度更大，方向更集中，2023年第1季度第三方移动支付金融类支付业务规模保持平稳较快增长。

2023年第1季度，中国第三方移动支付整体市场格局保持稳定。《数字中国建设整体布局规划》出台叠加降本增效宏观局势下，SaaS有效契合企业发展需求，支付+SaaS行业迎来新的一波增长。中国第三方支付机构依托海量支付业务数据和技术能力沉淀，为中小微企业提供灵活的支付+SaaS解决方案的同时对其进行数字化改造。

2023年第1季度，支付宝“集五福”活动继续深入开放，助力商家数字化。超3万商家小程序参与支付宝五福活动，用户可通过扫/搜商家支付宝小程序、生活号、红包码或登录商家App领福卡。此外，支付宝积极与行业伙伴一起不断推进支付行业的开放，助力淘宝上线翼支付、“和包”付款等支付选项。

2023年第1季度，受益于消费反弹带来的商业支付活动恢复，腾讯金融交易规模增长稳健。

易观分析认为，众多中小微企业主动或被动地接受云服务，极大地缩短了市场教育进程，为支付+SaaS的发展提供了良好的土壤环境。中小微企业对“提效、开源、节流型”等SaaS工具的需求愈加迫切。为此，第三方支付机构可与SaaS服务商达成战略合作，也可通过入股的方式达成资本合作，产生优势互补的协同效应，流量互导，相互赋能，共同推动产业数字化升级，并积极探索AIGC等新型技术在支付+SaaS场景中的应用。

资料来源：移动支付行业数字化进程分析——易观分析：2023年第1季度中国第三方

支付移动支付市场交易规模83.33万亿元人民币［EB/OL］.（2023-06-28）［2024-08-06］.有改动.

【关键术语】

移动旅游电子商务　运营模式　组成体系　移动服务过程　发展趋势

随着智能手机的普及和移动互联网的快速发展，在移动网络支持下，越来越多的游客借助移动应用进行搜索、获取信息，完成完整的支付、实地消费等过程，并进行评价与分享。那么，究竟什么是移动旅游电子商务，它有哪些类型，它的服务环节包括哪些?本章将从移动旅游电子商务的基本内涵与特点、组成要素、入口类型、服务环节、未来发展趋势等方面进行分析和探讨。

2.1　移动旅游电子商务概述

2.1.1　移动旅游电子商务的基本概念

刘玉军在《M-Commerce发展现状及对策》中，定义移动电子商务为：通过移动互联网传输数据，通过移动设备与企业商务平台相连，通过无线通信技术最终完成的经营活动，指出移动电子商务在效率、规模、成本、时空限制上优于传统电商[1]。

移动旅游电子商务是指：旅游服务产品消费者利用移动终端设备，通过无线、有线相结合的网络，完成和移动旅游提供者的交易活动。其功能具体可以概述为以下3个方面：旅游信息服务、各种旅游产品的线上购买、为旅游爱好者提供自主交流的平台。

移动终端或移动通信终端是指可以在移动中使用的计算机设备，涵盖手机、笔记本电脑、平板电脑、POS机、智能穿戴设备、车载电脑等多种终端设备。这类设备普遍具有智能分析、图像和影像呈现、语音和音乐播放、移动网络支持、近场通信以及支付功能。

2.1.2　移动旅游电子商务的基本内涵与特点

1）基本内涵

移动旅游电子商务是指围绕游客需求，企业通过智能手机、平板电脑等移动终端，利用移动互联网、物联网和卫星定位等技术，实现移动过程中的食、住、行、游、购、娱等

1　刘玉军. M-Commerce发展现状及对策[J]. 现代商贸，2012（2）：65-75.

旅游服务的电子商务和延伸的关联服务功能。

移动旅游电子商务凭借其特有的移动支付和基于特定位置服务的优越性，大大拓宽了传统电子商务的服务范围。移动旅游电子商务凭借其随时随地的个性化、实时化的贴心服务，解决了旅游产品生产与消费需求的时空差异性，显示出了独特的优势。

2）特点

移动旅游电子商务的特点主要表现在服务和管理两个方面：在服务上，以游客、消费者自身携带的电子设备为主，通过移动网络或自身无线网络的支持，以及开发应用等方式，为游客提供实时的信息查询、预订、支付、评价等功能。在管理上，则更多采用研发专属硬件的形式，实现对电子商务过程的管理、数据采集与统计分析。

（1）移动性

移动旅游电子商务终端可携带，其接入位置并不是固定不变的，而是随着旅游者的活动地域而不断变化，游客可以随时随地浏览旅游信息，甚至购买旅游产品，所以具有很强的移动性。

（2）方便性

移动终端可以作为移动旅游信息查询台、移动导览设备，甚至是移动银行，旅游者可以利用移动终端灵活浏览旅游信息，享受游前、游中、游后的信息快捷查询、预订、支付等便利服务。移动旅游电子商务的这种方便性也反过来使旅游者更加忠诚于移动旅游电子商务这一模式。

（3）及时性

旅游者通过随时随地访问移动终端来获取旅游信息，同时移动旅游电子商务商家可将旅游信息直接发到旅游者的移动终端。随着移动通信技术的发展和移动终端设备的应用，这种沟通方式越来越及时，越来越全面。

（4）定位精准性

移动旅游电子商务依托于移动终端的定位功能，旅游服务提供商可以识别旅游者所处的位置，可以提供与该位置相关的交易服务，还可以根据位置信息提供个性化服务。

（5）服务个性化

移动旅游电子商务将旅游者和旅游服务商联系起来，不受计算机或连接线的限制，促使移动旅游电子商务走向个性化。它可以根据旅游者的身份、位置、个性化特征等提供相配套的定制服务，旅游产品服务需求者完全可以根据需求选择服务方式。

（6）安全性

移动旅游电子商务由于可以定位和识别旅游者，同时移动终端又具有私人特征，势必会产生旅游者的隐私保护和财产安全问题。因此，移动旅游电子商务必须具有更高的安全性，支持旅游者的隐私及安全的可选设定，在保护旅游者隐私和财产安全的同时，最大化满足旅游者的需求。

2.1.3　移动旅游电子商务的组成

移动旅游电子商务的组成要素主要指移动旅游电子产品提供商、硬件提供者、软件提供商、金融服务提供商、移动数据服务商、游客、平台提供商、物流服务提供商等，移动旅游电子商务的组成要素涵盖了平台、技术、服务、应用主体和保障措施等多个方面，它们共同构成了移动旅游电子商务的完整体系（图2.4）。

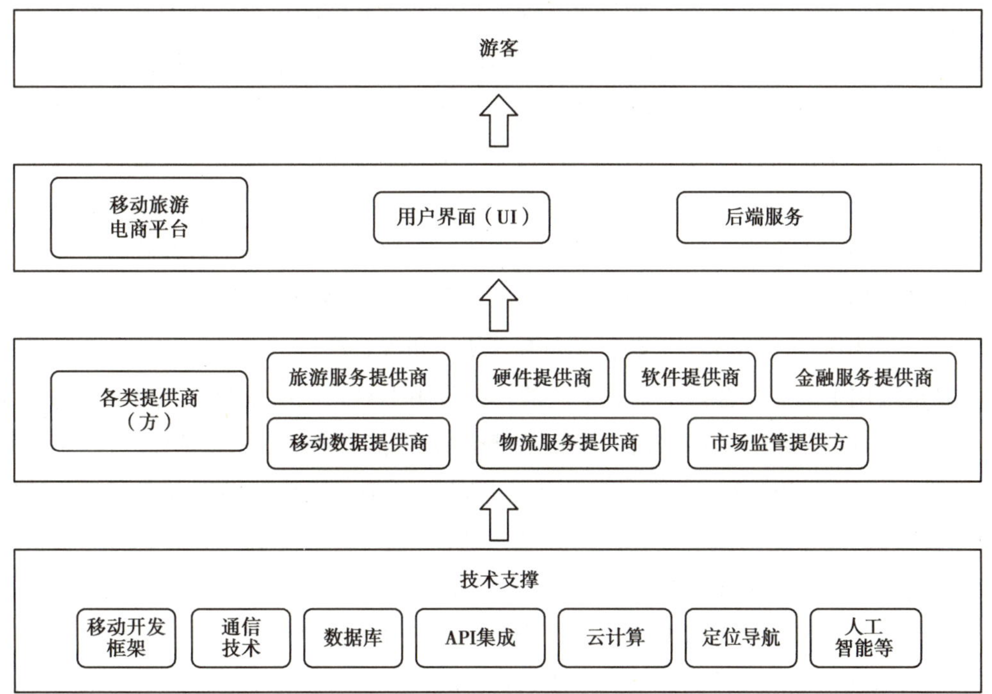

图2.4　移动旅游电子商务的组成构架图

2.2　移动旅游电子商务的入口类型

将移动电子商务应用到旅游中，由于各旅游企业现有的电子商务运用水平和深度、企业的规模、经济技术实力等会有较大差别，应用模式也会千差万别。现阶段，移动旅游电子商务的用户进入类型主要有：以旅游App为入口，以小程序为入口，以H5为入口，以关联平台为入口四种。

2.2.1 以旅游App为入口

以旅游App为入口的移动电子商务是指各类商家通过自建或者入驻其他旅游电商企业开展的移动电子商务活动，通过专门的旅游类移动应用程序来进行的旅游相关商品和服务的在线交易活动。这些旅游App通常提供一系列的功能，包括旅游信息的查询、预订、支付、评价等，以满足用户在旅行过程中的各种需求。

旅游App是旅游企业走上线上销售的重要途径之一，相比自建门户网站，搭建旅游App在建设成本和运营维护的成本上都相对小一些。另一方面，随着移动互联网技术的提升，无线网络覆盖面更全更广，加之智能手机普及，各行各业将电子商务的开发和建设重点放在移动端。旅游也不例外，而且旅游业的异地特性和空间位置特性使其天然适合移动应用。基于以上原因，旅游App的开发就成为旅游企业开发移动应用的优选。

当前，以旅游App为入口的移动旅游电子商务应用比较多。在功能上，可以划分为单一功能的旅游App和综合性功能的旅游App。单一功能的旅游App是指此类移动电商平台聚焦为用户提供某一类旅游产品的信息查询和购买。例如，Airbnb（爱彼迎）只提供民宿产品。综合性功能的旅游App是指此类移动电商平台通常会为用户提供多种旅游产品的信息查询和打包购买。比较常见的有携程、去哪儿网、途牛、同程等。在产品来源上，可以划分为自产自销的旅游App、采购代销的旅游App和混合产销的旅游App。自产自销的旅游App是指应用中的产品都是本企业生产的，本应用不对其他商家开放。例如，首旅如家App上只销售其俱乐部会员的客房，不销售非会员产品。采购代销旅游App可以理解为是一个纯粹的移动旅游中介，其本身并不生产产品，而是单纯地帮助别人卖产品，从中获得中介费。例如，美团酒店目前没有自产的酒店产品，其移动平台上的酒店都属于其合作方。混合产销的旅游App是指此移动平台既销售自产旅游产品，同时兼营其他企业的产品。最典型的是携程，虽然大众印象中携程是旅游中介的角色，但是，携程网上也有一些是自己通过采购供应商产品而加工后形成的自己的产品，所以属于混合产销的旅游App。

2.2.2 以小程序为入口

以小程序为入口的移动旅游电子商务是指用户通过微信小程序或者抖音小程序进入到旅游产品的信息介绍和购买界面而开展的电子商务。为什么选择小程序，首先不容置疑的是微信和抖音的用户群体巨大。腾讯2022年第四季度的财报显示，微信的月活跃用户数达到了13.13亿。小程序使用时长为2021年同期的2倍，超过朋友圈使用时长。视频号使用时长为2021年同期的3倍，超过朋友圈使用时长[1]。2023年抖音的交易额为38亿美元，截至

1 腾讯.2022年Q4微信及WeChat月活13.13亿 同比增长3.5%［OE/OL］.（2023-03-22）［2024-08-06］.

2024年4月，TikTok（抖音国外版）全球下载量超过49.2亿次，月度活跃用户数超过15.82亿，2024年平均每个用户每天会在TikTok上花费58分24秒[1]。微信和抖音强大的用户体量使得很多商家不得不将营销阵地放在这两个平台上。其次，相比较自建网站或者App，在微信或者抖音上搭建小程序是一件很经济的事情，市场上还针对此出现了大量提供小程序搭建和服务的第三方企业，旅游企业通过小程序进入电商领域目前的门槛已经比较低了。再次，相比App，小程序不需要用户单独下载，所占用户手机空间小，这种“即用即走”的特点也使用户使用起来没有什么心理负担。

但是，以小程序为入口的移动电商也存在一定弊端。首先，引流能力不足，微信和抖音平台往往不会经常向用户推送这类电商，因此，能够吸引多少用户是一个未知数，一定程度上属于私域，需要靠其他平台引流才行。其次，要维持小程序上的销售量往往是比较难的，这与大部分用户出行喜欢在一个平台购买所有需要产品的行为习惯不符。例如，自由行用户一次出行往往同时需要食、住、行、游、娱等多方面的产品，而小程序受到页面显示限制，往往适用于单一旅游产品介绍或者简单几种产品综合介绍。因此，对多需求用户并不友好。最后，因为小程序是嵌入在微信或者抖音大平台内的，如果用户不登录，小程序是不会出现在用户的视线内的，“用完释放，不用消失”，这无形中使用户对小程序没有特别深刻的印象。

当前，很多大型的旅游电商企业都已经在微信和抖音上开设了小程序，由于微信出现的时间比较早，所以目前微信小程序的大众认知度和使用频率会高一些。很多旅游企业也看到了小程序的优点，纷纷在微信上搭建小程序，实现多渠道营销。例如携程、同程、去哪儿网、马蜂窝、途牛等一些综合性旅游企业，也有一些专门用于销售某一特定主题旅游产品的微信小程序，以及某个旅游目的地搭建的旅游小程序。（图2.5）

抖音小程序是抖音平台提供的一种轻量级应用，用户无须下载安装即可在抖音App内使用，具有轻量级、即用即走、功能丰富、社交属性、易于开发等特点。企业如果选择在抖音创建小程序，需要入驻抖音开放平台。抖音平台为企业提供了创建小程序的操作指南。而很多企业也看到了抖音短视频和直播强大的覆盖面和用户黏性，将旅游产品嵌入到抖音小程序，实现平台内的闭环交易。例如美团、携程、同程等OTA商家，长隆野生动物园、武功山等旅游景区，丽呈酒店，美团旅行社等旅游企业均已开发了抖音小程序。《2023抖音旅游行业白皮书》显示，截至2023年3月底，抖音上，景点酒店、住宿、航空公司、OTA旅行社等各类旅游企业账号数量的平均增长速度超过20%。由此可见，抖音小程序或将成为旅游企业开展营销推广的又一重地。

1　领航国际保险经纪有限公司. TikTok全球下载量近50亿次 月度活跃用户达15.8亿［OE/OL］.（2024-05-15）［2024-08-06］.

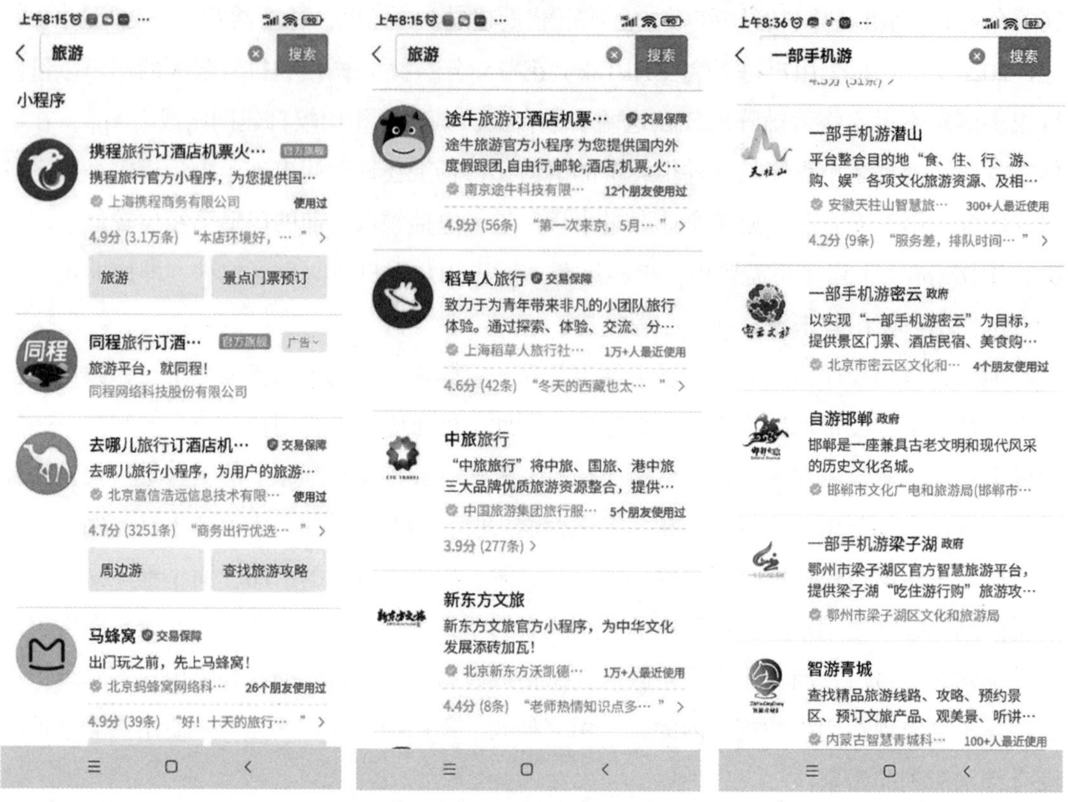

图2.5 一些旅游电商的微信小程序入口

2.2.3 以H5为入口

旅游H5通常指的是为旅游行业定制的HTML5网页或应用。H5是一种网页制作语言，它允许开发者创建更加丰富和互动的网页内容。旅游H5页面或应用可能包含以下特点：

· 多媒体内容。可以支持嵌入视频、音频、动画等多媒体内容。

· 互动性。支持更丰富的用户交互功能，如拖拽手势操作等。

· 跨平台。页面可以在不同的设备和浏览器上运行，包括手机、平板电脑和个人电脑。

· 地理位置服务。结合GPS等技术可以提供基于地理位置的服务，如景区推荐旅游线路规划等。

· 在线预订。页面可以集成在线预订功能，让用户直接通过网页预订酒店、机票等旅游产品。

· 社交媒体整合。可以方便地将旅游内容在社交媒体进行发放和传播。

· 即时通信。一些旅游H5页面可能还包含即时通信功能，方便商家与用户进行实时沟通。

H5可以用来制作旅游营销宣传页面、旅游攻略介绍、旅游活动宣传品、旅游案例分享、旅游互动平台、旅游地图等。当前已经开展旅游H5建设的企业有：马蜂窝旅游攻略、同程搭建的360° 全景旅游体验等。

【案例】

同程旅游：360° 实景趣玩日本

360° 实景趣玩日本是同程网在2016年1月推出的新应用，通过360° 全景和漫画的形式向用户展示了日本的旅游景点，并提供了报名入口，用户可以填写姓名和电话进行旅游预订。案例在视觉设计上采用了日本樱花粉作为主色调，配合红花、绿叶和蓝水，营造出了一种标准的日本漫画风格。在交互设计上，360° 实景趣玩日本采用点击、重力感应旋转和滑动屏幕等多种方式，提高了用户体验。具体策划分三部分。

第一部分：一步拼图游戏，用户只需点击一次拼图块，完成日本风格拼图，即可进入全景。（图2.6）

图2.6　360° 实景趣玩日本截图（1）

第二部分：粉色动漫360° 全景，介绍了日本的旅游景点：日本动漫基地、日本最古老寺院、忍者忍术博物馆、日本最高峰、日本温泉。（图2.7）

第三部分：点击引导小手，进入每个景点的展示动画子页，每个页面右上角设置“福袋”，点击后，出现活动介绍和用户提交个人信息页面。（图2.8）

图2.7　360° 实景趣玩日本截图（2）

图2.8　360° 实景趣玩日本截图（3）

资料来源：【未来应用】优秀的H5旅游案例分享［EB/OL］. 搜狐网，2016-03-10［2024-08-09］.有改动.

2.2.4　以关联平台为入口

以关联平台为入口在此主要是指有一些旅游产品的营销是借助其他一些关联产品的移动平台而实现的。用户在关联产品的移动平台上进行购买行为时，关联平台会向其推荐本产品，从而实现销售。这种模式类似于淘宝平台上的“顺便带一件”。值得注意的是：第一，产品之间的关联度要相对较高，如旅游产品中的机票和接送机服务；第二，产品之间不存在替代性。

比较常见的以关联平台为入口的旅游移动电子商务是12306和电子地图。在12306平台上专门有酒店住宿和门票旅游板块业务。用户在12306平台上进行火车票预订时，可以顺便在此平台上预订酒店、景区门票甚至旅游线路产品。而平台上的关联产品同样受到12306平台保障。

当前国内用户使用的电子地图有：高德地图、百度地图、腾讯地图、谷歌地图、搜狗地图、和地图、图吧地图等。截至2021年，百度地图的日均位置服务请求次数达到了1200亿次，服务移动应用量达到了50万，月活终端设备达到了11亿[1]。根据QuestMobile发布的《2023中国互联网核心趋势年度报告》，2022年10月至2023年9月期间，高德地图的平均月活跃用户数（MAU）约为7.6亿，其在2023年6月的日均活跃用户数超过了1.2亿[2]。电子地图不仅为用户提供定位导航、路线规划等服务，还提供基于位置的旅游资源介绍及预订服务。例如周边游、周边旅游景点、周边酒店、租车、周边餐饮等，这些产品大部分由第三方供应商提供。

2.3　移动旅游电子商务的服务环节

2.3.1　信息检索和旅游行程规划

随着信息化基础设施的不断完善，在生活和旅游中人们所能够获取的信息内容也不断丰富。这给移动端的旅游查询和预订活动都提供了更好的环境支持。

游客在移动端需要的信息服务主要有：一是游客可通过手机访问移动网站或者移动电子商务平台获得门票、行程路线、酒店和车票等旅游信息，游客还可通过旅游移动电子商务平台了解到的各种信息对行程进行实时调整。二是导游信息。游客在进入旅游景区时，可获得“语音自助导游业务”，使游客在游览时无须请专业导游，通过电子化导游就可以充分了解景点的历史文化知识，多样化的选择不仅能提升导游服务的品质，还可以避免专

1　2022年中国手机地图三巨头分析——百度地图：强大数据基础支撑［OE/OL］.（2021-11-23）［2024-08-09］.

2　月活超抖音，高德却“烧不起”本地生活［OE/OL］.（2023-12-29）［2024-08-29］.

业导游收费高、易发生欺诈诱导游客消费的事件发生，从而实现景区的精细化管理和人性化服务，提高景区综合管理水平和服务质量。三是广告信息。可以有针对性地发布有关旅游目的地的资讯广告，普遍能得到受众的欢迎。比如针对旅游市场俄罗斯和日、韩游客比较多的特点，有针对性地投放俄语、日语和韩语旅游信息、导游信息和广告信息，必将大大提高旅游目的地接待的国际化水平，增加亲和力和吸引力，方便各国游客。旅游电子商务的信息发布在移动终端和网页等的方式基本一致，但受限于屏幕尺寸、终端数据处理能力、移动网络环境、系统兼容性、支持性等多方原因，所发布信息的排版、图片影音文件大小等受到一定程度的限制。

旅游信息发布既包含了旅游服务提供商对旅游信息的发布，也包含了游客对个人旅游需求和个人信息的发布。其中旅游信息的提供方主要包含政府、旅游企业以及移动互联网时代独具代表性的UGC（User Generated Content，用户生产内容）、PGC（Professionally Generated Content，专业生产内容）和OGC（Occupationally Generated Content，职业生产内容）等个性化旅游信息发布。政府和相关管理部门所发布的旅游信息具有官方性、重大性和规范性的特点，以通告和时政要闻为主。景区及其他旅游企业所发布的旅游信息相对侧重经济属性，以旅游产品的介绍和预订信息为主。其他互联网原创旅游相关信息发布则凸显了其贴近生活的真实性与细致入微的特点，其中UGC主要是用户自行撰写的博客、游记等内容；PGC凸显了其专业性深入的视角与分析；OGC则以职业化的媒体编辑能力对信息内容有着深入的整理与塑造，彰显了其职业化程度。

移动旅游应用一方面为用户提供丰富的旅游信息推荐，同时也提供根据关键词进行搜索的功能。有的旅游应用信息搜索的范围是本平台内的（如携程），有的则可以扩大到其他平台信息（如去哪儿网），移动旅游应用的信息检索功能为用户快速、准确地获得有价值的信息提供了便利，大大提高了用户收集信息的效率，也加速了旅游购买行为的发生。

对于移动终端的旅游信息而言，最重要的是让游客方便快捷地获取到所需要的内容。这既与电脑网页版的条件筛选、关键词检索等相一致，也需要结合移动终端特性进行深化突出。移动设备最凸显的优势是结合游客精准定位服务，向其推荐更具针对性的产品和服务。而最新兴起的可穿戴智能设备也将健康、运动等新的资源拉入人们视野。更加智慧的旅游电子商务就是要通过对游客信息和公共信息的综合分析判断，更好地帮助游客进行交易和决策。（图2.9）

散客时代，旅游行程规划是用户的普遍需求，为了帮助用户进行个性化的旅游行程规划，市场上出现了一些为用户提供行程规划的旅游App。（表2.1）

图2.9　旅游信息检索截图（图片来源：去哪儿网ios版App信息检索与筛选界面）

表2.1　部分提供旅游行程规划的旅游App

序号	App 名称	功能简介
1	携程旅行	在线旅行预订平台，提供机票、酒店、景点门票预订服务，以及行程规划工具
2	去哪儿网行程助手	帮助用户制订个性化的行程单，选择城市，浏览推荐，一键生成行程单，预订优惠门票等
3	马蜂窝	旅游社区和服务平台，提供旅游攻略、酒店预订、机票预订等服务，通常具备行程规划功能
4	穷游行程助手	穷游网出品的行程规划工具，支持 WEB 端、iOS 系统和安卓系统，具备自助旅行所需的基础功能，能够快速规划行程，并提供景点信息和用户评论
5	行程规划－旅游行程规划记录	由成都为普科技有限公司开发，为用户提供专属旅游行程路线图、旅游攻略、旅游行李清单、景点介绍、旅游记事本等服务

旅游行程规划功能为用户提供极大便利，用户输入旅游时间、旅游花费、旅游目的地以及其他一些旅游要求之后，旅游App便能够自动生成多条符合要求的旅游线路，供用户选择。当用户选定旅游线路之后，旅游App还能帮助用户实现旅游产品的一键购买，省去了用户信息查询、对比和筛选工作，节约了用户决策和购买的时间。这在一定程度上也促进了旅游产品的销售。

2.3.2 定位导航与产品推荐

旅游活动是游客的空间位移活动，游客前往一个非惯常居住的环境，在没有向导引导的情况之下，必然需要借助电子导航，因此定位导航成为游客出行的必然服务需求。

旅游定位导航是一种利用位置服务（LBS）技术帮助旅游者在旅行过程中实时了解自己的位置，并提供周边旅游信息的服务。这项服务可以通过多种技术实现，包括GPS导航、基站定位、Wi-Fi定位、RFID定位和地标定位等。其中，GPS导航是目前应用最为广泛的一种方式，因为大多数智能手机都内置有GPS导航模块，可以方便地进行位置定位和导航[1]。

目前为游客提供定位导航的软件主要包括两大类：电子地图和旅游App。电子地图主要是指百度地图、高德地图等为广大用户提供定位、导航、线路推荐等服务的移动软件。此类软件在游客的出行过程中使用最为频繁。此类移动软件有周边服务，向用户推荐其所在地和目的地的各类旅游产品，实现旅游产品的关联销售。旅游App在不断完善用户购买体验的过程中发现向游客提供详尽的线路、距离、定位、导航等信息和服务，能够获得游客的好评，增强用户黏性，促进旅游产品销售。因此，一些旅游App也为用户提供定位导航服务。当然，这更多的是借助电子地图进行再加工而实现的。

市场营销学中有一个观点：消费者的需求是需要被提醒、引导和刺激的。很多时候消费者并不能够确定自己想要的是什么产品，需要商家向其提供多个可选项供其决策。而旅游过程中的需求具有综合性、多样性、即时性等特点。游客没有充足的时间和精力，从多平台的海量旅游信息中准确定位到适合自己的产品。这就需要旅游企业为其提供精准推荐。

移动软件推荐的内容通常包括周边景点、酒店预订、旅游攻略、周边餐饮、旅游线路、天气查询等服务，以及其他旅游者可能需要的软件。这种关联营销的方式使我们看到旅游企业之间相互协作的融洽关系，也验证了旅游需求的多样性和综合性。

2.3.3 旅游体验

体验营销是通过创造难忘的体验来吸引和影响消费者，使他们对产品或服务产生情感上的联系，从而激发需求。为了帮助旅游者快速作出购买决策，很多旅游企业将无形的旅游产品和服务利用技术手段让旅游者提前感知。例如基于移动端的360度实景体验、虚拟现实体验等等，目的就是将异地化的旅游活动搬到旅游者眼前，给游客更加形象具体的直观感受，让游客觉得好，从而促进旅游销售。

1 司马诗南. 兰州：智慧旅游中的“四导”是什么？［EB/OL］.（2023-09-18）［2024-08-09］.

【案例】

欢萌旅行

欢萌旅行是一款针对年轻的旅行消费人群所创建的旅行App，可以为用户推荐最优路线，还能记载一些旅行笔记等，目前覆盖成都、香港、澳门、丽江、甘孜州、西双版纳、长沙、广州、青岛以及泰国曼谷、新加坡等。它能满足游客对于玩什么、吃什么、住哪里的需求。

在玩什么板块，欢萌旅行为用户提供详细版的旅游攻略，也提供AI摘要版旅游景区景点介绍，当用户对该线路感兴趣时，可以直接在该平台上预订景区门票，给予用户极大便利。

该App的亮点主要有两个：第一，充分利用AI，用户在首页就能看到“旅行管家”，可以向管家问任何关于旅游目的地的事情，提供用户体验，提高效率。第二，智能旅拍，帮助用户足不出户也能拍出旅行大片。具体包括“穿越旅行”和“智能VLOG”两个功能，其中“穿越旅行”以国内外城市的真实场景为背景，用户上传自己的照片，就能得到穿越后自己的视频，效果毫无违和感，目前支持的国家、城市和景点有：日本、伦敦、美国纽约时代广场、泰国曼谷大皇宫、中国澳门、中国香港迪士尼、西双版纳、黄山、丽江、江西千户苗寨等。用户可以将自己的照片上传到“智能VLOG”，得到定制化VLOG，如果不满意可以重新定制。（图2.10、图2.11）

另一方面，为了丰富游客的旅游活动项目，很多旅游景区也积极探索基于移动端的旅

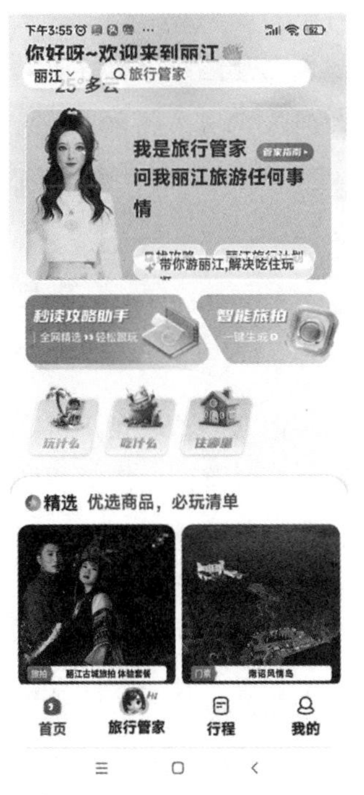

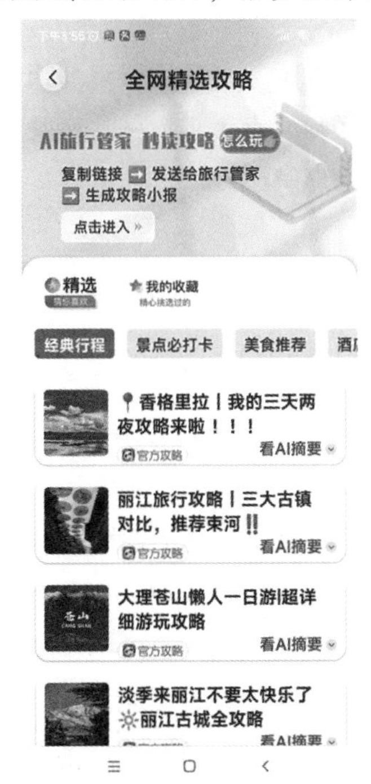

图2.10　欢萌旅行App页面（1）

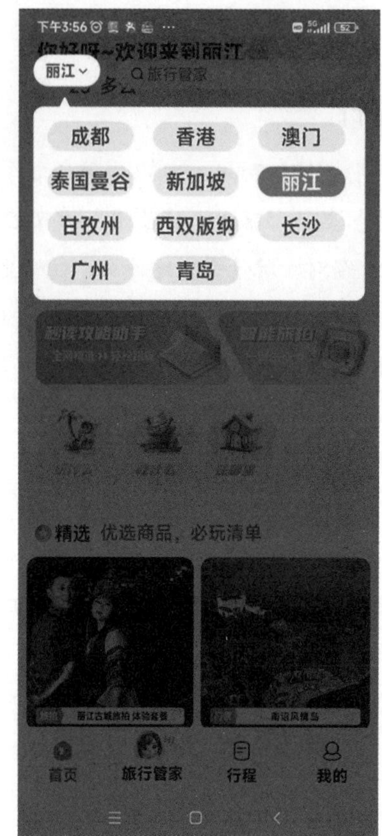

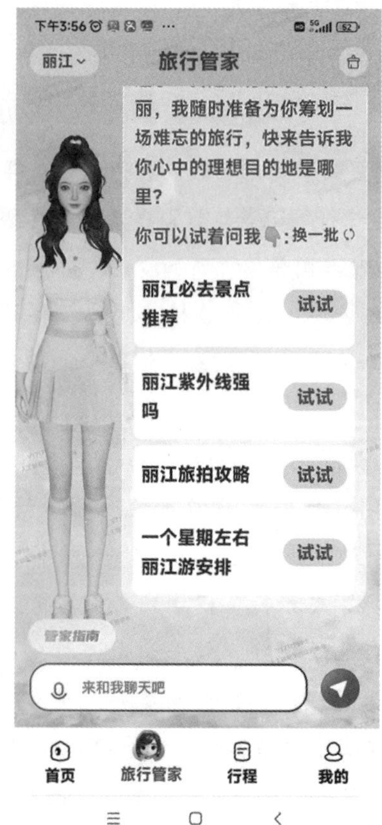

图2.11　欢萌旅行App页面（2）

游体验活动，例如智能导览、拍照打卡等，获得好评的同时延长游客在景区的停留时间，带动景区内的二次消费收入。在这种需求之下，一些科技企业纷纷涌入市场，成为景区的技术服务商，帮助景区开发移动应用。

【案例】

驴迹科技打造移动导览

驴迹科技集团有限公司（以下简称“驴迹科技”）成立于2013年12月，总部在广州，2014年推出驴迹导游App，2016年开始售卖电子导览产品，2017年完成国内1000多家景区覆盖，并开始着手海外景区，2018年国内5A级景区覆盖率达96.9%，2019年覆盖全球19493家景区的在线导览产品，其中海外7000多家景区，2020年1月登陆香港联合交易所主板挂牌上市，股票代码1745.HK，2020年6月为全球22044家景区建设在线电子导览系统，覆盖国内11674家景区，其中5A级景区278家，4A景区2170家。截至2022年12月31日，驴迹科技已开发中国及海外旅游景区共46917个在线电子导览，包括中国297个5A级景区和2734个4A级景区。公司的主要产品有智慧导览、SaaS、一机游、目的地营销，其中智慧导览是其最为主要的业务。

智慧导览业务：驴迹科技在云端系统上为用户提供在线电子导览，包括旅游景区的手绘地图、旅游景区内景点的文字介绍及语音讲解，并伴有实时导航等功能。在导览过程中，还可以向用户推荐建筑游、文艺游、经典游等多种游玩路线，并提供洗手间、餐厅、商店、景点及其他服务设施的精准查询，满足景区内游客吃住行游购娱的全面需求。驴迹科技在线导览的接入渠道包括：为在线旅游平台提供API（接入内嵌门户站点、让用户能够通过在线旅游平台购买和使用）、驴迹导游App（依托独家制作的景区Q版地图提供在线导览和讲解）、使用驴迹的H5页面访问（如厦门鼓浪屿景区）、驴迹导游卡（搭载景区电子导览激活码的可发售实体卡）。

SaaS产品：在游客端向游客提供导览讲解服务，提供吃、住、行、游、购、娱等全面、精准、快捷的信息服务。在景区管理端景区管理人员通过后台联动协同工作，管理景区导览资料，了解游客导览状况。目前应用对象包括峨眉山旅游导览、武山文旅全景图、陕西张裕瑞那城堡电子讲解、兴文景区多功能智慧导览、西江千户苗寨、彬州侍郎湖景区、南京栖霞山掌上游、江西教育旅游示范区等。

一机游：驴迹科技携手腾讯与高德打造了“一部手机游云南”项目。“一部手机游云南”依托“互联网+旅游服务”，通过游云南App、微信公众号和微信小程序，全面覆盖游客在云南的游前、游中、游后的各项需求，提升游客吃住行游购娱的体验，并通过诚信体系、投诉平台的建设，让游客全流程省心、安心、放心。驴迹科技还参与了“一部手机游天河”智慧旅游服务平台的建设。

目的地营销：这一方面的业务主要包括品牌设计、旅游营销、视频制作、新媒体运营。

资料来源：根据驴迹科技门户网站内容编辑整理。

2.3.4　移动支付

移动支付是一种使用移动设备进行的电子支付方式，通过移动终端对旅游实体产品和服务进行支付结算。其主要利用手机屏幕显示二维码、数字验证码以及近场通信支付等方式。

用户可以通过智能手机、平板电脑或其他移动设备，利用内置的支付应用程序、银行应用程序、第三方支付平台等，完成商品或服务的支付。移动支付通常支持多种支付方式，例如，近场通信（NFC）支付（用户将手机靠近支持NFC的支付终端，通过手机内置的NFC芯片完成支付）、二维码支付（商家出示二维码，用户使用手机扫描该二维码，然后通过手机内的支付应用完成支付）、条码支付（用户生成一个条码，商家使用扫描设备读取这个条码，从而完成支付）、在线支付（用户在网站或应用程序上选择商品或服务后，通过手机支付应用完成在线支付）、手机银行（用户通过银行的移动应用程序进行转账、缴费等金融操作）。

在利用二维码支付时，通过具体软件的支付和验证流程，以生成的二维码的保密性为支付验证信息，通过手机屏幕的显示和对应扫描设备，实现支付确认。数字验证码方式更加传统，即在运营商提供的短信等消息中包含多位数验证码，支付平台通过此类方式实现对订单和支付的确认。相比二维码方式，短信验证码的危险性更高。

而利用如NFC、iBeacon等技术的近距离无线支付则具备了便捷性和安全性的特点。如Apple Pay的支付流程就是通过硬件设备的安全识别，完成支付信息确认和结算。目前在大型主题乐园中，园方的智能手环很多都具有消费支付功能，提升了游客体验。在很多儿童主题乐园的手环中还设置了消费限额等机制，避免儿童群体随意花费。在一些定制演出等活动中，通过扫描和识别游客手环中的个人信息，为游客提供个性化服务和产品。

移动支付是移动电子商务不可或缺的一部分，在旅游活动中，移动支付的重要性更为突出，这很大程度上促成了越来越多的游客“说走就走”，移动支付已然成为人们生活中、旅行中的主流消费方式。在个人支付领域，游客使用微信支付和支付宝支付的频率最高，《电商报》2020年数据显示，用户最常使用的移动支付产品是微信、支付宝和银联云闪付。其中，用户使用微信支付的比例从2019年的87.3%增至2020年的92.7%，支付宝支付的比例从2019年的90.7%增至2020年的91%[1]。游客在在线预订旅游产品和移动购物过程中均会使用微信支付或者支付宝支付。（图2.12）

图2.12　中国第三方支付产业图谱[2]

1　2020年移动支付用户报告：微信支付为用户最常使用产品［EB/OL］. 电商报，2021-01-17［2024-08-09］.

2　2023年中国第三方支付行业研究报告［EB/OL］.（2023-09-27）［2024-08-15］.

移动端的在线支付对于网络环境也有一定的要求。支付过程涉及资金业务，需要稳定的网络支持，避免因支付中断导致的重复或异常情况。在网速方面并不需要太快的速度，但对安全性有着严格要求。目前，运营商提供的移动无线网络服务安全性高于公共Wi-Fi等家庭以外的网络环境。在移动网页支付中同样需要Https等安全协议的保障，App应用的支付则更多通过软件和系统安全保护措施来实现。（图2.13）

图2.13　第三方支付平台移动端App截图

使用习惯和系统完善对整个支付环节的安全有着较大影响。通常，对于游客来讲，过多的现金是不安全的，在线支付可以通过线上的预订支付，将实体交易简化为“兑换”过程。另外，结合移动支付等方式弥补实体交易的空缺，也极大程度上减少了大量现金交易的安全隐患。

2.3.5　分享和反馈

绝大部分游客在旅游过程中和旅游活动结束后，有分享的冲动，而游客的这种分享又能够成为其他游客出行的参考，游客也养成了出行前看攻略分享的习惯。这种用户生产内容（UGC）的形式并不陌生。

用户分享的内容可以是文字、图片、视频、音频等多种形式呈现，通常在社交媒体如论坛、博客、视频分享网站等平台上分享。当前，帮助游客实现分享与反馈的移动平台或者板块主要有以下五种类型：

第一，旅游社区平台。专门供游客分享和反馈的旅游移动平台，例如马蜂窝。

第二，旅游综合类移动电商平台的用户点评板块，例如携程、去哪儿网等平台上的板块。

第三，生活服务类移动平台，例如小红书、微信朋友圈、抖音等平台。

第四，旅游目的地的官方移动平台上的留言板块，例如黄山市智慧旅游运营平台。

第五，旅游监督和维权移动平台，例如人民旅游投诉平台小程序。

游客利用移动端实现及时分享与反馈，大大提升了操作效率，体现了即时性的特点，符合现代游客的需求。

此环节并不是旅游电子商务的核心内容，但作为广大游客、消费者喜闻乐见的游玩环节，对移动终端和相关支持设备的依赖性较强。一般除了在旅行途中具体游玩过程后的信息分享和评价，也包含整体的线路评价与产品使用体验评价，主要分为价值体验的自我评价和旅游信息平台等的公开评价两种。自我评价主要以体验日志、攻略、社交平台信息共享为表现形式，旅游信息平台的公开评价则侧重于对线上产品及服务的评价，这是移动端旅游电商的重要落脚点。（图2.14）

图2.14　旅游评价与分享截图（图片来源：阿里旅游——去啊ios版App分享交流平台及游记攻略界面）

【案例】

迪士尼旅游乐园的移动终端应用

——迪士尼MyMagic+的智慧旅游服务系统

从2013年3月起，美国迪士尼斥资近10亿美元研发的MyMagic+智慧旅游服务系统，开始在佛罗里达奥兰多的沃尔特迪士尼世界度假区（Walt Disney World Resort）测试和试点。

用户佩戴输入信用卡信息的橡皮材质手环，通过轻触终端，能够轻松实现购买功能和登记入住、房卡等功能。目前在迪士尼世界主题公园和迪士尼商业区（Downtown Disney area）均可以购买到魔术手环。这个采用可穿戴技术的服务系统可以用来收集游客数据，同时对人流进行监控，在主题乐园的游园体验上带来颠覆性的变革。

MyMagic+的服务系统整合了网站、手机应用和MagicBands智能腕带，通过这三部分的协调工作，实现对游客在迪士尼乐园中的动态监测。（图2.15—图2.19）

图2.15 迪士尼MyMagic RFID “手腕带”系统（1）

图2.16 迪士尼MyMagic RFID “手腕带”系统（2）

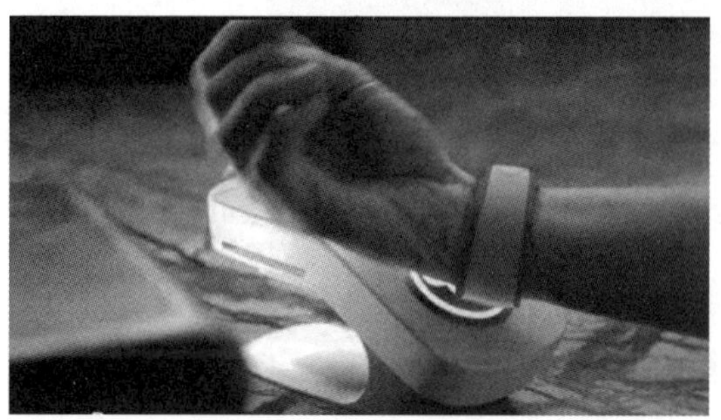

图2.17 迪士尼MyMagic RFID “手腕带”系统（3）

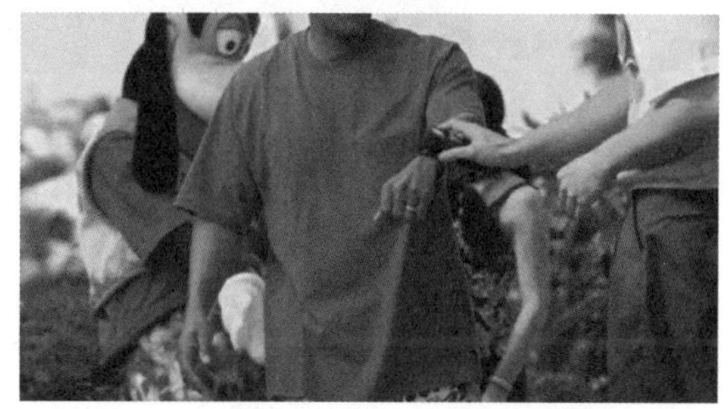

图2.18 迪士尼MyMagic RFID “手腕带”系统（4）

其中，MagicBands是智慧服务系统中最关键的部分，不仅可以让游客提前数月通过网站或手机应用预订门票和制订游园行程，还能够储存门票信息、酒店钥匙、信用卡信息，以及在迪士尼乐园中任何可以接受触碰的感应器的信息。

MagicBands内置了RFID（无线射频识别）芯片，迪士尼可用它来远距离追踪游客在园区内的行走轨迹。

这些芯片是MyMagic+服务系统能否成功的关键所在。它同时承载了近距离的触碰支付、预订、检票等功能。远、近距离的综合覆盖，构成了MyMagic+服务系统。而MyMagic+服务系统提供的大数据和实时数据，则能够辅助迪士尼相关部门进行决策制订。例如何时何处增加更多员工，餐厅应该补充哪些配送食物等。同时园区在系统支持下，可以将餐厅、游乐骑乘设备的实时信息推送给游客，方便他们等位。

当然有不少体验者发现识别终端并非完美，例如数据显示，在20%的时间里这些识别终端不工作，而且目前系统工作并非很完善，背后的网络支持系统，经常出现各式各样的系统故障，影响人们的体验。也有不少人对魔术手环的风险提出了质疑。例如许多人有一种恐慌，认为佩戴了MyMagic PFID“手腕带”，如同活动在一个处处布满监视的系统中。

这个斥资8亿~10亿美元的MyMagic+智慧旅游服务系统，开启了景区智慧管理的新篇章。该系统为中国国内的小尺度园区，特别是主题公园的智慧旅游实践，提供了一个非常现实的案例。

图2.19 迪士尼MyMagic RFID “手腕带”系统（5）

资料来源：品橙旅游.迪士尼MyMagic+智慧旅游服务系统［EB/OL］.品橙旅游网，2014-04-15［2024-08-22］.有改动.

2.3.6 旅游企业之间的移动电商业务

在旅游企业之间，经常进行着业务往来，随着移动办公的普及，旅游企业之间也将业务往来搬到移动端，有利于企业之间市场交易活动的便捷性、实时性、整合性，极大提高交易效率。旅游上游企业（如生产商、批发商等）与旅游下游企业（如零售商、分销商等）之间的采购、订单管理、库存查询、支付处理、退货等商务交易完全可以实现移动处理。在同一业务流程上的企业，也就是所谓的同行之间也存在业务往来，典型的旅行社之间的拼团业务，越来越多地发生在移动互联网上。而且随着移动互联网的普及，企业之间的移动电商业务将会越来越多，越来越普遍。

2.4 移动旅游电子商务的发展趋势

根据游客在旅途中的不同阶段，移动旅游电子商务的利用过程可以划分为三个环节：

出发前、旅途中和抵达后。围绕这三个环节，移动旅游电子商务的发展趋势呈现出内容资源整合、用户体验提升、科技融合创新、优质内容营销等。

2.4.1　内容资源整合

当前，游客确实可以通过互联网获得海量信息，但是在一定程度上也加重了游客收集和筛选有效信息的工作量。为了节约游客的时间和精力，提升游客体验，一些旅游目的地推出“一机游”“一码游”“一键游”等旅游资源整合平台。游客在手机上安装或者关注这些旅游目的地移动平台，就可以实现旅游信息查询与推荐、旅游产品预订、在线支付、旅游分享与反馈等多项需求的满足。

未来，随着游客需求更加精细化、个性化、多样化，旅游内容资源方面的整合需求将会更加旺盛，而配套供给也将不断丰富。在众多的“一机游”“一码游”“一键游”等旅游资源整合平台之外，也将会发展出其他类型的服务模式。具体什么模式，我们不能预测，但是这种趋势是显而易见的。

2.4.2　用户体验提升

移动电子商务的发展并不像综合性旅游电子商务网站那样简单地追求内容的大而全，而是要更加侧重用户体验。移动设备不同于电脑，用户希望少一些输入、少一些流量消耗、搜索速度尽量快、展示信息尽量简洁等。深刻认识到用户的需求差异，筛选和编辑符合用户需求的信息内容，将会提升用户体验，吸引更多使用者。因此，旅游移动电子商务网站的未来发展，需要在注重用户体验的基础上不断改进信息内容。未来旅游电子商务网站基础功能上应更为完整，不仅实现购买前的查询、预订与付款，而且在购后的评价等功能也会逐步在网站上实现[1]。

如何提升用户体验？未来移动旅游应用将从以下几个方面实现：第一，优化移动终端。确保App在不同设备上都能提供流畅的用户体验，包括快速加载信息、易于导航的界面和直观的搜索功能，同时实现在线与移动网络之间的无缝过渡，确保用户在不同设备上都能获得一致的服务体验。第二，提供个性化服务。运用大数据算法，根据用户的搜索历史、偏好和行为提供个性化推荐。发送实时、有用且不骚扰用户的推送信息。第三，简化流程。简化预订流程，减少用户在预订过程中需要填写的信息，提供一键预订功能。第四，增强社交属性。允许用户在社交媒体上分享他们的旅行体验和推荐，增加社交功能和用户参与度。第五，增强科技感。利用AR、VR技术提供目的地预览，增强用户的沉浸感，加速决策过程。利用人工智能，提高用户精准信息获取的效率和旅游操作的便捷度。

1　金振江，宗凯，严臻，等. 智慧旅游[M]. 北京:清华大学出版社，2015. 经作者整理。

2.4.3 科技融合创新

移动互联网时代，游客的需求意向变得碎片化，决策冲动性的特征被放大，旅游企业如果不依靠任何技术手段，那么针对旅行者需求、偏好等精准营销将变得越来越难。而通过大数据、人工智能算法等技术，旅游企业能够对多种渠道获取的游客信息进行挖掘和分析，描绘旅客用户画像，挖掘旅行需求和偏好，并依照游客需求和偏好定制开发旅游产品，满足游客的个性化需求，提高旅游产品的多样性，实现针对个性化需求的旅行产品设计和精准营销。游客区块链技术和移动支付为游客提供更加安全高效的旅游产品预订和购买服务；定位导航技术和虚拟现实技术融合为游客提供更加逼真的沉浸式体验；云计算和物联网技术融合为旅游企业的经营提供更加充分的软硬件支持等等。

未来，科技发展更加迅猛，更新换代周期更短，无论是旅游企业、旅游目的地还是游客都将不可避免迎接和适应科技带来的变化，拒绝科技就等于拒绝旅游业未来发展，值得我们思考的是：如何更加有效地使用科技？

【案例】

AI技术将如何改变旅客的出行体验

许多旅游业人士深刻地认识到，人工智能（AI）可以为旅行预订的各个具体方面带来难以置信的机会，优化客户体验。从旅行前的规划，到旅行过程中的建议和无缝行程变更，通过正确利用AI工具，旅行品牌可以对客户群体进行聪明、有意义的改进。

1.对话式商务

对话式商务将对话设计、自然语言理解（NLU），在某些情况下，还有反射性对话，结合在一起。缤客网站、亿客行等旅行品牌已经在Facebook Messenger中整合了聊天机器人，帮助客户搜索酒店。其他聊天机器人旨在在更广泛的旅行预订领域帮助客户，如航班搜索、酒店推荐等旅行协助方面。对于那些想要将对话式商务融入其搜索和预订体验中的旅行品牌来说，可靠性是关键。

2.个性化

阿联酋航空旗下的度假部门Emirates Vacations已经在对一个名为Emma的虚拟助手进行测试，根据旅客的个人兴趣和旅行意愿，帮助他们搜索和寻找全球各个目的地的度假套餐。这意味着，旅客将会很快获得旅行品牌根据他们计划的旅行类型（度蜜月、家庭团聚、打高尔夫等）而定制的推荐产品，这让旅行更加个性化并提升客户的满意度。

3.机器视觉

机器视觉让计算机能够阅读并理解图像，它与语音识别技术类似，机器视觉可以应用于广泛的使用案例中，从图像中的元数据分析，到执行大规模的优化客户服务功能，例如旅客办理值机手续。

4.推荐

旅行品牌正在使用旅客之前的搜索和预订记录等历史数据来帮助改善搜索结果。亿客行、缤客和在线旅行社（OTA）等在这一领域处于领先地位，因为它们可以从网站流量中收集大量数据。谷歌利用其数据驱动的推荐引擎，根据用户的目的地，向用户提供航班推荐以及更便宜的价格或关于中转机场的旅行日期方案。

通过将客户体验置于一个组织的优先地位，现在任何品牌都可以利用相对简单并易于部署的技术来加强与客户沟通。如果旅行品牌能够提供一种引起客户共鸣的体验，客户满意度和忠诚度就会提高，他们也会变成回头客。

资料来源：方欣.AI技术将如何改变旅客的出行体验［EB/OL］.中国民航网，2018-04-02［2024-09-02］，有改动.

2.4.4　优质内容营销

未来，旅游企业之间的竞争很大程度上并不是技术手段上的竞争，而在服务的方式和内容层面。服务的方式创新难度是比较大的，而且被模仿的概率也比较大，难以形成绝对竞争优势，而服务内容则是企业可以持续创新并且客观上也需要持续创新的。这里所说的内容，并不是指类似于传统旅行社旅游线路的内容，而是指企业以产品和服务为载体传递出来的所有文化符号，是具有垄断性的企业资源。

随着人们文化素质的提升，游客对文化的追求向更深更广的方向发展，不仅在旅游消费中更理性，在旅游体验中也更加追求新颖、自在。在内容方面，移动旅游电商平台将致力于打造独具特色的旅游资讯和攻略，通过专业的团队深入挖掘目的地文化、风土人情、美食特色等，为用户提供详尽而丰富的旅游指南。此外，移动旅游电商还将积极引入用户生产内容（UGC），鼓励游客分享自己的旅行故事和心得，形成互动性强、真实可信的社区氛围。在精准营销方面，移动旅游电商平台将充分利用大数据和人工智能技术，对用户的旅游偏好、消费习惯进行深入分析，实现个性化推荐和精准推送。通过精准定位目标用户群体，平台能够提供更加符合用户需求的旅游产品和服务，提高用户满意度和忠诚度。同时，移动旅游电商平台还将积极探索新的营销渠道和方式，如短视频、直播等新媒体形式，以更加生动、直观的方式展示旅游产品，吸引用户的关注和兴趣。通过跨界合作和资源整合，平台还能够为用户提供更加多样化的旅游选择和优惠活动，进一步激发用户的消费欲望。

本章小结

· 随着5G时代的到来，移动终端无论从速度还是资费等方面来说，都极具竞争力。旅游电商的客源争夺战，从线上的传统互联网，向移动端转移。本章从移动旅游电子商务的概念出发，阐明了移动旅游电子商务的内涵和特点，介绍了移动旅游电子商务的组成，重点介绍了移动旅游电子商务的入口类型和服务环节，最后，阐述了未来移动旅游电子商务的发展趋势和方向。

复习思考题

一、简答题

1.什么是移动旅游电子商务?它的特点是什么?

2.移动旅游电子商务有哪些入口类型?请举例说明。

3.请对移动旅游电子商务的服务环节进行阐述。

4.如何提升移动旅游电子商务的服务质量水平?如何提高用户体验水平?

二、讨论题

1.下载携程网App、去哪儿网App，与两个平台的门户网站相比，思考移动服务的优劣和区别。

2.找1~2个做旅游行程规划的旅游App，下载到自己的手机中，使用并记录心得，总结移动旅游电子商务的优势。

3.思考和分析今后移动旅游电子商务如何发展。

【案例分析】

抖音与云掌柜合作酒旅生意

2022年4月份，抖音与云掌柜签约成为民宿区域独家合作伙伴，共同布局本地生活。云掌柜成为抖音POI（Point of Interest，兴趣点）业务的首批服务商，一个月内上线数千套民宿、酒店产品，POI覆盖率为90%以上，并组织多批达人进驻大理拍摄短视频带货。同时，云掌柜旗下的C端品牌“米途精选”开通抖音小店，帮助大理及其他区域商家上线产品，并通过小黄车进行直播带货。8月，云掌柜与抖音合作开发的小程序正式上线，并获得A级评价，云掌柜成为抖音小程序技术服务商A级评价。

抖音小程序与微信小程序一样，也成为民宿、酒店为用户提供在线预订的官方平台，帮酒旅商家将抖音用户转化为住店客人。

除抖音外，该小程序也可应用到全字节系的软件上，如今日头条、西瓜视频、皮皮虾等，帮民宿、酒店触达多平台用户。

2020年8月，抖音日活已突破6亿；2021年1月，抖音小店GMV同比增长50倍；2021年7月，抖音企业号总数量约800万。

使用场景：用户在刷短视频、看直播、搜索酒旅商家主页时，点击挂载的小程序浏览商品详情，直接下单，减少操作路径，缩短决策时间，提高购买成交率。（图2.20）

北京米天下　　抖音小程序

图2.20　北京米天下抖音小程序页面

抖音小程序是抖音“兴趣电商”中的重要一环，小程序在抖音站内有7个流量入口，日活流量近7亿。

1.短视频

视频挂载是抖音小程序最大的流量入口，位于抖音视频的左下角，点击即可进入小程序。

小程序可灵活挂载在任何人发布的短视频中，商家自身、旅游达人、住店客人均可利用小程序进行宣传带货。抖音小程序作为订单转化的最后一环，也可挂载到现有的POI服务之中，用户可点击POI进入小程序下单。

2.评论区

挂载了小程序的视频，评论区顶部的空白区域同步出现一个小程序入口。

3.直播间

小程序可以挂载在直播间内直接带货。用户通过观看商家直播或达人直播间种草后，通过小程序可直接完成购买。还可将达人粉丝引流至民宿、酒店小程序内。

4.账号主页

已认证蓝V的企业账号可以将小程序挂载到账号的主页。

5.抖音搜索

目前，抖音日搜索量已过4亿，这也是一个巨大的流量入口。用户可以通过搜索关键词，快速找到所需的抖音小程序。

6.社交分享

可将小程序分享给好友，通过好友之间的相互分享，完成小程序的社交拉新。

7.历史入口

用户点击【我】–【小程序】即可查看。通过历史入口完成用户的召回与留存。除线上流量外，民宿还可将小程序码打印出来，放置在民宿前台，利用营销手段，引导客人关注。将线下流量引导至线上，运营民宿抖音私域流量池。

云掌柜与抖音小程序的合作，使客人可以在抖音上购买日历房、预售套餐、代金券等产品，进行预约、核销，在线筛选使用日期、入住房型、在线核销等，完成“购买—预约—核销”整个行为。云掌柜系统已与抖音小程序实现API官方直连。小程序订单会直接落入云掌柜系统中，自动关房，房态同步，提高门店管理效率。小程序日历房订单会在客人离店后T+7结算，预售套餐等订单会在核销后T+7结算，在订单结算时，系统对平台、商家及分销人员等多个角色进行自动分账。云掌柜与抖音会向商家收取3%的信息服务费，含支付手续费。

资料来源：抖音的酒旅生意该怎么做？［EB/OL］.（2022-03-25）［2024-08-15］.有改动.

问题：

1.你是否在抖音平台上预订过酒店或者民宿，如果有，体验感如何？

2.你如何看待抖音酒旅与OTA（例如携程旅行）平台之间的关系？

第3章 在线旅游服务商

【教学目标与要求】

· 掌握在线旅游服务商的基本概念及其类型。
· 掌握在线旅游商的四类产品销售模式。
· 理解传统企业电子商务化的表现。
· 理解在线旅游服务的发展方向。

【知识架构】

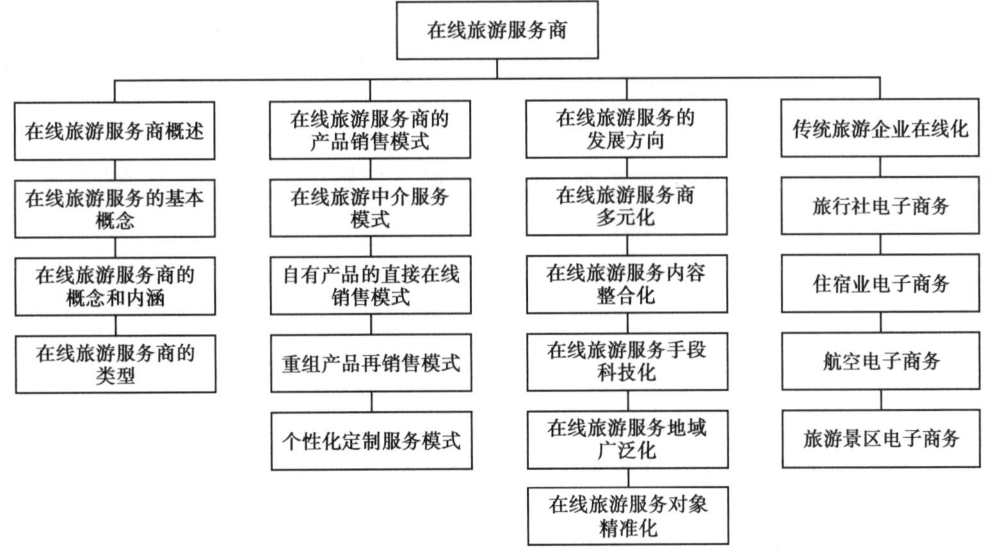

【导入案例】

嘉世咨询《2024在线旅游行业简析报告》（节选）

一、中国在线旅游形成较为完整的产业链

在线旅游类企业身处文旅产业链中，上游为“机+酒”类的传统资源以及丰富长尾的旅游目的地资源，自身处在中游，有承上启下的作用，中游平台化赋能和智能化能力逐步

增强，下游主要对接小B、G端和C端，小B主要为意图打造优质旅游产品的企业，G端为有文旅建设和运营规划的政府，C端为旅游产品的普通消费者。

OTA为重要线上分销渠道，内容平台向产业链上游延伸。OTA平台聚合上游旅游资源、中游分销商/代理商资源，触达平台消费者。此外，内容营销平台也逐步向产业链上游延伸，通过协助商家打造短视频、直播爆款内容，激发用户旅游兴趣并完成下单转化，争夺OTA市场的一定份额。

二、在线旅行用户增速明显

2023年上半年在线旅行用户增速高于多数互联网子板块，据CNNIC（中国互联网络信息中心）数据，截至2023年6月，在线旅行用户规模4.5亿人，较2022年底增长7.3%（净增3100万人），增速仅次于网约车（+8.0%），对网民的渗透率为42%，低于外卖（50%）、游戏（51%）、音乐（67%）等，消费者出行需求强劲反弹。

三、在线旅游的下沉渗透空间大

对比国内互联网用户及在线旅行用户的区域分布看，一线城市的旅行MAU（Monthly Active User，月活跃用户人数）占比为15%，高于各自区域的网民占比7个百分点，反映在线旅行消费习惯在高线城市的用户心智相对成熟。

三线、四线、五线及以下的在线旅行MAU占比分别为25%、17%、12%，合计占比53%，对比网民占比44%，是未来用户拓展的主要区域，在线旅行平台通过微信小程序、线下门店等方式拓展下沉用户覆盖面。

四、在线旅游的竞争格局

在线旅游行业平台中，据Fastdata数据，携程旅行、美团和同程旅行分别占据市场份额36.3%、20.6%和 14.8%，位居OTA市场前三。

流量渠道方面，同程依托微信小程序流量转化，流量大且稳定，优势显著；用户属性方面，携程、美团和同程分别定位中高端市场、中低端本地生活消费场景市场和中低端异地出行消费场景市场，开展差异化竞争；供应链方面， 携程深耕旅游行业24年，坐拥庞大旅游资源，供应链实力最为强劲。

五、用户属性决定在线旅游企业的竞争优势

用户属性决定细分市场定位，是OTA平台固守各自细分市场的核心壁垒。携程长期的品牌建设与显著的先发优势，使携程更受中高端商旅人士欢迎，这类用户对服务品质要求较高，对价格较为不敏感；美团和同程虽然均位于下沉市场，但由于用户属性的不同，较难触及对方市场领域。

美团的用户多来自本地生活业务流量转化，本地消费属性强，主要为学生、年轻白领和小镇青年；同程的用户多来自交通业务流量转化，异地消费属性强，主要为小镇青年和年轻白领。

以低线旅游城市齐齐哈尔为例，美团酒店热门区域中学校地区占比位居第一，彰显本地消费属性；同程酒店热门区域中基本均为商业区和火车站，异地消费场景多。

六、在线旅游用户的区域分布

不同OTA平台用户消费习惯具有明显差异，改变对应配套的产品服务成本高收益低。当定位高端市场的OTA向低线市场发展时，将面临低线城市用户的获客成本与收益的不匹配；当定位低端市场的OTA向高线市场发展时，将面临高线城市用户服务要求无法得到满足的情况（如产品使用习惯等）。

目前携程一线城市用户占比高，同程下沉市场用户占比大。2023年6月携程App、同程小程序和美团App一线城市用户占比分别为27%、19.63%和22%，三线及以下城市用户占比分别为51.5%、62.8%和55.7%。

七、在线旅游多个细分赛道获得资本支持

目前一级市场的旅游服务类投资细分包括国内游、跨境游、景点门票、主题特色游、旅游工具及社区、旅游信息化、旅游综合服务等多个相对细分的赛道。

从2023年国内投融资事件来看，聚焦专业旅游服务、旅游信息化平台的占比较大，这估计也与疫后旅游业发展大趋势以及当前在线旅游市场整体的竞争格局相关，而在发展趋势转型期，也或将孕育下一轮垂直行业巨头的机会。

2023年获得投融资的相关企业包括乐游宝、马蜂窝、理途旅游、大热荒野等，主要涉及的方向包括 UGC、旅游通证数字化平台、户外露营、签证服务、会员制旅游、社交共享旅游、文旅AIGC（人工智能生成内容）等多个方向。

八、在线旅游行业遭遇四大挑战

（一）现有旅游产品难以满足新的消费习惯

2022年之前，人们热衷于出国或者去北京、海南、云南等热门旅游城市游玩，旅游路线相对传统和单一，2022年后“90后”及“00后”成为旅游市场的主力军，追求个性化和品质化旅游服务，传统的旅游路线和产品已不能满足其需求。

（二）酒店和OTA之间有裂痕

酒店是OTA赚钱的环节，它们之间向来是既暧昧又利益相左。酒店和景点最具有促销的动力，在付出更少佣金更低代价的情况下，谁的用户流量大，能给自己更高的曝光量，就会和谁合作。美团、同程艺龙和携程也都有通过投资来加强对酒店控制力和利益捆绑的动作。

（三）在线旅游成为消费投诉“重灾区”

随着旅游消费回暖，旅游出行方面投诉也不可避免地增多。其中行程变动要求退票退款遭拒、预订的酒店无法入住、实际住宿条件与平台宣传不符，预订的酒店、景点、机票被无故取消订单等问题经常滋扰用户，影响其出行体验。

（四）智慧旅游内容和数据集建设被忽视

在智慧旅游的发展过程中，一个突出的问题是过分侧重技术架构的建设，而忽视了内容和数据集的积累与维护。这一问题的根本原因在于，很多旅游从业者与相关机构太迷信技术的力量，把精力与资源主要投入在硬件与软件系统的建设上，而忽略了这些系统需要的内容和数据的质量与丰富性。

九、在线旅游企业重点关注四大趋势

（一）在线旅游企业持续向产业链上下游拓展

OTA 平台在在线度假旅游行业中处于中游，连接上游供应商和下游消费者，为供应商吸引客流，为消费者提供预订服务。因此，加强与供应商的合作关系，提高自身在产业链条上的话语权和议价能力有利于OTA平台提升盈利能力，构筑竞争壁垒。

（二）出境游业务的复苏可以提振行业的业务体量

2019—2022年出境游需求基本仅剩海外留学、商务、探亲访友等刚需场景，2022年后出境休闲游需求的反弹是支撑出境旅游市场的主要驱动因素。对于OTA平台而言，出境游用时相对更长，客单价和单均利润更高，出境游业务的复苏可以提振行业的业务体量。

（三）在线旅游用户口碑活跃度高

用户在旅游后愿意分享自身体验、出游攻略，且社交媒体的繁荣发展使其成为用户表达的首选渠道。口碑闭环的构建，影响的不仅仅是用户消费决策，在线旅游平台也能够借势发挥消费引导作用，以及通过口碑互动强化用户黏性和活跃度。

（四）短视频成为用户获取旅游信息渠道的重要来源

随着抖音、快手等App的渗透率的逐步提升，短视频已经成为用户获取旅游信息渠道的重要来源，与短视频链接紧密的直播场景同样具备流量集中度高、下单爆发力强的特点，因此短视频种草+直播转化旅游产品销售新模式应运而生。

资料来源：嘉世咨询《2024在线旅游行业简析报告》［EB/OL］.（2024-04-01）［2024-08-15］.有改动.

【关键术语】

在线旅游行业　在线旅游服务商　在线旅游企业　电子商务化

目前中国的在线旅游服务，较完整地运用了互联网思维和技术，旅游电子商务与一般零售业电子商务体系不同，旅游电子商务比较少受到物流体系的羁绊，在逐步完成了旅游资源与旅游服务的信息化后，迅速进入成熟的电子商务化状态，在网络营销、在线销售、安全支付、个性定制、售后服务等各个环节都实现了特有的创新和进化。在线旅游服务商是旅游电子商务中不容忽视的大军，依托中国旅游电子商务的进步，在智慧旅游时代发展之际，必将依托计算机智能、大数据、移动网络的进步和普及，不断升级换代，成为旅游业不断创新的窗口。

3.1　在线旅游服务商概述

3.1.1　在线旅游服务的基本概念

在线旅游服务（Online Travel Service）是在互联网应用于旅游行业中诞生的词语。一般把依托互联网，以满足旅游消费者进行信息查询、产品预订、交易及评价分享等的服务，称为在线旅游服务，囊括了基于互联网的吃、住、行、游、购、娱的在线服务，与传统旅游产业以门店销售的方式不同，具有明确的互联网基因。

2020年，文化和旅游部印发了《在线旅游经营服务管理暂行规定》，其中指出在中华人民共和国境内通过互联网等信息网络为旅游者提供包价旅游服务及交通、住宿、餐饮、游览、娱乐等单项旅游服务的经营活动，适用此规定。在线旅游经营者包括平台经营者、平台内经营者、自建网站或通过其他网络服务提供在线旅游经营服务的经营者。

相对于传统的线下服务，在线旅游服务具有全面性、及时性、公开性、多样性、互动性等特点，能够充分体现信息化时代的旅游特点，更加符合现代游客对旅游活动的要求。因此，在线旅游服务产品成为旅游者出游过程中不可或缺的一部分，也使众多旅游企业投身在线旅游服务的供给行列。

3.1.2　在线旅游服务商的概念和内涵

电子商务技术的不断进步，使在线旅游服务能力有了多次跨越式的进步，也成为在线旅游服务发展的动力，使一大批在线旅游服务商得以迅速成长，成为中国旅游服务业的重要力量。

在线旅游服务商是在旅游电子商务发展中逐步成长起来的。在旅游电子商务发展初期，许多计算机类企业开始为传统旅游企业制作互联网名片、黄页、企业网站，以及提供一些网络服务。由于旅游业对信息传播的强烈需求，很多计算机企业很快发现了旅游行业在计算机和网络应用方面的巨大市场潜力，开始专门针对旅游行业进行服务。由于旅游业主要是信息流与资金流的流动，很少有物流流动，有着实现电子商务的天然优势，很快就进入最早一批实现电子商务产业的行列，并且开始了从传统旅游业服务商到“传统旅游业的掘墓人”的角色转变，不断利用互联网优势蚕食传统旅游企业市场，成为独立的旅游服务企业。

薛聪、吴满琳认为，在线旅游企业是以互联网平台形式，面向旅游者提供机票、酒店、旅游线路等旅游产品的在线预订、在线支付与销售服务，同时也涉及食、住、行、游、购、娱等多方面综合信息检索与咨询服务的新兴互联网服务商[1]。易慧玲认为，在线旅游企业是指通过以电子商务作为交流平台，与景点、交通、酒店、旅行社等旅游机构合作，为旅游用户提供食、住、行、游、购、娱等多方面的服务[2]。王莹认为，在线旅游企业是指通过互联网（包括PC端与移动端口）为旅游者提供旅游信息共享与搜索、旅游产品预订等服务，以盈利为目的的旅游创业企业，与海内外旅游局等官方网络服务平台区分[3]。丁雪等认为，在线旅游服务商是旅游电子商务行业的专业词语。近年来，随着网络普及，旅游电子商务在中国发展起来，涌现出一批旅游网站和旅游App。越来越多的游客习惯通过旅游在线服务商来预订酒店、机票和旅游产品[4]。

综合以上定义，笔者结合当前在线旅游市场发展现状，将在线旅游服务商界定为：在线旅游服务商就是指那些为用户提供在线旅游产品和服务的企业，这类企业通过互联网平台提供与旅游相关的服务，包括但不限于酒店预订、机票预订、旅游套餐、旅游信息查询、旅游线路规划、在线旅游体验等。它们既扮演着旅游产品供应商和消费者之间的中介角色，也利用科技直接向游客提供在线体验，以及便捷的在线预订和支付服务。

从世界旅游业发展看，中国的在线旅游服务业还是稍有滞后的。目前全球最大的在线旅游公司Expedia，业务部门遍及美国、加拿大、法国、英国、比利时、德国、意大利以及西班牙。Expedia旗下品牌Trip Advisor是全球最大的旅游社区，在酒店和景点点评服务上处于行业领先地位，拥有大批忠实用户。（图3.1）

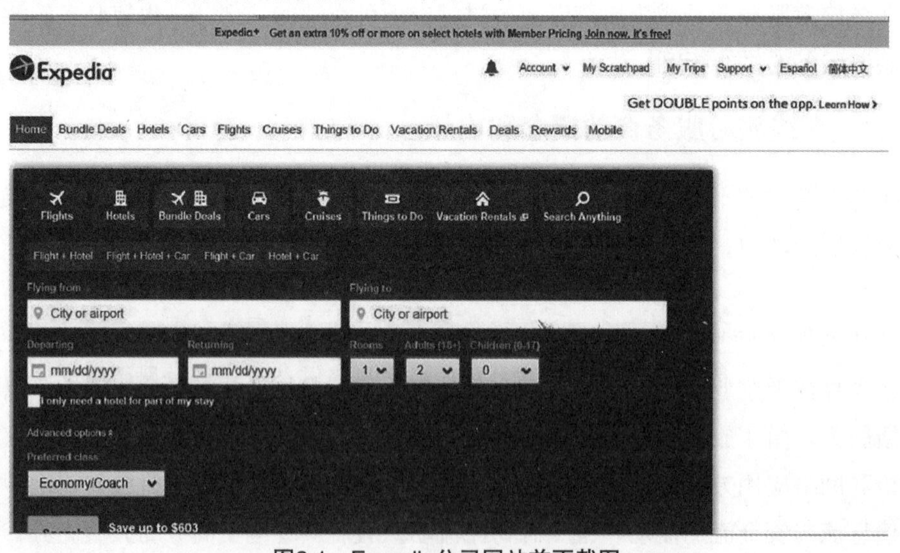

图3.1 Expedia公司网站首页截图

1 薛聪，吴满琳. 在线旅游企业商业模式综合评价研究[J]. 企业活力，2011（6）：15-18.
2 易慧玲. 在线旅游企业顾客价值研究[J]. 邵阳学院学报（社会科学版），2012，11（5）:45-49.
3 王莹. 携程网商业模式创新的影响因素研究［D］. 北京：北京交通大学，2017.
4 丁雪，蒋晨辉，周曼. 在线旅游服务商盈利模式研究[J]. 中国市场，2017（13）：133-135.

Expedia在2004年12月成为在纳斯达克上市的艺龙网的最大股东。2009年，Expedia在华业务加快拓展步伐，并以超过1200万美元的价格收购旅游搜索引擎酷讯网，结合已经发布中文网站和800电话预订服务的Hotels.com，Expedia已经形成了业务范围涉及旅行预订、用户评论、垂直搜索、商务旅行等多个领域的渗透融合。此外，Expedia已与莫泰168连锁酒店集团以及锦江之星和格林豪泰两家经济连锁酒店集团签署全球合作推广协议，正在努力通过本地化策略进入中国在线旅游市场。（图3.2）

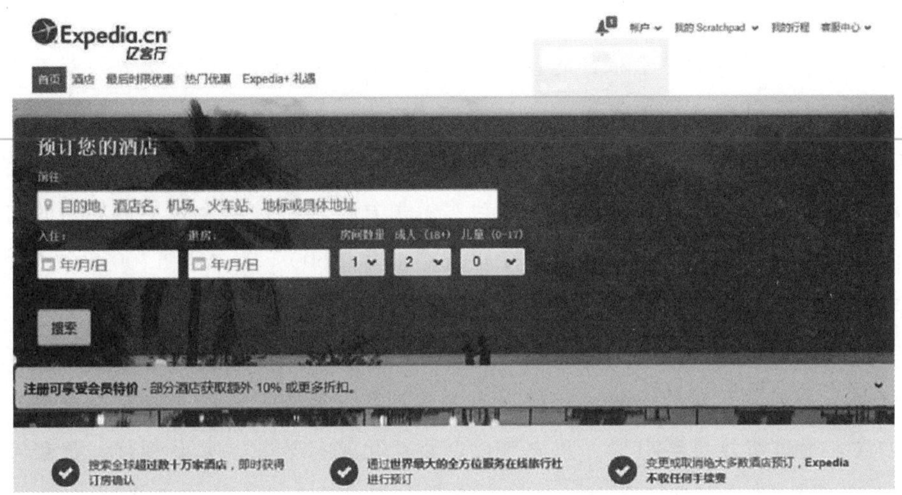

图3.2　Expedia公司中文网站首页截图

［案例］

穷游网

穷游网提供原创实用的出境游旅行指南、攻略，旅行社区和问答交流平台，以及智能的旅行规划解决方案，同时提供签证、保险、机票、酒店预订、租车等在线增值服务。穷游网“鼓励和帮助中国旅行者以自己的视角和方式体验世界”。截至2023年，穷游网已经是国内最大旅游信息分享社区之一。有非常多的用户在穷游网上分享自己的旅行游记，同时包含很多的旅游信息，提供给同样有出行计划的用户做参考，穷游网进而成为一个全面的旅游社区网站。

由用户生成海量旅游分享信息，以此来吸引用户访问，穷游网借助客户资源优势为用户提供廉价的旅游资源，用户通过穷游网平台预订酒店、机票等，穷游网从中可以获取预订佣金收入，交易完成并且结束旅游后，用户进一步丰富了旅游攻略。

穷游网有六大核心产品。

1）穷游社区

穷游社区是穷游的起点，国内领先的出境游社区，包含论坛讨论、目的地信息查询、问答等多种功能。

论坛讨论：汇集千万达人用户和高质量游记攻略。用户在这里分享自己的旅途游记、干货攻略、旅行感悟，以及突发事件提醒等。优质游记攻略将被评为“精华”，推荐给更多用户。

目的地信息查询：穷游目的地提供全球超过千万个境外景点、美食、购物、活动地点的基础信息，通过整合接入穷游锦囊、点评、图片、攻略游记、穷游问答等多样的内容形式，全面介绍了境外目的地的情况，服务用户境外自由行。

问答：用户互助解决关于旅行的各类问题，分享实用资讯，讨论交流。截至目前平台上已累积70万多个问题。

2）穷游锦囊

穷游锦囊由来自全世界的资深旅行者为穷游用户撰写，是以天为单位更新的出境旅行电子指南，且内容原创，国人视角。至今锦囊总数已达600多本，涵盖300多个境外地区，下载量已过亿次。

3）行程助手

行程助手是穷游开发的一款旅行规划类工具产品，为个人旅行者以及企业用户提供行程解决方案。通过智能推荐引擎，用户可以制订优化旅行计划、完成预订，行程可以实时同步到App，且PC端支持PDF导出。针对企业的行程助手企业版本现已上线。

4）“最世界　自由行”商城

原穷游折扣，2013年更名为穷游“最世界　自由行”商城，是旅行产品和服务的电商平台，提供自由行折扣精选，包含全球特价机票、酒店、自由行、保险、景点门票等九大商品。其中“最世界”城市漫步City Walk是穷游自主开发的注重人文理念的旅行社交产品。以小团队、专业讲解、本地视角为特色，围绕“travel as a local”这一概念，由一位能讲述“城事”的向导带领大家发掘城市背后的魅力。2016年，全球16座城市共有28条City Walk上线。

5）JNE

穷游网旗下的旅行生活美学品牌JNE（Journey Never Ends），定位于旅行创意与生活的新工厂，JNE通过创新设计，打造优质旅行周边产品，包括原创旅行装备、服饰和配件等。

6）穷游Q-Home

穷游Q-Home汇集旅行社、旅行咨询中心、穷游者的海外据点、中外文化交流平台等多项功能于一体。首家穷游Q-Home于2015年8月落户清迈。穷游网之所以能够从一个小小的论坛社区，发展成一个具有一定规模的盈利公司，取得现在的成就，关键在于巧妙搭建了“人—网站（产品）—人”这样的产品服务生态，区别于传统在线旅游商业形态中

"人—产品"的单一模式。

3.1.3　在线旅游服务商的类型

在经历了创新、自由发展和相互的激烈竞争后，中国曾经纷乱的在线旅游服务企业之间开始出现服务同质化趋势，在几年的价格战之后也出现了合并和协作趋势，特别是在各个在线旅游服务商背后资本的不断推动下，在经历了多轮重组后，基本上形成了既有携程、飞猪、同程旅游、途牛等大型巨头，又有众多中小型旅游网分割的格局。

在线旅游服务商所属的旅游电子商务类别，一般也可以借鉴电子商务类型按照主体类型的思路进行划分。对在线旅游企业的商务模式划分中，还结合自身特点，进行更具特色的分类。在创业、探索、竞争和发展中，在线旅游企业也经历了不断的自我否定和发展，结合产业特点可以分为：B2C旅游电子商务平台、在线旅行社、旅游资讯分享网站、B2B旅游交易服务平台等。

特别要注意的是，当前的在线旅游服务企业大多数已经不再属于某一个单一模式，每个企业几乎都具备两种以上的模式特点，只能按照其主流特点来进行区分。特别是传统企业的互联网化进程加快，让我国的在线旅游服务商的组成日新月异，其服务内容和范围也日益变化。

1）B2C旅游电子商务平台

1996年，中国开始出现旅游类网站，最开始大多数是企业和行业的信息发布式网站。随着网络技术从静态技术时代进入动态技术时代，各种采用新技术包括图文动态、交互模式、即时服务功能的网站层出不穷，并且逐步具备了开展电子商务服务的能力。其中一些网站在"行业平台热"的背景下，开始向旅游业的电子商务平台方向发展。最早的旅游电子商务平台多起步于为旅行社企业、景区企业开发旅游信息管理系统、代旅行社发布信息、代旅行社建立电子商务窗口等服务。这些企业在旅游行业迅猛发展的背景下不断分化，一些杰出者逐步建设成了旅游企业与客户进行电子商务业务的环境平台。例如，早期的同程旅游、欣欣旅游网、飞猪的前身阿里旅行网等。这些网站早期的电子商务实现模式很多都属于企业对顾客（即B2C）的旅游电子商务平台类型，一般也称为平台型旅游电子商务企业。

B2C旅游电子商务平台最根本的特点是作为电子商务环境存在，是独立于拥有产品的销售企业和购买产品的顾客之外的第三方，旅游电子商务平台自身不参与交易，只为交易提供交易平台环境，是交易环境的提供者，不是直接参与交易的双方中任何一方。

例如，创办于2009年2月的欣欣旅游网，是一家面向传统旅游行业提供一体化电子商务服务，重点面向旅行社在线化的互联网技术开发公司。通过搭建旅游产品网络营销平台，后台吸引全国超过50000家旅行社加盟合作，前台面向消费者，帮助消费者从浩繁的旅行社及旅行社销售的旅游产品信息中快速找到适合的资讯，通过该平台与旅行社完成交易，参团成行。而这一过程中，欣欣旅游网自身并没有具体产品，真正与顾客交易的是平台上的旅行社。欣欣旅游网本身只是起到提供网络资讯平台、辅助交易的作用，通过收费的信息服务和交易佣金获得利益。（图3.3）

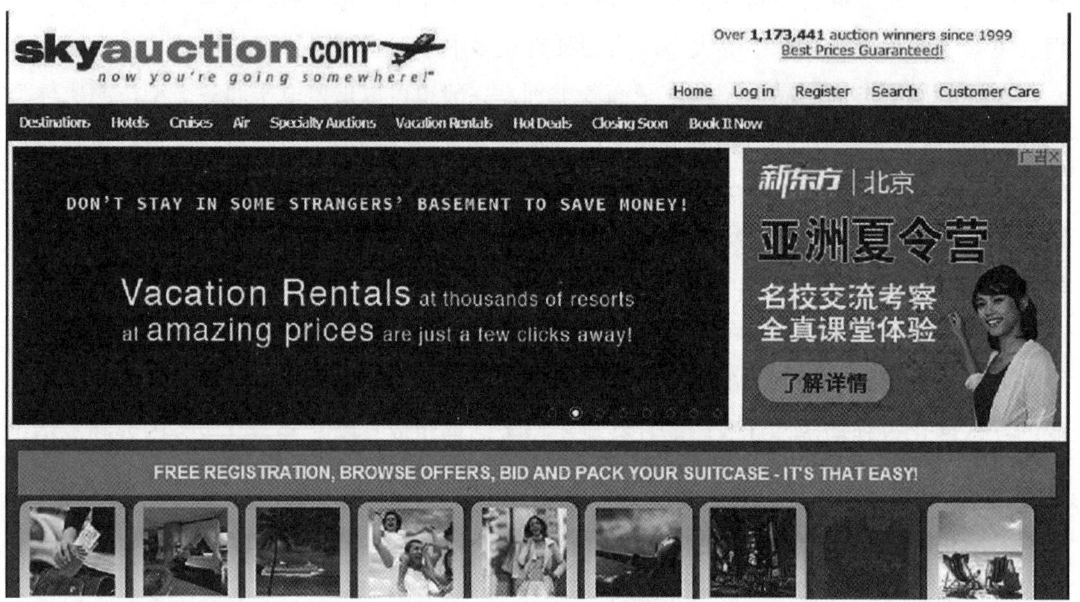

图3.3 欣欣旅游网首页截图

目前，这一模式依然是欣欣旅游网的重要商业模式之一。例如我们在此网上搜索的“南宁到百色旅游”（图3.4）可以看到，实际出售旅游产品的商家是一家线下实体旅行社，而不是欣欣旅游网。

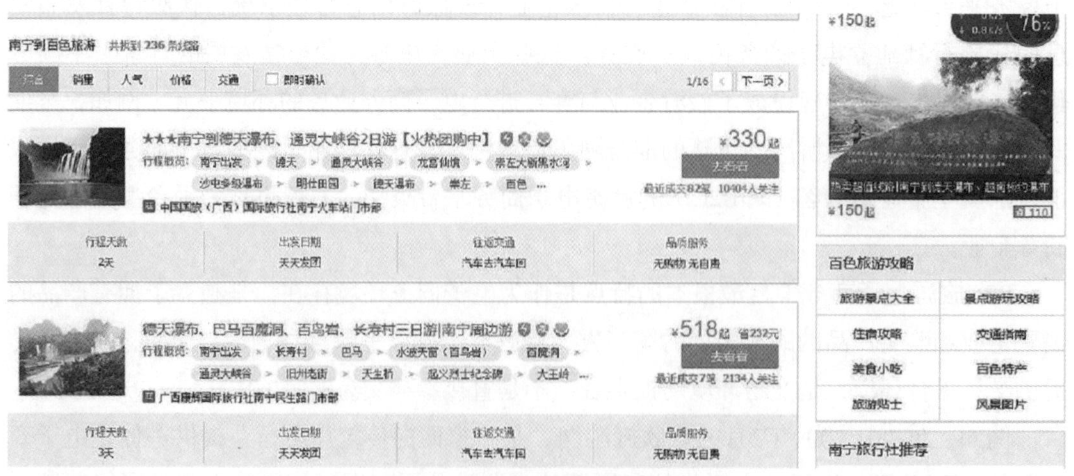

图3.4 欣欣旅游网旅游线路截图

在B2C旅游电子商务平台中，飞猪也是B2C旅游电子商务平台型的在线旅游服务企业之一。它源于阿里巴巴的平台思想，原本是一家完全为旅游企业提供电商环境的在线旅游企业。大量中国旅游企业都在这一平台上开有自己的店铺，早在淘宝旅行的时代，阿里巴巴已经在天猫的特色中国项目中，开始重点进行流量倾斜。飞猪借助阿里电商生态环境成长迅速，已经成为中国第一梯队的B2C旅游电子商务平台。（图3.5）

图3.5　飞猪网站首页截图

在将近30年的发展中，许多旅游电商平台不断适应市场，一方面开始掌握旅游资源，开发自己的旅游产品；另一方面调整经营方式，逐步走向O2O（线上线下互动）模式。并且通过部分直接采购线下产品或者直接拥有自己的旅游资源而形成独立产品，在自己的平台销售。目前的旅游电子商务平台，逐渐呈现混合平台的特点，单一的旅游电子商务平台都在进行改良。

2）在线旅行社——OTA

OTA（Online Travel Agent）是指在线旅行社，是在线旅游服务商的另一个主要类型。它的出现最早来自传统旅游业经营的思维。由于早期的面向旅游者的旅游组织主要是旅行社，在网络服务进入旅游业后的主要转型方式，就是通过网络平台更广泛地传递旅游产品信息，升级原来传统的旅行社销售模式，通过互动交流更方便客人的咨询和订购。由于初期的OTA被认为是旅行社的网络经营形式，而不是从互联网旅游业态的角度看待它，以至于现在，还有很多人把基于互联网的旅游企业统称为OTA，从中可以看到旅行社作为旅游业核心的这一历史痕迹。但从实质性的商务模式上区分，我们还是把一些与旅行社经营模式相似、主要从事旅游产品中介性服务的在线服务商称为OTA，携程是其典型代表。（图3.6）

图3.6　携程公司网站首页截图

携程是中国比较早的OTA企业，也是目前中国最大的在线旅游企业。它创立于1999年，发展初期是一个典型的在线票务服务公司，是中国当时最领先的酒店预订服务中心。2002年3月，它并购北京海岸航空服务有限公司，迅速进入机票在线销售市场，后来逐步拓展经营范围，开始出售景区门票、酒店以及旅行社类产品。2003年12月，携程在美国纳斯达克成功上市。

截至2016年，携程发展迅猛，在短短时间内合并了去哪儿网、艺龙（二者依然独立运营），是中国在线旅游市场占有率最高的OTA。其旗下原来的去哪儿网于2005年5月成立，它最初并不是OTA，而是作为中国首创的旅游搜索引擎出现的，它可以帮助使用者比较国内航班和酒店的价格和功能。其目标是协助消费者搜索到最有价值的机票、酒店、签证、度假线路和其他旅游服务。凭借其搜索技术，对互联网上的机票、酒店、度假和签证等信息进行整合，为用户提供及时的旅游产品价格查询和比较服务，让消费者可以更全面地搜索全国各地的各种等级与类别的酒店。其后开始涉足OTA业务，现在去哪儿网已经成为拥有自己忠实用户的OTA之一。

而携程最先收购的艺龙则曾是中国前3名的OTA之一，其通过官方网站、24小时预订热线以及手机艺龙网为消费者提供强大的地图搜索、酒店360°全景、国内外热点目的地指南和用户真实点评等在线服务，使用户可以在获取广泛信息的基础上进行酒店、机票和度假等全方位的旅行产品预订服务。（图3.7）

在相当长的一个发展历程中，包括携程收购的多家企业在内，主要经营项目都可以归结为：与旅游资源企业合作，采购线下产品，然后通过自己的线上渠道进行销售。业务的实质就是通过互联网完成了传统旅行社的业务，作为网络中介出现在传统旅游业与游客之间，通过网络整合旅游六要素资源，采用分别销售和组合销售的方式获得销售中间利润。

图3.7　艺龙公司网站首页截图

3）旅游资讯分享网站

虽然人们关注更多的是旅游电子商务的结果，但在线旅游服务首先是旅游资讯的服务，旅游资讯的网络传递完成商家与用户沟通，并最终为用户的出行提供商务服务。

在海量的旅游资讯中想要找到自己所要的东西，若单纯依靠搜索引擎等工具，则既不专业，也不方便。这就要求在线旅游服务类网站能够为使用者提供专业的服务资讯分享。旅游资讯的分享几乎存在于所有的在线旅游网站中，其中，一些网站核心服务在于旅游资讯分享，这一类网站在在线旅游服务中占有重要地位，最具代表性的是马蜂窝旅行网。

［案例］

马蜂窝旅行网

马蜂窝旅行网（简称“马蜂窝”）创立于2006年，从2010年正式开始公司化运营。马蜂窝的用户主要通过口碑获得，2017年11月马蜂窝完成1.33亿美元D轮融资，成为新旅游时代下的代表性企业。在过去的两年，该公司取得快速发展，注册用户已超过1.3亿，提供覆盖全球6万多个目的地的旅游攻略及产品预订服务，探索出独有的“内容+交易”的商业模式，2017年整体网站成交金额近百亿元。马蜂窝提供全球60000个旅游目的地的旅游攻略、旅游问答、旅游点评等资讯，还有酒店、交通、当地游等自由行产品及服务。马蜂窝的景点、餐饮、酒店等点评信息均来自数千万用户的真实分享，每年帮助过亿的旅行者制订自由行方案。马蜂窝网站从自由行消费者的角度，帮助用户作出最佳的旅游消费决策。UGC、旅游大数据、自由行交易平台是马蜂窝的三大核心竞争力，社交基因是马蜂

窝区别于其他在线旅游网站的本质特征。（图3.8）

图3.8　马蜂窝公司网站首页截图

1）商业模式

马蜂窝是基于旅游社交和旅游大数据的新型自由行服务平台。用户通过交互生成海量的内容，经由数据挖掘和分析，这些内容形成结构化的旅游数据并循环流动。马蜂窝依据用户偏好及其行为习惯，对应提供个性化的旅行信息、自由行产品交易及服务；全球的OTA、酒店、邮轮、民宿、当地旅行社等旅游产品供应商通过马蜂窝的旅游大数据与消费者精准匹配，节省营销费用，并能获得不菲的收入。

马蜂窝自由行交易平台的出现，标志着个性化旅游——自由行时代的到来。业界通常将旅游划分为三个时代：鼠标+水泥的时代（以携程为代表）、垂直比价时代（以去哪儿网为代表）、个性化旅游的自由行时代（以马蜂窝为代表）。在移动互联网语境下，“自由行”的实质是旅游社交和旅游大数据，用户通过网络获取并分享旅游信息、产品和服务。

2）主要功能

（1）酒店预订

通过马蜂窝，用户可以预订全球92万家国际酒店和民宿。马蜂窝站在自由行用户的角度，打破按行政区域预订酒店的传统方式，专门设计了按旅行兴趣区域划分酒店的方式，令酒店预订变得更加高效、轻松和有趣，用户在5分钟内即可完成全球各地的酒店和民宿预订。

（2）当地游

当地游（Local deals）旨在为自由行用户找到全球各地最值得体验的本地游乐项目，包括景点门票、美食特产、交通票务、演出展览、当地娱乐1~5日游等，为旅行者提供超值且富有当地特色的自由行产品。通过与全球各地的合作伙伴对接，马蜂窝在当地直接采购旅游产品和服务，省去中间交易环节，让用户、马蜂窝的当地供应商都能享受到最大的利益和快乐。

（3）自由行交易平台

马蜂窝通过搭建专门的自由行交易平台，在移动端、PC网站、微信、微博等社交媒体上，为自由行合作伙伴提供全方位的产品展示、引流、线上支付、大数据支持和销售服务体系等O2O解决方案。马蜂窝把旅游大数据与自由行合作伙伴共享，合作伙伴能够参考自由行产品销售数据、旅游点评、旅游问答、旅游攻略、游记等，生产更多贴近用户需求的产品，持续提升服务和自身的品牌建设。

马蜂窝也把庞大的用户流量与线下企业共享，“无佣金”的方式使合作伙伴不用砸钱买流量，从而节省高额的推广费用，共同致力于为消费者提供高性价比的自由行产品，实现用户、线下企业、马蜂窝平台三方共赢。马蜂窝自由行交易平台上有5000多家全球各地的自由行产品供应商。

除了专门的旅游资讯服务商外，很多门户网站、跨行业的网站也积极参与到旅游资讯业务中，承担一定的在线旅游服务业务，特别是一些社交媒体如微博、微信公众平台等，被旅游企业用来进行自媒体开发以及在线服务，也是在线旅游资讯服务的重要组成部分，特别是在在线即时服务方面，有很大优势。以新浪网的旅游频道为例，作为中国最早的一批门户网站， 其通过巨大的网站流量、博客平台、微博平台协同合作，成为中国旅游企业最看重的网络营销环境。很多企业通过网站发布企业旅游资讯、新浪名博的博客发布软文、旅游体验师的微博对旅游过程进行实时分享和互动等共同组成自己的网络营销体系，并通过官方微博实现在线的即时客服，进而推动自己的旅游电子商务工作。

目前旅游资讯的内涵和外延范围都很广，按照旅游业的惯例，凡是涉及旅游吃、住、行、游、购、娱六要素方面信息，包括旅游者的需求信息、旅游从业者（如优秀导游等）的信息等都属于此类网站的服务范畴。

4）B2B旅游交易服务平台

正如电子商务行业发展的一般规律，旅游业的企业之间电子商务发展也很早，是旅游业电子商务交易量较大的领域。但由于是在旅游业行业内部运营，旅游企业之间的电子商务并不为大众所熟知，因此在用户层面没有太大的知名度。

这些身处大众视野之外的旅游企业间电子商务平台，大多起源于旅游行业批发、旅游同业商务等业务。旅游服务中间商的存在，大大节省了旅游产品生产者在产品销售上所花费的时间与精力，也便于把旅游产品分销到更远的地域；既有利于发挥生产企业在旅游产品生产方面的专长，也有利于发挥旅游产品与服务中间商在经销方面的特长，从而形成旅游产品生产者和经营者共赢的局面。

B2B旅游交易服务平台就是这类旅游中间商互联网化的产物。随着互联网思维和技术的发展，B2B旅游交易服务平台已经成为独具特色的旅游电子商务形式。目前分为两种模式。

第一种是供应商或联盟自建的渠道运营模式，就是吸引原有的经销商在系统上查询下单，这种模式仍然是把线下业务放到线上而形成的B2B平台，在行业内部交易，不针对直接的C端用户。但这种模式不够开放，只是借助网络参与了信息共享和部分交易结算，企业的参与度和企业所在的地域性是其发展的瓶颈。

第二种是开放平台模式，如旅游圈和欣欣同业平台。这种同业交易平台通过整合形成了交易闭环和旅游生态圈，特别是兼顾到直接面向消费者的问题，不仅具有企业间交易能力，还具有一定的零售能力，分为由B2B向C端拓展和B2C向B端拓展两种倾向。（图3.9、图3.10）

图3.9　旅游圈网站首页截图

图3.10　欣欣同业平台网站截图

旅游产业是比较典型的现金流充裕、低毛利、资源分散行业，旅游产品的需求逐渐向个性化、碎片化转移，目的地产品多而分散，更加需要B2B平台的交易整合。对于旅游B2B交易服务平台来说，最大对手就是传统旅游业同业渠道，最具代表性的旅游B2B交易平台是中国国际旅游交易会，为包括旅行社、酒店、景区、交通、票务代理等在内的旅游企业提供专业的交易、交流和信息化管理服务。

目前B2B旅游交易平台已经发展到一个新的阶段，主流方向在于通过互联网改造以降低原有的人力和营销成本，缩短产业链，从而形成新的利润分配体系，成为旅游经济运转的效率放大器，特别是在许多细分的市场诞生了很多专业B2B平台，专门为旅游企业提供电子商务解决方案和系统服务的供应商。如51book预订无忧等。

未来行业的大整合是必然趋势，无论是交通、住宿向餐饮、娱乐产品的横向业务范围拓展，还是从目的地旅游产品供应商到客户的纵向产业链扩张，甚至是从国内到全球的旅游产品拓展，都给B2B旅游电子商务服务平台留有非常大的市场空间。

3.2　在线旅游服务商的产品销售模式

各类在线服务商都在摸索自己的服务模式，由于理念和模式不同，各种模式有着不同的优势和特点。行业发展的初期，经历了不同的探索后在线旅游服务商各自成长，不同经营模式的企业均取得了长足的进步。但在线旅游市场进入薄利时代后，竞争逐步激烈，已经形成不同模式的企业之间互相学习，取长补短，扩容完善，也必然出现由于综合布局产生的同质化发展倾向。

3.2.1　在线旅游中介服务模式

从在线旅游服务出现起，它的信息服务功能就是其最大的竞争优势之一。因此，通过信息资讯吸引和占有用户资源，提供信息和商务服务实现中介服务功能并获得商业回报，是所有在线旅游服务的基本服务，中介服务主要有商务过程中介和信息中介两种。

商务过程中介一般由在线旅游服务商代销传统旅游产品，如机票、酒店客房、景区门票等，通过销售分成或收取佣金方式，获得商业利益，目前主流OTA大多数就是靠销售的分成赢利。对于B2B旅游交易服务平台和B2C旅游电子商务平台来说，则主要依靠收取平台使用费、广告费用以及部分佣金来获利。（图3.11）

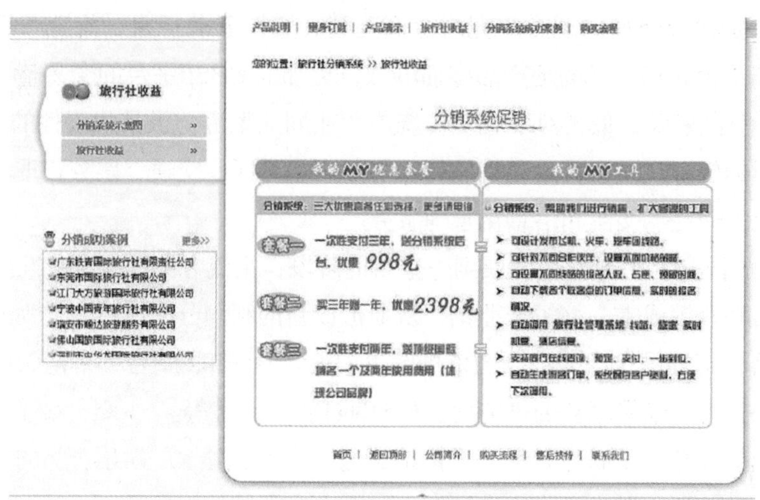

图3.11　旅程同行旅行社分销系统促销页面截图

在各种在线旅游服务企业中，有很多专门从事信息中介的旅游资讯网站，也是我国旅游网站中发展最早、模式最成熟、受众最多的类型之一，这类网站大多依靠广告收入、流量分成获利，可以细分为两个小类：一是综合门户网站的旅游频道；二是专业提供信息的旅游网站。

第一类的特点是依靠自身流量大、点击率高、资源多的优势，将“建立权威的旅游信息交流平台”作为发展战略，同时经营网上营销代理，提供预订酒店、设计旅游线路、经营交通票务和设计旅行计划等服务。例如，新浪网旅游频道、搜狐网旅游频道、网易旅游频道、腾讯网旅游频道、凤凰网时尚·旅游频道等。

第二类的最大特点是信息全面，可以帮助驴友们获得较全面的出游信息。例如乐途旅游网，号称中国最大的旅游信息门户网站，以丰富的资讯、百万注册网民和上万注册企业为依托，为世界各地的人们在中国旅游提供帮助，类似的还有中青旅遨游网等。

3.2.2　自有产品的直接在线销售模式

随着传统企业的电子商务化改造深入，许多掌握旅游产品资源的企业已经实现了自营，如酒店客户、景区门票的自主官网销售，在经历了多年的电商平台外委销售（委托销售）后积累了经验，培养了队伍，完成了用户教育，完善了销售体系，建立了自己的网上渠道，逐步谋求自主销售，提高利润的同时，也加强了对经营过程的掌控。

除了自主平台的销售，各种企业还借助旅游电商平台进行直接销售，如在飞猪平台上开店自营销售，充分借助大平台的流量提高销售量。例如如家酒店，不仅在自己的官网上销售，在飞猪上也有直营销售。（图3.12、图3.13）

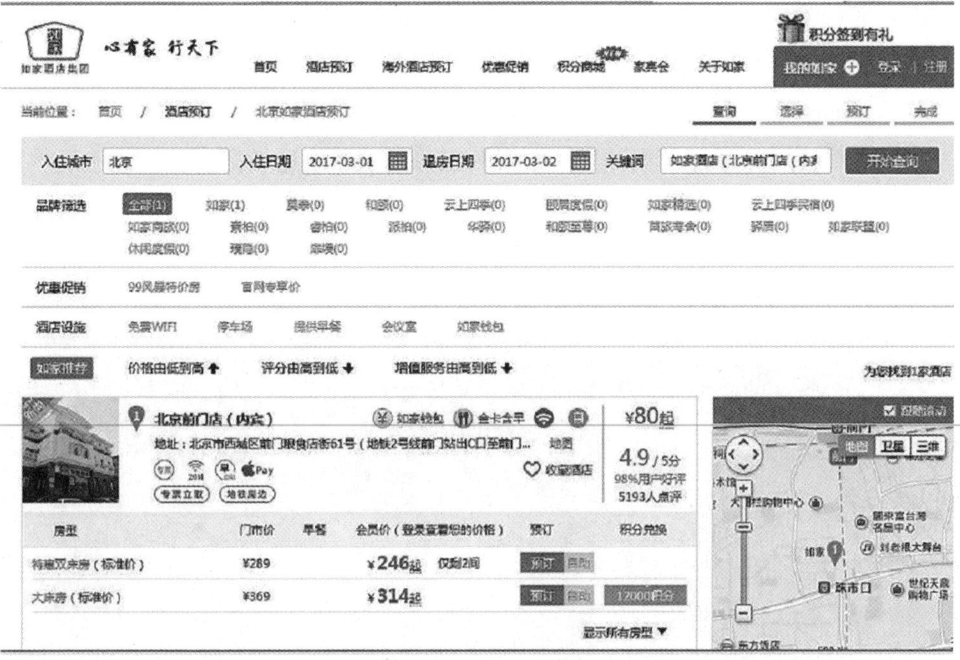

图3.12　如家官网上的如家北京前门店首页截图

图3.13　飞猪网上的如家北京前门店截图

除了在专业的旅游电商平台上开展直营，众多旅游企业也将目光放在了天猫旗舰店、拼多多旗舰店、抖音旗舰店等全品类的电商平台上，借助这些平台庞大的用户量和强大的营销传播能力，吸引用户关注和购买。

如家酒店的电商模式具有典型的自有产品销售特征。酒店业虽然是典型的传统旅游行业，但如家酒店具有鲜明的互联网基因。2001年8月，著名的OTA携程成立了唐人酒店管理（香港）有限公司，计划在国内发展经济型连锁酒店项目，重点发展3星以下的宾馆成为唐人品牌的连锁加盟店，并把特许经营作为商业模型的核心。2001年12月，公司正式将“如家”（Home Inn）定为品牌名，并申请商标注册，2002年5月华东地区第一家如家酒店——上海世纪公园店改建工程开工，同时标志着如家酒店连锁把直营店作为品牌发展的重点。2002年6月，携程与首都旅游集团正式成立合资公司，定名为“如家酒店连锁”，如家酒店是核心品牌。目前，如家酒店已是国内商务酒店品牌中规模最大的品牌，在全国300个城市拥有近2000家酒店。（图3.14）

图3.14　抖音如家酒店官网直播间截图

由于自身典型的互联网基因，如家酒店在建立之初就实现了互联网化管理与经营。除了依靠携程的营销迅速成为经济型酒店的经典，还很早就实现了自己的会员化管理，并实现了自有如家酒店官网的电子商务直营。

3.2.3　重组产品再销售模式

在旅游业向休闲度假、全域旅游方向发展的形势下，受互联网思维的影响，旅游行业经营思想发生巨大变革，谁拥有了旅游资源，未来才能真正拥有话语权。因此，线上旅游企业纷纷向线下寻求合作和重组，而线下企业也在向线上快速发展。跨界重组、新的旅游观念的出现等，都催生着各种旅游资源的新格局。

受采购限制，在线旅游企业经营范围开始向线下延伸，努力拥有自己的旅游资源，开发自己的旅游产品。同样，一些旅游资源企业也开始自主开发旅游产品，以自己的资源为基础拓展经营范围，这就诞生了一些新产品，采购的产品与自营的产品组合后投放市场，具有更强的竞争力。例如某特色两日游产品，产品组合中可能是：景区和交通自营，酒店、餐饮采购，形成新的产品组合，该产品通过OTA或者自主开发的在线平台销售。

一些旅游OTA平台，不满足于单纯扮演中介的角色，凭借着自己强大的资源聚拢能力和谈判能力，积极向上游扩展自己的业务，通过采购、加工的方式，开展部分业务的自营，例如携程。传统意识里，携程是帮助旅游企业销售旅游产品的中间商，但是，携程注册了旅行社，其网站上也有一些携程旅行社的线路产品在售。通过标注“携程自营”与其代销的产品进行区别，无形中让用户感觉自营产品更加有安全保障。（图3.15）

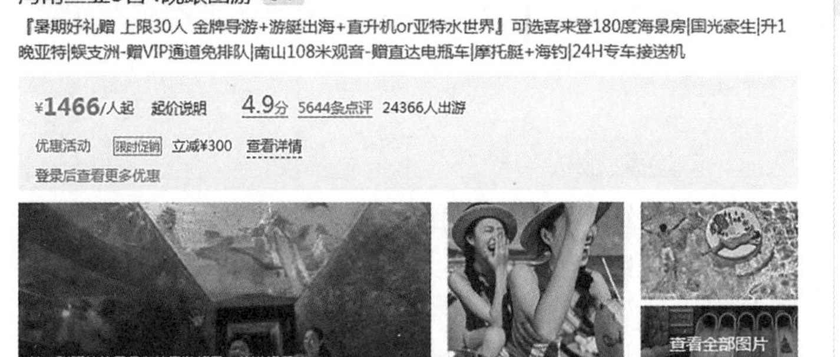

图3.15　携程上自营产品截图

经营民宿的旅游电商企业，是这一模式的最好实践者。作为特色住宿业态，民宿业与酒店行业的发展相差很大。与酒店业的标准化相比，民宿业具有更多的个性化经营的特色。民宿具备更多的本地特色，丰富的文化内涵，轻松的社交关系等，逐渐吸引越来越多的游客选择它。同时，民宿行业的这些特点也决定其将成为旅游资源中的重要环节。民宿通常依托周边旅游资源提供具备当地特色的经营项目，与其他旅游产品具备较强的协同性和融合能力。非常多民宿的收入很大部分并不是依靠房间销售，而是周边产品的销售。作为游客，也更愿意在入住民宿时进行本地产品的购买，因为民宿经营者作为资深“本地人”，对目的地的吃喝玩乐了如指掌，提供的旅游相关产品更有可信度。例如，途家是一家住宅住宿领域的综合性服务商，区别于单纯提供平台服务的业务模式，途家走的是一条“前期直营+联营”模式，帮助房主对房源进行标准化的管理，并将房源通过途家自己的渠道+第三方的渠道（携程、去哪儿网等）对外营销。途家自营是途家内部孵化业务，途家、房东通过采用分成模式实现合作，共同承担经营风险。（图3.16）

图3.16　途家公司网站首页截图

3.2.4　个性化定制服务模式

随着旅游电商技术的发展和旅游电商市场的扩大和成熟，旅游个性化需求逐步得到很好的满足，已经形成了新的线上旅游服务特点。

众多有个性化需求的用户，将旅游电商销售的单项产品，自由组合购买，形成个性化旅游产品组合，这又催生了一种新的服务模式，即服务商提供个性化定制服务接口。将个性化需求通过个人定制方式向在线服务商提出，由服务商专门定制产品，打包销售，这种方式既有效发挥了专业旅游人员的特长，又最大限度地满足了顾客需求。借助大数据的优势，在线服务商可以提供有效专业咨询和相关服务，还可以借助网络优势，收集分散的用户需求形成批量优势，降低定制成本，形成超小众个性定制产品的良好性价比，给顾客带来超值体验。

当前流行的各种自助游产品多属此类，目前的许多自由行产品，已经成为在线旅游服务商的重要服务项目。特别是一些小众的旅游需求，通过一些小众人员的强关系性社交组织就可以实现在线服务。例如很特殊、相对稀缺的一些高端高品质旅游资源，通过大众化的旅游电子商务平台很难推广，而通过微信公众平台、QQ群、微博群或者微信群等社交软件则可以实现营销，借助支付工具（例如支付宝）或者微商城实现交易，有针对性地进行产品定制和服务。

这一类产品由于灵活、自由，又可以为游客提供最基础或者最急需的服务，深受有独特需求的游客欢迎，特别是在出境游中占有很大比重，前途光明。（图3.17）

图3.17　旅游北京网首页截图

3.3　在线旅游服务的发展方向

在线旅游服务的产生源于旅游业的需要，但也依赖于互联网的高速发展和电子商务技术的不断完善，目前虽然进入一个相对成熟的状态，但还在高速发展。进入5G时代后，移动电子商务会诞生更多创新应用。在大数据、人工智能等智慧化技术的支持下，在线旅游服务再次突破原有服务范围和方式，创造更新的在线服务内容和形式。

3.3.1　在线旅游服务商多元化

就目前的在线旅游服务而言，已经整合了部分旅游业中传统资源，但未来仍有广阔的前景和拓展空间。例如以“滴滴出行”为代表的交通分享业态，以“途家”为代表的旅游不动产分享业态等方兴未艾。依靠智慧旅游基础建设的发展，必将使在线旅游服务的外延扩展到日常出行、社区生活、候鸟式养老、运动休闲、远程医疗等方面。

在内容丰富化、模式多样化的驱动下，在线旅游服务商市场供给主体也走向多元化，在直观感受前景乐观的背景下，很多旅游相关企业、旅游边缘企业甚至是不相关的企业，也纷纷入局在线旅游，再加上融资、重组等市场操作，使在线旅游市场格局随时变动。

【案例】

“新美大”

“新美大”公司（大众点评和美团战略合作）的诞生有效地诠释了在线旅游行业多元化融合扩展。“新美大”公司是人们对著名的美团团购网和大众点评网合并后公司的称呼，是在线旅游服务发展的经典案例。

两家公司最早并不是专业的旅游类网站，而是典型的O2O公司，涉足领域都很广，都是从旅游业相关的一个要素入手，最后发展成在线旅游服务商，具有很强的OTA属性，进而也把在线旅游服务商的外延扩大到了社区生活领域。（图3.18）

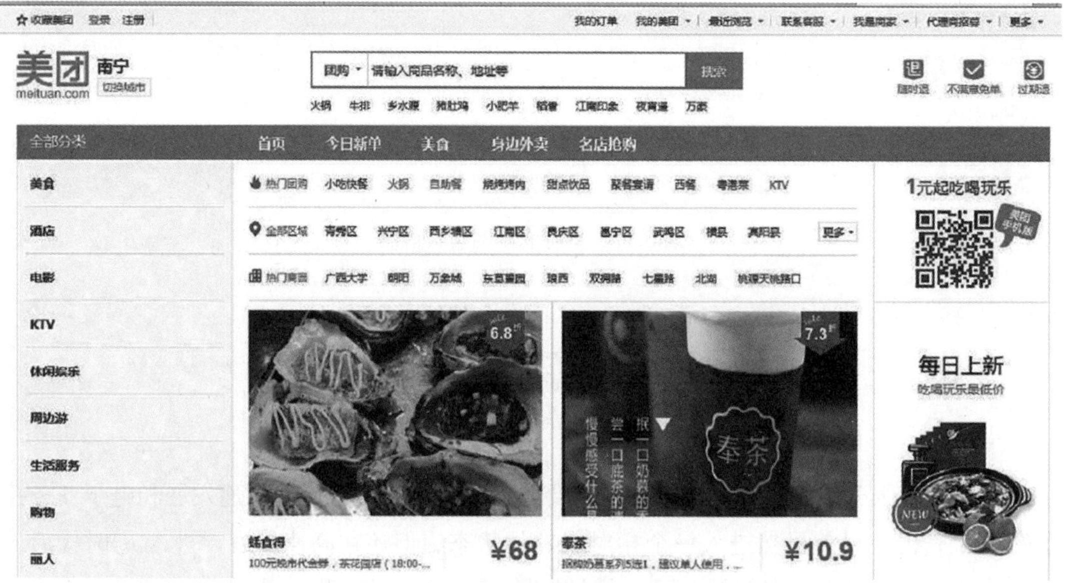

图3.18　美团公司网站首页截图

美团团购网最初是从团购网站发展起来的，经历了中国团购网站的千团大战后独树一帜，成为团购业界之首。目前从美团网主页上的分类可以看到，其服务内容除了传统的社区服务——美食到店餐饮、到店综合、外卖配送、电影、KTV、休闲娱乐、生活服务、丽人以外，还有很多OTA的经典服务——酒店、周边游、购物等旅游事业群，以及广告平台、支付平台、金融业务等板块，是对旅游业在线服务发展的有效探索。（图3.19）

而大众点评起源于餐饮业的点评业务，原来主要经营餐饮业的营销与团购业务，目前已经拥有与旅游相关的美食、休闲、亲子、结婚、周边游、购物、酒店等众多的业务模块。

综合两家公司来说，他们在进军传统旅游服务领域的同时，对于生活服务及休闲旅行领域全覆盖，已经成为基于O2O的一个“互联网+平台”，把与生活息息相关的生活服务产业、旅游服务进行连接。这样一个新型的在线旅游服务商，已经把在线旅游服务的外延扩展到生活社区领域，与智慧旅游、全域旅游的发展不谋而合。

图3.19　大众点评公司网站首页截图

由此可以预见，未来在很多领域，都会看到与在线旅游服务融合的现象出现，而在线旅游服务也必然拓展自己的服务范围，在如此多元变化的世界，在线旅游的外延扩展空间相当丰富。

3.3.2　在线旅游服务内容整合化

在线旅游服务的内容从在线旅游诞生开始就不断地丰富，随着时代的进步和技术的发展，在大数据时代、旅游IP化的风口上，在线旅游服务内涵也必将日渐丰富、完善。例如，通过大数据，在线旅游服务可以准确预知客流去向进而提前介入服务；可以知道游客喜欢什么样的产品，进而提高服务精准程度和质量；还可以知道游客需要什么样的公共服务，进而提升旅游公共服务水平等等。

就旅游资讯而言，随着在线旅游服务内容的不断丰富，游客信息供给市场活跃，信息供给量极大丰富，这为游客得到更加全面的信息提供了有利条件，但是，海量信息增加了游客快速、准确获得自己需要的信息的难度。有时候，游客需要在多个平台中筛选、组合、加工各类信息，才能做出一份适合自己的攻略。

就旅游体验而言，为了延长游客停留时间，增加旅游活动项目，提升游客满意度，众多旅游目的地纷纷开展线上体验项目的开发，一些地区由于缺乏整体规划和市场调查，线上体验项目趋同，缺乏创新。

未来，在线旅游服务的发展将针对以上两种情况进行优化升级，一方面帮助游客在纷繁复杂的信息中整理好游客所需要的完整信息，并简洁、快速、准确地向游客推送，去掉跨平台查询的步骤，将旅游需求的满足集成在一个平台上，当前很多旅游目的地开展的“一X游”正是这种趋势的体现。在“一X游”移动平台上，游客可以实现食、住、行、游、购、娱各个方面旅游需求的查询、预订、购买甚至体验，平台还为客人提供分享、点评、投诉等渠道，真正实现“一部手机游一个目的地”。另一方面，在个性化需求的推动下，在线旅游服务体验无论是内容上还是形式上也不断推陈出新，各取所长。尤其在内容上，将当地的文化元素整合、挖掘、创新将是旅游目的地未来发展的方向。

3.3.3 在线旅游服务手段科技化

在线旅游服务依托于电子商务技术进步而发展，从简单的电子邮件技术到Web 2.0、视频压缩技术、实时通信技术再到安全支付技术、人工智能技术、大数据、云计算等技术的普遍应用，让在线旅游服务内容也从基础的单向信息通信经历了从信息互动、线上签约线下支付到线上完全实现订单交易的一个个进步，每一项技术进步都催生了在线旅游服务的很多创新发展。以移动通信5G技术、虚拟现实技术和人工智能技术为代表的新型电子商务基础技术，也让各种在线旅游服务找到更多的发挥机会，诞生更具创新的服务内容。

例如虚拟旅游成为在线旅游服务的新内容。通过互联网或其他载体，真正实现虚拟结合实景的360° 环景全视，取代现在的照片、视频和文字介绍的简单罗列，将旅游景观动态地呈现在人们面前，并且进行模拟体验。这一进步从很多方面完善了在线旅游服务的内涵。

首先，虚拟旅游已经成为传统旅游服务的一种重要补充。利用虚拟现实技术，可以对文化遗产进行数字化展示和保护，让游客沉浸式体验、了解和感受文化遗产的价值。例如北京圆明园景区已经采用虚拟现实技术，让游客用手机扫一扫就能看到景区复原景象，增强游客的直观感受。

其次，这一服务也是一种开拓新市场、增加新盈利点的有力手段，它不仅可以弥补一些由于特殊原因所遗失的旅游资源，更可以通过自身的技术优势，很好地促进传统旅游业的发展，为传统旅游业提供更好的辅助作用。例如它适用于收入相对较低的人群、残疾人士、年老者、不宜长途旅游的弱势群体服务，方便那些受时间、金钱限制的旅游者，这些人群通过在线虚拟体验，也能做到足不出户体验旅游，在时间上和精力上极大节约成本。

总之，在线旅游服务已经成为旅游业的基本形态之一，也逐步完成了从商家盈利手段到旅行生活助手的升级，其属性已经超越了商务平台的基本概念，并完成了向商家与游客、游客与游客互动的生活体验平台的转变。科技的发展不仅是在线旅游服务的基础，未来在线旅游服务业将朝着智慧化、科技感十足的方向发展。

3.3.4 在线旅游服务地域广泛化

随着越来越多的游客出国需求的增加，各种在线旅游服务商纷纷将经营范围扩展到出境游，各种国际化的在线旅游服务正在迅猛发展。目前所有国内知名的在线旅游服务企业都已经完成了境外旅游的布局。

随着2016年携程旅行网与去哪儿网的合并，在线旅游企业在国内的竞争和割据进入一个新的阶段，境外度假游市场成为最后的蓝海。几乎全部的在线旅游企业都在继续将国内在线旅游产品做深、做好的同时，开始增加国外客源市场开发投入，力争取得一定的市场份额。国外旅游市场将是中国在线旅游服务企业下一个主战场。自2010年起，携程开始布局全球战略。据不完全统计，2015年至2019年，携程先后通过9笔海外投资，完成了其在东南亚、北美和欧洲的布局。2019年第二季度，携程首次对外披露全球化成绩单——国际业务收入占比超过35%。同年，携程在20周年庆典上正式对外发布“高品质+全球化”的G2战略。2023年10月24日，第六届携程集团全球合作伙伴峰会在新加坡举办，携程首次将集团全球合作伙伴峰会带到国外[1]。

处在中国领先位置的在线休闲旅游公司途牛旅游网，在境外布局方面持续加大直采力度，整合全球机票、酒店、地接等优质资源。自从途牛旅游网首家境外目的地服务中心在马尔代夫正式运营，至今已经有6家目的地服务中心。2016年1月21日，途牛与迪拜旅游局达成了5年独家战略合作协议。

作为在中国旅游电子商务企业中最先具备了B2B、B2C、C2C 3个平台的同程旅游网，也在境外设立了几家合资公司。2015年11月，同程旅游与日本第一大旅行社日本HIS国际旅行社成立合资公司；2015年12月，同程旅游与韩国乐天观光股份公司成立合资公司；2016年2月，同程旅游又与玩美假期达成战略合作，在泰国成立合资公司。

由阿里巴巴旗下的阿里旅行升级变身而成的飞猪旅游网则通过在境外举办的启动仪式更直接地表达出自己的经营意图，即把业务发展重心放在出境游上，瞄准的是“互联网下成长起来的一代”——“85后”“走遍全球”的消费升级需求。新品牌飞猪最为核心的两个关键点：聚焦出境游体验、聚焦互联网创新。飞猪平台上已拥有注册营业的30余家国内航空公司、20余家境外航空公司开设旗舰店，成为全球最大的航空公司直销聚合平台。与此同时，万豪、雅高、温德姆、香格里拉、悦榕庄等全球知名高端酒店集团也已入驻飞猪平台。芬兰、意大利、英国、荷兰、法国、瑞士、德国以及捷克等国家已经在其平台上开通旅游国家馆。飞猪还在计划与欧洲诸国深度合作，一站式呈现各大热门目的地丰富的旅行资源。除了资源和营销上的合作，飞猪也将继续深化行业互联网创新，除了已经广受好评的未来酒店、未来景区等创新，新的“出境超市”从技术底层方面解决出境自由行的多

1 携程发布全球化战略最新进展，释放哪些新信号？［EB/OL］.（2023-10-30）［2024-08-15］.

品类商品要素化、精选化、便捷化，方便用户选购和搭配。

而飞猪所属的境外商家已经可以使用阿里的一些创新产品。例如，新加坡当地的部分酒店也陆续加入“未来酒店—信用住”计划，信用良好的中国游客，即使走出国门也可享受到温暖贴心的酒店入住体验。

随着在线旅游国际化的发展，未来的在线旅游服务竞争是综合资源的竞争，也将越来越理性。价格战等“烧钱”行为将会逐步减少，在线旅游服务企业会更加注重提升用户的体验、口碑和行业的效率。因为只有注重用户口碑，提升用户体验，为用户创造价值，一个企业才能够长期生存下去。特别是在国际化进程中，有大量金融资本进入，在这种资本支持下的在线旅游服务商之间单纯依靠“价格战”是无法持续的，这也是投资者不愿意看到的。

总体来说，我国以旅游电子商务为核心的在线旅游服务的国际化发展刚刚开始布局，其收入规模还非常小，国际化战略尚未有效突破，迫切需要进一步加快国际化步伐。

3.3.5　在线旅游服务对象精准化

在线旅游服务市场的竞争愈演愈烈，在线旅游服务商为了能够争取到更多的消费者群体，需要积极针对服务对象开展精准化营销。市场环境和消费者需求不断变化，精准化服务使企业能够快速响应这些变化，保持竞争力。通过精准化服务，用户可以更容易地找到符合自己需求和偏好的旅游产品，从而提升整体的旅游体验。精准化的营销策略可以更有效地吸引目标用户，提高预订转化率。通过提供高质量的精准化服务，旅游企业可以提升品牌形象，扩大市场影响力。

文化和旅游部在推动在线旅游市场高质量发展的意见中也强调了以旅游者需求为导向，不断丰富服务种类、拓展服务内容，打造精准化、专业化、特色化服务产品，努力满足人民群众多样化、个性化的旅游服务需求。这表明政策层面也在鼓励和支持在线旅游服务的精准化发展。未来，在线旅游服务商的市场策略中，将从广撒网逐步向精准营销方向转变，为用户提供更加有针对性的广告、营销、产品和服务体验。例如个性化的推荐、定制化的服务、动态定价、追踪和分析用户行为、维护客户关系等，通过利用大数据、人工智能等技术手段，企业可实现服务对象精准化。

此外，在线服务的内涵也会因为旅游文化的发展、旅游方式的创新、旅游外延的扩展而不断深化。特别是伴随着旅游活动大众化和日常化，在线旅游服务的美学内涵也成为一种趋势。通过吸收当代旅游文化、自然美学、环境美学、生态美学、景观美学、艺术美学等相关内涵，旅游美学将进一步充实旅游在线服务的重要内涵。我国历来有“读万卷书，行万里路”的说法，国外则有“游遍天下，学到一切”的认识。显然，自古旅游就不仅是一项怡情悦性的综合性审美活动，也是一种包含哲理的人生态度。它以直接体验为特征，追求的是物质与精神的双重享受。在生命和环境的磨砺中，灵魂与环境对话，以及个人和社会、景物与精神间的思考，将使在线旅游服务进入更高的境界。

3.4　传统旅游企业在线化

当前旅游业已经进入“互联网+”时代，几乎所有的旅游企业都涉及网络。与网络旅游企业相对应的传统旅游企业包括早期的旅行社、住宿业、航空公司、景区类企业、餐饮企业、旅游交通企业、购物场所、娱乐类企业等。由于发展历史较长，这些企业已经形成一定的固定模式和行业规则，在互联网时代，它们通过互联网化改造，实现华丽转身，并继续成为旅游行业的中坚力量。

3.4.1　旅行社电子商务

传统旅游时代比拼的是旅行社产品整合能力，而在互联网条件下的全域旅游时代，更重要的就是旅游资源企业自身的产品和经营创新能力。互联网时代的需求变化引领了行业的巨变，为传统旅游行业企业带来了新机遇。传统的方法已经无法解决这个矛盾，只有用新思维、新技术，如大数据和云计算等，才能破局。

在传统旅游业中，旅行社是最具影响力的中介型企业，常见的传统意义上的旅游产品，主要来自旅行社，初期的旅游电子商务表现形式也多以传统旅游产品的网上销售为主。后来在机票、酒店的产品独立销售以及铁路客票实名制等变化的推动下，旅行社业务也逐步发生分化，传统旅行社从普通中介产品的网上销售，发展为自营特色产品网上销售，再到个性化定制产品网上销售等。以“众信国旅”为代表的一批优秀的旅行社已经完全实现互联网化转型，成为业界的楷模。

3.4.2　住宿业电子商务

旅游住宿业是指为旅游者提供住宿、餐饮及多种综合服务的行业。在旅游业的食、住、行、游、购、娱六大要素中，旅游住宿业是一个十分重要的环节。住宿业从原来解决游客住宿这一单一功能，转变成为游客提供食、住、游、购、娱等多项服务的综合体，甚至成为一些游客出游的主要吸引力。

住宿业的形态种类较多，按照不同标准可以有多种划分方式。一般来说，按照酒店的市场和客源特点，分为商务型酒店、长住型酒店、度假型酒店、会议型酒店、汽车旅馆；按照酒店计价方式，分为欧式计价酒店、美式计价酒店、修正美式计价酒店、欧陆式计价酒店、百慕大计价酒店；按照建筑投资费用，分为中低档酒店、中档或中档偏上酒店、豪华型酒店；按照设施规模大小，分为大型酒店、中型酒店、小型酒店；按照所在地点，分为景区酒店、城市中心酒店、机场酒店等。当前，除了酒店，还出现了客栈、民宿、公寓、精品酒店、度假别墅、小木屋等多种个性化住宿形态。

随着科技的进步，尤其是人工智能、大数据和物联网的应用，住宿业越来越依赖技术来提供个性化服务，住宿电子商务的发展主要应用于市场营销、在线预订、在线支付、客户关系管理、供应链管理、用户在线评价等环节。

例如，在市场营销环节，智慧旅游技术可以通过大数据分析用户的消费特点和偏好，主动推送信息。对于商旅型的用户，可以推荐工作地点附近的酒店；对于“90后”用户，可以推荐注重休闲体验的民宿或者有特色的客栈。科技使住宿业在旅游电子商务营销方面更加精准化。例如无人前台等已经在一些酒店投入使用。民宿在线分销渠道的多样化是住宿业电子商务发展的重要趋势。

3.4.3 航空电子商务

航空业属于交通运输业，但民航承担着旅游六要素中“行”的重要责任，因此在研究旅游业时，航空也是不可忽视的一部分。民航发展为游客长途出行提供可能，民航电子商务的发展也为游客远距离出游提供便利。

当前，在航空及其周边服务中也有面向游客的电子商务产品和服务，航空电子商务主要指两个方面：第一，旅客服务，如在线购票、电子客票、民航网上商城、电子会员等。第二，主要信息系统，如运行控制系统、旅客服务系统（PSS）、全球分销系统（GDS）、离港系统（DCS）等。

第一类航空电子商务起步较早，属于航空信息化发展的必要动作、基础动作，当前在各大航空公司对客服务中已经普及。航空公司针对此进一步优化用户体验、简化流程、提高准确度和效率。第二类航空电子商务是航空公司满足自身在线化的支持系统，主要面向内部用户，可以理解为航空公司后台业务系统。

值得关注的是，随着自媒体发展，一些新兴业务虽然不是航空公司传统意义上的主营业务，但已经成为其“多条腿走路”的必然选择，在竞争日益激烈的当今市场，抓住客人、赢得客人才能赢得市场，无论采取何种形式，只要合法合理，新奇百出都是喜闻乐见的。

在航空电子商务中，航空公司需要考虑分销渠道多元化问题，分销系统包括全球分销系统（Global Distribution System，GDS）、携程旅行网、去哪儿网、途牛旅游网等在线旅游服务商，以及其他关联企业。机票具有价格浮动大的特点，能够很好地适应不同分销平台上价格差异化的“打法”，天然适合多渠道分销。

3.4.4　旅游景区电子商务

传统的资源型旅游企业，如景区类企业、餐饮住宿业、交通服务业、娱乐业与旅游商品零售业，在互联网时代都在努力实现着互联网化。

互联网不仅带来了信息化和电子商务业务，更重要的是带来了互联网思维。其核心是将更多的元素和理念融合进企业管理运营中，让传统旅游企业创造出更好的价值，为用户提供更好的服务。

为贯彻落实党的二十大精神和《“十四五”数字经济发展规划》《“十四五”旅游业发展规划》《“十四五”国家信息化规划》以及国务院办公厅印发的《关于释放旅游消费潜力推动旅游业高质量发展的若干措施》等文件精神，旨在促进数字经济和旅游业深度融合，加快推进以数字化、网络化、智能化为特征的智慧旅游创新发展。2024年5月，文化和旅游部联合中央网信办等部门印发《智慧旅游创新发展行动计划》，其中明确要改造升级信息基础设施，包括智能闸机、景区智慧屏、票务系统、电子讲解等，为景区电子商务的优化升级提供新的契机。

当前，景区在电子票务系统、网络营销系统、分销系统等方面电子化、网络化建设比较充分，在需求的刺激下，市场也出现了一些专为景区提供电子商务系统搭建的科技企业。未来，随着智慧旅游的深入发展，景区电子商务发展将吸引更多关注和资源，并出现新的趋势。

总之，互联网思维将影响所有传统企业，如酒店的自媒体建设、景区的智慧规划、旅游产品升级设计、新型旅游商品的开发等。互联网思维与传统产业的有机融合，通过各种网络营销渠道与用户互动，将创建出新的经营流程和模式。

本章小结

· 本章从在线旅游服务商的定义和分类入手，系统介绍在线旅游服务商的四种产品销售模式，阐释了传统旅游企业的互联网化改造和电子商务化道路，呼应本书后面旅游电商的细化领域内容。在此基础上，指出在线旅游服务业未来发展方向。

复习思考题

一、不定项选择题

1.OTA是指（　　）。

A.在线服务　　B.在线旅游办公自动化

C.在线旅行社　　D.旅游电商平台

2.下列旅游服务属于在线旅游服务商产品销售模式的是（　　）。

A.在线旅游中介服务模式　　B.自有产品的直接在线销售模式

C.重组产品再销售模式　　D.个性化定制服务模式

3.当前，旅游企业自有产品的直接在线销售模式主要有哪些渠道？（　　）。

A.天猫旗舰店　　B.自己的门户网站

C.拼多多旗舰店　　D.抖音官方直播间

4."新美大"开展旅游业务，最能体现出在线旅游服务未来发展方向的是（　　）。

A.在线旅游服务商多元化　　B.在线旅游服务内容整合化

C.在线旅游服务手段科技化　　D.在线旅游服务地域广泛化

5.传统旅行社进行互联网化改造（电子商务化）的代表是（　　）。

A.同程旅游　　B.众信旅游

C.携程旅游　　D.飞猪旅行

二、简答题

1.飞猪旅行属于什么类型的在线旅游服务商？

2.介绍一家具备B2B、B2C两种模式的旅游电商企业。

3.简述你对在线旅游服务市场未来服务对象精准化的理解。

三、讨论题

如何看待直播平台上直播达人为旅游企业的代销行为？

【案例分析】

在线旅游平台撞进人工智能

自ChatGPT将大模型的概念带入公众视野以来，AI风口越吹越劲。其母公司OpenAI近日宣布，ChatGPT 每周活跃用户数量突破1亿。

自20世纪50年代人工智能这一概念首次提出，人工智能正逐渐由科幻走向现实。有研究认为，2010年后，随着数字化浪潮涌进，大数据、云计算、移动互联网等新兴信息技术入场，人工智能迎来其蓬勃发展期。国务院2017年印发《新一代人工智能发展规划》，将部署人工智能纳入国家战略。

旅游企业对人工智能的应用探索也顺势展开。

专家指出，在大模型席卷市场之前，人工智能在旅游领域的应用场景主要集中在三个方面。其一是行程规划，基于旅游行程结构化、时间固定的特点，和相应的兴趣点匹配；其二是旅游企业的辅助系统，包括ERP系统、行程规划系统和基调辅助系统等，人工智能可以帮助企业提高其数据管理和资源调度能力，在B端得到较为广泛的应用；其三则是诸如精准推荐、用户画像等智能营销匹配，其中以短视频平台的算法智能推荐最为人知，旅游企业也在这一类别开拓应用科技。

在人工智能的发展过程中曾出现不少初创企业，如主营人工智能生成定制游路线计划的妙计旅行、蹇途旅行等，但这些前期探索已在市场中消失了。

2023年被公认为是“大模型元年”，7月，国家七部委联合公布《生成式人工智能服务管理暂行办法》，多个AI大模型陆续备案获批并逐步开放服务。在线旅游平台在大模型的利用方式上，可以分为两类：其一是接入“借用”既有模型；其二是独立研发自有模型。

第一类接入AI模型，既能够开创全新的旅游服务和功能，也可以融入当前的业务模式中，对已有的服务和功能进行优化升级，走“人工智能+文旅”之路。例如，2023年2月，携程及中青旅宣布成为百度文心一言首批生态合作伙伴，致力于为用户打造在线旅游服务场景人工智能解决方案。2023年4月，Expedia宣布接入ChatGPT插件，通过将航班时间表、价格、酒店信息等数据提供给ChatGPT，并利用生产结果帮助消费者实现更为便捷的旅游规划及酒店预订。2023年7月，Tripadvisor通过将数据与OpenAI集成，在平台增添旅行行程生成器功能，根据用户输入的目的地、旅行日期、同行者以及感兴趣的活动类型来智能创建每日行程。2023年9月，马蜂窝先后和华为AI、腾讯云合作，通过AI分发出行攻略，还着力研发AIGC创新产品，为用户提供“专业旅行向导”和“旅行贴心伙伴”等功能。2023年10月，中青旅宣布与科大讯飞达成合作，致力于在数字文旅行业打造智能化的导游服务，给游客带来更加个性化和高效的旅游体验。

第二类独立研发自有模型，则能够更全面地处理行业领域内的专业需求和问题。例如，2023年7月，携程发布首个旅游行业垂直大模型“携程问道”。携程表示AIGC（AI generated content，由人工智能自主生成内容）对于OTA的助力可以覆盖售前、售后、途中。售前阶段，旅游存在海量的非结构化和结构化的数据，还需要有海量的结构化数据，AIGC的出现可以消化海量的非结构化数据；售后阶段，自然语言和机器人则可以提高服务效率和体验；在途中，AI助理可以提供更实时的导游和反馈。

2023年5月，视旅科技发布了旅游行业领域大模型Vtrip-GPT，更多在线平台也有意向入局。

2023年，携程整体客服咨询量同比增长277%，其中海外客服咨询量同比增长将近4倍；2023年上半年住宿业务智能客服的服务咨询量达到760万，航空公司业务的国内航变自助率从2019年的60%提升至95%；退改自助率从2019年的80%提升至95%，机器人有效解决率从2019年的40%提升至60%。AI的辅助，为携程客服日均节约10000+小时工作时间，相当于日均解放超1000名客服人力。

Booking.com基于问卷调查数据对2024年旅行七大趋势作出预测，结果显示人工智能将成为出行的主流功能，48%的旅客相信AI可以为他们规划旅行。56%的旅客在度假时会需要AI的见解和提示，通过辅助设施和优惠来升级体验。AI公司Anthropic首席执行官Dario Amodei预测，在未来两年内，其模型成本将达到100亿美元，携程2023年二季度的产品研发费用也突破了4亿美元，同比增长超过六成，有理由相信其中很大一部分是用于开发大模型。

而即使真正存在各项指标都堪称优越的人工智能，对于许多消费者来说，人工服务依然有不可替代性。中老年群体要花更多精力弥合“数字鸿沟”，年轻人则更关注与人而非机器交往所赋予他们的社交和情绪价值，游客在社媒“听劝”“找搭子”的过程或将成为旅游体验中独特的一部分。

资料来源：在线旅游平台撞进人工智能［EB/OL］.（2023-11-10）［2024-08-15］.有改动.

问题：你如何看待人工智能在在线旅游服务行业的应用前景？

第4章 旅行社电子商务

【教学目标与要求】

- 掌握旅行社电子商务概述。
- 了解旅行社电子商务体系的内容。
- 了解旅行社电子商务的应用层面。
- 了解旅行社电子商务涉及的应用系统。
- 了解旅行社电子商务未来发展趋势。

【知识架构】

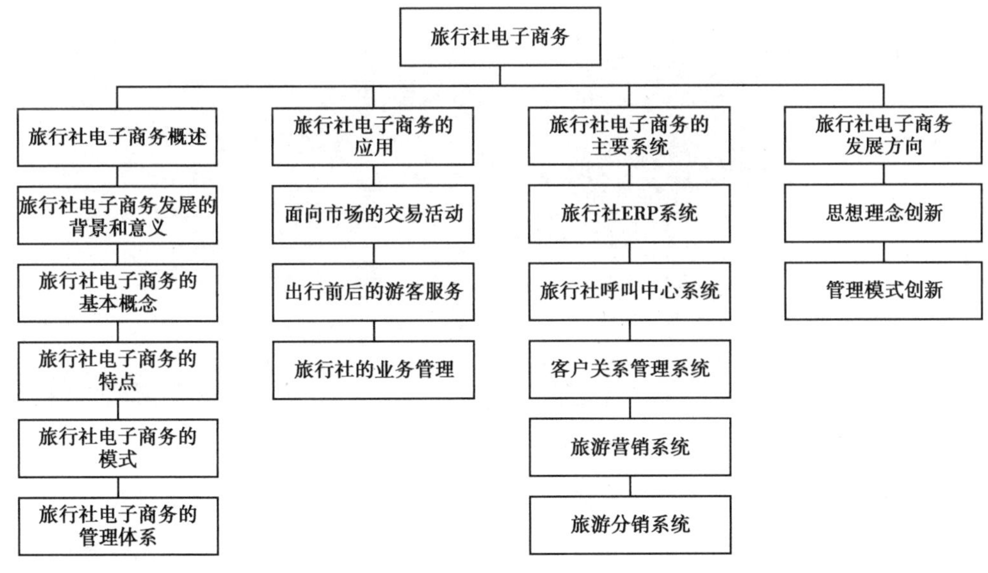

【导入案例】

众信旅游电子商务的发展

北京众信国际旅行社股份有限公司（简称“众信旅游”）是经国家旅游局、北京市工商行政管理局批准设立的具有独立法人资格的股份制企业，于1992年8月11日成立。成立初期的经营范围包括出境旅游、商务会展、留学游学、移民置业、体育旅游及海外金融等。该公司于2014 年1月23日在深圳交易所上市。作为国内大型出境旅游运营商，众信旅游目前的业务已由出境游拓展至“旅游＋”出境服务，其三大主营业务分别是出境游批发、出境旅游零售和整合营销服务。与此同时，众信旅游还向游学、移民置业、旅游金融、健康医疗等一系列出境综合服务方向延伸。此外，众信旅游于 2016 年7月组建了“众信旅游集团”，上市公司主体同时更名为众信旅游集团股份有限公司。2022年以来，众信旅游积极推动境外旅游目的地市场交流合作，同时也积极布局入境游市场。2023年3月，众信集团占文旅集团百强榜第35位、民营旅行社第一位。

作为传统旅行社的代表，在互联网到来之际，众信旅游自主研发了电子商务系统。以标准化服务流程为主线，以ERP综合运营管理系统为核心，以现代信息技术为手段，实施了彻底的互联网化革命，组建了由众信旅游网、B2B分销平台和呼叫中心等组成的线上电子商务平台体系，实现了内部管理及运作的网络信息化。通过对上游资源的整合、旅游产品的研发、销售渠道的建设和旅游团队的运作等关键业务环节进行管控，形成了线下实体营销网络和线上电子商务相结合的业务模式，提高了运营效率，更好地满足了客户个性化、多样化的需求。（图4.1）

图4.1　众信旅游公司网站首页截图

众信旅游网作为专业的在线旅行服务电子商务网站，基于自身实体旅行社的优势，通过电子商务方式为旅游者提供团队游、自由行、酒店预订、签证服务、会员服务等一站式全方位的旅游服务，实现了传统旅游批发业务向B2B旅游服务平台的转变。它出身传统旅行社，既有别于一般OTA，又具备OTA的很多特点，是传统中介型企业互联网化的典型案例，曾被中国社会科学院旅游研究中心评为中国十大优秀旅行社网站。

随着新冠疫情的结束与旅游行业回暖，众信旅游经营环境明显改善。众信旅游2023年上半年财报显示营业收入7.92亿元，同比增长528.60%，营业收入的构成按照业务类型进行划分，旅游批发业务收入占公司营业收入的47.53%，是众信旅游的主要收入来源，与上年同期相比有较大增长。

2024年4月，众信旅游2023年年报显示，2023年营业收入32.98亿元，同比增长558.96%，净利润3227.42万元，同比增长114.58%，众信旅游自2020年以来首次实现年度盈利。

表4.1　2023年上半年众信旅游主营业务情况

	本期报告		上年同期		同比增减/%
	金额/元	占营业收入比重/%	金额/元	占营业收入比重/%	
营业收入合计	792435891.12	100	126062717.22	100	528.60
分行业					
旅游服务	787524911.28	99.38	113429832.99	99.55	594.28
其他行业	4910979.84	0.62	12632884.23	0.45	–61.13
分产品					
旅游批发	376628998.65	47.53	9278298.16	7.36	3959.25
旅游零售	129969372.97	16.40	27438577.91	21.77	373.67
整合营销服务	280926539.66	35.45	76712956.92	60.85	266.20
其他行业产品	4910979.84	0.62	12632884.23	10.02	–61.13

在做强实体店的同时，众信旅游更加注重在线旅游的发展，通过B2B分销平台拓展批发业务，通过众信旅游网B2C平台来拓展零售业务。2014年，众信旅游对悠哉旅游网进行战略投资，加强旅游产品线上渠道与线下资源的紧密结合，实现传统批发和线上零售的有机结合。

众信旅游网的B2C平台提供旅游信息查询、产品查询、实时预订、在线支付等一站式服务，以及旅游分享、互动、结伴同游、团购服务、提升用户价值及用户活跃度。众信旅游网不同于携程、艺龙、去哪儿，因为既不是一般意义上的旅游代理商，也不是提供旅游信息的垂直搜索引擎。它是作为众信旅游网的网上营销途径而存在的，直接为众信旅游的产品营销服务。

截至2023年12月，众信旅游零售公司——众信优游的全国门店累计超过1500家，专业旅游顾问超过3500人，形成了系统的、全国性的、专业的销售团队，通过穷游、悠哉、要出发等合作伙伴拓展终端消费者，逐步形成覆盖华北、华东地区主要城市的零售体系，并进一步完善其他零售业务。批发渠道在其他二线省会城市持续落地运营，并将销售工作进一步下沉至三、四线城市，同时辅以PC端与移动端同业分销系统，形成覆盖全国的线上线下批发销售体系。在景区运营方面，众信优游在抚州“寻梦牡丹亭”、合肥“阳光海岸水世界”、南昌“国华华清水世界”、湖南“紫龙湾国际温泉度假村”等项目，均实现了活动与收客引流双优口碑。为适应不断扩大的业务规模，众信旅游自建企业资源管理系统，实现产品、价格和库存的实时对接和在线预订，不断优化和扩充电子商务平台模块与功能。2023年7月，众信旅游积极探索数字化转型路径，推出U2GO数字文旅平台，带动企业电子商务平台迈向数字化与智能化的新阶段。U2GO数字文旅平台实际上是一个营销平台，是众信旅游数字化转型的重要实践。此外，众信旅游还发布了数字藏品“帝企鹅能量卡”，旨在围绕基地邮轮旅游产品进行营销，为持卡者提供更直接的文旅体验。（图4.2、图4.3）

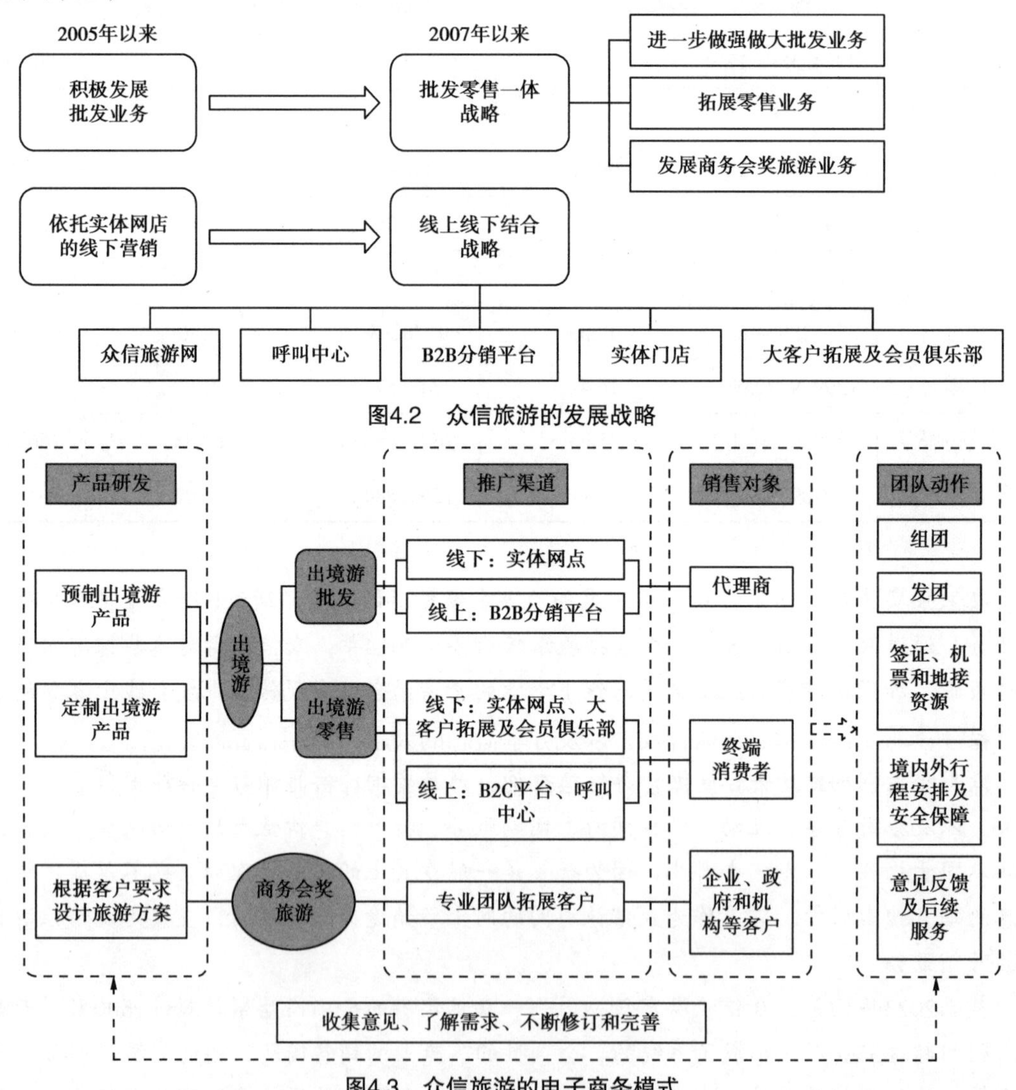

图4.2　众信旅游的发展战略

图4.3　众信旅游的电子商务模式

资料来源：众信旅游集团股份有限公司2023年年度报告［EB/OL］.（2024-04-09）［2024-08-15］.有改动.

【关键术语】

旅行社电子商务　　旅行社ERP　　旅行社呼叫中心

4.1　旅行社电子商务概述

旅游活动的开展特别依赖于信息收集和支持，旅行社是基于信息不对称情况下的产品提供者。随着信息技术和交流的变化，消费者的思维发生了转变，他们已然习惯了通过互联网搜索信息、参考点评、规划线路、比价产品、在线预订和实时支付，这使传统的信息不对称局面得以改善，旅游者对旅行社的依存度大幅下降，互联网时代的来临已经驱动旅行社行业转型。

4.1.1　旅行社电子商务发展的背景和意义

1）旅行社发展电子商务是顺应信息化和散客化趋势

旅行社的产生是源于客源地与旅游目的地之间的“信息不对称”，旅行社主要提供将各类旅游资源或要素打包而成的组合产品，以满足旅游者最初级的观光需求。随着互联网时代的到来和消费者的逐渐成熟，传统的“信息不对称”局面已不复存在。过去，各旅游企业（如旅行社、景区等）和旅游管理部门等都是在相对固定的地点上产生的，也都是在相对固定的时间区域内为消费者提供服务。现在，随着信息技术和交流的变化，以及网上支付、基于位置的LBS技术的普遍应用，消费者在任何时刻都可能产生移动需求，而企业本身的商业活动也无时无刻不在进行。这种情况下，互联网技术可以充分满足消费者在任何时间点都能实时完成订购的需求。此外，微信支付、微博支付、支付宝、拉卡拉、财付通等各种移动支付技术的迅速普及，以及分享概念的兴起，都标志着社会化商务时代已真正来临。所有这些新技术、新模式、新思维都可以被旅行社行业加以充分利用，再加之金融资本、社会资本、证券资本等各种资本的融入，可以说旅行社发展电子商务顺应了信息化和散客化趋势。

2）旅行社业务流程和经营方式的再造提高了效率

业务流程重组（Business Process Reengineering，BRP）是从根本上重新考虑并彻底重新设计业务流程，以帮助企业在关键业绩指标上，如成本、质量、服务和响应速度等方面，取得突破性进展。

业务流程重组的概念最早是由美国的迈克尔·哈默（Michael Hammer）和詹姆

斯·钱皮（Jame Champy）提出的，在20世纪90年代达到全盛的一种管理思想。它强调以业务流程为改造对象和中心、以关心客户的需求和满意度为目标、对现有的业务流程进行根本的再思考和彻底的再设计，利用先进的制造技术、信息技术以及现代化的管理手段，实现技术上的功能集成和管理上的职能集成，以打破传统的职能型组织结构（Function-Organization），建立全新的过程型组织结构（Process-Oriented Organization），从而实现企业经营在成本、质量、服务和速度等方面的巨大改善。它的重组模式是：以作业流程为中心，打破金字塔状的组织结构，使企业能适应信息社会的高效率和快节奏，适合企业员工参与企业管理，实现企业内部上下左右的有效沟通，具有较强的应变能力和较大的灵活性。业务流程重组是对企业进行重新构造，而不仅仅是对企业进行改良、增强或调整。

电子商务的出现弱化了旅行社的生产、代理和销售的职能，也弱化了其提供信息的职能，现代企业营销环境已经转变为以顾客、竞争和变化为主要特征，旅行社行业也应对业务流程进行根本性的重新思考和彻底性的重新设计，以在速度、质量、成本、服务等各项经营指标上取得显著改进。

3）改变了旅行社的传统促销方式降低了成本

网络营销渠道的建立将直接颠覆由传统旅行社构筑的销售渠道价值链。网络营销渠道是信息发布的渠道，也是销售产品和提供服务的快捷途径。用户可以从网上直接挑选和购买所需商品，并通过网络方便地支付款项。网络营销渠道是企业间洽谈业务、开展商务活动的场所，也是进行客户技术培训和售后服务的理想园地。

在网络环境下，旅游者可以利用电子邮件填写反馈卡，这不仅速度快，也增加了信息的准确性和真实性，有助于旅行社及时收集信息，改进产品质量和服务质量，促进企业的良性循环。网络营销涵盖了传统销售渠道的所有主要功能，同时减少了流通环节，这不仅节省了给中间商的佣金，从而降低流通成本，使企业以较低价格向公众出售旅游产品，还大大加强了对产品生产和销售的控制，充分体现了旅游电子商务的优势。

【案例】

中青旅遨游：后疫情时代的旅行社营销

中青旅遨游旅行网成立于2015年，是中青旅旅行社发展智慧文旅业务的关键，也是中青旅从线下旅行社向线上服务拓展的核心板块。自新冠疫情过后，在全球旅游加快复苏的背景下，中青旅遨游旅行网营业额度增长迅猛。

中青旅遨游旅行网的营销策略可以分为三个方面。第一，“国内+国外”布局，国内端以北京为中心，辐射布局全国，国际端以中青旅海外签证中心为基点，拓展海外旅游服务分支机构。2023年3月，由中青旅筹建运营的首家海外签证中心——埃塞俄比亚签证中心开业。此签证中心的开业，实现了中国海外签证中心零的突破。之后，中青旅陆续开办菲律宾、以色列等中国签证中心，多家海外签证中心的开设，为中青旅国际化业务的开拓奠定了基础。第二，深化“批发+零售”布局，中青旅不断向产业链上游扩展，将零售平台转化为“批发+零售”的综合平台，不断深化业务布局。2023年5月，中青旅遨游旅行网发布新域假期产品，正式进入旅游产品批发赛道。第三，坚持“线上+线下”布局，中青旅遨游旅行网启动线下门店振兴计划，当前门店布局覆盖北京东城、海淀、朝阳、丰台、密云等多个地区。此外，中青旅遨游旅行网还布局新媒体渠道，如抖音、小红书等新媒体平台，以及传统OTA平台，如携程、飞猪等。2019年，中青旅注册抖音账号并发布第一条视频，目前拥有106万粉丝。该账号用于品牌宣传和销售转化，通过抖音平台，利用短视频和直播的方式向市场和客户展示中青旅遨游旅行网的产品优势，进而达成销售闭环。不可否认，传统旅行社借助新媒体进行营销具有巨大优势，对于企业来说，营销成本大大降低。

资料来源：同比增长401%！中青旅遨游旅行网连续五个季度盈利！旅游复苏关键年，全渠道发力，三大布局开启发展新速度！［EB/OL］（2023-10-12）［2024-08-20］. 有改动.

4）跨界合作催生无限创新可能

目前，我国的旅游市场发展还未发生根本性的转变，运用“互联网+”来推动其可持续发展，推动网络和旅行社的融合，形成各旅行社独有的价值链、新的服务模式和产业链，将具有不可估量的发展潜力。传统旅行社的旅游资源分布不均、信息不对称，无法全方位满足消费者的需求，更不能全天候服务。当传统旅行社与互联网结合，通过与互联网的跨界合作整合旅游资源与客户资源，可以让消费者随时随地、方便快捷地了解旅游资讯和产品。

5）旅行社的线下优势明显

与新兴的OTA企业相比，传统旅行社依然掌握着整个旅游行业最大最全的信息资源，这是新兴OTA企业无法比拟的优势。传统旅行社在“互联网+”时代所拥有的独特的线下体验与专业服务将永远是消费者认可和依赖的，这也是OTA无法做到的。传统旅行社应把握好“互联网+”的机遇，以互联网为桥梁，抓住网络消费者，将“互联网+”与传统企业真正结合。在此基础上，旅行社可以采取B2B或B2C的模式，通过互联网技术走上信息化道路，促进信息资源共享，消除旅行社与消费者之间信息不对称的障碍，开发具有自身特色的高质量定制游产品，为旅游消费者提供高质量、可信赖的线下服务，实现“互联网+”与传统企业的结合，这样既吸引了一些因为时间原因无法到实体店购买产品的消费者，也保留了客户体验式的服务。

【案例】

OTA不约而同加码线下旅行社门店

以在线旅行起家的同程旅游，在2015年开始布局线下直营店。2023年6月，同程旅行开启线下门店加盟计划，目前其线下门店已超过1000家。此前，携程宣布3个月时间内签约超过1300家门店。以线下旅行社起家的中青旅，一方面搭建了线上旅游平台中青旅遨游旅行网，另一方面也在不断布局线下零售门店。此外，岭南商旅集团广之旅、凯撒旅游、众信旅游等多家公司积极布局开设线下旅游零售门店。

为什么不论是传统旅游企业还是OTA都不约而同加码线下旅行社，这背后的原因值得我们深思。首先，老年人是有钱有时间的潜在强旅游需求群体，相对于在线旅游平台，中老年群体更愿意相信线下真实所见所感的信息，因此，中老年人对线下门店的需求高于线上平台。其次，如今旅游企业布局的线下门店，不仅是线上门店的延伸，还是线上线下的深度关联体验，是顾客体验感的升级。例如，同程旅游门店不仅有自己的线下实体门店，在同程旅游平台上也有自己的虚拟店铺。用户可以在同程旅游官网或者小程序中查看离自己距离最近的一家加盟店，点击后会有一对一专属客服，顾客可以在线上完成商品咨询、订单支付等操作。同时，用户如果在线下完成了交易，交易记录也会同步到同程旅游平台上，从而与消费者构建起信任。线下门店提供给消费者的面对面的服务，本质上是消费场景的优势，无论是中老年人还是年轻人，隔着屏幕购买产品总是缺少一种真实感，这也是旅行社线下门店存在的原因。此外，线上渠道流量竞价排名越来越贵，获客渠道和转化率不如初期高，需要线下用户来弥补线上不足。线下门店的增加也是线上乏力的必然产物，旅游企业只有打通线下和线上的服务渠道，才能更好地满足消费者的旅游需求。

线下门店布局有两大模式，第一是以同程、途牛为代表的自营模式，第二是以携程为代表的加盟模式。目前同程恢复加盟门店，因此只有途牛一家OTA在做自营门店。自营和加盟两种模式各有利弊。自营门店可以保证品牌具有统一的调性和标准，门店的装修、工作人员培训、旅游产品等都在统一规划中完成，更容易获得品牌知名度和信任感。然而，自营店成本较高是其弱点。加盟店可以快速扩张，且成本较低，加盟人员本身对本地市场更加了解，这些都是加盟店的优势。

旅行社线下门店依然具有很大的价值，尤其是在线上流量被巨头垄断和线上营销成本不断增高的情况下，线下门店的优势更加突出。旅行社门店自然会得到复兴，但这并不是回归传统的线下旅行社时代，而是线上线下深度关联、展示企业形象、打造独特服务的窗口。

资料来源：李梓杨. 为什么都要抢着做旅游线下门店？［EB/OL］（2023-06-28）［2024-08-20］.有改动.

4.1.2 旅行社电子商务的基本概念

旅行社电子商务是指一整套基于互联网技术、具有规范的业务流程的在线旅游中介服务。专业从事旅行中介服务的企业组织建立并实施一整套基于规范业务流程，以先进的计算机技术、互联网技术及通信技术为基础的在线旅行服务模式体系。

这种服务模式的最大特点是在线、即时地为旅游者提供服务，在时间上体现出快捷和便利，因此被称为在线旅游服务模式（Online Travel Service， OTS）。旅行社通过应用电子商务，调整企业同消费者、企业同企业和企业内部的关系，从而扩大销售，拓展市场，并实现内部电子化管理的全部商业经营过程。

旅行社电子商务的五个基本特征：一是旅行社电子商务的主体或“载体”是旅行社或旅行中介服务机构（Travel Agent）；二是旅行社电子商务的核心是一系列规范的业务流程（Business Procedure or Work Flow）；三是旅行社电子商务的基础是互联网技术（Internet）和万维网（World Wide Web）技术的应用；四是旅行社电子商务的创新竞争力在于在线旅行服务模式，这种服务模式的最大特点是在线、即时地为旅游者服务，在时空上体现出快捷和便利；五是旅行社电子商务体系是一个人机结合的系统，涉及企业运作的各个层面（产品设计、市场营销、企业管理、客户关系管理、资源管理、供应链管理），而不仅仅是一个纯粹的“机器人”计算机系统。所谓的“鼠标+水泥”或“传统业务+现代手段”只是一种通俗的说法。

4.1.3 旅行社电子商务的特点

1）旅行社电子商务具有便捷性

首先，对于用户而言，在传统的旅游模式下，消费者需要亲自到旅行社门店营业厅进行旅游信息咨询、购买票务等流程，而电子商务的普及使消费者不受时间和空间的限制，无须亲自前往旅行社门店营业厅，可以随时随地通过旅行社电子商务平台浏览和购买旅游产品，消费者不需要携带现金，在线支付功能能够使用户迅速完成交易，大大提高了便捷性。

其次，对于旅行社而言，旅行社内部电子商务系统涉及企业运作的各个方面，包括市场营销系统、客户关系管理系统、人力资源系统、旅游产品采购供应链管理系统等，旅行社可以利用这些信息化平台高效地运营企业，并降低成本。

2）旅行社电子商务具有透明度

旅行社电子商务的普及使旅游信息更加透明，改变了以往信息不对称的局面。第一，旅行社电子商务平台可以完整展示旅游产品信息，包括票价、交通、行程安排、住宿条件、餐饮标准、景点信息介绍、服务标准、退款流程等，消费者可以通过旅行社电子商务平台全面了解旅游产品信息，清晰了解自己购买旅游产品的全过程。第二，用户可以自主分享真实的消费体验和评价，旅游UGC内容对于潜在消费者来说具有重要参考价值，能够增加旅行社电子商务平台的透明度和可信度。

3）旅行社电子商务具有优惠性

旅行社电子商务平台的建设减少了代理商、中间商等中间环节，使旅行社能够将旅游产品直接提供给消费者，从而大大降低了中间成本。此外，旅行社电子商务平台的建设减少了传统旅行社店面租金和人工成本等，因此能够提供更优惠的价格。

4.1.4　旅行社电子商务的模式

1）B2B模式

旅行社电子商务模式中的B2B（Business to Business）模式是指旅游企业之间的商业对商业的交易模式。旅游企业通过电子商务平台进行交易和合作，例如旅行社之间的合作、旅行社与酒店、航空公司的合作。通过B2B平台，旅行社可以寻找合适的合作伙伴，旅游代理商可以代售旅游产品，旅游公司可以对合作伙伴的质量和信用进行规范化管理，从而提高合作效率，如欣欣同业网等。

2）B2C模式

旅行社企业通过电子商务平台向旅游者提供服务的模式称为旅行社B2C（Business to Customer）电子商务模式。旅游者可以不受时间和空间的限制，随时随地浏览和选择适合自己的旅游线路、门票、酒店等，并通过在线支付完成交易，如携程、同程艺龙等。

3）C2C模式

C2C（Customer to Customer）模式是指旅游消费者与旅游消费者之间的交易。在旅游电子商务平台上，个人用户可以自由地发布自己的旅游资源，如旅游攻略、行程安排等，也可以将自己的旅游产品和服务出售给其他消费者。

4.1.5　旅行社电子商务的管理体系

1）旅行社电子商务发展规划和战略目标

旅行社发展电子商务需要制定合理可行的战略目标和发展规划。规划包括指导思想和总体思路、现状与问题分析、战略目标、技术方案、实施方案、信息化评价以及信息资源管理等工作。

2）旅行社电子商务标准和制度建设

旅行社电子商务的标准主要包括信息资源标准、系统建设标准、信息安全标准、系统操作标准、系统管理标准等。制度主要包括信息资源管理制度、信息安全管理制度、系统建设管理制度、系统操作管理制度、系统使用维护管理制度、信息部门及工作人员管理制度等。

3）旅行社电子商务的业务流程建设

从实际工作出发，旅行社需要明确规范经营管理、游客服务和环境管理这三类业务。经营管理类业务包括旅行社在经营管理过程中所涉及的所有业务。游客服务类业务包括旅行社直接为游客在游前、游中和游后提供的所有服务内容。环境管理类业务包括与相关政府部门之间的关系处理。旅行社业务的梳理应达到业务内容完备、逻辑关系明确合理、表述形式规范的要求，所有流程应具备属性说明、流程图示和完备的附属文档以及必要的业务模型。在业务梳理的过程中，应同时对业务流程进行优化和再造。

4）旅行社电子商务岗位设置

旅行社应建立合理的体制并通过信息技术将其固化。体制建设应合理设置业务部门和工作岗位，并对旅行社不同工作岗位的从业人员所应具备的知识结构、业务素质和基本技能提出明确的要求；考核方法系统、公平、合理且有效。

4.2　旅行社电子商务的应用

从应用层面上看，旅行社电子商务可分为三个层次：

一是面向市场，以交易活动为中心，并包括促成旅游交易实现的各种商业行为，如网上发布旅游信息（包含网络旅游新闻）、网上广告宣传、旅游市场调研和实现旅游交易的电子贸易活动：网上旅游洽谈、售前咨询、网上旅游交易、网上支付、售后服务等。

二是利用信息化先进手段扩大对客服务的范围，提高质量，如游前、游中、游后服务等。

三是通过旅行社业务流程重组和内部网络平台建设，形成经营管理活动，实现旅游企业内部电子商务，包括旅游企业建设内部网络和数据库，利用计算机管理系统实现旅游企业内部管理信息化。可以预见的是，发展到成熟阶段的旅游电子商务，将是旅游企业/机构外部电子商务和内部电子商务的无缝对接，这将极大提高旅游业的运作效率。在这一方面，区别于传统意义的、连接内部数据库系统和业务流程的新型呼叫中心和B2C网站，是极好的运作示范。

4.2.1 面向市场的交易活动

面向市场的交易活动包括促成旅游交易实现的各种商业行为，如网上发布旅游信息（包含网络旅游新闻）、网上广告宣传、旅游市场调研等以及实现旅游交易的电子贸易活动，如网上旅游洽谈、售前咨询、网上旅游交易、网上支付、售后服务等。

1）促成旅游交易实现的各种商业行为

（1）网上发布旅游信息

旅行社对生成的产品进行审核（如关键字筛查等），并将审核后的产品自动、定向发布给自有网站、门店、呼叫中心、同行代理、移动端、新媒体等各销售渠道。此外，应提供在线个性化产品定制服务，并为查询内容相关信息提供链接、对比和最优推荐服务（支持模糊查询并通过数据挖掘技术形成产品推荐服务）。

（2）网上广告宣传

结合网站建立广告管理规范，实现在线广告管理（包括申请、审核、下线等）功能。还应该实现以手机为载体，针对不同目标客户群的社会化、个性化营销，完成多种形式在线营销活动的策划与执行（如在线抽奖、满减、满赠、预售、特价、秒杀等），并实现与主流平台的接入功能。

2）实现旅游交易的电子贸易活动

（1）网上旅游洽谈

利用呼叫中心整体解决方案，可以实现网站、App、微信等多种渠道的在线服务功能。通过在线填写需求并自动生成咨询意向单的功能，实现通过咨询意向单收集客户信息并形成数据库。

（2）售前咨询

可以实现产品在各渠道的实时在线同步查询及销售并支持实时的在线问答。

(3) 网上旅游交易(预订)

可以实现在线填写预订信息并自动生成预订单的功能，实现使用扫码技术和智能设备等进行在线预订的功能。

(4) 产品签约

可以实现电子合同的在线填报与数字签名的功能，实现电子合同的在线统计、查询与分类管理。可实现在线投保，并自动生成电子保单。

(5) 在线电子支付

电子支付是指单位或个人通过电子终端，直接或间接向银行业金融机构发出支付指令，实现货币支付与资金转移的行为。电子支付的主要方式包括网银在线支付、第三方转账支付、电话银行支付、手机银行支付、IP账号支付等。

目前应用较广泛的支付方式是银联在线支付和支付宝。银联在线支付是中国银联推出的网上支付平台，支持180多家发卡银行，涵盖借记卡和信用卡等，提供认证支付、快捷支付和网银支付等多种方式。其中，认证和快捷支付无须开通网银，仅需一张银行卡即可享受安全、快捷的网上支付服务。支付宝是国内领先的独立第三方支付平台，是目前交易份额占比最高，注册用户数最多的第三方支付平台，为用户提供普通网银、支付宝账户余额及小额快捷支付，支持130多家发卡银行。

旅行社可以通过系统实现在线支付和移动支付的功能，实现基于互联网的跨地域在线收银管理，并将支付信息关联到订单及公司财务系统。

4.2.2　出行前后的游客服务

1）游前服务

游前服务主要指出游前与游客的互动功能，并能根据人群种类、游客的游览历史和偏好自动推送相应的行前说明、注意事项、出团通知等各类出游前所需信息。游客在出游前遇到任何问题，可以通过旅行社官网客服、第三方平台客服或电话客服咨询获得专业解答。有些旅行社平台使用虚拟现实技术（VR）为游客提供沉浸式体验，使游客在游前通过虚拟环境感受旅游目的地的魅力。

2）游中体验服务

随着共享时代的到来，旅行社可以利用信息技术实现对游客游览过程中的服务，例如实时在线的行程记录、旅游点评、游中互动、在线留言、意见反馈服务，以及通过多种形式（如图片、文字、视频等）和多渠道（如主流社交软件、社交平台等）进行实时分享。此外，还可以通过信息技术关联自助语音导览、位置搜索等智能化体验功能。

旅行社还可以提供紧急救助服务，游客在游览中遇到突发事件，可以快速获得平台的援助。同时，旅游者可以通过电子商务平台获取旅游目的地天气、交通、景点开放情况等信息，方便游客及时作出调整。

3）游中安全服务

第一，旅行社可以利用电子商务平台强化行程管理与监控，通过GPS定位等技术实时跟踪旅游大巴的行进情况，并针对旅游大巴的异常行为（如路线偏离、汽车超速、停车异常、司机违规、驾驶时间超时等）做出实时提醒，从而加强游览过程中对游客安全的监督。第二，旅行社可以在平台及时发布旅游目的地天气信息、安全预警等信息，提醒游客做好相应的防范。

4）游后服务

游览结束后，旅行社可以依据标准化的投诉处理和表扬处理规范，通过信息技术实现在线填写旅游意见表，并在线管理投诉、建议及表扬等服务。

4.2.3 旅行社的业务管理

1）业务管理信息化

（1）供应商管理与资源采购

旅行社可以依据供应商及各类旅游资源采购规范，利用信息技术对各类供应商（如接待社、酒店、大交通、车辆、餐饮、保险、签证、导游/领队、门票等）的合同和评价信息（如业务、信用信息等）进行管理。同时，利用系统对各类接待社和各类旅游资源进行采购成本控制，并根据分析结果制定采购决策。

（2）产品策划及生成

旅行社通过信息技术实现在线策划旅游产品，并自动生成标准格式的产品行程单，生成的产品应自动形成产品库，便于多次使用和产品分析对比。

（3）订单管理

通过信息技术实现各类订单的在线流转和智能化分类处理，并能进行客户信息收集，形成数据库。有些旅行社还可以通过移动终端设备对各类订单进行实时管理。

（4）产品运作

可以通过系统实现自动生成地接确认单、导游/领队带团任务单、分房名单表、游客信息表、保险信息表、出票信息表、出团通知书等团队运作及接待所需的表单。

（5）产品结算

可以实现在线结算与报账，形成结算报表，并对财务结算数据进行统计、对比分析。

（6）客户管理

可以实现客户信息的收集及管理，例如消费需求、消费行为记录、客户360度分析、需求挖掘、产品推送、客户关怀等功能。

（7）积分管理

可以建立积分体系，实现在线积分管理和积分兑换等功能。推进UGC功能，包括目的地资讯、游记、旅游圈、客户满意度优化、会员勋章等。

（8）内部监控

内部监控包括业务数据监控、财务数据监控、业务预警及预报功能。

业务数据监控可以实现对各种业务情况以及团队行进情况的实时监控，并自动生成各类业务数据统计报表。

财务数据监控可以通过系统进行收款、结算、付款等财务数据的实时监控，并实现在线自动生成统计报表及数据分析报告。通过信息技术实现业务数据与财务数据的实时对接。

业务预警及预报功能可以通过数据分析实现业务预警、业务预测及决策制定。

（9）人力资源管理

可以在电子商务平台发布招聘信息，利用在线测评、线上面试系统等提高招聘效率和精准度。在线上平台开展员工培训课程，以提升员工的专业技能和服务水平。

2）网络建设及管理

主要涉及网络建设和系统运维。

（1）网络建设

网络建设主要包括：统一数据网建设及维护管理；数据中心虚拟化建设及维护管理；系统架构建设及维护管理；备份系统建设及维护管理；信息安全建设及维护管理；呼叫中心建设及维护管理。

（2）系统运维

系统运维包括设备维护、设备购置、运行监测、资源调配、网站域名、无形资产和费用控制7个部分。

设备维护。负责信息系统设备（如服务器、计算机及打印机等）的运行管理，做好设备日常维护和监测，及时解决运行中出现的问题，确保系统安全正常运行。

设备购置。负责服务器、计算机及打印机等选型购置，安装调试，参数配置。

运行监测。负责各应用系统运行监测，发现异常及时协调解决。

资源调配。负责总社信息系统资源调配与管理，以提高系统资源使用效率。

网站域名。负责网站域名的注册申请和管理，以及网站年检、网站备案等工作。

无形资产。统计和管理无形资产。

费用控制。负责制定预算，并严格按照预算控制费用支出。

3）数据共享中心建设

数据共享中心是在业务梳理的基础上，根据企业数据模型特点，按照业务主题要求所建立的、可以实现数据共享与交换的数据库系统。数据共享中心和业务管理中心共同构成智慧景区信息化建设的基础。数据共享中心的基本要求有：

数据采集。数据源应涵盖全部业务需求的范围，数据采集方式应多样化。

数据存储。应能够存储景区全部不同类型的数据，并实现景区所有数据的可靠存储和有效应用。

数据管理。应实现信息管理模式及技术架构的统一；并在信息资源规划基础上实现数据存储和使用的标准化。

数据共享。应支持应用系统的统一协调和数据共享。

业务关联。数据资源能够与业务体系进行有效关联。

数据处理和分析。应能够对采集的数据进行有效清洗和分类。根据业务需求和业务逻辑，能够对数据进行各种基础性分析。不仅可以处理和分析结构化数据，还可以处理和分析非结构化数据。

数据交换。应能够实现与不同企业、政府部门的各种相关系统或数据中心的数据交换。数据交换应适时、有效、安全。

数据安全。应提供技术保障、制度保障和人员保障。保障措施到位、合理、有效。

部署多样。数据共享中心既可以当地部署，也可以实现云端部署。

数据展示。应能够通过多种方式展示数据，具备数据可视化功能。

4.3 旅行社电子商务的主要系统

4.3.1 旅行社ERP系统

ERP（Enterprise Resource Planning）是指企业资源计划系统，最初是基于制造业开发出来的企业内部资源管理系统，是一种以现代信息技术为依托的先进管理思想和管理模式，其最终目标是实现人员与资源的分配完全吻合，因此必须与各行业的管理特点相结合，以满足行业用户的个性化管理需求。相对于制造业ERP主要是基于事前的事件，旅游业涉及的事件则更具不确定性，包含更多变量，随机性更强。因此，旅游业的ERP系统研发显得更为复杂，且耗费成本较高、时间较长。

旅行社ERP系统的实施部署方式因开发公司的技术手段和服务内容而不同。对于小型ERP的部署，以在线部署方式为主，大型、高金额ERP合作项目，通常采用驻场部署。在账户开通方面，系统的部署形式主要分为客户端程序安装和非客户端程序安装。目前，市面上的旅行社ERP以客户端程序安装为主，如天港城、金棕榈，而欣欣旅游则采用非客户端程序安装。两种部署形式的区别主要在于，非客户端程序安装在使用上不受地理位置限制，升级更及时，系统安全性更高，同时具有较强的兼容性。

目前旅行社ERP系统所具备的基本功能较为相似（如供应商管理、产品制作、控团、控位、清位、客户管理、财务管理、报表分析等），但具体功能因业务内容而有所不同，例如，组团社更注重收客功能，而地接社则更侧重资源管理和库存管控等。

大型系统在功能上更全面更完整，而新型旅行社ERP在便捷性和深度上有所不同，例如客户管理方面，一般产品仅支持客户信息的录入，而个别产品则能实现一键发送客户生日短信、生日提醒，以及出团短信提醒等功能。

在移动互联网推动下，手机等移动终端上的移动商务逐渐成为电子商务应用主流。针对这一趋势，部分旅行社ERP系统已经推出了移动端操作平台，为客户提供移动单据审批、移动数据获取、移动协同办公等功能，并且在与微信的整合上趋向成熟。欣欣旅游ERP系统通过微信嵌入技术在旅行社ERP移动端应用上取得了突破。这也表明，旅行社ERP在移动信息技术应用上不断追赶着信息技术的发展，充分扩展了ERP的应用范围和应用深度。

【案例】

云驴通旅行社ERP管理系统

云驴通品牌由上海照梵软件有限公司于2013年创立，产品涉及企业、高校、政府三个板块。目前已经服务7000多家涉旅企业客户，包括广东青旅、中国国旅、湖南省中青旅等。云驴通产品围绕旅行社全面展开，包括文旅数字营销系统［旅游社交电商系统（SCRM）、旅游客户数据中台（CDP）］、文旅ERP系统（旅行社ERP管理系统、地接ERP管理系统、研学ERP管理系统、酒店ERP管理系统）、文旅电商平台（旅游电子商务平台、旅游同业交易平台、酒店民宿交易平台）、旅游大数据（一机游系统、文旅认证监管平台、智慧旅游服务平台、旅游目的地营销平台）和旅游供应链SCM系统。

云驴通旅行社ERP管理系统集产品开发、销售、计调、财务结算、调查统计和决策分析等功能于一体，实现了业务流程自动化和智能化，帮助旅游企业决策科学化，有效提升旅游企业运营效率。在运营方面，云驴通ERP管理系统为旅行社提供了涵盖计调、销售、导游、财务、供应商、分销商等多个角色的全面解决方案，包含报价、计划、调度、对账、审核、收付款、发票等功能。在财务方面，云驴通ERP管理系统可以为每个岗位、每项业务建立一套工作流程和业务规范，并跟踪每个订单、客户和供应商带来的收益、成本。在决策方面，系统能够统计和分析报表，为旅行社提供决策数据支持，帮助企业进行科学决策。

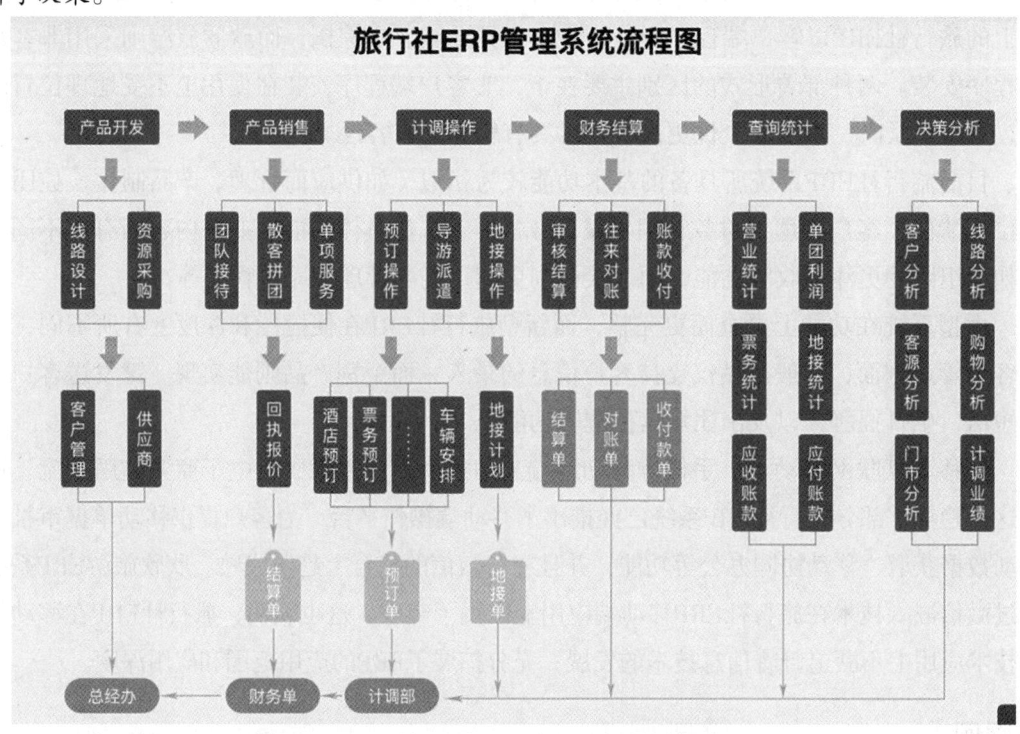

图4.4　云驴通旅行社ERP管理系统流程图

云驴通旅行社ERP管理系统功能包括以下几个方面：

微信行程单：帮助旅行社快速生成精致的微信和小程序行程单。

微信海报：上传同业海报，可修改联系方式并自动生成二维码。

同业预订：批发商为每个分销商分配账户，分销商登录系统，选择产品后可直接预订。

微分销：批发商为每个分销商开设微店，顾客可通过分销商的微店进行预订。

同业串货：系统内的其他同行可以采购本店的已经开通串货功能的产品。

计划管理：发布同业收客计划，便于统一管理。

产品管理：旅游线路产品的发布与管理，系统可自动生成行程单。

报价管理：包括传统纸质报价单和电子版WORD报价单，供应商可填写价格，系统具有自动存档功能。

订单管理：支持的功能有订单收款、退款、预算、决算、供应商应付款等，支持散客、团队订单、单项、散拼等类型。

对账管理：可以与下游企业、上游企业进行双向对账，支持快速搜索和按时间查找。

财务结算：包括收款、退款、付款审批、开票回票处理等功能。

导游报账：支持计调对导游的电子账户进行核销，永久保留数据。

统计分析：自动生成各类公司报表。

资料来源：云驴通官网.有改动.

4.3.2　旅行社呼叫中心系统

目前，中国有50000多家旅行社，随着旅游业的蓬勃发展，出境旅游和国内旅游的市场越来越广阔，加之国家各种长假制度的推行，旅行社之间的竞争日趋激烈，服务的质量的好坏和效率直接影响着各旅游企业的声誉和经济效益。如何为客户提供更加快捷、友好的服务，提高客户满意度，长久地留住老客户，同时，不断地吸引新客户，挖掘潜在用户；如何加强企业内部管理，在日益激烈的市场竞争中立于不败之地成为摆在各旅游企业面前亟待解决，也是其无法回避的问题。

客户在选择旅行社与旅游线路时，除关注优惠的费用之外，还重视完善的途中服务，以确保旅途愉快；以及周到的旅游保险，以便在旅途中出现意外时，可以获得及时的补救。主动的服务、积极友好的态度、良好的形象与较高的信誉成为客户在选择旅行社时非常重视的因素。

1）呼叫中心系统的发展

第一代呼叫中心系统。第一代呼叫中心系统源于民航业，实际就是电话热线。经过企业培训的专业客服负责接听电话，顾客只需要拨通电话即可与其直接沟通。第一代呼叫中心系统大大提高了工作效率，因此其使用范围逐渐扩大到民航业以外的其他行业。然而，第一代呼叫中心系统也存在缺点：未采用CTI技术，只能提供人工客服，且操作系统较为落后。

第二代呼叫中心系统。随着业务量不断增大，企业对呼叫中心的需求日益增加，采用CTI技术的第二代呼叫中心系统应运而生。其缺点是用户只能得到声讯服务。

第三代呼叫中心系统。随着互联网的发展，第三代呼叫中心的接入方式不局限于电话呼叫接入，中心可以充分利用数据库中的信息资源。第三代呼叫中心系统可以对座席进行智能分组，由提供单一声讯服务转向提供声讯、邮件、视频链接等多媒体手段的组合服务。

2）旅行社客户服务呼叫中心系统

旅行社客户服务呼叫中心系统可以通过自动语音导航，方便快捷地为游客提供旅游产品查询、票务预订、旅游投保等各项服务，还可以提供景点介绍、旅游路线查询、交通路线查询等自助服务，成为“电话导游”。旅游俱乐部可通过呼叫中心系统为俱乐部成员提供各种服务，最大限度地体现客户关怀。通过呼叫中心这一窗口，旅行社可跨越时间、空间限制，全方位地为客户提供多样化、个性化的服务。通过电话回访等手段，既能树立良好的企业形象，又能提供完善的服务，对保持原有的客户群，降低顾客流失率和扩大新的顾客群都将起到很好的作用。旅行社建立客户服务呼叫中心系统的意义有：提升旅行社形象，彰显旅行社实力，建立企业品牌；有利于旅行社的宣传，开拓新的营销渠道；体现良好的客户关怀和服务质量，提升客户满意度与忠诚度；提高旅行社内部管理效率及员工满意度；7天×24小时服务，保证客户服务的连续性，把握每一次商机；真正实现办公无纸化，节约人力物力；优化业务流程，多方面降低旅行社管理和运营成本；提高客服人员的服务质量和工作效率；增强旅行社核心竞争力。

3）旅行社客户服务呼叫中心系统功能概述

（1）业务咨询

客户致电旅行社时，首先进入语音查询系统，在语音导航的指引下输入相应按键，选择所需信息，如旅游线路查询、费用咨询、票务咨询、旅游安全知识、团体游和个人游介绍、酒店介绍推荐等。客户也可以选择接入人工座席，人工座席可以利用知识库详细并专业地解答客户的问题，并将客户的需求生成咨询单，将客户咨询的内容记录在系统的数据库中。当客户下次打进电话时，系统会弹出客户信息，客服人员很容易就清楚客户的需求，提供有针对性的服务，让客户感觉亲切。

（2）业务处理

客服人员通过登录系统处理客户申办的各类业务，并生成派单转发给相应部门进行处理。客服人员处理的业务包括：旅游线路订购、随团旅游预约、包团旅游、航空和火车等订票服务的咨询与处理、客户旅途中紧急救援、客户旅途中事故申报与处理、客户投诉备案与处理、客户建议反馈、旅游险种的推荐与投保受理、客户理赔等。

处理结果返回客服中心后，客服人员通过电话、传真、短信、电子邮件等方式回复客户，并将处理结果登记在系统相关模块中，方便随时查询。客户也可随时致电，通过系统了解所申办业务处理进度及负责部门。

（3）外呼营销功能

陌生客户推广。系统支持批量导入客户资料由管理人员进行分配，座席人员根据分配到的资料进行外呼营销，主动拨打客户电话推广旅游产品，记录有意愿的客户的资料，对客户进行持续跟进，不断向客户推送最新的促销信息，激发客户的消费兴趣，促成订单。

老客户二次推销。座席人员主动拨打老客户电话进行客户关怀，并根据其消费情况和旅游偏好推荐最新、最优惠的旅游路线，挖掘老客户的潜在消费机会。

（4）自动短信通知

座席人员可以通过系统的短信功能自动给客户发送短信。具体来讲，通过系统设置条件和短信模板，系统将根据条件自动发送提醒和通知短信，例如，每天17：00自动给第二天出发的游客发短信，提醒游客出发时间和注意事项；每天12：00自动给前一天返回的游客发短信，对前一天的服务进行调查、跟踪、回访；根据客服人员的设定，系统还可以自动发送其他消息，及时、方便、快捷地和客户沟通。

（5）订单管理

客服人员将每日的订单录入系统，形成订单信息，并通过电话或者短信告知客户预订成功。管理人员可以在系统中查询订单信息，对订单进行审核、修改、变更等操作，管理高效便捷。

（6）紧急救援处理

当旅客在旅游过程中遇到问题需要救援时，旅客可以拨打服务热线寻求救助。客服人员在接听后第一时间确认旅客的问题，并根据情况安排相关的部门进行处理。同时通过电话告知旅客已经派工，并做好旅客安抚工作。救援结束后，客服人员将事件处理情况记录在系统中，方便管理人员查询，并对旅客做事后关怀。

（7）客户关系管理

会员制度管理。根据客户消费情况建立会员积分制度，不同的积分等级可以享受不同的优惠活动，客服人员定期根据会员等级发送相应的优惠活动信息，增加销售机会。

客户关怀管理。在节假日及客户生日时送上祝福和问候；向老客户推送最新的活动消息和优惠路线，为新客户提供路线推荐和出行指导；进行客户旅途关怀等，以提高客户对公司的忠诚度。

（8）满意度调查

系统在客户和客服通话结束后自动转接语音提示，进行服务满意度调查，并将调查结果记录在数据库；客服人员在客户旅游结束后主动拨打客户电话进行回访调查，并将结果记录在数据库中，方便管理人员查询，作为绩效考核的依据。

（9）统计分析

系统可以根据来去电的详细情况进行有效统计，包括客户在线等待时间、来电记录、自助查询记录、收发短信息记录等，并且生成各种统计图表。旅行社的客服人员可以灵活地自定义统计内容，为公司决策提供权威有效的数据。统计报表主要包括以下数据：客户在语音查询中对每条旅游线路的查询统计；统计每位客服人员的接入和拨出电话的数量及时间；记录与统计每通来电的客户在线等待时间；统计客服人员每通电话处理的时间；记录与统计收发短信的情况等。

（10）投诉处理

客户可以通过人工服务、语音信箱、电子邮件等方式，将投诉或建议反馈给客服中心。客服人员接到反馈信息后，生成投诉单并转交给有关部门处理，或者直接将电话转给有关部门负责人处理，处理结果记录在数据库中，方便查询，并通过短信或电话告知客户处理结果，做好客户安抚工作。

（11）其他功能

权限管理。根据岗位需求设置不同的权限等级，客服人员只能操作其权限以内的事务，避免越权和管理混乱。

录音管理。系统提供全程电话录音，管理人员可以对录音进行回放、下载、保存等操作，录音可用于对客服人员服务质量的考核，同时在出现问题纠纷时可以作为凭证。

【案例】

旅行社呼叫中心解决方案——应用小灵呼订单工作流

小灵呼在旅游业的客户包括：南京中国旅行社、黄山网络旅行社、福建康辉旅行社、青岛春秋旅行社、洛阳永安旅行社等。

旅行社呼叫中心解决方案将为旅行社提供强劲的客户关系管理（CRM）能力、自动业务导航（IVR）能力和交互式协同工作（WorkFlow）能力，通过基于各业务代表技能特点的自由选择智能分配（ACD）技术，系统可以将客户来电接到最符合要求的业务代表处，对于老客户，系统还可以建立一对一的关系，将老客户的来电直接接到以前曾与之通过话的业务人员处，使其倍感亲切。同时，作为旅行社各种商业活动的支持，高度集中的客户服务中心能够以最低成本向顾客提供最有保障的服务和支持，无论在商机管理、客户服务，还是顾客群维系等方面，呼叫中心都发挥其巨大作用。旅行社充分利用LCall呼叫中心的优势，能够带来无限商机，这已经是一个毋庸置疑的事实。

旅行社呼叫中心的建设，通常具有以下意义：

1.极大地改善旅行社服务质量

24小时LCall呼叫中心使客户可以随时通过电话跟旅行社工作人员进行沟通，大大拉近了旅行社与顾客之间的距离。

系统为旅行社提供多种跟用户沟通的方式，方便用户使用。支持的沟通方式包括电话、手机、传真、电子邮件、网络电话等。在电话服务中，用户还可以选择自动语音服务或人工服务。

系统记录完善的用户个人信息，并通过电话号码识别功能，提升用户亲切感。

当用户受到不公正待遇时，可以随时拨打旅行社的投诉热线，帮助用户摆脱对旅行社工作人员的被动服从的心理压力。

2.创造和提升旅行社的品牌优势

目前大多数旅行社只能靠提高旅行社服务人员的素质和改善传统的旅行社服务窗口的方式来提升服务形象。旅行社呼叫中心的建设，有效提升了旅行社的品牌效应和行业竞争力。

3.通过呼叫中心的技术优势提高旅行社的运行效率和管理水平

系统支持电话、邮件、传真、短信、内部消息等多种方式融合、接入与呼出。

系统支持模拟电话、中继线、数字和ISDN接入、七号信令、400电话、网络电话等多种线路类型。

小灵呼AI机器人的投入使用，每路每天可处理1000以上通话量，每日可完成相当于原来5至10人的工作，大大提高了生产效率。此外，机器人具备智能学习和智能分类沟通功能，提升了时间利用率和客户满意度。

对于200个座席以下的中小型旅行社客户服务中心系统，建议使用基于计算机语音板卡的方式，以减少投资，同时保持良好的系统性能，比如LCall采用双内核设计模式，即使使用工控机，也可确保业务和呼叫流程分离，优先保证话务畅通。

系统采用呼叫智能分配（ACD）和路由技术，合理分配每个座席的呼叫话务量，基于技能和业务的智能分组，确保每个服务请求都能在最恰当的时间以最恰当的方式传递给最恰当的服务代表。

系统提供多种操作权限，严格管理公司人员的等级及使用制度，充分保障系统安全。

小灵呼根据旅行社各部门各岗位的智能特点，设计了完善的订单工作流，通过与客户方的不断沟通协调，设计出了以下工作流模式，将客户从电话打入咨询到旅行归来回访的整个流程纳入一套紧密衔接的流程，实现了协同工作。

基于订单工作流的小灵呼呼叫中心为旅行社各部门实现协同工作：

客户的电话咨询由座席员首先录入系统并创建订单。

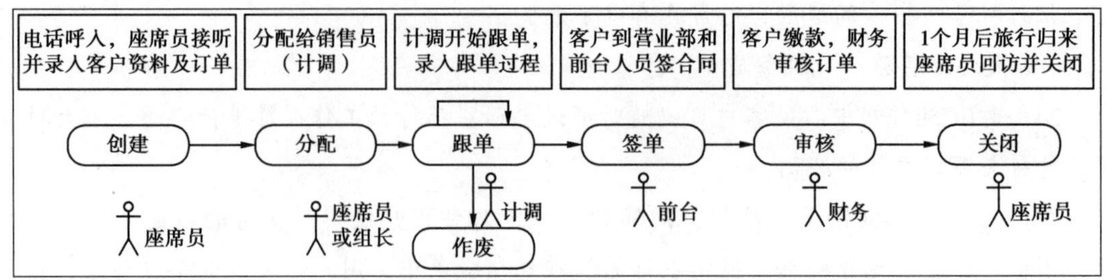

图4.5　呼叫中心座席工作流程图

座席组长会根据客户需求，例如国内旅游和国际旅游，将此订单分配给对应的计调。

第一次分配后的创建者、分配者、所有者分别是座席员、座席组长、计调。

计调进行跟单操作，可以重复跟单，在客户完成后再进行一次分配。

在跟单后的第二次分配中，创建者、分配者和所有者分别为座席员、计调和前台，这样可以统计三者的订单数，用于业绩考核。

跟单失败后，计调可以做作废操作。

如果客户直接前来签单，前台需要通知计调进行分配操作。

财务审核之后，可以做付款和收款操作。收款支持分期付款模式，系统记录每笔收款，领导可随时查看每笔订单的应收款和实收款。

在签单之前，可以增加或删除商品（即旅游项目），签单后不可修改。

财务审核后，可以直接关闭订单，关闭时填入摘要内容即为回访内容。

如果付款期较长，可以在旅客返回后的第三天进行回访，以后由座席员关闭订单。

关闭操作适用于该旅客返回后，回访完成且所有付款结束的情况。

计调可以对该订单录入每笔费用支出，如地接费用、宾馆住宿费等。领导可随时查看每笔订单的成本，并与前面所述的实收款对比，得出利润。

订单内容在整个过程中是可以修改的。

每个环节进入下一个环节时，系统将自动对相关操作人员发送消息提醒。系统也将通过模板对客户发送短信，以提醒订单进度。

系统配置要求如表4.2所示。

表4.2　呼叫中心服务器资源配置

服务器硬件配置	一台配置较好的PC机或PC服务器或工控机，内存1GB以上，硬盘160GB以上
服务器系统软件	Windows XP或2003，数据库Sqlserver 2000+或access
座席员电脑	普通PC机，内存512MB以上，硬盘40GB以上，Windows XP， IE8
网络	局域网即可

【案例】

国旅呼叫中心系统

中国国际旅行社总社（简称“国旅”）成立于1954年，是当前中国规模大、实力强大的国际旅行社之一，其呼叫中心由HOLLYCRM公司承办。

HOLLYCRM公司是中国最早致力于研发呼叫中心的公司之一，并在呼叫中心和客户关系管理系统的开发和服务领域居于业界领先地位，客户包括中国电信、中国联通等企业以及金融保险、制造业、医药业等众多行业。

HOLLYCRM公司为国旅从呼叫中心战略、客户服务流程、运营管理等多方面进行规划，采用HollyC6呼叫中心解决方案为国旅部署平台。该方案有强大的业务整合能力，将国旅CRM系统与呼叫中心完美整合，形成“服务请求、业务处理、主动服务”的闭环流程管理。给国旅带来高可靠性的平台，增强国旅核心竞争力，降低运营成本。

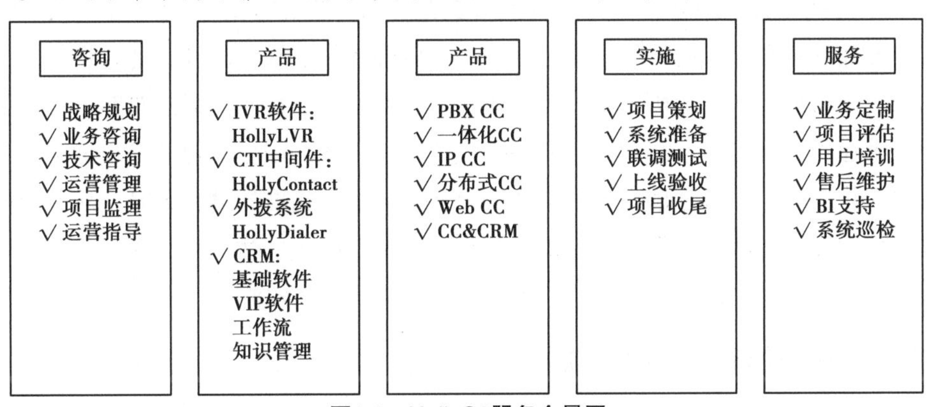

图4.6　HollyC6服务全景图

国旅呼叫中心系统接入导航功能、自动语音查询功能、人工座席服务、信息资料处理功能，用户拨入电话可以选择自己需要的服务，系统可以自动将信息进行统计并形成报表，供旅行社相关部门查阅。国旅呼叫中心的功能包括以下几个方面：

信息查询。包括景区（点）信息咨询、旅游线路咨询、各营业部的电话、国家相关法律政策等。

自动语音应答服务。包括按要求转接来电、录音等功能。

代订服务。包括机票、酒店服务代订或推荐服务。

旅游业务受理。包括旅游报名或业务洽谈等功能。

投诉服务。对客户提出的投诉给出相应的处理办法或转接给相应的部门进行处理。

业务监督。对客服电话进行录音、监听，以实现监督管理。

回访服务。形成客户档案，完成生日祝福、旅游产品推荐等功能。

统计报表。对各种数据进行统计并形成报表，为旅行社提供科学决策支持。

系统维护管理。包括计费管理功能、安全管理功能和座席管理功能等。

国旅通过建成旅行社呼叫中心，提高了业务处理流程效率，提升了业务竞争力。目前，国旅仍然使用呼叫中心系统，并且将业务外包给专业公司承担。

4.3.3 客户关系管理系统

1）旅游客户关系管理系统的概述

客户关系管理系统（CRM）是指利用网络技术和软硬件设备，以客户数据管理为核心，为企业建成的一个集客户信息收集、客户管理、数据分析、数据利用等功能为一体的信息系统。客户关系管理系统是一个企业内部的系统，记录在企业营销和客户管理行为中，顾客的行为和活动状态，通过分辨有价值的潜在客户，为企业的决策提供依据。同时，CRM实现自动化管理，可以自动记录客户需求、偏好、状态等信息。

对于旅行社而言，顾客关系的建立和维护是十分重要的工作。建立客户关系管理系统具有多方面的意义。首先，旅游企业客户关系管理系统能够整合和管理客户信息，包括联系信息、旅游偏好、旅游历史等，为企业提供全面的客户视图。通过对客户信息的整合和管理，企业可以更好地了解客户，从而提供更为个性化的服务，提高客户满意度和忠诚度。其次，旅游客户关系管理系统可以帮助企业制订更加精准的营销策略，从而提升客户满意度。最后，旅游客户关系管理系统能够整合旅游业的吃、住、行、游、购、娱六大要素，实现景区的旅游项目营销和服务一体化，从而提升景区效益。

2）旅游客户关系管理系统的功能

（1）客户服务管理

旅游CRM可以收集游客的旅游偏好、个人资料、历史消费记录等信息，并进行分类管理，将所有与客户相关的数据汇总到客户档案中，从而形成一套庞大的客户档案。系统还可以根据用户出游形式对用户进行分类管理，例如团体客户或个人客户，针对不同的群体进行差异化管理和服务策略。

（2）数据分析

旅游CRM可以帮助企业对客户数据进行分析，包括客户价值分析、客户行为分析、市场趋势分析等，这些分析可以帮助企业制订更好的业务决策，提高销量和客户忠诚度。系统还可以将数据生成销售和客户数据报表，帮助企业更好地了解顾客偏好，优化营销策略。

（3）财务管理

旅游CRM可以提供全面的财务管理功能，包括记账、财务报表、费用核算等，帮助企业做好财务监控和成本管理。

（4）资源管理

旅游CRM可以提供完善的资源管理功能，包括机票、酒店、景点门票等资源的管理和预订，帮助企业实现资源利用和管理的最大化。

（5）客户关怀

系统可以通过设置，自动发送生日短信、节日促销等信息，提升顾客满意度，增加用户黏性。

（6）礼品管理

系统支持客户礼品的派发和管理，包括礼品入库、礼品领取、查询状态等。

3）旅游客户关系管理系统的作用

（1）提升顾客满意度

通过整合和分析客户信息，系统能够帮助旅行社更好地了解顾客的需求和偏好，从而提供更具有针对性的产品和服务。在知识库的支持下，企业可以提供更专业的服务。

（2）提升企业运营效率和盈利能力

客户关系管理系统可以帮助旅行社提高效率、改善服务、降低成本和扩大销售。借助该系统，顾客和旅行社之间只需要一点接触就可以完成多项业务，大大提升了效率。

【案例】

金蝶客户关系管理系统（CRM）

金蝶国际软件集团有限公司始创于1993年，是全球知名的企业管理云SaaS公司。

金蝶CRM可以强化营销队伍管理，提升营销团队的战斗力。系统可以规范销售人员日常工作的流程，通过销售计划管理和客户信息管理，提高销售业绩。

金蝶CRM具有以下特性：

与金蝶ERP的数据共享。金蝶CRM与金蝶ERP可以无缝集成。订单完成后，销售人员和后台工作人员都可以随时查看进度，共享产品信息。销售款项到账后，销售人员也可以随时看到到款情况。

移动性。金蝶CRM支持手机端下载，销售人员可以随时随地查看和制订计划、任务和活动，也可查询客户信息。只要有手机、能上网，销售人员就可以不受时间和空间的限制查看客户需求和公司每日业务动态。

精细化销售过程。金蝶CRM可以根据行业自身特点定义销售过程，形成精确的数据管理。

金蝶CRM功能包括：客户管理、市场营销、销售管理、客户服务、日程管理、费用管理、收入管理、决策分析，以及交互中心、客户门户与ERP集成方面的基础管理等。它可以帮助企业实现潜在客户和交易客户的全生命周期管理，并在此过程中，实现客户管理。（图4.7）

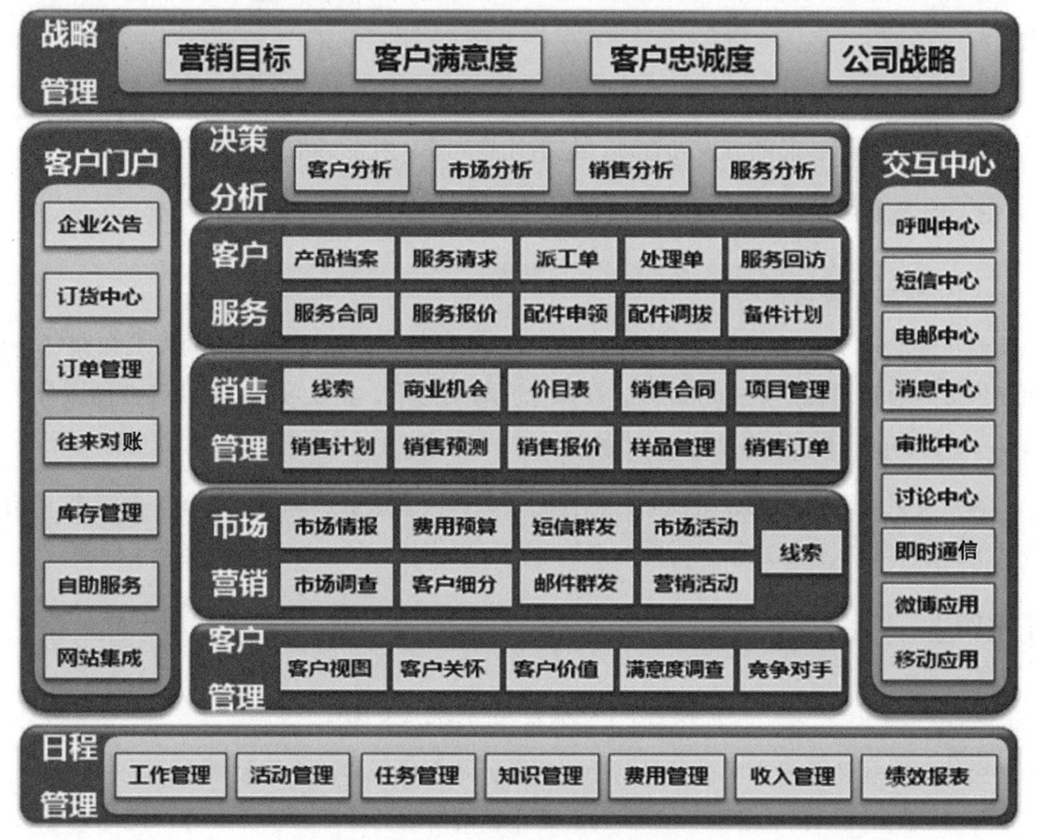

图4.7　金蝶CRM功能图

360度管理客户信息：系统提供统一的客户管理平台，为客户提供全周期的管理。例如，关键业务预警，自动提醒客户关系维护，支持客户自定义价值分析模型，按照企业需求设置等。

商机管理：系统可实现销售商机的项目化管理，包括潜在机会、阶段推进、客户活动、报价等内容。

销售线索管理：系统采用活动、任务来跟踪线索。线索新增时，系统可以自动进行分析，确保有效线索转为商机。

销售过程管理：包括计划、预测、报价、合同等多个环节。

客户服务管理：包括销售产品登记管理、服务请求登记管理、服务过程管理、服务派单、服务收入确认、服务合同生成、回访、备件计划、备件申领、备件调拨等多项管理。

分销管理DRP：客户可以在门户网站上查看订单、往来确认、实现对账等；企业可以在门户网站上发布产品信息和公告。

其他功能：包括日程提醒、费用管理、审批流程、呼叫中心等。

资料来源：大数据时代，金蝶账无忧赋能中小微企业构建可视化财务管理［EB/OL］.（2022-02-21）［2024-08-20］.有改动.

4.3.4　旅游营销系统

旅游营销系统是利用信息技术和新媒体手段吸引客户，以促进旅游产品销售的系统。旅游营销系统一般具有内容管理、渠道分发、用户互动、数据分析等功能，利用人工智能和大数据分析游客行为、市场趋势等，还可以整合多种渠道，实现营销内容精准投放。

【案例】

自我游文旅行业营销的“SaaS+服务”

2014年广州自我游网络科技有限公司在广州成立，是国内一家专注于文旅行业营销的“SaaS+服务”企业，旗下产品“自我游自由行营销系统”面向景区、旅行社、酒店、旅游批发商提供市场及技术解决方案。自我游通过信息化和数字化的平台搭建，为商家提供多种营销解决方案。这些方案包括提供私域流量搭建方案、小程序开发、特价旅游产品供应链、全渠道管理和产品分销能力等。目前，已有抖音、小红书、快手、飞猪、高德地图、马蜂窝、携程、微信、支付宝等平台加入自我游共享他们的渠道资源。自我游合作商户包括融创文旅、常熟文旅、壹趣玩、笔架山旅游区等。

自我游营销系统采用“去中心化”模式。任何一家入驻企业都可以自由开展业务，平台上有8000多家企业，它们既相互独立，又相互连接。这种模式帮助企业快速拓展业务范围，通过后台管理，实现吸粉、获客、留存、转化、裂变的营销闭环。自我游有丰富的API接口，支持同步不同平台之间产品、价格等信息共享。它还适配多种需求场景，包括微信营销、运营任务管理、无限二级、盲盒营销、优惠券、拼团等。

除了自我游营销系统，自我游网络科技有限公司还开发了专注于微信和抖音营销的小程序。

自我游微信小程序的合作商户包括骑驴游、游好货、一订就走、乐周末等。客户涵盖景区、酒店、旅行社、本地生活、旅游线路等领域。微信小程序基于11亿用户的微信生态圈，可以轻松获得客源。自我游微信小程序提供丰富的营销工具，包括各种促销和优惠活动，通过海报分享和扫描二维码等方式，将微信公众号、社群、朋友圈等连接起来。

目前，自我游抖音小程序已经与1000多家企业对接，并取得了显著成绩。例如，融创文旅利用自我游盲盒营销功能发起活动，抖音涨粉4000+；横店影视城使用短视频挂载和直播挂载，直播GMV达2.7万；东莞隐贤山庄采用抖音原生团购功能，视频播放量达6.7亿次，门票销售达4.8万元。

自我游抖音小程序使用场景包括：

短视频挂载：用户发布有小程序入口的视频后，浏览者可以通过小程序入口直接跳转页面。

POI挂载：将商品链接挂载到视频中，并添加地理位置。这有助于附近的人发现商品，提升团购商品曝光率。

直播挂载：主播在直播间内挂载团购链接，用户可以点击查看团购详情。

后台同步信息：商户可在小程序内，实时查看订单状态。

自主制定功能：小程序提供多种营销工具，包括优惠券、月卡、盲盒、打包等。

分销功能：通过抖音分销码绑定分销商户，支持视频挂载和POI挂载。

资料来源：自我游抖音小程序、自我游小程序、自我游营销系统［EB/OL］［2024-08-20］.有改动.

4.3.5 旅游分销系统

旅游分销系统是指通过信息技术，将旅游产品快速准确地从供应商分销至各个销售渠道的系统。分销平台的出现，是旅游行业发展到一定阶段的产物。在旅游分销平台出现之前，供应商和分销商缺乏共享信息的渠道。下游只能通过门店或者传统媒介获取旅游上游信息，这种传统的方式导致信息滞后和效率低下。随着互联网的发展，旅游分销平台上线，消除了旅游上下游之间的信息差以及旅游供应商和分销商的信息壁垒。

【案例】

欣欣超级分销平台

欣欣旅游是一家专注于文旅全产业链的科技企业。该公司致力于文旅产业数字化和信息化，服务对象包括文旅主管机构、旅游集团、旅行社和景区等，总部位于福建厦门，成立于2009年，公司拥有欣欣旅游网和欣欣同业网两大业务平台，是中国领先的文旅产业综合服务商。目前，欣欣旅游已累计服务国内外8000多万游客、14万多个旅行社会员、400多家景区、80多个目的地文旅主管机构和旅游集团。文旅企业合作伙伴包括建发国旅、重庆交运、中国国旅、康辉旅游、中青国旅等全国知名旅游企业。欣欣旅游业务板块涉及旅游目的地运营、行业管理信息化服务、文旅企业信息化服务。欣欣旅游拥有的产品包括：采购分销管理系统、同业助手App、ERP系统、旅游顾问、欣欣网店和欣欣建站。（图4.8）

图4.8　欣欣旅游业务图

欣欣采购分销系统是国内首个为旅游企业打造的、专业的旅游同业资源交易中心，集旅游同业资源采购、行业支付结算、同业客户管理、在线分销于一体，帮助旅游企业提高内部管理效应，实现线上渠道有序化运营。欣欣超级分销平台是一个集商城和分销于一体的分销平台。欣欣超级分销系统采用S2B2C模式，对于上游企业，平台向资源方采购产品，并为资源方提供预约和核销工具；对于下游企业，平台招募旅游分销商，让分销商发展客户，进行旅游产品推广，给予佣金提成，支持快速复制店铺，进行裂变式传播方式，扩展分销体系。

资料来源：欣欣旅游.欣欣旅游推出超级分销系统 构建全新旅游S2b2C模式［EB/OL］.（2018-01-30）［2024-08-20］.有改动.

4.4 旅行社电子商务发展方向

4.4.1 思想理念创新

1）树立柔性管理观念

在互联网时代，企业的人才管理模式逐渐趋于“柔性化”，坚持以人为本的管理理念。柔性管理是透过表面的复杂现象，找出事物发展的规律，进而确定下一步行动的方向。它强调的是员工不受上级的影响，相信自己的能力，工作时更加主动，从而激发出自己的创新精神。

2）树立国际化发展方向

加大境外目的地旅游产品的整合力度，“互联网+”可以解决众多小型旅行社在开发境外目的地旅游产品时无法负担的高成本的困境，高速便捷的互联网可以使旅行社加强与欧美、澳非、日韩等地的交流与合作，在大数据的作用下，旅行社应加强对境外旅游产品的有效整合，并通过互联网及时有效地将产品信息分享给旅游消费者。

3）树立跨界融合的理念

未来，旅行社提供的旅游产品不再局限于传统的旅游服务领域，而是积极与其他产业进行跨界融合。例如，与住宿、餐饮、交通等供应商合作，打造一站式旅游服务，积极整合上下游资源，构建协同发展、信息共享的旅游业界生态圈。

4）树立可持续发展的理念

旅行社需要树立绿色可持续发展的理念。旅行社可以引入清洁能源技术，减少碳排放。推广和使用环保材料，推动旅游业可持续绿色发展。

4.4.2 管理模式创新

1）服务模式创新

（1）坚持以客户为中心，提供有针对性的旅游服务

企业能够在竞争中生存下来并发展壮大主要取决于顾客，顾客是企业生存之本，因此，旅行社要坚持“以客户为中心”。“互联网+”催生旅游消费者的消费需求呈现出个性化和多样性的特点，传统的旅游服务已经不能满足消费者的需求，消费者在旅游消费中更倾向于自主设计和自由活动，出现如自由行、自驾游、背包游等多种产品形式。

（2）实现“线上+线下”的闭环服务模式

传统旅行社依靠人工服务模式，缺乏连续性和标准化，且人工成本高、效率低，不利于建立和维护客户关系，也不利于提高客户的满意度。采用“线上+线下”的闭环服务模式，通过线上App和官网的24小时在线咨询以及实体店8小时的人工服务，为客户提供全天候咨询服务和购买服务。在此过程中，要关注客户的最终满意度和反馈，通过服务模式创新，实现与“互联网+”的深度融合。

（3）创新门店服务

旅行社的核心产品是服务。随着旅游消费市场结构的变化，旅行社的服务内容从原来的主导消费转变为服务消费。传统上，旅行社的服务是从团组出发时开始，但实际上，现代旅游企业提供给消费者的服务可以提前和延伸，涵盖旅游咨询、文化分享、与旅游相关的生活服务等。旅行社的传统优势包括资源采购及整合、产品设计开发和导服人员管理。未来，用户体验、实时在线交流、在线互动、用户满意度将成为旅行社服务发展的必然趋势。在新销售时代，线上流量入口自然不能被忽视，但是线下流量同样也很重要。旅行社门店作为线下流量的重要入口，应充分利用场景化消费时代的机遇。

在信息越发饱和的时代，越来越多的人（尤其是千禧一代）渴望有旅游专家帮忙策划和咨询，为他们定制更加高端和体验式的旅行计划。而旅行社门店应向体验店模式转变，成为拥有旅行社品牌形象展示、顾问咨询、产品展示与销售、旅游攻略分享及文创产品售卖等职能于一体的旅游企业旗舰店，并准确利用VR等先进技术增加消费者的参与度与互动性，甚至可以提供接送走失儿童等体现企业温度与情怀的服务。2016年高考期间，某OTA在全国范围内的门店为高考考生和家长提供免费饮料，这既是一个有温情的公益行为，也是品牌的展示，值得传统旅行社借鉴。（图4.9）

图4.9　体验式门店（分为合作工作区和舒适的客厅）

（4）创新导游领队服务

随着导游成为自由职业者，互联网思维可以更好地应用于导游服务的创新。金棕榈开发的“棒导游”平台，利用旅游+互联网思维推进导游领队的智慧监管和导游自由职业化。“棒导游”以旅游团队为核心，构建整个导游数据管理平台，解决旅行社面临的找导游难、导游服务水平参差不齐无法管理、出团后无法监控团单质量、导游绩效管理无法数据化等问题。“棒导游”基于导游领队的团队安排流程，为旅行社操作人员提供排团管理、游客评价在线化服务、导游随时记录日志、实时轨迹等功能，以及数据挖掘功能，辅助旅行社的管理决策。目前，平台上已经汇聚10万名导游，62万个带团记录和1万多个游客点评。通过微信号的公共服务功能，平台为导游解决团中联系游客的烦琐问题，并提供叫早、通知、分房等日常服务。此外，平台化发展将帮助导游获得更多的信息，及时了解行业政策、交通和景点实况等内容，“棒导游”平台还为导游搭建了同行交流平台，帮助他们获取所需的资源。（图4.10）

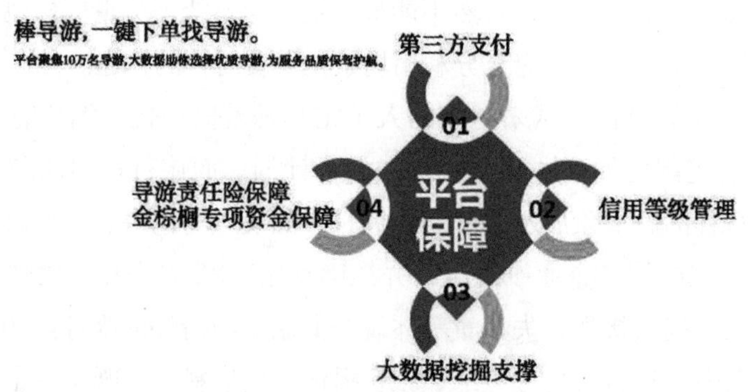

图4.10 金棕榈“棒导游”平台

2）营销模式创新

（1）微店营销

随着智能移动设备的快速普及，移动互联网和移动社交平台已成为人们生活中密不可分的重要组成部分。在移动互联时代，旅行社纷纷将目光聚焦于打通O2O营销，微店的应用是传统旅行社在旅游移动营销推广中一次重要的尝试。

2015年4月1日，众信旅游宣布其与“海博智讯”合作开发的“众信掌上店铺”进入公测期。众信旅游通过掌上店铺平台整合用户流量和购买意向，利用其旅游顾问团队实现订单的转化和服务的落地。注册开店的卖家可以通过分层佣金制度获得用户点击、意向客户和订单完成的佣金回报，实现真正的“边玩儿边赚钱”。目前，卖家店铺内的数据已与众信旅游直客销售后台完全同步。（图4.11）

图4.11　众信掌上店铺界面截图

中国国旅、欣欣旅游、途牛等均已上线微店功能，并具备免费开店、实时预订和支付的特点。微店的推出是旅行社行业顺应行业趋势的全新布局，有效避免传统门店的开店成本高、推广费用高、商品库存大等痛点。微店营销模式的意义在于，它是一种经济的品牌推广方式，通过这种渠道，首先要达到的是推广自身品牌，其次是销售产品、扩大营收。最终它应该是作为企业获得意向数据的平台，是为了旅行社的重要资产——旅游大数据而服务。

（2）利用大数据分析推广，实现精准营销

首先，利用大数据对消费者的旅游偏好和购买习惯等用户特征进行了解和综合分析，包括对旅游消费者的目的地的偏好、旅游季节的偏好、出行方式的偏好、支付习惯、旅游购买能力、旅游群体特征、旅游信息获取渠道等，更好地对消费者进行精准定位和管理。其次，依靠互联网的强大功能，整合不同的营销渠道，实现立体营销。可以对实体店、网站、服务终端、第三方平台、移动设备、电视等渠道进行整合，实现全渠道深度营销旅游产品。

（3）实现品牌计划，加强主动营销

除了能为客户提供个性化旅游服务和满意的旅游体验外，旅行社还需要有高品质的旅游产品、独特的旅游线路设计、可信赖的安全保障体系、线上线下相结合的咨询服务等具有竞争力的旅游服务模式，为消费者带来满意的客户体验的同时，实现可持续的生态盈利模式。

3）组织结构创新

（1）组建动态的自组织团队

周跃进等认为，自组织团队是一个自发形成、具有共同工作目标的群体，例如企业中的研发团队或营销团队，它们为了达到共同的工作目标而自发地组织起来。与一般团队相比，自组织团队具有适应性强、对组织黏度高和无领导等特点，其运行状态由团队成员之间的相互作用决定，而非由外部环境强制主导。如果沿用传统的组织结构形式，管理者通过任务下达、监督、检验等方式来管理员工。然而，要适应互联网时代的快节奏和高竞争的市场环境，传统组织结构的反应速度慢并且具有局限性。面对在线旅行社（OTA）的迅速崛起以及国内大型旅行社稳固的地位，传统旅行社必须在旅游消费市场的各个方面进行创新，找到突破口，这不仅需要发挥管理者的能力，还要利用好企业每位员工的智慧。

（2）实现组织结构扁平化

“互联网+”使企业员工渐渐失去对企业管理者的依赖，高速化的海量信息使一个企业的管理变得更加透明化，不管是员工还是管理者都可以随时随地获取自己需要的信息，企业也呈现出“去组织化”和“去中心化”的特点。企业在进行决策的时候需要大量的信息作为支撑，信息的传播时间和反馈速度变得越来越重要。

（3）实现组织机构网络化、平台化、虚拟化

实现组织结构扁平化可以使组织结构更加简单高效、人员更加精简。在“互联网+”的帮助下，可以更好地发挥组织结构扁平化的优势，既保留了企业的核心管理层，也保持了企业的核心竞争力，同时培养高素质、高效率、高知识型的员工。

（4）鼓励跨部门协作

打破传统部门壁垒，鼓励员工组建跨部门合作团队。这些团队成员来自不同部门，但围绕特定的项目进行工作。这种跨部门协作，有利于成员发挥自身专业知识优势，实现资源的最优配置。对于来自不同部门的员工，可以相互学习交流经验，丰富学识，拓宽视野。

4）信息技术创新

（1）开发并持续完善App

传统旅行社要根据不同群体的消费者需求，结合自身的资源优势，运用互联网技术开发相应的App，并利用电子营销平台进行旅游产品的包装和推广，实施精准化营销和精细化旅游线路设计等。整合实体经营与移动端App的双向链条，做好线上推广销售和线下实体店的客户体验，形成“线上服务于线下，线下支撑线上”的体系，扩大顾客群体。

（2）应用信息技术和系统工程

旅行社需要打造信息共享和在线化的运营平台，应用信息技术促进管理内部的机制创新，重新分工部门以促进信息流通和职能优化，最大化研究和开发信息管理系统，实现内外部数据无缝对接，并将分销系统与直客网站完美结合，快速搭建旅行社内部B2B和B2C业务平台。

（3）新兴技术的应用

旅行社电子商务将越来越多地应用新兴技术，如AR、VR、直播等，为用户提供更加丰富的旅游体验。例如，用户可以通过AR或VR技术在线上完成“虚拟游览”，提前感受旅游目的地的风景和氛围。

旅行社可以开发虚拟导游技术，为游客提供多语种、全天候的导游服务。例如，在2024年洛阳牡丹节期间，洛阳日报利用人工智能（AI）技术，推出了洛阳首个AI导游“丹丹”。

【案例】

有客微店　天天有客：开启2017旅行社爆发式收客时代

随着移动互联网的蓬勃发展，越来越多的游客通过移动设备预订旅游产品，甚至有许多用户通过PC、智能手机、平板电脑等多种设备完成旅游产品的预订。可以说，这是一个多渠道并重的时代，也是一个移动互联的时代。

为了帮助传统旅行社在各种各样的“微时刻”抓住游客，欣欣旗下有客团队研发了旅行社超级掌上门店系统——有客微店，并于2017年1月10日正式上线内测，通过邀请制，邀请600家具有一定代表性的旅行社参与内测。

有客微店面向广大中小旅行社，旨在帮助其通过微店搭建分销体系，提供粉丝经营、在线互动营销、旅游产品销售、线上线下一体化等完整的移动电商解决方案。

一、轻松开店，天天有客

顺应移动设备的使用习惯，有客微店的开店流程也非常简单易操作：用户只需要下载同业助手App，注册账号并开通，即可快速拥有自己的掌上门店。对于缺乏专业设计人员的中小旅行社而言，如何把店铺装修得美观有吸引力可是个首要难题。对此，有客团队上线了多种模板供用户使用。不同于市场上普遍易见的店铺模板，这些模板以模块化形式呈现，简言之，用户有了更多自由选择搭配的空间，而简单的操作也使用户轻轻松松便可装修出自己理想中的店铺。

此次有客微店的上线，还引入了“一键搬家”功能，用户只需几十秒，即可将用户在其他平台上的产品复制到自己新开的有客微店中，无须重复上传。（图4.12）

图4.12　有客微店App界面截图

从注册开店，到店铺装修，再到上架产品，原先烦琐的前期工作，在有客这里，都不再是问题了。

二、全员分销，天天有客

有客微店帮助中小旅行社布局移动互联网分销，覆盖全网主流传播渠道，支持全员开店功能，每个员工都能拥有一套微店，帮企业销售产品。

旅行社只需邀请员工、客户加入分销体系，开通微店，即可打造多店分销，拓展分销渠道，形成“千店联动，万人分销”的“全员分销”模式。就此构建的多渠道也增加了与客户的连接，提高了产品的曝光率，助力品牌塑造。

此外，有客微店还可以进行员工管理、分佣配置等，通过对员工进行智能业务考核，在员工之间形成良性竞争，提高企业的整体业绩。

三、裂变营销，天天有客

搭建了分销渠道后，有客微店还提供大量适用于旅游行业的营销应用，如移动专题、优惠券、微助力、微砍价、欣拼团……这些应用利用了微信的易传播性，通过自发的裂变式传播，让旅业同行在短时间内获取丰富的优质客源，快速提升销量，堪称裂变式营销神器!另外，依托精准的客户管理系统（CRM），有客微店可以记录客户访问路径、分析购买喜好，帮助旅游从业者了解客户的个性化需求，精细化分类，精准营销，快速促成客单成交，并通过多种策略引导客户二次购买。

资料来源：欣欣旅游.有客微店　天天有客：开启2017旅行社爆发式收客时代［EB/OL］.（2017-01-10）［2024-08-20］.有改动.

本章小结

· 本章内容涉及旅行社发展电子商务的意义，旅行社电子商务的概念、特征和模式，旅行社电子商务管理体系及应用层次，旅行社电子商务设计的系统（包括ERP系统、呼叫中心、客户关系管理系统、旅游营销系统、旅游分销系统）。本章还给出了旅行社电子商务领域几个典型案例，包括众信旅游、中青旅遨游等。

复习思考题

1.什么是旅行社电子商务?如何理解旅行社电子商务的内涵?

2.信息技术对旅行社业务有哪些影响?旅行社开展电子商务的意义是什么?

3.如何理解信息技术冲击下旅行社的业务流程重组?

4.旅行社电子商务的应用层次和具体内容有哪些?

5.旅行社电子商务的主要应用系统有哪些?举例介绍。

6.旅行社电子商务未来创新方向有哪些?

【案例分析】

案例1　中青旅耀悦　X路书

一、机构简介

耀悦是中青旅控股股份有限公司推出的高端旅行品牌，致力于为追求精致享受的现代行家，提供专业细致的私人旅行顾问服务，为其打造异彩纷呈的顶级旅行体验。

二、合作背景

在传统旅行社升级转型的浪潮中，中青旅推出了定制旅行品牌——耀悦。大量的定制需求接入，更需要高效的工具来辅助定制师们处理询单，满足个性化旅行需求，对积累的目的地数据和定制化线路，进行高效的管理，快速响应客人需求。新品牌成立后，产品形象需要与中青旅的传统旅行社形象进行明显区分。

三、项目效果

1.提升个性化线路的制作效率

耀悦定位高端客群，为每位客户提供全方位的旅行定制服务。定制师使用路书云TOS产品，可以随时调用私有的数据库。为了提高（整体制作线路和出品）路书的制作效率，每条线路都可以生成线路模板，所有线路还可以在团队内部相互复制，进行快速的修改，及时反映客户的需求，让客户感知服务的高品质。

2.突出耀悦品牌特色

作为高端旅游品牌，耀悦非常重视自己的品牌形象。耀悦在使用路书云TOS产品的基础之上，进一步定制开发了符合耀悦品牌的专属版本，增强客户对品牌的认知。路书的产品与技术团队，为耀悦进行了个性化的定制开发服务，使其在微信版H5路书、PDF版本（图4.13、图4.14），以及云端后台的系统展示上，都能突出展示耀悦的品牌特色，帮助其增加用户黏性，从而强化耀悦旅行品牌的知名度。

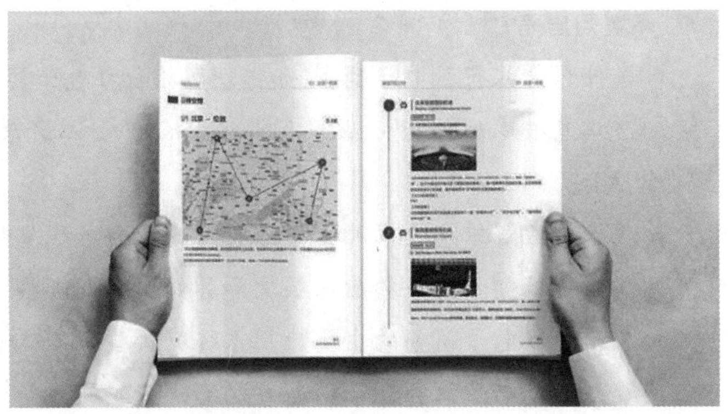

图4.13　路书行程规划图

图4.14　耀悦App截图

四、客户感言

使用互联网技术，是旅行社未来发展的必然趋势。路书云TOS的POI覆盖较全面，提供的线路制作流程非常符合用户的使用习惯。有了路书的辅助，企业也能够更加专注于客户的差异化需求。

案例2　个人移动电子商务案例（solo）　Nick X路书

一、机构简介

定制师Nick擅长在个性化定制的基础上，为客人介绍偏轻奢的旅行体验，更乐意为价值观和出行理念相同的客户服务，认为提供定制旅行服务是在传达一种生活方式，而非简单地提供行程规划。

二、合作背景

随着国内旅游市场升级，越来越多的游客开始尝试用定制旅游的方式出行。询单量迅速上升，但有效锁定目标客户，一直都需要花费大量人力和时间。

三、项目效果

1.快速锁定目标客户

快速锁定目标客户，才能提升服务精准度。路书云TOS支持在线编辑、储存行程方案，生成的线路还能通过二维码的形式同步到手机端，用线路框架的方式和客户交流，让定制师更容易了解客户真实需要，在有限的时间内，为客户提供更优质的服务。

2.有效提升专业形象

使用路书云TOS制作的行程，能够根据定制师的需要，从不同的场景和维度介绍行程细节，提升客户对出行的感受，同时也能有效地提升定制师本人的专业形象。

四、客户感言

使用路书云TOS制作行程，能在短时间内迅速生成标准框架路线，快速锁定客户，有助于提升专业形象。

问题：请结合以上案例说明如何提高线路定制设计的效率。

第5章 住宿业电子商务

【教学目标与要求】

· 掌握住宿业电子商务的含义、特点和模式。
· 掌握住宿业电子商务平台的分类及主要系统。
· 了解住宿业电子商务发展趋势及存在问题。
· 掌握住宿业电子商务平台主要系统的功能及操作。
· 具备分析住宿业电子商务运营模式的能力。
· 树立电子商务岗位的职业道德和遵纪守法的意识。

【知识架构】

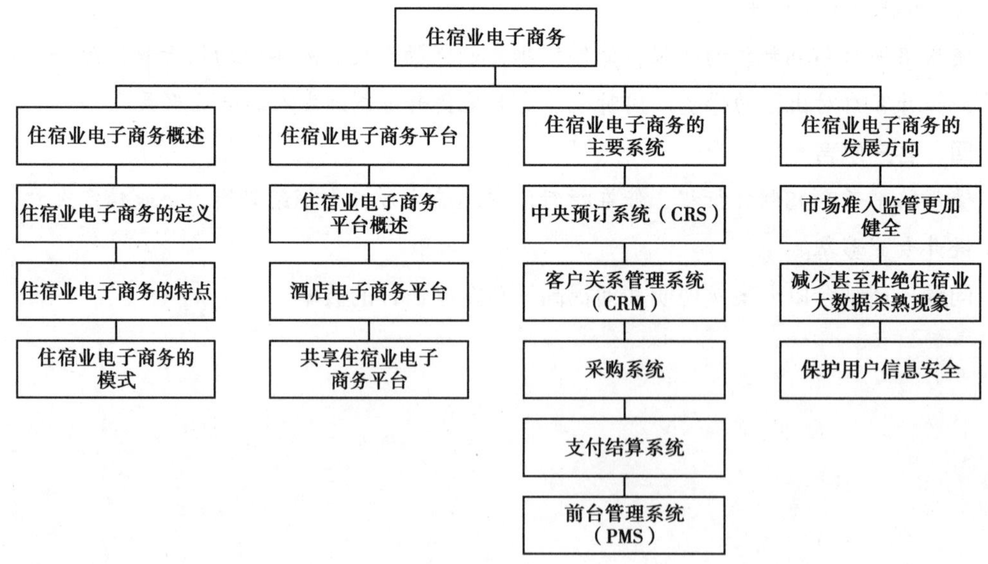

【导入案例】

希尔顿欢朋酒店全域数字化

在数字化升级领域，希尔顿欢朋秉持“Efficient，Easy，Enhanced”（流程运行高效、技术落地简单、宾客体验增强）为原则，不仅自行打造了行业领先的“2+1”数字化运营体系，还在2023年3月与腾讯率先达成行业内首个基于微信生态的数字化营销项目合作方案。希尔顿欢朋与腾讯企点合作，制订了面向入住私域客户的全旅程服务方案，打通住前、住中、住后的全旅程服务触点。

1.企点分析–客户数据平台CDP：多触点组合、多层级管理

随着企点分析–客户数据平台CDP的导入，可实现消费者多渠道、各触点数据互联互通，如企业公众号、移动端H5、PC页、App的集成化管理，以及配置相应的企点分析模型看板，就能很好地抓住客户的真实需求。在保障客户隐私信息的基础上，深入分析各项数据指标，进而补全用户标签，做到真正意义上的对客户的个性化服务。

2.企点分析–数字运营平台OP：给TA想看的内容

在企点分析–数字运营平台OP自动化工作流的支持下，希尔顿欢朋通过有效的数据分析，实现了差异化、私人定制式营销内容的传达。针对不同客户，不同的产品和服务需求，适合用不同的私域运营模式进行客户服务和触达，而多类型自动生产物料的实现，多渠道通路全面触达的实现，也让千人千面的“营销内容”可以真正得以落实，提供了关键基础。

3.企点分析–智能推荐REC：触达千人千面

智能推荐REC支持人工配置规则，结合先进的AI算法能力，基于用户在前端的交互行为，打造千人千面的个性化推荐。

4.企点客服–客户通：私域引流更精进

通过借助企点客服–客户通，希尔顿欢朋于微信全域、全触点围绕“客户中心”的高效协同，并在数字化、数智化运营基础上，全渠道获客引流到私域，这种基于客户需求上所构建的私域运营服务系统，不仅能够精细化私域运营和管理，更是通过一键购买打通全链路闭环，实现了真正的降本增效。

希尔顿欢朋通过数字化项目实现了酒店直销占比、现有粉丝的复住率、私域潜客转化率提升，同时拓展了非住业务的增长。并通过提供个性化服务来提升客户的体验，洞察客户的潜在需求。腾讯也将云计算、大数据、AI、实时音视频、云呼叫中心等技术和腾讯社交生态一同打包封装，形成一套“以客户为中心的CRM产品体系”。而这也将希尔顿欢朋的私域运营能力提升到新的高度，并进而发力将精准营销能力提升到行业顶尖级别。

资料来源：希尔顿欢朋：存量时代逆势增长只需要做对一件事［EB/OL］.（2023-04-03）［2024-08-20］.有改动.

【关键术语】

住宿业　电子商务　共享住宿链　数字化转型

在信息时代，住宿业所提供的产品与服务日益数字化与电子化。住宿平台包括了物业管理、客房预订、电子商务、客户关系管理、人力资源、电子学习等功能模块。那么，究竟什么是住宿业电子商务，住宿业电子商务有哪些内容，本章将介绍住宿业电子商务的相关概念、基本内容与发展趋势。

5.1　住宿业电子商务概述

住宿业电子商务属于产业层次的电子商务，其必要条件是住宿企业自身、住宿业相关的上下游企业，以及消费者都完成了信息化建设初级阶段。所以，前台预订、客房服务管理、餐饮服务管理、财务管理、客户管理等企业内部信息化建设是住宿业电子商务的基础。住宿业电子商务的基本内容包括住宿企业与上下游企业的电子商务，以及住宿业网络营销等几大部分。

（1）1999—2018年：信息化发展阶段

随着互联网的普及与发展，酒店行业逐步推进信息化建设，营销方式也从线下转向线上预订和销售。这一信息化建设的完成，为后续的数字化转型奠定了坚实的基础。

（2）2018—2021年：数据化和平台化阶段

酒店行业正在广泛采用自助机、区块链、物联网和机器人等先进技术，以推动数字化转型。这些技术的应用不仅提升了酒店的运营效率和服务质量，还使酒店的数据价值得到了更有效的发挥和利用。

（3）2021年以后：数智化阶段

酒店行业将进一步推进数字化和智能化转型，利用数字技术等手段构建酒店数据可视化场景，从而提升酒店的智能化水平和运营效率。同时，酒店将更加关注客户体验和个性化服务，以提高客户的满意度和忠诚度。

2022年9月，我国发布了《智慧旅游场景应用指南（试行）》，强调利用5G、大数据、物联网、传感器和生物识别等技术，采用非接触式的自助服务设备，为游客提供身份证扫描、人证比对、订单核对、入住确认、票据打印、自助续住、房卡发放与回收、一键退房等服务。这一举措旨在实现酒店管理系统、公安登记系统、门禁系统和在线预订平台等多个系统之间的数据协同。

为推动餐饮、零售、住宿、家政、洗染、家电维修和人像摄影等传统生活服务行业的数字化转型，2023年12月，《关于加快生活服务数字化赋能的指导意见》发布，鼓励企业进行智能化升级改造，利用信息技术提升市场分析能力和客户获取能力。

2024年4月，《数字酒店运营服务规范》团体标准正式发布并实施。该规范共包含11个章节，规定了数字酒店的总体分类原则、数字化服务、数字化运营、人员与组织、数字化基础设施建设、数字质量管理、信息安全、评价与持续改进等内容，为酒店企业的数字化转型提供了具体的路径和方法，助力提升服务流程的自动化和智能化水平，实现现代化的运营管理。

5.1.1 住宿业电子商务的定义

旅游住宿业为旅游者提供住宿、餐饮及多种综合服务，它的住宿设施主要有酒店、宾馆、旅馆等不同名称。中华人民共和国文化和旅游部印发的《旅游饭店星级的划分与评定》（GB/T 14308—2023）中对旅游饭店的定义是，以间（套）夜为单位出租客房，以住宿服务为主，并提供餐饮、商务、会议、休闲、度假等相应服务的住宿设施。

"共享经济"概念的提出在一定程度上改变了人们的出行及住宿形式，引发了国内外研究者的关注。2015年共享经济作为正式术语出现在《牛津字典》中，被定义为一种经济体系，在这种体系中，资产或服务通常通过互联网在个人之间实现免费或收费的共享[1]。共享住宿是指"利用自有或租赁住宅，通过共享住宿平台为房客提供短期住宿服务，房源房间数不超过相关法律规定要求"[2]。《共享经济报告2023》[3]也将共享住宿列为独立的产业经济，据统计，2022年共享住宿收入占全国住宿业客房收入的约4.4%。各地政府也对出现的新共享住宿形态进行了概念界定。

表5.1 不同共享住宿形态的概念界定

发布日期	文件名称	共享住宿形态	定义
2021 年 4 月 1 日	《网约房治安管理规定（试行）》	网约房	通过互联网电商平台发布房源、接受预订，按日或者按小时提供住宿服务的城乡居民住房以及依法依规可供住宿的其他场所。
2022 年 6 月 9 日	《酒店式公寓经营服务规范》	酒店式公寓	集住宅、酒店、会所等多功能为一体，以自持物业或租赁物业经营模式，对公共区域配套功能和客房进行标准化设计和装修，配备标准化服务，进行集中式管理，为住客提供长租或短租服务的公寓。

1 HEOCY.Sharing economy and prospects in tourism research[J]. Annals of tourism research，2016（58）：166–170.

2 共享住宿服务规范［EB/OL］.（2018-11-20）［2024-08-20］.

3 国家信息中心分享经济研究中心. 中国共享经济发展报告（2023）［R］.北京：国家信息中心，2023.

续表

发布日期	文件名称	共享住宿形态	定义
2022 年 8 月 12 日	《旅游民宿基本要求与等级划分》（GB/T41648-2022）	民宿	利用当地民居等相关闲置资源，经营用客房不超过 4 层、建筑面积不超过 800 ㎡，主人参与接待为游客提供体验当地自然、文化与生产生活方式的小型住宿设施。
2020 年 12 月 14 日	《北京市住房和城乡建设委员会 北京市公安局 北京市互联网信息办公室 北京市文化和旅游局关于规范管理短租住房的通知》	短租住房	利用本市国有土地上的规划用途为住宅的居住小区内房屋，按日或者小时收费，提供住宿休息服务的经营场所。
2015 年 12 月 31 日	《厦门市鼓浪屿家庭旅馆管理办法》	家庭旅馆	在鼓浪屿岛范围内，以合法取得使用权的单幢民宅或独立式建筑的空置房为基本接待单元，结合鼓浪屿自然人文景观，经批准设立的为游客提供体验式住宿服务的经营性接待设施。

从以上定义可以总结，共享住宿具备某些与酒店（Hotel）不一样的特征：①共享住宿是对闲置住宿资源的再利用，具备了住宅与经营的双重性质；②共享经济的本质是一种点对点（P2P）模式[1]，交易过程依赖住宿共享平台，共享平台本身不拥有房源，由房东将自有房屋的部分空间和设施出租给房客，宾主共享生活空间，以获取经济和社交收益[2]；③共享住宿产生了房东、共享平台和消费者三个主体间的新型互动关系[3]。共享住宿强调的“共享价值”使主客双方的角色一定程度上还原为社会意义的“主人”与“客人”，弱化了住宿服务交换行为中的商业化气息，网络平台则完成去传统商业组织中介化和再中介化的过程[4]。去中介化指个体之间的商品与服务交换不再依附传统商业组织，如共享住宿平台使房屋拥有者与住宿需求者直接匹配；再中介化则指一个新的网络共享平台成为供需双方所依附的“新中介”，住宿服务供需双方借助于房屋租赁共享网络平台以实现供需匹配。

由此，本章将住宿业电子商务分为以酒店为代表的传统住宿业和在共享经济的时代

1　凌超，张赞．“分享经济”在中国的发展路径研究:以在线短租为例[J]．现代管理科学，2014（10）:36–38

2　殷英梅，郑向敏．共享型旅游住宿主客互动体验研究:基于互动仪式链理论的分析[J]．华侨大学学报（哲学社会科学版），2017（3）:90–98.

3　李力，苏俊仪．共享住宿:主客关系的变化与影响[J]．旅游论坛，2019，12（3）: 15–21.

4　郑志来．共享经济的成因、内涵与商业模式研究[J]．现代经济探讨，2016（3）:32–36.

背景下产生的共享住宿业两个类别。另外，帐篷、房车等也是近年来兴起的新住宿形式，《休闲露营地建设与服务规范》（GBT 31710.1–2015）对此做了如下定义：房车配备卧室、起居室、卫生间和厨具等基本生活设施，通过自力行驶或借助外力牵引行驶的交通工具；帐篷是用帆布或其他材料做的可拆装组合的折叠式露营设备。可以发现，帐篷和房车指的是经营场所内的设施设备，与前面所说的传统住宿和共享住宿不是同一个属概念，因此不在本章讨论的范围之内。

住宿业电子商务指的是在住宿业电子商务平台上开展商品和服务的交易，包括在线营销、订购、付款和交付支持等全过程交易步骤。

5.1.2　住宿业电子商务的特点

开放性和共享性：住宿业电子商务以互联网为媒介开展活动，互联网的开放性使任何企业或个人都可以参与商务活动，进行信息生产和交换，具有开放性；信息是满足用户需要经过加工处理的数据，其使用价值随着信息传播而提升，因此，住宿业电子商务活动鼓励共享，其共享性有利于资源的交流，促进社会的发展。

使用便捷高效：住宿业电子商务平台可将不同部门和不同工作流程整合在一个综合系统中，并且支持门户自定义、工作流程再造、数据库更新等；互联网分布式架构设计可以支撑高并发用户数，也突破了用户使用的时空地域限制，使用时便捷高效。

多方协同性：住宿业电子商务活动需要企业内部、生产商、批发商、零售商与客户之间协调合作来实现广告宣传、咨询洽谈、网上订购、网上支付、电子账户、服务传递、意见征询、交易管理等各项功能。许多组织都提供了交互式的协议，电子商务活动可以在这些协议的基础上进行。

运营成本低：相对传统的商务活动而言，住宿业电子商务可以通过自动化流程、优化供应链、数据分析、精细化营销等方式提高运营效率和降低成本。

5.1.3　住宿业电子商务的模式

1）传统住宿业电子商务的模式

住宿业电子商务是整合了上游供应商、房东、中游的酒店或者其他共享住宿业态及下游的客户的协同产业链，从目前的实践来看，传统住宿业电子商务的模式主要有B2B模式、B2C模式、O2O模式、C2B模式、B2B2C模式、C2B2C模式等几种。

表5.2　传统住宿业电子商务的模式

模式	特征	代表性平台
B2B 模式	中游的酒店或其他共享住宿业态本身与旅行社、生产商、批发商、零售商之间的电子商务	所有住宿业态电子商务均有此模式

续表

模式	特征	代表性平台
B2C 模式	中游的酒店或其他共享住宿业态与下游消费端之间的电子商务	所有住宿业态电子商务均有此模式
O2O 模式	线上交易到线下消费体验	所有住宿业电子商务均有此模式
C2B 模式	由客户发布自己要些什么东西，要求的价格是什么，然后由商家来决定是否接受客户的要约	Priceline 的反向拍卖形式
B2B2C	OTA 平台的普遍交易模式，开放平台让第三方的住宿业态进入和消费者交易；除此之外一些平台还和金融、家居业、制造业等品牌合作，消费者可以直接下单购买	携程、去哪儿、如家集团、东呈集团等
C2B2C	共享住宿的房东将自己的房源交给托管公司运营	Xbed[1] 的 C 端面向消费者和房东，平台主要提供加盟、保洁人员和家居品售卖等功能

2）共享住宿业模式

表5.3　共享住宿业电子商务的模式

模式	特征	代表性平台
C2C	房屋的私人所有者和个人消费者借助共享住宿平台直接进行供需匹配，主要构成是个人房源，提供比传统酒店性价比更高、更有个性的住宿服务	Airbnb、蚂蚁短租、小猪、住百家、途家
B2C	住宿分享平台从房地产开发商、房屋中介、酒店式公寓等相关住宿企业批量获得闲置房屋资源并对其集中管理，针对住宿设施、标准、流程等方面制定并执行标准化的规范。重资产运营，企业需要收购或者与合作伙伴一起经营房源	途家、YOU+ 国际青年公寓、安途
产权共享 + 换住共享	消费者通过分权度假平台购买度假物业，按份共有产权，拥有相应份额时段的独家时间；物业的所有权可以转让或继承	Weshare 我享度假

共享住宿业的电子商务模式分类与传统住宿业电子商务模式的差异主要体现在人际关系的互动上。与传统住宿业的企业对客人的单向传递不同的是，共享住宿业的人际关系的发展是一个连续和双向的过程，所以表5.3的分类的前提上，共享住宿业电子商务叠加

1　获亿元融资，Xbed想做成住宿业的滴滴［EB/OL］.（2018-02-06）［2024-08-20］.

了P2P 商业模式的背景，在共享住宿的主客关系中，主客之间基于自愿平等的前提成为朋友，顾客以“客人”的身份去规范自己，达成一种双向制约的社会交往行为。这种双向的P2P 互动模式会影响人们对于共享住宿居住体验的总体感受。一项对Airbnb服务质量因素的调查结果表明，房客对于“理解和关心”是关键因素。

5.2　住宿业电子商务平台

5.2.1　住宿业电子商务平台概述

电子商务平台（E-Business Platform）是以互联网为载体，整合了信息流、物流、资金流，搭建了可进行商务活动的虚拟网络空间和保障商务顺利运营的管理环境。住宿业电子商务的多方协同性主要表现为企业间的分工所形成的上中下游产业链。

因此，住宿业电子商务平台根据产业链可分为面向下游市场端、面向中游管理端和面向上游的供应端三个层次：面向市场平台包括促成住宿业交易实现的各种商业行为，如网上发布信息、网上公关促销、市场调研、网络洽谈、网上咨询、网上交易、网上支付、售后服务等；面向内部管理的平台，包括住宿业信息管理系统、采购系统等。

1）供应平台

ERP技术、BI智能管理等使供应链上下游协同合作，可实现预测需求、管理供应商、自动化采购等功能。机器人自动化、物联网等技术的应用，帮助缩短商品交付期，使整体物流产业结构得到优化。电子签约等技术，保证了采购信息和资金的安全，提高了采购效率与采购质量。

如锦江GPP采购平台实现了采购信息的公开化，扩大了采购市场的范围，缩短了供需距离，避免了人为因素的干扰，简化了采购流程，减少了采购时间，降低了采购成本，提高了采购效率，大大降低了库存，使采购交易双方易于形成战略伙伴关系。

共享住宿的房东可以将闲置房源交给代运营机构，机构提供装修设计、改造完善、拍照及文字包装、客服的代运营等一站式全托管运营服务，房东通过平台实时查询经营状况并定期获取收益。

如路客住宿集团提供酒店、客栈、民宿、农家乐等多种业态的版本方案，“房源签约智能系统”导入目标城市的房源详细信息，并为开发人员提供智能判断，作为签约房源的依据；“智能接待交互系统”把民宿房东、用户、民宿服务人员连接起来，实现订单的智能分配和管理。

2）信息资讯平台

提供某类互联网信息资源并提供有关信息服务的应用系统，主要包括酒店招聘、虚拟社区、点评网站等。

最佳东方酒店招聘网专注于为酒店行业提供全面的人力资源解决方案。我们的服务涵盖网络招聘、校园招聘、现场招聘会、媒体招聘、酒店猎头及人才测评等多个方面。最佳东方自主研发的招聘通系统，结合网络招聘、定制化招聘会、人才背景调查和RPO等多样化服务，旨在帮助企业降低招聘成本、简化招聘流程并提升招聘效率。（图 5.1）

图5.1　最佳东方酒店招聘网截图

3）用户生产内容平台

用户生产内容平台是产业链下游消费端平台，伴随着以提倡个性化为主要特点的Web2.0概念兴起，用户将自己原创的内容通过互联网扩散，既是受众也是传播者。互联网平台上常见的生产方式有UGC、OGC 和 PGC 三种。例如马蜂窝主打“内容+交易”的商业闭环，集中目的地的游记、问答、攻略、社区的信息，用强大的用户数据与用户活跃度来换取OTA平台的交易佣金或者品牌商广告费；同时，马蜂窝在发展过程中也不断打造优质专业的旅游达人（KOL），使平台内容从UGC向UGC+PGC+OGC转化。比如马蜂窝的“周末请上车”是PGC的代表，马蜂窝与第三方专业“主理人”共同提供服务，主理人提供专业训练，马蜂窝提供服务品质和安全保障；在OGC方面，2023年马蜂窝推出了北极星攻略群产品，旅行者可以在群内实时咨询，由马蜂窝的目的地攻略专家在群内实时提供解答。

4）下游端消费平台

住宿预订平台是一个专为产业链中游的酒店服务其下游用户群体而创建的在线服务平台。用户可以通过互联网、电话或手机等多种渠道访问这些平台。通常，这些平台具备搜索、比较和预订功能，并提供详细的信息展示，包括价格、位置、设施和用户评价等，体现了其便捷性和高效性。此外，平台通常还配备预订规则、支付系统和监管系统等支持服务，以弥补用户与住宿提供方之间的信息不对称，保障交易安全，确保良好的服务体验。

【案例】

金石电商平台[1]

金石电商平台是专注于景区、餐饮和酒店行业的专业电商平台。该平台提供多种营销工具，包括全民营销、优惠券、砍价、裂变、满减、拼团、预售和秒杀等，且已与微信直播实现连接，帮助企业客户更有效地引流。金石还与石基业务平台及其生态系统下的其他子系统进行了整合，能够灵活地进行跨业态产品打包，从全流程的角度支持营销和收益的提升。

针对不同角色和级别用户的管理需求，金石电商平台提供了订单数据、账单数据、会员数据和营销数据等多维度的数据分析。此外，金石与石基数据平台的对接，使企业客户能够通过强大而多样的数据集成能力，整合分散在各子系统中的数据，建立基于数据驱动的决策机制。

此外，金石电商平台还支持私有化和平台化部署，依托“低代码”技术，用户无须具备编程能力，即可利用金石提供的丰富可视化模板和开放模块，构建符合自身需求的电商平台，并实现多商户管理。

石基集团创新性地推出了以“数据平台+业务平台”双平台为核心的数字化整体解决方案，覆盖了酒旅企业从中央管理到门店和园区运营的各个场景，打破了企业内部的数据孤岛，实现了数据流、信息流、业务流和支付流的顺畅流动，为酒旅企业的智能化发展奠定了基础。

5）住宿内部管理平台

住宿业电子商务平台可将不同部门和不同工作流程整合在一个综合系统中，采用模块化设计，通常包含物业管理、声誉管理、会员管理、直销平台、集团管控、部门协同等功能，以达到管理精益化、流程规范化、业务自动化、决策智能化的目的。

1 石基金石电商平台重磅发布，高效赋能酒旅企业一体化私域运营［EB/OL］.（2022-06-14）［2024-08-20］.

【案例】

雅高旗下的酒店技术专家D-Edge收购了宾客关系平台LoungeUp

LoungeUp 为酒店提供定制化的应用程序，酒店在申请获得使用资格后，可以通过简单的填空和拖拽操作，轻松创建一个通用的酒店应用。使用 LoungeUp 生成的应用，用户可以在手机、平板和电脑上访问。应用的功能包括查看酒店位置、房间信息及价格、周边设施以及各种辅助服务等。此外，LoungeUp 的后台系统还为酒店提供了一个简易的客户关系管理（CRM）工具，帮助酒店与客户进行沟通和管理。该合作产品涵盖了宾客旅程的各个阶段，包括通过 D-Edge 的数字媒体和网站产品提升流量、利用 D-Edge CRS 提高转化率，以及通过 LoungeUp 的创新解决方案增强客户参与度和忠诚度。

资料来源：酒店技术专家D-Edge：收购宾客关系平台LoungeUp ［EB/OL］.（2024-03-25）［2024-08-20］.有改动.

【案例】

宾客关系体验平台

ReviewPro是一家卓越的酒店业客户声誉管理解决方案提供商。其基于云计算的服务涵盖在线声誉管理（ORM）、客户满意度调查（GSS）、自动案例管理（ACM）和宾客信息中心（GMH）四大模块，旨在帮助酒店深入分析其声誉表现及运营和服务的优缺点。此外，ReviewPro独创的全球点评指数Global Review IndexTM已成为全球酒店业在线声誉的行业标准，基于175个在线OTA和点评网站上超过45种语言的评论数据，成为数千家酒店声誉管理的基准。其特色功能包括：自动化操作流程提醒相关人员或部门及时回应评论，与Booking.com、Google和Tripadvisor等主要评论平台的直接响应整合，提升团队的响应率，以及自动生成报告，使特定员工、工作组或整个部门能够接收到与其职责相关的视图、警报和报表。

斯维登集团是全球领先的共享住宿运营机构，专注于高品质和连锁化的民宿、公寓和别墅的运营与管理。目前，斯维登集团在全球280多个目的地运营超过60000套房源，旗下拥有斯维登精品公寓、斯维登度假公寓、斯维登服务公寓、城宿精品、城宿、轻宿、欢墅、居山栖水、途窝、迹墨、五悦等多个住宿品牌。斯维登集团通过多样化的住宿产品和高标准的运营服务，满足“多人、多天、个性化、高性价比”的出行住宿需求，提供“统一的服务策略和一致的客户体验”，让旅行住宿更加美好。至今，斯维登集团已与1400多个房地产项目在不动产运营管理方面展开合作，并与200多个地方政府签署了合作协议，海外业务已扩展至澳大利亚、加拿大、柬埔寨、美国、希腊和泰国等六个国家。

5.2.2　酒店电子商务平台

如图5.2所示，传统住宿业电子商务的上游主要是供应商，比如为其提供场地与原材料的物业租赁行业、酒店用品采购行业、智慧酒店解决方案行业等，如酒店交易网、智采云；产业链中游为不同等级的酒店，主要包括高端星级酒店、中端星级酒店以及经济型酒店，如首旅如家智慧酒店物联网总控平台（PIOS）“文殊智慧平台”，腾讯云智能语音服务系统；产业链下游客户根据渠道的不同可分为直接消费端与间接消费端，下游直销客户主要包括散客与协议公司，分销客户主要包括酒店在线预订平台与旅行社。

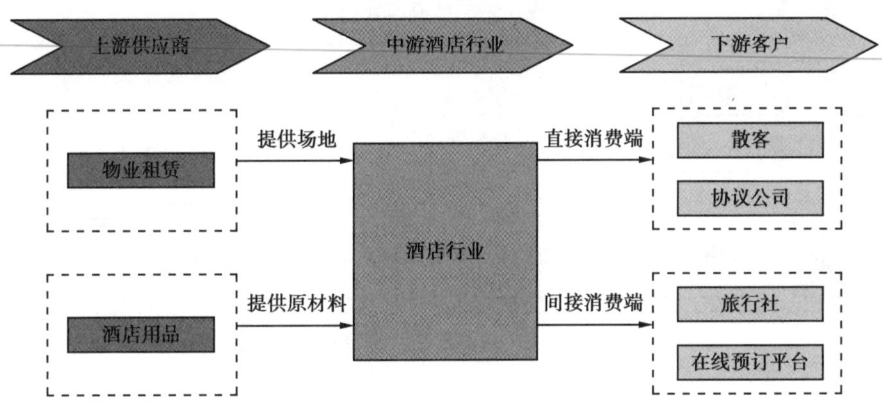

图5.2　酒店产业链图[1]

5.2.3　共享住宿业电子商务平台

位于共享住宿业电子商务上游的房东是共享住宿行业的供给端[2]。房东分为个人业主、小B商户及平台托管三大主体：个人业主是指房源由房屋所有者自己运营，小B商户是指房东从其他业主手中收取房源，再由房东运营所有房源，类似于二房东模式，平台托管是指业主将房源交由共享住宿平台托管，房源的管理及运用由平台负责，如城宿；中游是共享住宿销售平台，指的是共享住宿平台和在线旅行社（OTA）等，如Airbnb、小猪民宿、携程等；房客是共享住宿产业链的最终消费端。另外，房屋装修、智能家居、支付、征信系统等第三方系统支持服务贯穿于整个共享住宿行业。（图5.3）

1　中国酒店上下游产业链分析、行业竞争格局及重点企业经营情况［EB/OL］.（2022-06-16）［2024-08-20］.

2　共享住宿市场前景预测与空间设计策略研究报告［EB/OL］.［2024-08-20］.

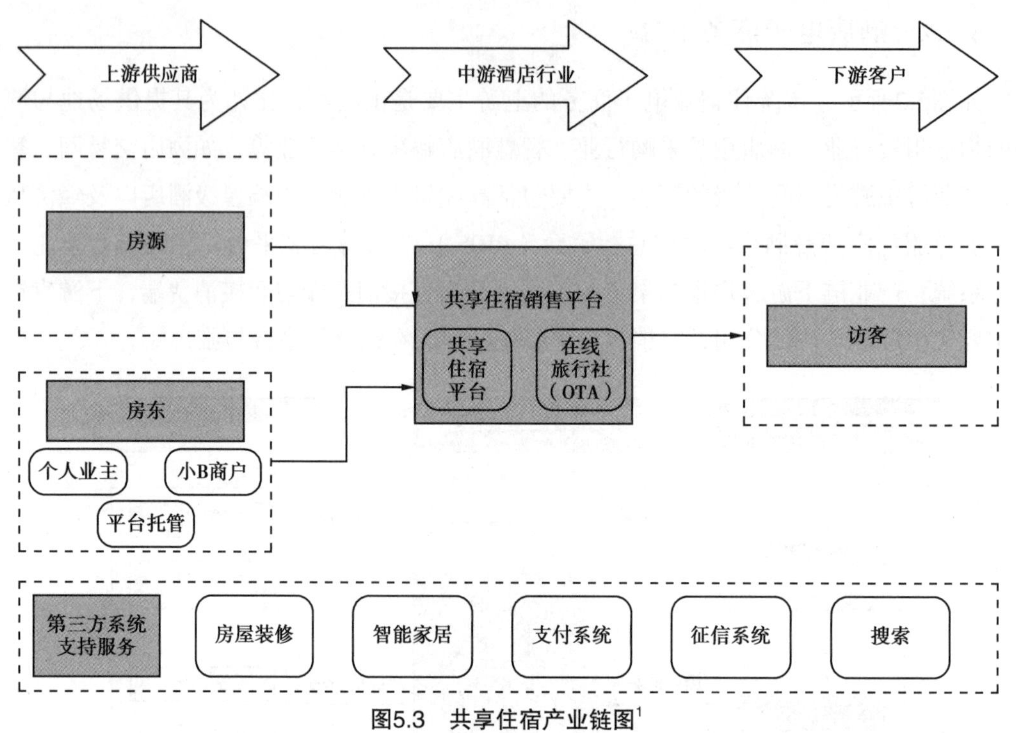

图5.3　共享住宿产业链图[1]

5.3　住宿业电子商务的主要系统

传统酒店电子商务系统主要包括中央预订系统（Central Reservation System，CRS）、客户关系管理系统（Customer Relationship Management，CRM）、采购系统、支付结算系统和前台管理系统（Property Management System，PMS）等，这些系统作为酒店电子商务最重要的组成部分，在酒店预订和服务过程中发挥着重要的作用。

5.3.1　中央预订系统（CRS）

中央预订系统是旅游业应用现代化信息技术进行营销的一种形式，是指旅游供应商通过电脑或其他网络形式直接向消费者进行的销售，主要分为中央预订系统（Central Reservation System）和计算机预订系统（Computerized Reservation System）。中央预订系统主要是指集团酒店所采用的内部预订系统，计算机预订系统是指用于整个旅游活动包括机票、酒店等预订在内的预订网络，本书所介绍的是第一种。

中央预订系统是连锁酒店集团各个分店共用的预订平台和管理平台。它使酒店集团利

1　2022年中国共享住宿主要产业政策、上下游产业链分析及行业发展趋势［EB/OL］.（2022-12-01）［2024-08-20］.

用中央资料库管理旗下酒店的房源、房价、促销等信息，也可以同其他旅游分销系统，如GDS（全球分销系统）、IDS（互联网分销商）、PDS（酒店官方网站预订引擎）等连接，使成员酒店能在全球范围实现即时在线预订。一套完整的中央预订系统同时还应具有与酒店的PMS实时对接的功能，掌握房间空置情况和预订情况，实现酒店的线上线下营销活动自动完成，尽量减少人工的录入或参与，提高酒店营销效率。

中央预订系统应具有如下功能[1]：

一是客户实时预订和订单查询、修改功能。用户可以实时地进行网上客房预订，并且可以查询订单状态（如是否已处理）和修改订单（如修改入住日期和预订客户数量等）。

二是客户库存状态。当授权用户下订单和修改订单时，通过查询客房是否可得，决定该订单是否处理、修改以及订房呼叫中心通过查询客房状态，决定是否接受客户电话订单。

三是友好的用户界面和导航。基于Web Brower的用户界面及客户历史订房查询。

四是客户定价管理。使下属酒店前台系统和CRS系统酒店房间价格一致和修改同步。

五是提供不同需求的报表，如酒店客房出租情况报表等。

六是系统稳定且响应速度快。

七是各个连接渠道的集中控制，统一管理和CRS连接的一切系统资源。如与下属酒店PMS系统的无缝连接：实现和下属酒店管理系统的系统应用集成和数据一致性，避免CRS订单和PMS订单冲突。

5.3.2　客户关系管理系统（CRM）

客户关系管理系统是20世纪90年代末美国一家研究分析现代商业发展趋势和技术的专业咨询公司Gartner Group提出的。CRM是通过采用信息技术，使企业市场营销、销售管理、客户服务和支持等经营流程信息化，实现客户资源有效利用的管理软件系统[2]，其核心思想是以“客户为中心”，提高客户满意度，改善客户关系，从而提高企业的竞争力。CRM起源于西方的市场营销理念，又逐步融合了近年来先进的网络信息技术为企业带来的新发展，形成以顾客为中心、通过客户关怀实现顾客满意度的现代经营理念，旨在改善企业与客户之间的新型管理机制，主要包括市场销售、新市场开发、产品配送、售后服务与技术支持五个环节的经营管理活动。

客户关系管理系统的目标，是本着对客户进行系统化研究的指导思想，完整地认识整个客户生命周期，管理与客户之间的所有交互关系，提供与客户沟通的统一平台，改进对客户的服务水平，提高员工与客户接触的效率和客户忠诚度，并因此为企业带来更多的利润。

1　王浩旻，张忠能. 集团化酒店中央预订系统的设计框架[J]. 微型电脑应用，2005（5）:24–26，66.

2　张润钢. 饭店业前沿问题[M]. 北京:中国旅游出版社，2003:170.

一个完整、有效的CRM应用系统由业务操作管理子系统、客户合作管理子系统、数据分析管理子系统和信息技术管理子系统四个子系统组成。

在业务操作管理子系统中，客户关系管理应用主要是为实现基本商务活动的优化和自动化，主要涉及三个基本的业务流程：市场营销、销售实现、客户服务与支持，因此CRM的业务操作管理子系统的主要内容包括营销自动化（Marketing Automation， MA）、销售自动化（Sales Automation， SA）和客户服务与支持（Customer Service & Support，CS & S）。

在客户合作管理子系统中，客户关系管理的应用主要是为实现客户接触点的完整管理，客户信息的获取、传递、共享和利用以及渠道的管理，具体涉及企业不同职能部门的管理信息、联络中心（电话中心）、移动设备、Web渠道的信息集成和处理等问题，因此主要内容包括业务信息系统（Operational Information System， OIS）、联络中心管理（Contact Center， CC）和Web集成管理（Web Integration Management， WIM）三个方面。

在数据分析管理子系统中，客户关系管理的应用主要涉及为实现商业决策分析智能的客户数据库的建设、数据挖掘、知识库建设等工作，因此其内容包括数据仓库建设（Data Base/Warehouse，DB）、知识仓库建设（Knowledge-Base， KB）及依托管理信息系统（Management Information System， MIS）的商业决策分析智能（Business Intelligence， BI）等。

在信息技术管理子系统中，由于客户管理的各功能模块和相关系统运行都必须由先进的技术、设备、软件来保障，因此，对于信息技术的管理也成为CRM的有机组成部分。在这个子系统中，主要的内容可以分为以下四类：

一是其他子系统应用软件管理，如数据库管理系统（Database Management System，DBMS）、电子软件分发系统（Electronic Software Distribution， ESD）等。

二是中间软件和系统工具的管理，如中间软件系统（Middle Ware System）、系统执行管理工具（System Administration Management）等。

三是企业级系统的集成管理，如CRM与企业管理信息系统的集成，乃至整个企业应用集成（Enterprise Application Integration， EAI）方案，以实现将企业的CRM应用与ERP、SCM等其他系统紧密集成起来。

四是电子商务技术（E-commerce， EC）和标准管理，如互联网技术及应用、EDI技术及标准、通信标准管理等。

酒店CRM系统应建立在酒店前台办公系统和后台管理系统的基础上，是与酒店前台预订、接待、收银系统进行充分的信息共享，与后台的应用管理软件进行无缝的集成连接的管理信息系统。系统将酒店的营销、服务分散在不同部门的功能进行整合，采取协调一致的行动，最大限度地留住客户。

酒店客户关系管理目的在于通过IT技术和互联网技术与酒店各项资源的有效整合，为酒店组织者提供全方位的顾客视角，赋予顾客更完善的交流能力和最大化的效益。酒店所面对的顾客是想通过酒店提供的服务满足更多的身心享受和心理愉悦等精神需求，因此酒店CRM在进行营销时，要整合有形的物质产品和无形的服务产品，并且以无形的服务产品为主。从营销学的角度看，酒店CRM打破了西方传统的以4P为核心的营销方式，将营销重点从顾客需求进一步转移到顾客保持上，保证酒店把有限的时间、资金和管理资源直接集中在这个关键任务上，实现酒店对顾客的整合。IT技术和互联网技术是酒店CRM的加速器和推动力，通过数据挖掘、数据仓库、呼叫中心和基于浏览器的个性化服务系统等，推动了酒店CRM的快速发展。

酒店CRM系统应主要由店客交互模块、决策分析模块、业务操作模块三个部分构成。其中，店客交互模块及接触中心，酒店可以有多种与客户交流和互动的方式，如面对面的交谈、电话、呼叫中心、电子邮件、Web或通过合作伙伴进行的间接联系等。无论通过何种渠道，CRM系统都能够以无缝和透明的方式，实现统一的客户视图，为客户的交流和互动提供一致的数据和客户信息，实现与客户的实时在线交流，给客户提供人性化的服务。在执行时，它既有赖于员工（包括管理人员）与客人的面对面沟通，也包括其他一切互动渠道和各种IT系统。如客户跟踪系统、预订系统、前台服务系统、顾客资料系统等。业务操作模块实现基本业务活动的优化和自动化，主要涉及营销管理、销售管理和服务管理三个基本业务流程。决策分析模块提供的商业智能化的数据分析和处理是CRM最突出的功能特征。它将最佳的商业实践与数据挖掘、数据仓库、一对一营销、销售管理，以及其他信息技术紧密结合在一起，充分挖掘客户的商业行为个性和规律，进行客户价值评估，不断寻找和拓展客户的盈利点和盈利空间。

SCRM是对传统CRM功能及应用范围的进一步开拓，S指的是social，主要体现在：社会化媒体的营销和社会化企业协作，它是企业在数字媒体和社交媒体时代进行客户关系管理的新尝试，SCRM的设计理念是以用户为中心、以第三方社交媒体平台（如微博、贴吧、论坛等）的大数据为基础，以获取用户知识、整合企业竞争情报、维持长期良好的双向关系为最终目标[1]，产品核心功能模块主要集中在引流获客、运营转化和企业管理这三部分。

【案例】

订单来了SCRM，酒旅行业的“私域流量管家”

在工具端，订单来了云PMS为商家提供了强大的后台管理功能，并通过直接连接实现企业微信与PMS及营销系统之间的客户信息互通，方便商家管理房态、查看报表和客户信

1　闫雨萌. SCRM理论框架构建及关键功能实现研究［D］. 北京：北京林业大学，2022.

息等。订单来了还利用直播、沙龙和社群等方式建立交流平台，通过活码拓展客户，客人扫码后会自动分配给不同的员工，客户将拥有专属名片，并能统计不同客户带来的好友数量，自动标记标签，从而助力商家业务增长。此外，系统通过预设回复和商品橱窗等功能实现高效沟通，能够统计全门店、各员工及各群聊的数据，自定义权限设置，跟踪员工任务进度，客户继承功能则有效防止因员工离职而导致的客户流失。例如，当客户在小红书或抖音上发现了一家民宿但不知道其名称和预订方式时，通过订单来了的直连功能，用户可以直接进入预订页面，完成下单后立即确认，确保用户在入住时有房可用。（图5.4）

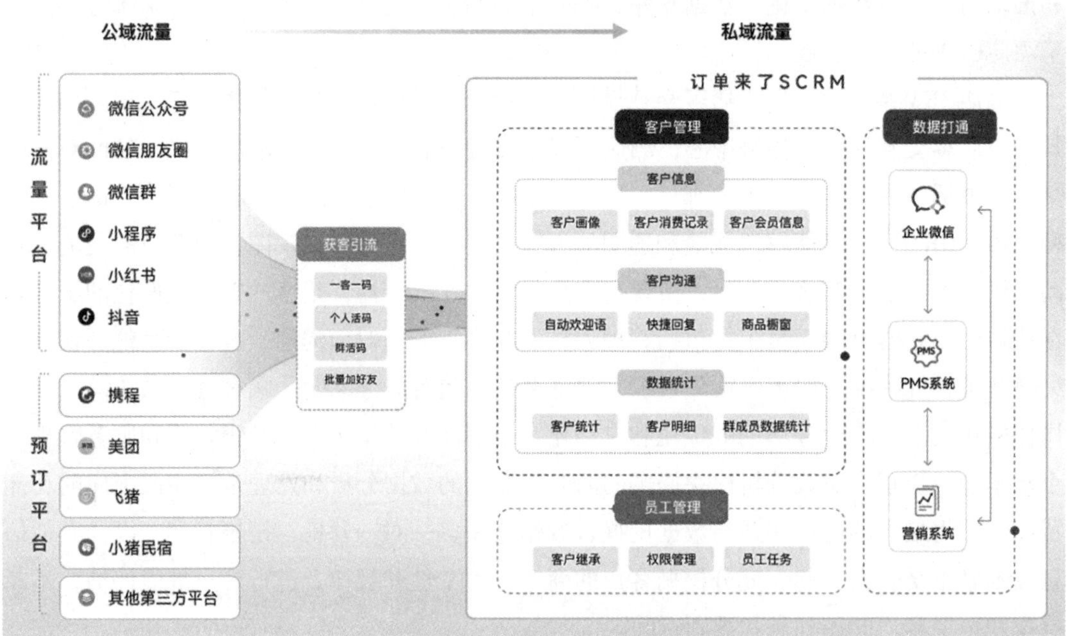

图5.4 订单来了SCRM流程图

5.3.3 采购系统

采购系统是一种综合管理工具，涵盖了采购申请、订单处理、进料检验、仓库收货、退货处理、发票管理、供应商管理、价格及供货信息管理、订单管理以及质量检验等多个功能模块。该系统能够有效地对采购物流和资金流的全过程进行双向控制和跟踪，从而实现企业物资供应信息的全面管理。其主要功能包括商品管理、采购单管理、采购建议、价格调整、供应商管理及退货处理等，重点在于对采购单生命周期的管理与维护。

采购系统面临着行业竞争加剧和企业整体营收下滑的双重挑战。同时，人工成本和原材料成本的上升也给企业的经营成本带来了压力。根据麦肯锡的调研数据，实施端到端的数字化采购可以帮助企业每年节省20%至30%的成本，并减少约30%的交易性采购时间。可以预见，未来企业将不可避免地从传统采购模式转向数字化采购，这将成为行业发展的必然趋势。2020年4月发布的《中共中央 国务院关于加快建设全国统一大市场的意见》，强调要培育一批具有全球影响力的数字化平台企业和供应链企业，以促进全社会的成本降低和效率提升。

1）智能补货操作

酒店中一些常用的易消耗物料可以通过系统自动补货完成采购过程，免去每天人工操作的烦琐。在智能补货向导界面中设置好补货公式以及供应商的配送方式，即可形成采购订单，进行智能补货操作，如图5.5所示。

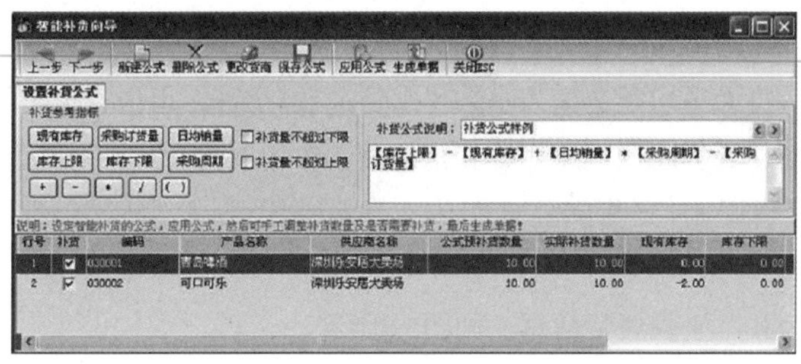

图5.5　“智能补货向导”操作界面截图

（1）设置补货参考值

先要设置补货参考值，包括日均销量参考时间、采购周期、默认供应商、补货仓库等，如图5.6所示。

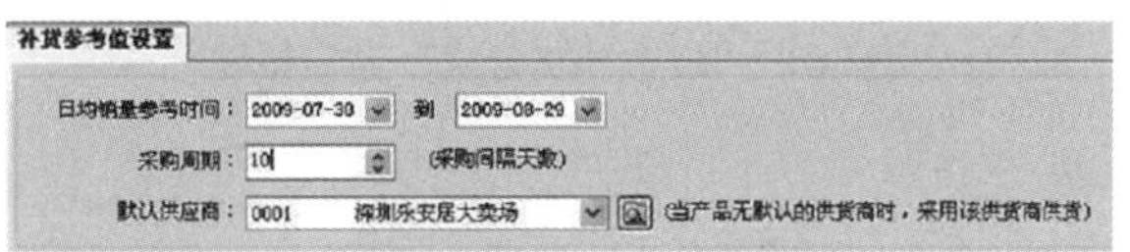

图5.6　“补货参考值设置”操作窗口截图

（2）选择补货范围

通过指定产品类别、品牌、主供应商、库存上下限设置、销售排名等条件点击“检索项目”来确定需要补货的项目。也可以通过盘点机数据、其他单据导入或手工新增来确定补货项目，如图5.7所示。

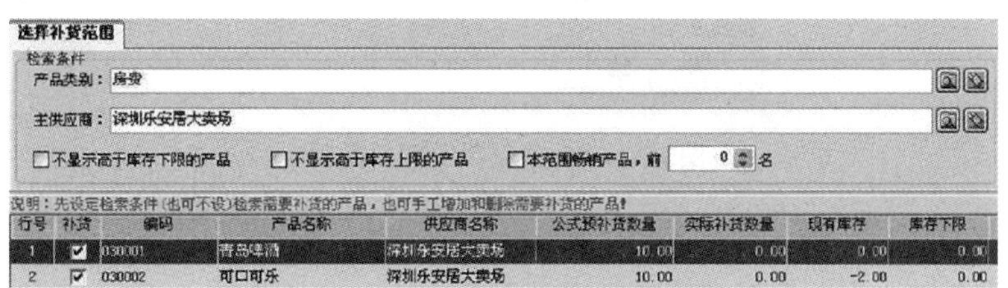

图5.7　“选择补货范围”操作窗口截图

（3）设置补货公式

补货公式各运算项目如下。

现有库存：以现有的库存数据为基数。

采购订货量：根据未到期的采购订单未完成数量为基数。

日均销量：每天平均销量为基数（默认最近1个月，也可指定时间段）。

库存上限：以事先设置好的项目存货上限为基数。

库存下限：以事先设置好的项目存货下限为基数。

销售订货量：以前台未完成客户订货量为基数。

采购周期：以当前采购周期为基数。

日均直配量：每天平均配送量为基数（默认最近1个月，也可指定时间段）。

根据订货周期、到货周期、库存量和销售量制作相应的公式，一般公式为

订货量=（订货周期+到货间隔日期）×日均销售量+安全库存–现有库存（库存上/下限）

单击“应用公式”生成要货数据，如图5.8所示。

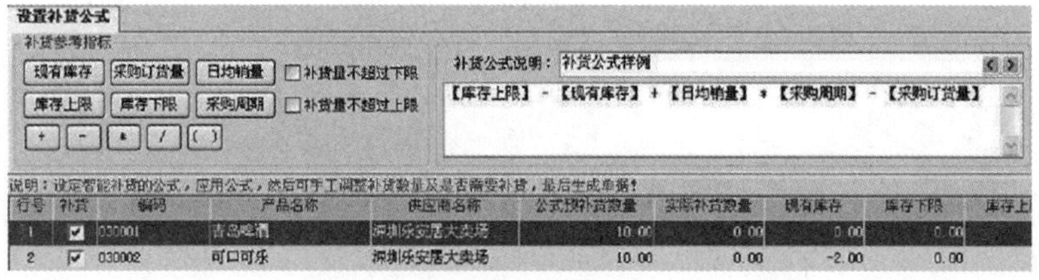

图5.8 “设置补货公式”窗口截图

（4）生成补货单据

根据供应商的性质，确定供应商的配送方式。可以采取供应商直接供货的方式，即供应商先把货发给当地的一级代理商，再由代理商向酒店供货，系统可生成该供应商的采购订货单。另外，对于大型酒店集团来说，部分物料由集团负责集中采购，系统生成递交给总部的要货申请单。单击“生成单据”生成该项目主供应商未审核的采购订货单。补货结果窗口如图5.9所示。

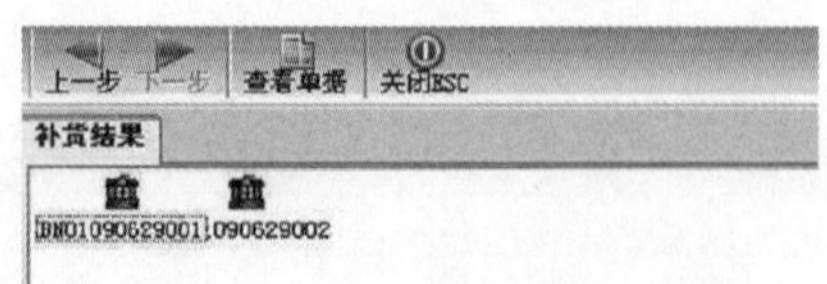

图5.9 “补货结果”窗口截图

（5）查看/打印单据

生成相应单据，单击“查看单据”即可查看当前生成的单据。单击“打印”则执行相

应的打印操作。

2）采购订货操作

（1）建立货商档案

酒店只要有采购业务发生，就需要对供应商的情况进行全面了解、统计。建立供应商档案有利于酒店对供应商的信息进行全面掌握，也为采购订货提供了便利条件。货商档案操作窗口如图5.10所示。

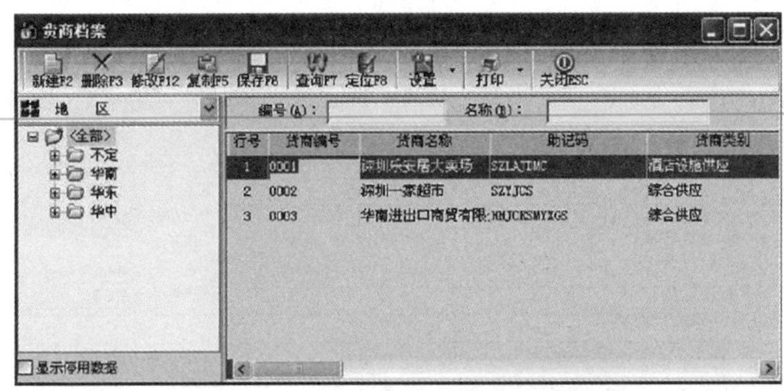

图5.10　“货商档案”操作窗口截图

新建货商资料时，单击“新建”按钮，系统弹出“货商分类”操作窗口，如图5.11所示。

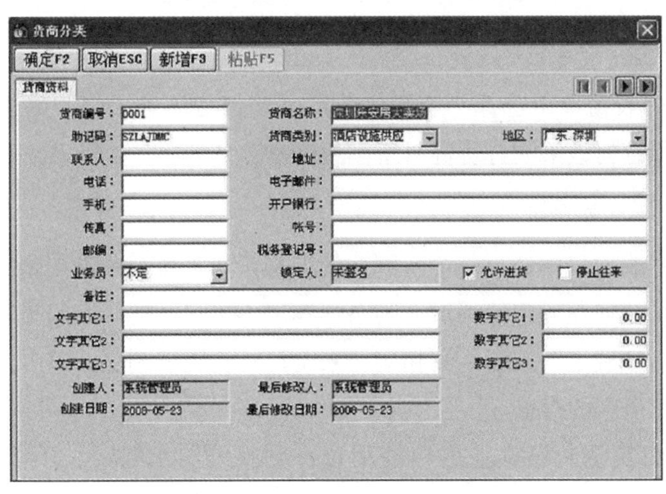

图5.11　“货商分类”操作窗口截图

在货商分类窗口中，供应商代号一般由系统自动按顺序产生。在供应商名称编辑框中可以输入该供应商的名称。在下面的空白选项中可以输入该供应商的任何其他信息，包括该供应商的企业类型、地址、联系人、电子邮件、传真、开户行、账号、税务登记号、邮编等其他信息。

单击“新增”按钮保存当前的供应商资料，并继续新增其他供应商资料。单击“确定”按钮则保存当前新增的供应商资料，并关闭该窗口。单击“取消”按钮，则放弃对当前供应商资料的编辑操作。

双击查看当前货商档案，可以进行相应的修改然后保存。

（2）新建采购订货资料

建立供应商档案后，酒店可以很方便地进行采购活动。首先选择采购订货，单击“新建”按钮，自动建立一行空白数据。采购订货编码自动产生，在“项目名称”中输入相应的订货名称。单击“新建”按钮保存当前的采购订货资料，并继续新增其他采购订货资料。单击“保存”按钮则保存当前新增的采购订货资料，如图5.12所示。

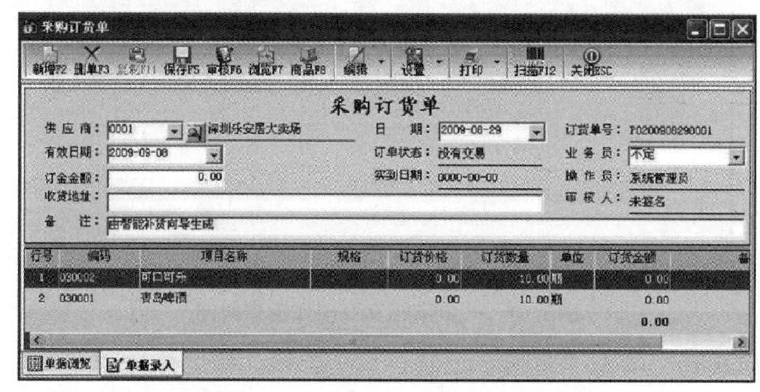

图5.12 “采购订货单”操作窗口截图

（3）修改采购订货资料

从采购订货列表窗口中选择一个要修改的采购订货，然后修改采购订货名称。单击“保存”按钮，保存对该采购订货资料所作的修改。

（4）删除采购订货资料

从采购订货列表窗口中选择一个要删除的采购订货资料，单击“删除”按钮。如果该采购订货资料未在任何业务中使用过，则系统弹出一个对话框，询问是否确实要删除该采购订货资料。单击“确定”按钮，则相应的采购订货资料被删除，单击“取消”按钮，则放弃删除采购订货资料的操作。

如果该采购订货资料已在业务中使用过，则系统给出提示，不能删除该采购订货资料。

如果需要删除的采购订货资料中包含下级从属采购订货资料，则必须先删除下级从属资料，然后才能删除上级采购订货资料。

（5）打印采购订货资料

如需打印采购订货资料列表，直接单击工具栏上的“打印”按钮，然后选择打印即可。

3）基于采购平台的示例

在酒店用品采购方面，我国B2B模式的酒店电子商务发展迅速。例如，慧聪酒店网成立于1992年，在国内信息服务业及B2B电子商务服务业中属于首家上市公司，依托其核心互联网产品买卖通，以及雄厚的传统营销渠道——《慧聪商情广告》与《中国资讯大全》、研究院行业分析报告为客户提供线上、线下的全方位服务，以提高电子商务社区买卖双方的交易机会、扩大国内乃至国际贸易创造机会为企业目标。在慧聪网的行业市场分类中，慧聪酒店网提供酒店用品相关资讯，以及供应与需求信息，慧聪酒店网主页截图如图5.13所示。

图5.13　慧聪酒店网主页截图

众美联商城是由上市公司（众美联2015年与纳斯达克上市公司窝窝合并）运作的餐饮酒店行业B2B全球采购平台，汇集1000家领军品牌，辐射58000家品牌终端门店，采购供应品类包括酒店综合用品、厨房用具、粮油调料、食材、酒水饮料、专业设备、办公用品、家具、信息化系统、基建装潢等。众美联商城以全供应链为切入点，采用平台交易撮合+自营贸易+供应链集成服务三位一体的运营模式，为企业直降采购成本10%~20%，同时引入供应链金融服务实现企业信用变现，构建行业信用及食品安全源头追溯体系，通过产业端和消费端大数据的集成与运用，最终完成产业价值生态圈的构建。众美联商城主页截图如图5.14所示。

传统的酒店用品批发市场也纷纷开通网站加入B2B酒店电子商务的行列。例如，广州南天国际酒店用品批发市场占地20多万平方米，年成交额超50亿元人民币。依托广州南天商业大广场建设发展有限公司与广州酒店用品商会，国际酒店用品网一方面致力于为酒店用品企业与终端用户提供全面、权威、专业的电子化交易资讯服务，另一方面展示广州市南天商业大广场建设发展有限公司的品牌形象，其主页截图如图5.15所示。

图5.14　众美联商城主页截图

图5.15　国际酒店用品网主页截图

采购部门的采购人员的日常工作流程大致为：需求分析、供应商筛选、谈判、决策、合同签订、供应链管理等。在整个采购过程中，采购管理系统会与仓储系统、财务系统、库存管理系统等产生信息交互。

5.16　瓴犀SaaS采购管理系统架构

【案例】

锦江全球采购平台

锦江全球采购平台GPP是基于国外酒店"联合采购组织GPO"的成功经验而开发的联合采购平台。锦江秉持"以C端思维打造B端体验"的理念，整合了B2B电商平台、供应商管理系统和财务系统等多种系统，打通了供应链的端到端业务流程。该平台提供订单管理、支付管理、物流管理和智能客服等数字化服务，旨在赋能供应商、酒店品牌和门店，打造类似天猫的购物体验。值得一提的是，平台不向消费者收费，而是通过流量变现来实现盈利。同时，通过数据共享和平台系统的融合，提升了整体的整合效益和协同优势。

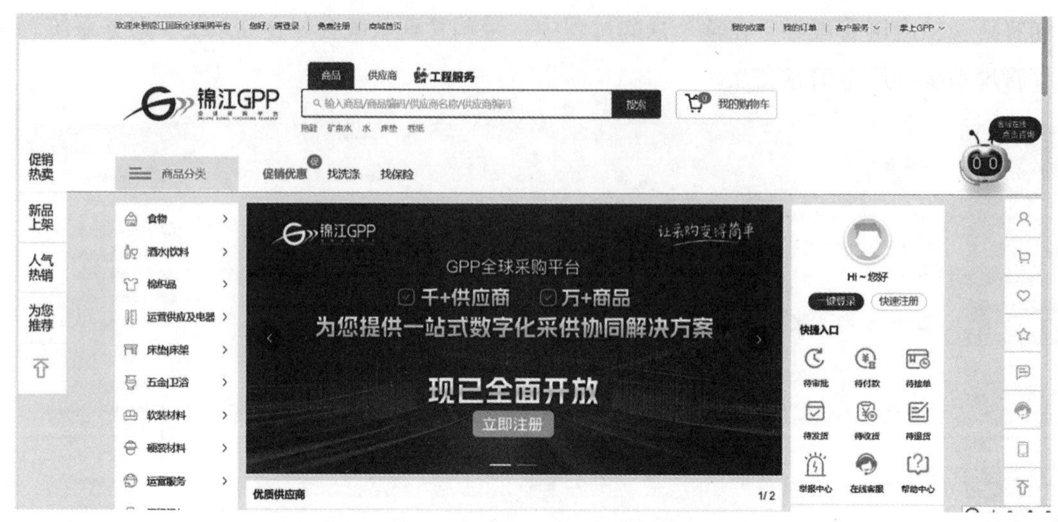

图5.17　锦江全球采购平台官网截图

5.3.4　支付结算系统

在B2B电子商务平台的早期阶段，传统的结算方式如银行转账、支票和信用证等占据了主导地位。虽然这些方式安全可靠，但其操作复杂且效率较低，难以满足日益增长的交易需求。随着技术的不断进步和市场的发展，第三方支付、在线支付和电子钱包等新型结算方式逐渐崭露头角[1]。

支付系统有几个关键的核心流程：支付流程、退款流程、对账流程。

（1）支付流程

用户在商城选购商品并发起支付请求；

商城将支付订单通过B2C网关收款接口传送至支付网关；

用户选择网银支付及银行，支付平台将订单转送至指定银行网关界面；

用户支付完成，银行处理结果并向平台返回处理结果；

支付平台接收处理结果，落地处理并向商户返回结果；

商城接收到支付公司返回结果，落地处理（更改订单状态）并通知用户。

一般而言，支付系统会给商户设置有“可用余额”账户、“待结算”账户；系统在接收到银行返回支付成功信息后进行落地处理，一方面更改对应订单状态，另一方面在商户待结算账户记入一笔金额；该笔金额，系统会根据结算周期从待结算账户——>“可用余额”账户。

（2）退款流程

用户在商户平台发起退款申请，商户核实退款信息及申请；

1　B2B电子商务平台：揭秘多元化结算方式的背后力量［EB/OL］.（2024-06-14）［2024-08-26］.

商户登录支付平台账户或者通过支付公司提供的退款接口向支付平台发起退款；

支付系统会对退款信息进行校验，（退款订单对应的原订单是否支付成功？退款金额是否少于等于原订单金额？）校验商户账户余额是否充足等；校验不通过，则无法退款；

支付系统在商户可用余额账户扣除金额，并将退款订单发送至银行，银行完成退款操作。

对于网关收款的订单退款，各银行要求不一，有些银行提供的退款接口要求原订单有效期在90天或180天，有些银行不提供退款接口；针对超期或者不支持接口退款的订单，支付公司通过代付通道完成退款操作。对于收单金额未结算，还在“待结算”账户的订单，如果出现退款情况，业务流程和上述流程差不多，只是从待结算账户进行扣款。

（3）对账流程

支付系统内部间的对账，支付系统一般是分布式的，整个支付系统被拆分成了多个子系统，如交易系统、账户系统、会计系统、账户系统，每个子系统处理各自的业务，系统间的对账，就是以上系统的核对，用于修正内部系统的数据不一致。

支付系统与渠道的对账，这里的渠道泛指所有为支付系统提供代收付业务的渠道，如第三方支付公司、银行、清算中心、网联、银联等。（图5.18）

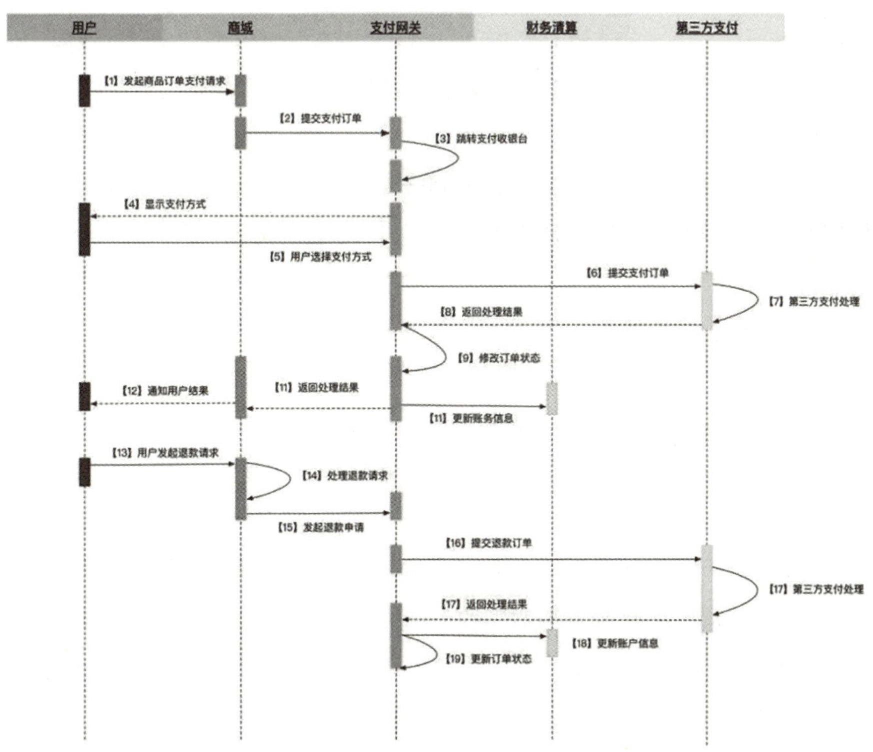

图5.18　支付系统流程图

【案例】

锦上e购[1]

上海银行与锦江国际集团合作推出了“锦上e购”供应链金融产品，旨在为锦江GPP平台用户提供“先消费、后还款、高效审批”的便捷消费体验，进一步增强全球采购“GPP”与全球电商“WEHOTEL”及加盟酒店之间的联系。

“锦上e购”巧妙结合了“场景端、服务端和流程端”三大要素：在场景端，深入了解加盟酒店的采购需求，识别客户融资中的难点与痛点；在服务端，通过银企直连的方式，将金融产品无缝嵌入采购流程；在流程端，运用人脸识别、电子签约等金融科技手段，为加盟酒店提供从授信申请到提款、还款的全线上化体验，显著提升了操作效率。

“锦上e购”象征着数字经济与实体经济的深度融合，通过“线上化+数字化”的服务模式，构建开放式供应链服务生态，拓展产业链服务的客户群体。

【案例】

石基畅联与银联支付结算解决方案[2]

1. 一单一结

在传统模式中，企业客户与TMC（差旅管理公司）通常以周或月为周期向酒店支付费用，这给酒店带来了较大的回款压力和风险，同时也使得酒店无法及时补充现金流。而在石基畅联与银联支付结算解决方案下，采用一单一结的方式，意味着企业客户离店后，款项能够自动即时到账酒店账户。这大大缩短了收款周期，降低了回款风险，同时也为酒店提供了及时的现金流补充。

2.总对分结算VS总对总结算

企业客户与商旅TMC的赋能：显著提升结算效率。在许多情况下，企业客户和TMC会将预订订单直接交给单个酒店，这种模式给企业客户带来了额外的负担，因为他们需要逐一与每家酒店进行结算，既耗时又费力，工作量也很大。这已成为企业客户面临的一个主要痛点。通过石基畅联与银联支付结算解决方案，企业客户可以直接向集团中央预订系统（CRS）下单，从而在结算方面无须再与每家酒店单独对账，而是可以与集团层面进行统一结算。这将大幅减少对账和结算所需的时间，提高整体效率。

3.高手续费VS低手续费

酒店及酒店管理集团的赋能：直接降低手续费成本。传统的结算模式，如虚拟信用卡

1　锦江国际与上海银行全面深化数字金融业务合作 赋能产业高质量发展［EB/OL］.（2022-01-08）［2024-08-26］.

2　石基畅联 & 银联支付结算解决方案正式发布，以五大创新点赋能酒店高效获取企业客户［EB/OL］.（2024-04-18）［2024-08-26］.

（VCC），主要应用于国际酒店集团旗下的酒店以及国内酒店与国际渠道的合作场景，这种模式并不适合大多数国内酒店。此外，酒店需支付较高的手续费，通常为3%~4%。石基畅联与银联支付结算解决方案支持所有能够通过银联收款的国内酒店，其手续费与国内市场水平基本一致，能够显著帮助酒店降低手续费成本。

4.需要垫资VS无须垫资

企业客户与商旅TMC的赋能：无须占用资金，规避现金流风险。在与酒店的合作中，企业客户和TMC通常需要支付押金或提前垫资，以建立与酒店之间的信任和保障关系。这种做法会给企业和TMC带来资金占用的压力，尤其是对于中小型TMC商旅管理公司而言，现金周转效率会受到影响，进而增加现金流风险。通过石基畅联与银联支付结算解决方案，采用一单一结的模式，企业客户和TMC将不再需要垫资。资金可以通过双方的银联账户实现线上即时付款，从而有效降低企业客户和TMC商旅管理公司的现金流风险。

5.安全性低VS安全性高

酒店与企业客户及TMC的双向赋能：为了提高安全性，传统的VCC（虚拟信用卡）等结算方式存在信用卡号传输和使用的安全隐患。在石基畅联与银联支付结算解决方案中，石基畅联在处理直连订单时，通过银联通道发起预授权请求，成功锁定资金后完成订单预订。客人离店后，系统会根据实际入住天数自动扣款，确保每笔交易的独立性。整个流程全自动化，不涉及敏感信息，安全性极高。总体而言，与传统结算模式相比，石基畅联与银联支付结算解决方案显著优化了企业、TMC与酒店之间的合作流程，提升了结算效率。

5.3.5　前台管理系统（PMS）

前台管理系统是用来满足酒店客户、酒店接待人员（操作员）和酒店管理人员（系统管理员与经理）三方面的需求，这三者之间的主要活动有预订、入住、预交押金、结账、查询、财务管理、系统管理等。[1]（图5.19）

预订：酒店客户预订房间（可以通过传真或电话方式预订，也可以通过房间电脑预订），提供预订信息。酒店接待人员通过查询可供房间信息确定是否有满足客户要求的房间。若能满足，则登记客户预订信息，如预住宿日期、天数、房间号等，同时生成预订单。

入住：指客户入住酒店。根据是否有预订，分两类客户。如客户有预订，则查询、核对预订信息，有必要的话修改相关信息后即可入住；若客户没有预订，则需要提供入住信息，酒店接待人员为其安排房间后，生成新客单方可入住。

1　吴连强.酒店前台管理信息系统的设计与实现［D］.成都：电子科技大学，2012.

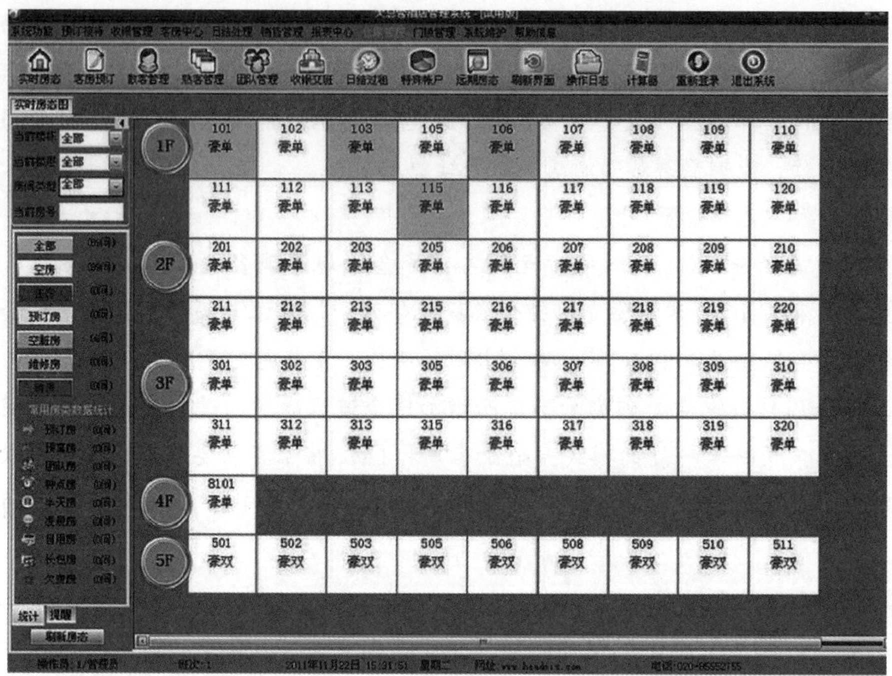

图5.19　前台管理系统截图

预交押金：为保证酒店的经济利益，防止出现跑单、漏单现象，酒店管理人员规定客户入住酒店后，必须及时缴纳押金。

结账：住店客户要求离店退房，酒店接待员查房（看房间内是否有物品损坏或丢失）、结账后退房，删除该客单，把该房间设为可售房间，为客户打印结账账单报表。

查询：房间当天状态的查询和未来30天内房间售出的状态查询，还包括查询客单、账单、报表预览等。

财务管理：统计、分析营业收入状况，打印各种报表等。

系统管理：数据库、人员、客房等基本信息管理。

从业务组成角度进行划分的话，酒店前台管理系统可以分为数据库的后台管理和前台客人的住宿管理两大部分。其中前台管理主要用于原始数据的采集，又包括住宿管理、客房管理、挂账管理、查询统计和日结五个模块；后台管理主要用于维护数据库的基本信息，主要包括系统设置和系统维护两个模块。住宿管理的主要功能包括客房预订、住宿登记、追加押金、调房登记和退房结账；客房管理的主要功能包括客房设置、客房查询和房态查看；挂账管理的主要功能包括挂账查询和客户结账；查询统计的主要功能包括住宿查询、退宿查询和宿费提醒；日结的主要功能包括登记预收报表、客房销售报表和客房销售统计；系统设置的主要功能包括操作员设置、密码设置、重新登录、设置主窗口图像、初始化和权限设置；系统维护的主要功能包括数据备份和数据恢复。

前台管理的主要功能及描述如下：

客人档案和历史资料。在客人档案管理模块中保存所有客人、公司和旅行社等客户资料，以及相关的入住历史记录的统计，记录客人的各种特殊要求。

预订。预订模块是前台系统的核心部分。在预订模块中可以进行客人档案的创建，也包括在此基础上的预订的建立。通过这个模块，可以进行客史的查询，包括回头客的追踪，也可以进行预订的建立、修改及取消。同时，系统提供复制预订的功能，可以快捷方便地建立相似预订。

团队、预订房及房间配额管理。管理团队订房、名单输入、用房量控制以及系列团队预订。

价格和收益管理。价格管理模块帮助酒店建立自己的价格体系，通过开关价格和可售房间类型的方式及时调整销售策略，为前台和预订员工提供价格指导和监管，协助酒店提高酒店收益。

包价管理。在包价管理模块中解决客人房间房费中包含的收费项目，如房间含早餐等。酒店根据运作需求在系统中定制包价计划，相关的卖价进行关联，或针对某个预订或团队单独操作。在夜审和发生费用时，根据系统中的设置，进行相应的账务处理，保证房价准确以及相关参与部门的收益计算。

入住及在店。系统提供自动分房、入住、取消入住、换房等功能，同时还可以为各种类型的客人如散客或团队留言，指示客人方位，授权挂账等。

收银模块。收银模块提供了账务管理功能，包括入账、结账、转账等操作，在收银模块中还可以有批量入账、批量打印账单、内部银行、预订定金、外币兑换等功能。

客房管理。客房管理模块能管理酒店客房信息，包括更新房间状态和房间维修的记录，可以通过预先设置的工作量指标对客房清扫工作进行估算，分配客房服务人员。

应收管理。应收管理模块用于管理酒店挂账数据，在系统中进行核对、付款等工作，并对应收款项进行账龄等数据分析，打印对账单、催款信函。

会员管理。系统中的会员管理模块支持酒店对会员、航空公司常旅客会员信息进行管理，能够帮助酒店提高客人的满意度和忠诚度，实现酒店的资源合理利用，提高酒店销售额和综合利润率。

【案例】

石基CRS系统

石基CRS（中央预订）系统[1]是针对国内高端星级酒店集团和全球连锁品牌定制研发的中央营销平台系统，以会员、大客户、散客的数据收集、积累为基础，通过打通直销和海内外分销渠道为手段，进而整合集团资源、统一集团标准，帮助酒店集团提升品牌价

1 北京石基昆仑软件有限公司官方网站。

值，增强核心竞争力。

（1）石基CRS系统的特点

全兼容主流技术；符合行业统一规范，支持所有PMS的对接；通过OTA标准协议支持业内所有渠道的技术对接；支持Call Center、网站、微信、App、WAP等直销平台的对接；支持航空公司等相关行业技术对接。

（2）石基CRS系统六大管理模块

CRO客房中心、CCM分销渠道管理、LPS集团会员管理、KWS在线预订引擎、CRM销售和宴会管理、RMS收益分析报表。

（3）石基CRS系统实时的一体化管理

支持实时管理单体酒店的房态及价格；网站、Call Center、分销商的实时管理。（图5.20）

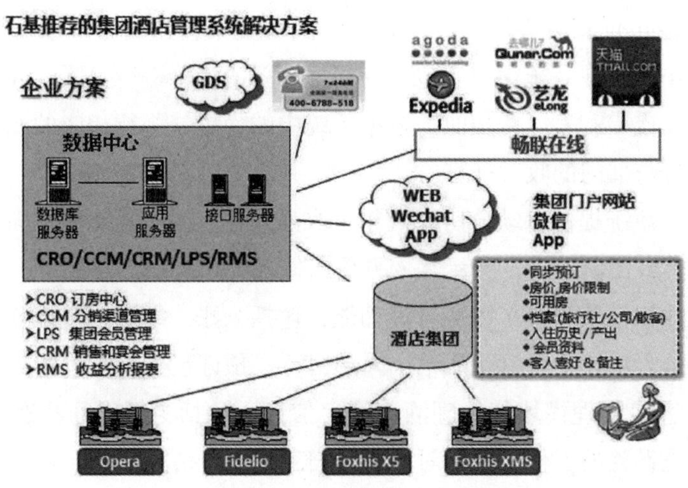

图5.20　石基CRS系统架构

（4）酒店移动自助入住系统Check In @ Anywhere

提升酒店的个性化服务、帮助酒店给予客人更舒适、更优质的体验，是石基昆仑产品研发的主题方向之一，石基昆仑对酒店Check In业务进行有效分解，为酒店提供分流式的全方位Check In解决方案。（图5.21）

酒店的客人分为VIP、会员、散客、团队会议四类，适应不同客人的入住需求，石基系统的解决方案分为Staff-Check In（客人可以在酒店员工的精心服务中办理入住）和Self-Check In（客人也可以在入店前自助办理入住），该系统为酒店提供手机App、WAP、WEB、Wechat及手机SMS服务方案。

（5）KIOSK Self-Check In/Out System

自行到店的个人或团队入住，可通过酒店自助机办理。

客人办理入住时，在自助机上输入预订确认号、确认信息、扫描证件、签署入住同意书、进行信用卡预授权，选房或等待系统自动分房后即可获取房卡。

客人办理离店时，可以通过自助机办理。客人在自助机上输入房号，查询消费，查看消费记录单（Folio单），然后通过银行卡进行结账，最后归还房卡。（图5.22）

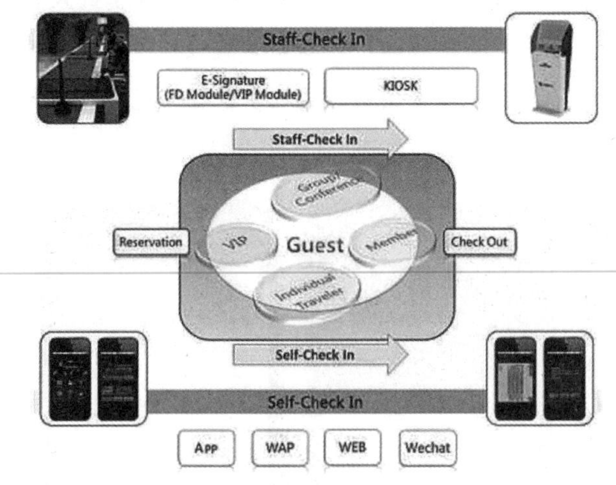

图5.21　移动自助入住系统

图5.22　自助入住终端

自助入住适用于酒店、酒店连锁、酒店式公寓。

入住登记：①扫描手机二维码或输入预订单号，进行选房。②证件扫描（身份证、护照），RC确认。③获取预授权。④自动制作房卡。

离店：①输入房间号和姓名。②查询消费记录，签字确认账单。③通过银行卡结账。④归还房卡，索取发票。

特点：①支持外/内借记卡和信用卡。②客人信息自动报送公安局。③无纸化数字签名。

【案例】

西软掌讯通系统

西软掌讯通是一款基于云技术的移动应用，旨在让员工不再受限于固定的工作地点，能够在任何有网络的地方完成任务。这就像员工随身携带着他们的办公室，随时随地都能投入工作。

在客户服务方面，这款移动应用覆盖了客户整个入住周期的各个环节：从需求激发、酒店预订到离店，每个环节都有相应的移动应用支持，帮助酒店提升客户体验，确保服务始终在线。

在内部管理方面，移动应用提供了掌上预订、在线调价、质量检查等功能，助力酒店提高工作效率和收益。过去，管理层需要等到第二天早上才能查看报表，而现在通过移动端产品，他们可以随时随地监控酒店的运营状况。

1.掌上预订

掌上预订功能涵盖餐饮和客房服务，用户无须中转，只需一键下单即可直接进入系统，极大提升了预订的效率和速度。餐饮预订、菜品安排和定金收取等流程一气呵成，操作方便快捷。无论是协议单位还是散客订房，所有业务类型均可通过手机轻松完成。（图5.23）

图5.23　客房预订展示

2.移动调价

移动调价功能在掌讯通App中实现了酒店售价的灵活调整，能够根据市场动态和客房销售情况进行变动，并配备相应的审核机制以符合调价政策（图5.24）。该功能支持多种调价模式和审核模型，适用于对收益管理要求较高的各类集团酒店和单体酒店。它具有以下3大优势：

功能优越性：调价立即生效，配合XMS渠道直连实现多渠道快速改价。

操作便利性：调价、审核都可通过App实现，方便快捷。

记录完整性：App端、XMS端有完整的调价、审核记录。

3.5S SOP及质检管理

酒店的5S管理（整理、整顿、清扫、标准化、维护）是日常运营维护的核心环节。由于涉及的业务场所、员工、楼层和程序繁多，传统的管理方式如纸质单据和现场检查往往效率低下、统计缓慢且难以追责。为了解决这些问题，掌讯通App推出了“SOP任务单”和“质检管理”两个功能模块，能够将任务执行与检查分配给具体人员，实现员工任务的

移动化管理和管理层的抽查，全面提升酒店质检管理的效率，成为360° 全方位的移动助手。（图5.25）

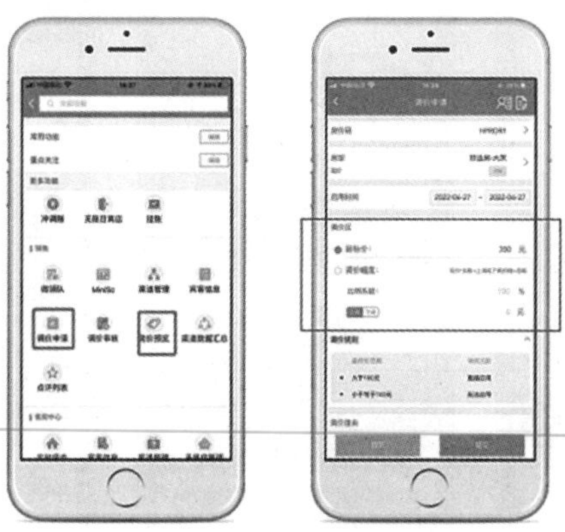

图5.24　调价操作展示

图5. 25　SOP任务

员工端口每日工作可根据SOP任务单的系统提示，依次完成各项任务，以避免疏漏和遗漏。在工作完成后，需现场拍摄照片并上传，拍摄角度、取景和大小远近都有参考模板，以确保记录的真实性和规范性。这有助于员工养成良好的工作自律习惯。（图5.26）

管理端口允许随时随地在线进行审核和抽查，无须亲自到场。如果发现不合规的情况，责任划分和追踪都非常清晰明确。用户可以自定义质检项目，以灵活适应不同酒店场所和场景。此外，若发现维修需求，还可以一键派单。对于员工的工作评分管理和质检问题，系统能够自动生成报表进行统计分析。

图5.26　质检管理

5.4　住宿业电子商务的发展方向

住宿业的电子商务通过图片、视频和文字等多种形式展示商品和服务，创造了一个全新的在线市场，交易方式和参与主体都发生了显著变化。然而，电商领域依然面临许多亟待解决的问题，特别是在信息保护和服务公平方面。例如，艾瑞咨询对非标准住宿业的调研报告显示，业主在经营过程中常常遇到平台房态管理不同步（2015年的调研结果，现状尚不明确）、平台在产品推广方面支持不足、消费者素质参差不齐但平台缺乏有效的评价机制进行筛选等问题。此外，由于非标准住宿业尚未建立统一的准入标准、质量评估和监管机制，平台运营方面也存在一定的隐患。

5.4.1　市场准入监管更加健全

准入监管是指国家依据相关法律法规和制度规定，对市场主体加入特定行业的资质、能力、经营条件等方面进行审核的程序，从而确保该行业健康发展的一种监管制度[1]。《旅馆业治安管理办法》对传统住宿业态的开办和经营的条件和程序进行详细说明，同时也规定了公安机关是建立和落实旅馆业各项安全管理制度和安全防范措施的治安管理主体。有别于传统住宿业态的经营模式，住宿业电子商务的经营行为高度依赖互联网，其主体身份和经营行为主要受《中华人民共和国电子商务法》（简称《电子商务法》）约束。

1　刘为军,叶平. 共享住宿业线上线下互动安全保障体系研究[J]. 中国人民公安大学学报（自然科学版），2018，24（4）:68-73.

而在实际运行中，由于《电子商务法》对准入监管的条件和程序还存在解释空间，加之电子商务平台经营者对于上传房源相关资料的真实性、合法性、安全性的监管责任未落实到位等问题，在技术支持下，未来住宿业的市场准入监管力度将从以下方面加强。

1）针对住宿业电子商务主体不同，适用不同的监管程序

《电子商务法》第九条称电子商务经营者包括电子商务平台经营者、平台内经营者以及通过自建网站、其他网络服务销售商品或者提供服务的电子商务经营者。《〈电子商务法〉重点条文理解与适用（三）》认为认定电子商务平台经营者的核心主体要件是创设和决定用户之间的交易模式和规则。所以单独的信息发布场所不属于电子商务平台经营者。即无交易的信息门户网站的运营主体的准入监管程序与其他住宿业电子商务平台经营者不能等同视之。另外，《电子商务法》第九条将“其他网络服务销售商品或者提供服务的电子商务经营者”与“电子商务平台经营者”做了区分，此类经营者主要是指通过微信等社交平台、网络直播平台销售商品和提供服务的经营者。通过对这一类经营者的规定，这也意味着，微信等社交平台作为其他网络服务提供者，与《电子商务法》中规定的电子商务平台经营者是两类不同的主体，在责任承担上也有所区别。未来，立法层面应更加细化主体，尤其是技术催生新主体，针对其的市场监管程序应符合主体特征，具有差异化。

2）逐步缩小无须登记客人信息的主体范畴

《电子商务法》第十条规定从事零星小额交易活动的个人无须进行登记，《网络交易监督管理办法》规定年交易额累计不超过10万元的依法无须进行登记。这就造成了个体经营者是否需要进行经营登记准入门槛的不一致。根据《旅馆业治安管理办法》第六条的规定，旅馆接待旅客住宿必须登记。登记时，应当查验旅客的身份证件，按规定的项目如实登记。目前，大多数短租房、共享住宿等无人值守，实行网上交易，缺少前台查验、登记环节，人证核验的强制性和约束性不足，难以有效监管逃避登记、利用虚假身份信息登记等行为。未来，针对共享住宿业中的主体，不管大小都应该纳入入住客人登记范畴。

3）明确监管分工，落实主体责任

《电子商务法》第二十七条规定了电子商务平台经营者对于进入平台销售商品或者提供服务的经营者的准入监管负有核验及更新责任，同时第二十八条规定了市场监督管理部门的主要职责是收集平台内经营者的身份信息及办理登记，并未规定治安监管主体。对于监管平台实际经营时是否切实做到保证信息的真实性，最多的处罚是停业整顿，并处十万元以上五十万元以下的罚款，导致信息不实的违法成本很低。未来，除了进一步明确立法之外，还应落实实施主体，明确分工，落实主体责任。

【案例】

机场周边的酒店、民宿在OTA平台发布虚假定位

2023年11月20日，一名自媒体飞行博主刘先生发布视频曝光了西安机场周边的酒店、民宿在OTA平台发布虚假定位的酒店信息的乱象。视频中，刘先生设置直线距离由近到远的排序方式，结果发现不止一家OTA平台发布的酒店民宿位置信息存在虚假定位现象。比如某平台排位第一的某民宿标注“距咸阳国际机场直线340米”，实际上乘客按照路线抵达的是网约车停车场，属于酒店接机位置； 也有网友在入住点评栏发表差评：“没有留意上面写的直线距离，欺骗性太强了。酒店实际离机场8公里以上。说是客栈，其实就是机场附近农民自办的房间，卫生房间都是极差的。”也有网友称，线上平台已有旅客评论提到距离远、房型图片造假等问题，但这类民宿在平台上仍排名靠前。某OTA平台业内人士分析，平台在酒店上线前就需要对其地址进行核验，上线后也要做日常核验及巡查，目前出现虚假地址的房源，应该是经营者提供了假的营业执照或者租赁合同，比如合同上的地址和上线地址一样，平台较难辨别。与此同时，各个在线旅游酒店平台还有部分代理房源，而有些房源在一家平台上关闭，又在其他平台再上马甲号，“如果平台没有做有效拦截，查处难度大”[1]。

【案例】

网约房行政处罚第一案开庭，法律定性惹争议

洪磊在南京有三年的网络预约居住房屋（下称“网约房”）经营者的创业经验，随后，在2020年下半年决定回老家安徽淮南创业。依照在南京经营网约房的经验，洪磊等人申领了营业执照，以“未来寓”为品牌在美团和携程平台对外发布营业信息。2021年3月30日下午，因为和房东发生纠纷，当地公安部门介入处理后，认定洪磊的“未来寓”的16间网约房没有办理特种行业许可，涉嫌未经许可擅自经营，对洪磊和陈星予以行政拘留13日和1000元罚款，并对“未来寓”予以取缔，追缴违法所得2万元。2021年5月19日，洪磊以程序违法、适用法律错误且处罚幅度畸重、有违比例原则为由，对山南新区分局提起行政诉讼。双方争议的焦点在于网约房如何取得合法身份的问题。洪磊表示自己在开业前向安徽省公安厅咨询网约房如何取得消防安全检查合格证明材料时，安徽省公安厅答复称，网约房属于新兴行业，目前尚缺乏国家层面的相关法规、政策，安徽省也缺乏本省的管理规定和制度，因此网约房经营者大多无法取得消防安全检查合格的证明材料，公安机关依法不能予以许可并核发特种行业许可证。洪磊的代理律师燕薪表示，考虑到网约房的特殊形态，执法者并不能把网约房直接嵌入到旅馆业的框架之中进行管理。除了明确禁止的领

1　刘怡仙. 机场判官”再曝住宿骗局：虚假定位误导消费者［N］. 南方周末，2023-11-30.

域以外，应该遵循“法无禁止皆可为”原则，给行业主体充分空间自主探索，“如果洪磊向政府部门咨询的时候，对方就明确说明不能经营网约房，那可能他当时也就决定不干了”。庭审耗时半天，审判长宣布将择期宣判[1]。

从市场监管角度来看，电子商务平台的经营主体应当通过工商登记来采集信息、审核准入资格，但是目前存在国家规范内容含义模糊、地方标准无强制规定等问题。

此外，部分电子商务平台也缺乏准入监管责任之规定。“网约房”在监管上存在着漏洞，无法落实实名、实数、实时、实情等“四实”制度。

5.4.2　减少甚至杜绝住宿业大数据杀熟现象

“大数据杀熟”最早可以追溯到2000年美国电商巨头亚马逊以68种碟片进行差别定价“实验”。结果遭到消费者投诉，最终CEO（首席执行官）贝索斯亲自道歉并终止测试。国内目前可查的最早的大数据杀熟曝光来自2017年，微博用户“廖师傅廖师傅”发帖称，自己被某在线旅游平台和某网约车平台大数据杀熟。真正引发全民关注的事件是2018年2月28日，《科技日报》刊发报道《大数据杀熟：300元的酒店房价，老客户却要380元！》，“大数据杀熟”不仅当选为2018年度社会生活类十大流行语，在2018年十大消费侵权事件中也占据一席之地。

“大数据杀熟”是指电子商务经营者根据消费者消费习惯、收入水平进行“画像”，对同种商品或者服务提供不同的搜索价格，以赚取最大的消费者剩余。“大数据杀熟”不仅会侵害消费者的知情权和公平交易权，还容易导致垄断。北京市消费者协会在2022年9月发布的大数据“杀熟”问题调查报告显示，受访者在网络购物时遭遇大数据“杀熟”现象最多，其次是在线旅游和外卖消费[2]。2020年10月1日，《在线旅游经营服务管理暂行规定》率先在旅游行业对“大数据杀熟”进行规制，拉开了对大数据管理的序幕。但是，立法的模糊、认定的困难等依然成为消费者顺利维权的现实障碍。经营者通常以商品型号或配置、享受套餐优惠、时间点不同等为理由进行自辩，不对外公布具体算法、规则和数据。与此相反，消费者维权则常常陷入举证难的境地。2018年8月，郑某在携程改签机票后因故退票，之后再次查询，发现价格上涨了500多元，郑某认为携程通过大数据对原告的机票需求进行分析而定价。但其主张并没有得到法院的支持，法院认为价格不一致，是因为时间不同，而经营者依据时间不同采取不同的定价，不构成大数据杀熟。

2020年，胡女士在携程预订酒店，发现钻石贵宾客户的支付价格为挂牌价格的两倍。胡女士以上海携程商务有限公司采集其个人非必要信息，进行“大数据杀熟”等为由诉至浙江省绍兴市柯桥区人民法院。法院判决认为，该平台存在虚假宣传、价格欺诈和欺骗行

1　陶伟.“网约房”算“黑宾馆”吗？淮南一名创业者与公安部门对簿公堂［N］. 安徽商报，2021-08-27.

2　北京市消协发布大数据“杀熟”问题调查报告［EB/OL］.（2022-09-09）［2024-08-26］.

为，支持原告“退一赔三”，但是并未论证该平台实施“大数据杀熟”的事实。

住宿业的产品内容变化少，但是价格波动大，成为大数据杀熟的重点领域。大数据杀熟实际上就是侵害消费者权益的一种表现，是对消费者的欺骗。未来电商平台的市场监管应将大数据杀熟列入重点监管内容之一，尤其针对住宿业。减少甚至杜绝大数据杀熟现象才能给予消费者安全真实的感受，赢得消费者的信任。

5.4.3 保护用户信息安全

平台由于开展业务需要，获取并储存了经营者和房客海量的姓名、身份证号、地址等隐私数据信息，这些信息成为助力电商产业发展的重要资源，因此数据安全对于电商平台至关重要，因为它直接关系到用户的隐私保护、企业的商业利益以及法律合规性。IDC（互联网数据中心）曾预测，到2025年，全球数据量将比2016年的16.1ZB增加十倍，达到163ZB。与数字化转型的速度同步的还有网络攻击，根据Imperva公司发布的报告，自2017年以来，全球网络攻击泄露数据记录的数量平均每年增长高达224%，其中酒店是遭受攻击的重灾区。一旦发生数据泄露，不仅会导致消费者信心的下降和品牌声誉的损害，还可能面临法律诉讼、罚款和经济损失。未来，科技进步、信息流通更加宽泛、频繁，保护用户信息安全面临更大挑战，但是同时也更加必要。

【案例】

华住酒店数据泄露

2018年8月28日，企业安全服务商威胁猎人监测到华住旗下多个连锁酒店开房信息数据的交易行为，该事件涉及的酒店有汉庭、美爵、禧玥、桔子、全季、星程、宜必思、海友等，有1.23亿条注册资料、1.3亿人身份信息和2.4亿条开房记录。上海市公安局长宁分局也介入调查，并发布提醒，掌握公民个人信息的企事业单位，应严格落实主体责任，加大信息安全的防护力度。自事件曝光后，华住股价一路下跌，15个交易日股价累计下跌23.81%，市值蒸发约24亿美元（约160亿元人民币）。

总之，除了以上典型问题及案例外，住宿业平台电子商务在数字化转型发展过程中，还存在平台或个人抓取数据进行非法利用的不正当竞争行为，平台超范围索取权限、过度收集用户个人信息等问题，尤其是随着指纹、面部等生物认证信息被大量收集，一些行业企业在数据使用上超出个人授权进行技术开发、资源互换等操作。2019年“中国人脸识别第一案”——浙江理工大学特聘副教授、浙大法学博士郭兵诉讼杭州野生动物世界在未经其同意的情况下，强制收集他的个人生物识别信息，严重违反了《中华人民共和国消费者权益保护法》等法律的相关规定。法院判决要求野生动物世界删除当初所采集拍摄的面部照片和指纹识别信息。个性化算法高度依赖数据，但是公众对于基础服务和个人信息安全也存在基本需求，两者之间的矛盾仅仅依赖企业自律难以化解。相关的部门法规逐步出台，但是，行政部门的技术水准落后于市场总体水平，难以跨越技术壁垒，自身监管能力受限，反之也提升了用户的维权成本。未来，加强隐私政策的规范性、各大应用商店的审查制度差异，牢固树立用户风险意识和便利用户反馈维权仍是电子商务数字化转型不可忽视的问题。

本章小结

· 本章首先介绍了住宿业电子商务的定义、特点与类型。其次，在阐述了信息化与电子商务的区别与联系基础上，通过案例介绍了住宿业与上下游企业的电子商务平台及系统。最后，介绍了住宿业电子商务的发展历程和数字化转型趋势，并讨论了行业现存的几类问题。

复习思考题

一、选择题

1.酒店电子商务一般包含（　　）。

A.CRS系统　　B.PMS系统

C.CRM系统　　D.PTC系统

2.PMS系统指的是（　　）。

A.酒店后台管理系统　　B.酒店前台管理系统

C.酒店营销系统　　D.酒店客户关系管理系统

3.锦江GPP属于（　　）住宿业电子商务平台。

A.供应平台　　B.信息咨询平台

C.用户生产内容平台　　D.消费平台

二、简答题

1.共享住宿业电子商务与传统住宿业电子商务的区别是什么?

2.试阐述住宿业与上游企业进行电子商务的益处。

3.试通过现实中的实例来说明用户生产内容平台的模式。

4.简述采购系统的主要操作流程。

三、讨论题

以本地某家住宿业为例，搜集整理其数字化转型使用的技术。

【案例分析】

华住集团的数字化改造举措

手机预订、刷证、人脸认证、制卡，30秒不到，房卡到手。这是华住在2019年推出的“30秒入住”服务。

如今，华住已在旗下约超过6200家酒店中上线了这项服务，并且做到了“0秒退房”。这背后，既有集团对前台接待、客房服务、采购等流程的重塑，也离不开数据与算力的助推，用数字化的方式改造传统酒店连锁品牌。

2021年有8100万客人是通过华掌柜办理入住的，在这些订单里办理入住的平均时长是25.5 秒，最快的办理入住时长是7.8秒。

即便是新冠疫情形势严峻时候的上海，员工不满编的情况下，华住也具备了基础服务的保障。既要保证一人一验，也要考虑客人的入住体验。在上海市政府各部门的支持下，华住集团用15天时间把“华掌柜”和“数字哨兵”进行整合，并在一夜间完成对上海680多家酒店的覆盖。

这次整合的过程中，数字化产生了效益的叠加。在疫情防控的大背景下，企业数字化能力能跟政府的数字治理政策进行快速匹配，充分发挥企业自身的创新能动性以实现新应用、新模式、新业态的孵化，在为企业构建更为良好的营商环境的同时，也持续夯实和完善了城市数字底座的建设。

作为销售及营销战略的重要组成部分，华住会集成了位置信息、便利设施及定价、预订服务、在线支付以及在线选房等功能。其中，自有渠道最低价、会员最优惠等政策，为华住带来了稳定的客源和订单。截至2021年底，华住会会员数已由 2012年的 0.08亿增加到1.93亿，总预订量的75%来自会员，直销比例高达88%。

通过CRS（Central Reservation System，中央预订系统）和会员体系的搭建，华住目前房费抽佣率已降至8%，节省下的成本开支，一部分以官网最低价的形式返还于会员，其余用于平台建设。

业内一直有种说法，华住的店长是比较好做的，“因为他们经过了武装，知道如何使用各种各样的工具，知道如何发展会员，知道如何进行GOP（Gross Operating Profit，营业总毛利润）管理”。华住自研了中国酒店业唯一的智能化RMS（Revenue Management System，收益管理系统）和首个客房数字化系统。根据实际供求情况，RMS可以根据周围

3千米的大数据自动调整房价，减轻了酒店经理的工作量。2019年第四季度，华住运营超过18个月的酒店中，约58%的价格调整是由其RMS自动完成的。

除了各种工具降低工作复杂度，系统也能接替人工去做一些工作。例如，华住推广的华小二接打电话机器人，刘欣欣测算过，这些数字化工具每天能帮助酒店员工节省25%左右的时间，相当于2.3小时的工时。在这些工具的加持下，华住旗下的海友酒店甚至实现了“5人运营模式”，以较少的人力管理成本，最大程度满足客人客房清扫或者是其他服务的随叫需求。

客房数字化系统则自动分配清洁或维护人员。一旦客人退房，系统会通过应用程序向酒店保洁员推送通知，这简化了酒店前台和保洁员之间的沟通，为延迟退房的客人提供了更灵活的时间。

这套数字化系统推动了保洁的绩效模式，从时长算薪转换成了计件算薪。“以前，保洁赚取固定工资，没有动力去打扫更多的房间，只能依靠客房主管分配清扫区域。现在，酒店的退房信息能够实时反映到阿姨手机上，保洁打扫完自己的区域后，可以帮助别人去做，每打扫一件就做一次计件。”从后台统计的数据来看，保洁的客房清扫时间平均需要15~20分钟，较原有模式减少了33%。

当然，数字化也在倒逼一些矛盾快速显现。计件模式的弊端体现在保洁为了抢房而减少清扫工序。为了不让交付标准降低，单体酒店还可以让主管逐一查房，但对于旗下七十万间客房的华住来讲，计算量无疑是巨大的。

华住的策略是，加入客人点评功能，并与保洁打扫的质量挂钩。如果连续获得好评，达到一定级别之后，主管不仅可以免查房，还可以根据打扫质量算单价。

数字化生产工具改变了传统生产方式，而新的考核方式既推动了主管的权力，又保障了保洁的责权划分和利益分配的公平性。

除了门店的管理经营，前端的开发也能够用数字化武装，毕竟一个好的选址决定了这家酒店未来50%的经营能力。

过去，酒店选址依赖庞大的线下开发团队，华住集团自研的智能酒店选址系统，通过智能数据分析系统来帮助开发人员和加盟商作出决策。

只要在手机App中输入酒店地址、房间数量等关键信息，系统可以立即反馈和推荐最适合该物业的品牌、价格建议等，这一系统帮助华住用更少的人力，开发未来2000到5000家的酒店。有了智能工具的加持，2019年第一季度，华住以平均每天新开两家酒店的速度增长。

资料来源：资讯频道. 全球第三大酒店集团，如何“玩转”数字化 | 数智化的秘密［EB/OL］.［2023-01-06］.有改动.

问题：根据案例，谈一谈在互联网时代，酒店集团开展电子商务数字化转型的必要性有哪些。与集团酒店相比较，民宿所面临的挑战来自哪些方面?

第6章 航空电子商务

【教学目标与要求】

· 了解航空运输的基础业务知识。
· 掌握航空电子商务的定义和特点。
· 理解航空信息技术与航空电子商务之间的关系。
· 了解航空电子商务模式及未来发展趋势。

【知识架构】

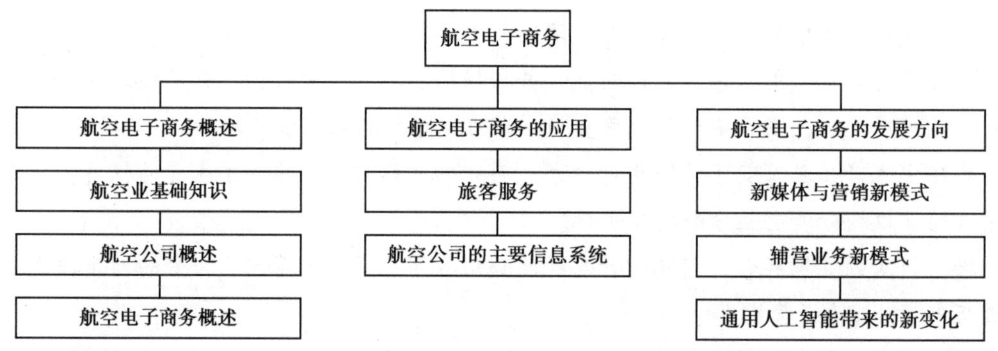

【导入案例】

除了“随心飞”，航空公司还可以做什么来提升旅客信心?

2020—2022年，全球航空公司都在努力应对新冠疫情影响、恢复航班运营，但是随着成本上升，航空公司原有的业务运营规模，能否支持其实现更多的收益?

2024年，国内的航空公司相继推出促销活动，东航、南航、海航、春秋航空等航空公司，以及第三方平台飞猪，都推出了“随心飞”产品，以刺激旅客的需求，提高预订量。

短期内，这些活动能够迅速为航空公司带来一定的现金流。但航空专家鲍迅捷（Sandeep Bahl）指出，航空公司应该谨慎做规划，因为新冠疫情之后，消费者的心理和行为都发生了变化。

鲍迅捷说，新冠疫情后消费者行为的改变，是企业需要考量的重要因素之一。企业在重新思考运营模式的时候，需要评估旅游产品与游客需求的契合度。

在前所未有的新冠疫情挑战下，如果航空公司能够以全局视角分析消费者的购买周期和交互方式，打造专业的销售和收益管理团队，在合理优化定价和满足顾客需求之间实现平衡，航空公司将在疫情之后变得更强大。与此同时，航空公司还需要分析不同的细分客群（包括亲朋好友出游、学生游客、休闲游客、商务旅客、会奖/政府公差/医疗旅客等）的特征。

应对挑战，创造收益

航空公司提供什么样的核心产品和辅营产品，需要考虑多个因素，关键是要有可靠的历史数据。然而，这类数据往往不可靠，航空公司需要制定一系列的针对性措施，来应对这一挑战。

商业敏捷分析（agile analytics）专家们认为，获取不断变化的外部数据非常关键，通过分析消费者的实时搜索和预订模式，企业可以更好地理解新的消费群体，并综合考虑各地旅游限制政策等因素。一位专家阿玛迪斯（Amadeus）在谈到航空公司收益管理策略规划时也提到，航空公司需要评估预想场景与消费者实际行为之间的差异。阿玛迪斯提出了一种新的需求预测模型——Active Forecast Adjustment，该模型可以快速响应市场需求的变化，并将需求预测的变量分为两类：稳定性变量（如预订曲线）和波动性变量（如消费者购买欲望）。

除了评估旅游活动的市场需求，航空公司还需要调整运力预测和航线规划等因素。例如，前段时间，北京重新实行旅游限制政策，在这种情况下，航空公司的运力和航线就必须全部重新规划。这些变化会引入更多不确定性因素，增加产品设计决策的难度。

很多业界人士都认同国内航空公司在新冠疫情期间的应对措施。

积赏天下总经理曾智辉认为，“随心飞”是一个很有意义的尝试。首先，它被视作是在当下航空公司解决现金流的一个尝试，虽然是杯水车薪，效果有限，但有利于激发各航空公司打开思路，也许接下去可能会有更多的解决现金流的方式出来；其次，它是近年来航空公司进行产品和客户细分的一个很大的举措，犹如鲶鱼效应，激励未来整个行业的营销和客户管理水平的提升。

曾智辉表示，这些活动有助于航空公司提升品牌关注度、获取预付款项，提高游客对小众路线的需求量。

不过他也认为，“随心飞”产品可能会带来一些问题：①执行过程中有些限制条款或执行出偏差会造成购买这类产品的客户的不满和投诉，加之在社交媒体上的放大，使得航空公司的品牌受损；②可能冲击高端客人的出行体验；③长期而言，低价产品（通常对应有限服务）某种程度会对东航这样的全服务航空公司的品牌不利，因为在国际上，这类产品主要是低成本航空提供的；④财务模型设计时可能会存在一些错误的假设，最终造成实际亏损。

巴塞罗那旅游公司Caravelo的CEO 伊纳基·乌里斯（Inaki Uriz）表示，航空公司推出此类产品具有合理性，但是要谨慎评估其适用性。

伊纳基·乌里斯表示，这些促销活动表明中国等市场十分重视航空零售和顾客关系的重塑。现在具有优异表现且能够适应变化的航空公司，将会占据更多的竞争优势。没有人会同时购买相同市场内两家航空公司的"随心飞"产品。

他补充道："但是我们也意识到，允许旅客不限次数飞行是有风险的。新冠疫情之前，我们不会轻易给到那么大的权益力度，但是现在，我们需要加快创新步伐，赢回市场份额，所以进展也非常快。这表明航空公司开始关注之前被忽视的价值。有趣的是，航空公司的想法发生了变化，一直以来，它们都依赖单一的商业模式，现在它们开始改变零售模式显然很有必要。"

据报道，东航推出"随心飞"后，客座率有了提升，最开始两周的平均客座率达到74%。伊纳基·乌里斯表示，很显然，这些活动刺激了消费需求，亚航和东航各自的"随心飞"和客座率都证明了这一点。亚航也针对泰国国内航线推出了2999泰铢（人民币约672元）的任意飞产品。其实，旅客想要乘坐飞机，他们需要走亲访友，需要度假，在过去几个月里，他们积压了很多需求。但是，旅客现在想要以安全卫生的方式出行，只要能让他们放心，他们就会立马打包出门。

年费模式和非计划出行

伊纳基·乌里斯强调，在经历了史上最严重的危机之后，航空公司是时候大胆创新，实现突破了。

伊纳基·乌里斯表示，航空公司需要找到适合自己的"随心飞"模式，从来都没有万能的模式。年费模式能与旅客建立一种新的且更稳固的关系，航空公司可以了解旅客的行为、消费趋势以及真正的顾客生命周期。

Caravelo认为，虽然"随心飞"有时比较复杂，但它们确实能够持续带来收益并提升顾客忠诚度。

拉多斯瓦夫·杜特科夫斯基（Radoslaw Dutkowski）是资深的航空业高管，同时是信息技术和服务公司Branchspace的首席顾问，他表示，这类活动能够立刻提升顾客忠诚度，如果顾客对这项服务很满意，就不会再选择其他航空公司的服务。现在的产品都趋于标准化，旅客选择了一家航空公司的"随心飞"之后，该航空公司不必担心他们会选择其他航空公司的同类服务。与此同时，这类活动能够提升品牌价值，尤其是用户数量达到一定规模的时候更是如此。

拉多斯瓦夫·杜特科夫斯基认为，由于系统十分复杂，最终产品及其价格会受到多重因素影响，因此，航空公司在推出这类旅游产品时也会面临困难。“但是，我认为，如果这种模式完成升级，旅客能够完全定制产品，同时保持价格优势，那么，在如今充满不确定的环境之下，常旅客一定会优先选择稳定的服务。”

拉多斯瓦夫·杜特科夫斯基补充道，有两种情况可能会发生。其一，旅客在购买“随心飞”后，可能会临时决定乘坐飞机，而这在其计划之外。其二，旅客乘坐飞机的时间和频率并不固定，这会给收益管理增加难度，因为它通常需要依靠历史数据进行分析。在这两种情形之下，航空公司没有数据可以参考，它们就需要重建整个收益管理模型，例如，如何给每个航班配额“随心飞”座位的比例，如何计算辅营产品的收益等。同时，航空公司还需要借助其渠道寻找数据源，进行分析。

除了定价策略优化，航空公司还能做什么？

虽然价格是旅客整个决策过程中不可分割的一部分，而且这类活动对于增加航空公司的现金流至关重要，但是航空公司还可以从其他方面做出努力，提升旅客信心。

1. 搜索和预订

航空公司需要深入了解如何让旅客放心预订。在线旅游公司如何解决旅客购买过程中的关键问题，如用户体验设计、视频内容展示、实时有效促进交互、定向推送信息和规划工具等，从而消除他们对旅程中的健康问题和安全问题的担忧，这一点至关重要。可以肯定的是，旅客通过社交媒体获取信息，而且他们非常在意互动方式。旅客会搜索很多信息，希望航空公司可以提供一系列服务，如个性化、定制化、专属或限量产品、品牌合作、健康安全指南、目的地信息、机场的新流程规定等等。

2. 旅行安全

“乘坐飞机出行安全吗？”这个问题要通过实际情况来解答。如今，旅客十分关心旅游公司（包括航空公司）能否确保旅途中的方方面面（包括航班、酒店、地面交通等）都达到卫生标准。航空公司和机场必须思考如何采用“零接触”旅行的新技术实现对客服务，将新技术应用到所有的旅客接触渠道。

鲍迅捷还指出，整个旅行过程中不同环节的协调也是关键。他也认同优化定价和收益管理的重要性，但是他认为，如果对旅客现今的旅行消费模式没有全局视角，这样的促销策略很难带来理想的收益。

3. 谨慎制定服务价格

航空公司需要谨防对某些具体服务产生错误的认知。例如，可能有旅客愿意为额外服务买单，如加钱多买一个座位。那么，无论是通过广告推广，还是在预订流程中，关于此项服务的信息就必须十分清晰。鲍迅捷表示，航空公司不应该在这个时候欺骗旅客，相反，它们可以公开预订阶段的客座率。航空公司可以根据旅客的反应调整定价。

他补充道，中国的许多航空公司开始将飞国内航线的窄体机换成宽体机，在确保热门航线符合卫生标准的同时，也能够让旅客保持社交距离。如果航空公司能够将这些信息告知给旅客，就会进一步消除旅客对于飞行的担忧。

4. 从旅客的角度思考问题

航空公司应该从旅客的角度思考问题，然后制定相应的条款。短期折扣或促销推广有利于让乘客觉得物有所值，也有利于避免竞争对手之间的价格战，而且当市场恢复时，还能够让整个行业都处于更有利的地位。鲍迅捷表示，航空公司除了要提供灵活的退改签政策，还应该确保整个退款流程的顺畅。在充满挑战的时期，为旅客着想并积极予以帮助非常重要。航空公司应帮助销售团队打造产品，适应新环境，更好地传达企业的价值理念。

中国国内及国外的旅游业高管都十分赞赏中国航空公司推出的“随心飞”产品。中国旅游业的复苏备受关注，这些策略将给整个行业带来极大的信心。

资料来源：Ritesh Gupta. 除了“随心飞”，航空公司还可以做什么来提升旅客信心?［EB/OL］.（2020-08-17）［2024-08-20］.有改动.

【关键术语】

航空电子商务　航空公司旅客服务　航空运行控制系统

6.1　航空电子商务概述

6.1.1　航空业基础知识

乘坐飞机出行已经越来越成为一种方便、安全和快捷的大众交通方式。坐飞机也从过去的奢侈消费日渐成为人们的日常行为。随着经济的不断发展，目前，我国已经成为仅次于美国的世界第二大航空运输国。据民航局统计，2023年我国民航全行业旅客运输量为6.20亿人次，同比增长146.1%。国内航线旅客运输量5.91亿人次，同比增长136.3%，其中，港澳台航线旅客运输量达668.45万人次，同比增长1324.7%，国际航线完成旅客运输量2905.95万人次，同比增长1461.7%。我国已经是不折不扣的民航大国，正在实现从民航大国向民航强国的跨越。（图6.1）

民航业不仅是综合交通重要的组成部分，也是带动经济增长和促进就业的重要力量。我国民用航空仅有百年的历史。随着技术的进步和社会的发展，民航已成为一个具有资本密集、技术密集和服务密集三大特点的行业。

资本密集。《2023年民航行业发展统计公报》显示，2023年全行业累计实现营业收入

10237.3亿元，同比增长68.3%；亏损210.7亿元，同比减亏1907.4亿元。其中，航空公司实现营业收入6761.0亿元，同比增长106.4%；亏损58.8亿元，同比减亏1644.0亿元。机场实现营业收入1019.8亿元，同比增长71.7%；亏损198.9亿元，同比减亏290.4亿元。保障企业实现营业收入2456.5亿元，同比增长11.0%；利润总额47.0亿元，同比减少26.9亿元。

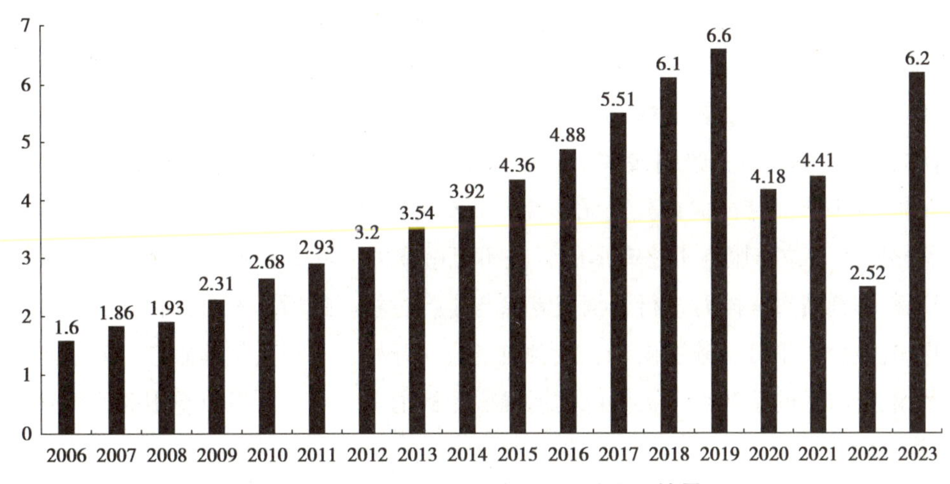

图6.1　2019–2023年我国民航旅客运输量

中国国际航空股份有限公司（简称“国航”）、中国东方航空集团公司（简称“东航”）、中国南方航空股份有限公司（简称“南航”）三大航空集团2023年营业收入均超过千亿元人民币。以运输旅客量计算，三大航空集团均排在世界前十。以拥有机队规模来衡量，南航是亚洲第一大航空公司，截至2024年3月，拥有917架运输飞机。航空公司资产规模大，同时负债率也高。南航2023年财报显示，其营业收入1599.29亿元，总资产3092.26亿元，负债2572.29亿元。航空公司属于重资产、高负债的运营模式，体现出资本密集的特征。

技术密集。民航业组成部分中除了运输工具——民航飞机这个技术精密产品以外，在空中交通管理、适航规定等专业技术领域，需要用到先进的雷达技术，现代通信设备等辅助配合。现代民航体系开端于1944年的芝加哥会议，参加会议的国家签署了《芝加哥公约》来规范各国民航之间的关系，推动民航交流与发展。随后成立了国际民用航空组织——ICAO，作为联合国的专门机构，在世界范围内协调和管理国际民航事务。《芝加哥公约》将“航权”划分为九大类，包括领空飞跃权、目的地下客权、目的地上客权等，各国在允许互相之间的商业飞行前，政府首先要进行的就是航权谈判，其次还有适航准入等专业技术领域事宜的谈判。此外，航空运输业需要大量高素质科技人才来支撑研发和生产活动，越来越多的高学历、高职称人才加入了航空运输业。

服务密集。民航业是典型的服务行业。在第二次世界大战后，航空运输首先在美国发展，最初是用来运输航空邮件，后来发展为载客运输。当时民航属于高端消费行业，是优质服务的代表。在以后的很长时间里，航空公司提供的服务标准更是各个服务行业的标杆。载旗航空公司代表国家形象的一部分，在优质服务方面不惜投入重金。随着航空器材质量水平和安全水平的不断提升，民航开始成为普通大众也能消费的领域。航空公司为了区别化服务，引入了头等、公务和经济的三舱模式，从安检，到候机、乘机等诸多环节，购买头等舱和公务舱的旅客可以体验到细致、周到的航空旅行服务。业内的新加坡航空更是以优质服务久负盛名。近年来，中东国家借助地理位置优势，大力扶植本国民航公司，阿联酋航空拥有全球最大的A380机队，其机队全部由双通道的大型飞机构成，头等舱以奢华著称，用优质的服务吸引旅客。除了航空服务高质量以外，航空运输提供的产品也具有典型的服务产品特征。首先，无形性。航空运输服务的最终目标是满足人们从A地到B地的位移服务。位移服务不是有形的，是不可触摸的。其次，不可分性。航空服务产品的生产过程和消费过程同时进行，消费者参与生产过程。最后，不可储存性。旅客购买机票，即和航空公司签订服务协议，从接触航空公司开始，实现其位移服务，安全到达目的地，离开航空服务的接触点，则协议的运输服务被消费完毕。所以航空服务不可被存储，不能提前批量生产。

【相关链接】

国际民用航空组织（ICAO）

国际民用航空组织（International Civil Aviation Organization，ICAO，简称“国际民航组织”）是联合国的专门机构，1944年为促进全世界民用航空安全、有序的发展而成立。国际民航组织总部设在加拿大蒙特利尔，制定国际空运标准和条例，是191个缔约国（截至2011年）在民航领域中开展合作的媒介。国际民航组织主要以国家为参与成员，负责协调国际民航的技术和商务问题，技术方面主要围绕安全问题；商务问题包含经济和法律问题，主要体现公平合理，尊重主权。两者的共同目的是保证国际民航安全、正常、有效和有序地发展。

国际民航组织由大会、理事会和秘书处三级框架组成，秘书处是国际民航组织的常设行政机构，由秘书长负责保证国际民航组织各项工作的顺利进行。秘书长由理事会任命，

2015年8月，刘芳博士曾担任过此岗位。每届任期3年。

国际航空运输协会（IATA）

国际航空运输协会（International Air Transport Association，IATA，简称“国际航协”）是一个由世界各国航空公司所组成的大型国际组织，其前身是1919年在海牙成立并在第二次世界大战时解体的国际航空业务协会，总部设在加拿大的蒙特利尔，执行机构设在日内瓦。国际航协是航空企业的行业联盟，是一个由承运人（航空公司）组成的国际协调组织，管理在民航运输中出现的诸如票价、危险品运输等问题，主要作用是通过航空运输企业来协调和沟通政府间的政策，并解决实际运作中产生的问题。

6.1.2 航空公司概述

1）航空公司业务概述

航空公司作为民航商务服务的主体，也是航空电子商务的主体，研究航空电子商务需要以航空公司为主要对象。航空公司的业务以完成运输服务为核心，围绕运输服务大致可以将航空公司的内部业务构成划分为航务、机务、商务、服务和财务五大板块。（图6.2）

图6.2 航空公司业务示意图

航务的核心是保障航空器从起飞到降落的过程运行安全，其中包含实施运作、保障和控制等功能。现代航空公司普遍设立运行控制中心（Airline Operations Center,

AOC），集中管理航务信息。AOC需要与空中交通管制、通信、气象、航行情报、机场等单位保持实时联动，获取飞行和保障飞行方面的相关信息，完成航班机组编排、飞机调度、货物搭载等。

机务主要功能是保障航空器材的安全，职责有飞机检修、保养、维护等。

商务主要是指航空公司的营销职能，其核心任务是将航空公司的主要产品——机票（运输服务的载体）销售出去，同时涵盖航空公司的品牌定位、整体形象宣传等工作。航空电子商务的实施主体同样是商务部门。目前，国内大型航空公司通常在内部机构设置跨部门协调运作的商务委员会，来统筹航空公司的整体商务功能并提高协同效率。

服务主要是指航空公司为保障航空运输而提供的旅客服务措施，包括机场值机、贵宾休息室、机上乘务服务、行李交运提取等。航空服务始终是高端服务代表，作为快速运输工具，航空公司还承担国际文化交流和国家形象展示的职责，因此，部分大型航空公司会在空乘的服饰、餐食等方面进行一些特色展示。

航空公司属于资金密集型的产业，具有资金流量大、流动快的特点。其财务业务体现高度专业性，通过综合运用多种金融手段提高资金使用效率，降低财务成本并规避财务风险。国内三大航空公司（国航、东航和南航）以及海航集团均设有经中国人民银行批准成立的专门的财务有限公司，这类非银行金融机构可以开展同业拆借、票据承兑等多项专业金融业务。

从航空公司提供的产品特点来看，与其他行业相比，航空产品具有固定成本高、变动成本低、航空运力产能相对刚性、航班座位易腐性等特点。

固定成本高：航空公司的飞机属于价格昂贵的高精尖产品。此外，航油占航空公司成本的30%~40%。不管飞机是否载客，飞机单次起降的成本基本是固定的。

变动成本低：定期航班的成本基本已经固定，航空公司随着旅客运输多少而产生的变动成本（如销售系统开销，服务人员的增减等）较小，因此，多载运一个旅客的边际成本几乎为零。

运力供给刚性：航空运输有淡旺季，但航空公司运力供给则相对刚性。因为飞机的引进周期较长，加上飞行员的培养、航线网络的拓展、机场的容量限制、起降时刻等多种因素影响，航空运力产能很难实现动态调节，往往使用价格手段来调节需求，旺季运不了，淡季坐不满。

航班座位易腐性：飞机起飞后，机上的空座就不会再产生任何收益，属于白白浪费掉的产能。通过前述分析，航空公司多载运一个旅客的成本几乎为零，所以航空公司在机票销售过程中，要使用复杂的收益管理手段对座位进行价格管理，既要保障自身收益，不盲目降价，也要通过价格杠杆，刺激消费，最大限度地将座位销售出去。（图6.3）

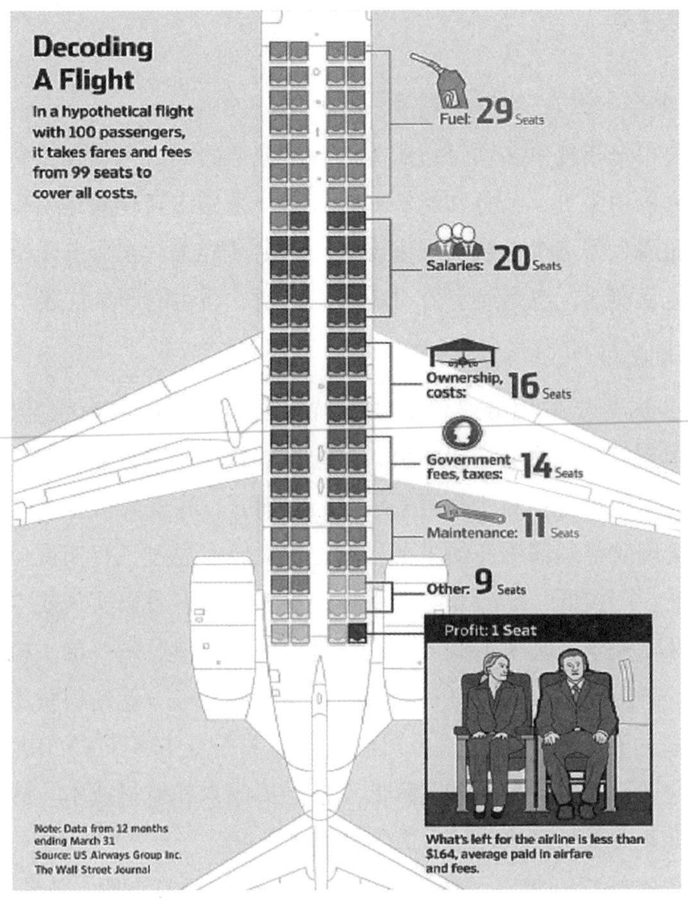

图6.3　航班座位示意图

【相关链接】

飞机上只有一个座位是赚钱的：解构航空公司成本

《华尔街日报》航空旅行专栏The Middle Seat请全美航空公司（US Airways）和奥纬咨询公司（Oliver Wyman）计算了每名乘客所分摊的航空公司运营成本份额，细致地调查了运营一家航空公司所需要的成本。全美航空假设一趟航班载有100名乘客，对2011年4月1日至2012年3月31日一整年的数据进行了计算，结果发现乘坐美国国内航班的乘客每人平均要支付146美元的机票钱（双程机票为292美元），外加18美元的杂费和附加费用。

全美航空公司成本项目：油料，29%；人员工资，20%；飞机拥有，16%；各项税费，14%；维修维护，11%；其他成本（如管理费用、营销费用等），9%。这些加起来已有99名乘客的机票钱被花在了支付航空公司的各项成本上，那么航空公司还能剩下多少利润？答案是一张机票钱。如果运气不好，最后一个座位没有销售出去呢？

2）航空公司分类

（1）全服务航空公司（Full Service Carrier）

全服务航空公司是指提供多项打包服务内容的航空公司，包括提供免费托运行李，配备机上餐食，飞机采用头等、公务和经济三舱布局，采用中转枢纽运营模式，经营国际长途航线，拥有双通道大型飞机，机队规模庞大，机型多样等。全服务航空公司是市场上大多数航空公司的运营模式，也是航空公司高端、快捷、通达的形象代表。

（2）低成本航空公司（Low Lost Carrier，LCC）

低成本航空公司是指采用低票价模式的航空公司。美国西南航空公司（Southwest Airlines）是低成本航空公司的鼻祖，该公司成立于1971年，并首创低成本航空公司营运模式。低成本航空公司主要是相对于全服务航空公司而言，在保障安全飞行的情况下采用多种手段降低成本实现航空运输服务的主要目的，帮助旅客通过飞行实现位移。因为降低了成本，所以票价低，门槛低，剔除非必要服务让更多的旅客可以实现航空旅行。低成本航空的运营首先是保障安全。其次，低成本航空呈现出“两单”——单一机型、单一舱位布局，“两高”——高客座率、高飞机日利用率，“两低”——低销售费用、低管理费用的特征。以我们国家的春秋航空为例，公司机队全部采用空中客车A320机型，采用同一型号航空发动机。这样可以通过集中采购降低飞机购买成本和航材成本。同时，单一机型可以降低飞行员、机务人员和客舱乘务人员的培训复杂度。

如何实现低成本航空？第一，单一舱位布局，只设置经济舱，不设置公务舱和头等舱，可提供的座位数比通常采用两舱布局的A320飞机多15%~20%，可摊薄单位成本。第二，采用低票价的模式，获得高的上座率。第三，提高飞机日利用率，飞机只有飞在空中才能产生收益，所以在航线选择上挑选客流较大的点对点的简单航线网络，通过多种措施，提高效率，压缩飞机过站时间。第四，降低消费费用，春秋航空自建销售系统，以自身电子商务直销为主，没有给机票销售代理人的佣金支出和销售系统外包的成本。第五，降低管理费用，通过严格预算管理、科学绩效考核以及人机比（员工人数与飞机数量的比例）的合理控制，有效降低管理人员的人力成本和日常费用。

【相关链接】

飞机上是先有头等舱还是先有经济舱？

现代喷气式大型客机往往采用头等舱、公务舱、经济舱的三舱布局模式。回顾民航发展历史，民航运输发端于第二次世界大战后的美国航空邮件运输，由原来的军机运送航空邮件改为向民营开放，促进了诸多航空公司成立，包括现在美国联合航空、美国航空公司（简称“美航”），以及著名的泛美航空都是在那个时候成立的。后来随着航线拓展和航空邮件规模扩大，航空邮件价格由政府定价改为公开竞标，航空公司顿感经营压力，为了实现盈利，同时得益于飞机制造技术的进步，飞机上开始提供载客服务。由于这时候航空是速度最快的运输方式，票价自然昂贵，只有富裕阶层才能享受。为了吸引高端客户并体现差异化，飞机上提供极尽舒适的服务。后来，航空公司为了扩大客源，通过区隔出专门的区域，增加了座位密度，减少单座的空间，增加载客量，从而降低票价，让更多的人也可以享受航空服务，这一区域被航空公司称为经济舱。这时候飞机上是头等舱和经济舱的两舱布局。随着波音747等大型双通道客机的问世，机上空间进一步扩大。20世纪80年代，英国航空公司（British Airline）为迎合频繁出行的商务人士的需求，率先在头等舱和经济舱之间增加公务舱，公务舱舒适度和服务比头等舱稍差，但远比经济舱舒适，价格也在头等舱和经济舱之间，大受商务人士欢迎。随后各家航空公司纷纷效仿跟进，行业也逐渐固定了头等、公务、经济的三舱布局模式。最初，我国民航局规定，头等舱票价是经济舱全价的150%，公务舱票价是经济舱全价的130%。随着改革的推进，头等舱和公务舱票价已经完全放开，实现市场定价。经济舱价格管制也在逐渐放开，目前仅设上限，不限打折下限。坐飞机出行越来越成为大众出行方式。

（3）航空联盟

由于固定成本高，可变成本低，航空公司在经营上容易形成“靠天吃饭”的模式，受外部因素影响较大，如宏观经济形势、油价、汇率等都会对航空业盈利造成影响。因此，航空业比较适合规模化运作，依靠规模优势在飞机和航材采购、机务维修等方面降低成本。欧美发达国家航空公司不断合并重组为“巨头”的趋势，正是在外部“压力”下改善经营环境的商业行为。由于航空公司往往代表国家形象，尤其载旗航空公司等是国家荣誉象征，航空业的跨国并购面临严格的政府审批审查和股本占比管控等限制措施，很难实现。航空业因此诞生了航空联盟的模式：多个国家的航空公司采用联盟的模式，不改变各自公司的商业属性，同时实现联盟内各航空公司联合采购油料、飞机部件、代码共享等协同效应，从而大幅度增加运力和扩展航线网络。航空联盟通常在每个地区选择一家主要航空公司入盟，来实现全球运输网络布局。目前世界上有三大航空联盟，分别是星空联盟（Star Alliance）、天合联盟（Sky Team）和寰宇一家（One World）。星空联盟是目前规模最大的航空联盟，其北美地区的航空成员包括美国联合航空和加拿大航空，欧洲地区的成员是德国汉莎航空。天合联盟在北美的成员包括达美航空（Delta），欧洲地区的成员是法荷航空。寰宇一家在北美的成员是美国航空，欧洲地区的主要成员是英国航空。我国的南方航空于2007年加入天合联盟，成为首家入盟的国内航空公司，中国国际航空公司于2007年底加入星空联盟，2011年东方航空加入天合联盟，国内三大航均完成入盟，跻身国际化有影响力的航空公司。

3）航空公司内部组织结构

图6.4是一家主流航空公司的组织架构图。航空公司需要建立一套复杂的安全与高效运营体系，依赖多部门协同及大量人员配合。大型的航空公司通常都设立专门的商务委员会来统筹管理整体营销业务，电子商务是其一项重要的管理内容。

6.1.3 航空电子商务概述

1）航空电子商务的发展过程

电子商务是随着互联网的出现而诞生的。航空机票的销售模式随着互联网技术的推进而不断演进，得益于行业先进的后台信息技术体系，其客票销售体系演进展现出一些独特的特点。

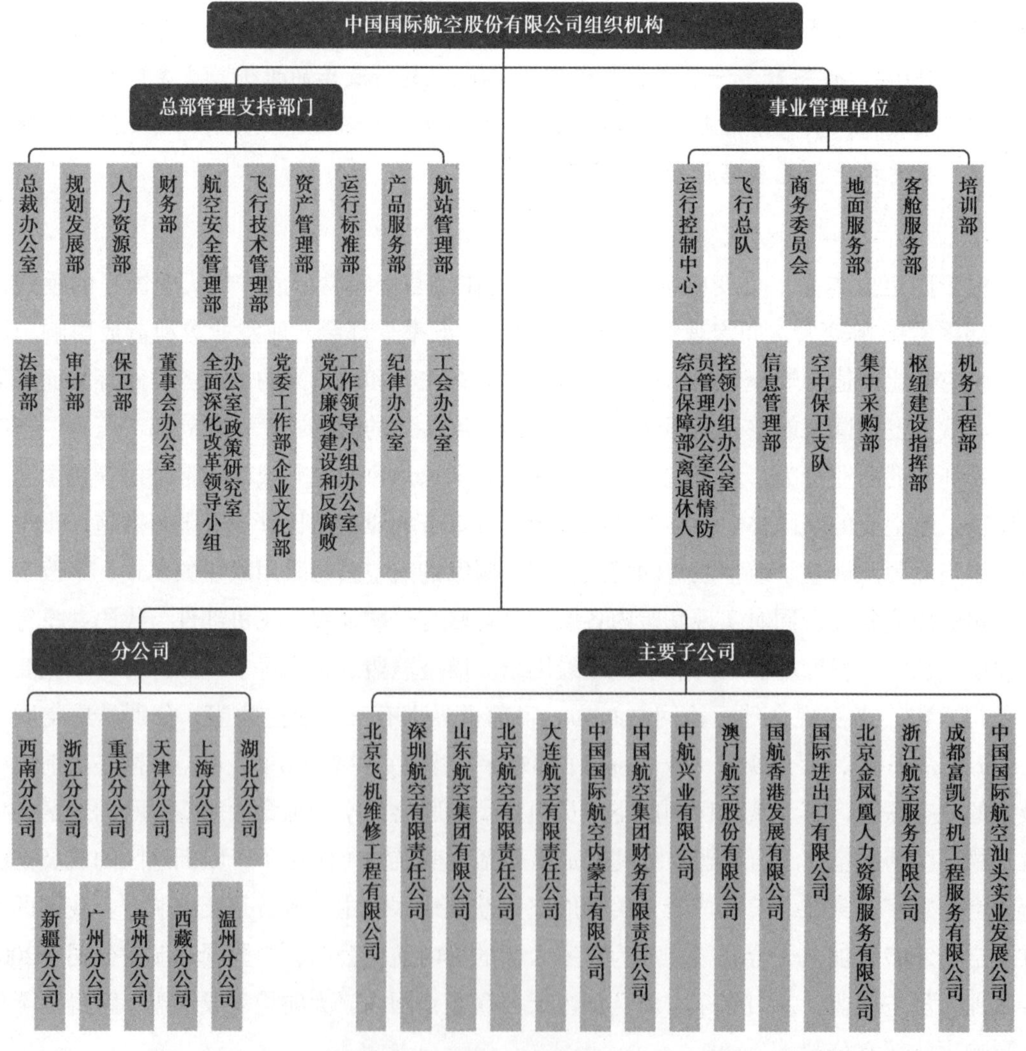

图6.4 国航组织架构图（图片来源：中国国际航空股份有限公司官网）

首先，有完备的基础技术支撑体系。

早在互联网普及之前，航空领域就诞生了GDS系统，支撑航空公司通过固定门店销售，建立城市售票处和机场售票处。随着电话的普及，航空公司和旅行社开始通过呼叫中心（Call Center）进行客票的销售，这时候常见的现象是街头分发机票预订小卡片和报纸上打出的机票销售广告。互联网推广普及后，航空公司纷纷建立官方网站进行客票销售，同时也诞生了在线旅行代理商（OTA）的模式，迈入航空电子商务时代。

其次，航空电子商务领域模式迅速迭代。

机票销售全程由信息系统自动化支撑，无须人工干预。随着人民生活水平的提高，机票逐渐大众化，垂直搜索模式应运而生，通过互联网抓取分散在各家的机票信息，集中比价，帮助普通旅客提高购买决策效率，因此大受欢迎。在垂直模式基本完善的情况下，互联网的入口通用平台通过多种方式进入机票销售领域。百度控股了去哪儿网，后来携程收购去哪儿网，百度在去哪儿网的股份变成了携程的股份；阿里起初建立了阿里旅游频道，后来独立成单独的飞猪旅行品牌运营；腾讯先后入股艺龙网和同程网，将微信的火车票、机票入口给同程网，酒店预订入口给了艺龙网。

最后，航空公司大力投入电子商务领域。

互联网流量“巨头”纷纷涉足机票业务领域，航空公司作为航空领域的主体企业，也没有落后，利用互联网工具建设自己的电子商务网站，力图为用户打造不一样的体验，构建自己的差异化竞争模式，既要和同行竞争，还要和OTA等分销领域企业竞争。

图6.5 通用电子商务体系示意图

【案例】

发达国家全服务航空公司电商模式

美国航空，创建于1930年，是寰宇一家航空联盟的创始会员之一。美国航空是全世界载客量和机队第四大的航空公司，总部位于得克萨斯州的沃斯堡，紧邻达拉斯–沃斯堡国际机场，美国航空拥有达拉斯/沃斯堡（DFW）、芝加哥奥黑尔（ORD）、迈阿密（MIA）、洛杉矶国际机场（LAX）和纽约肯尼迪国际机场（JFK）五大枢纽；其中在美航总部所处的达拉斯/沃斯堡机场，超过84%的航班都是美航班机。（图6.6）

图6.6　美国航空官网

美国航空为了提升客户体验，凸显差异化，将客户关系管理系统（CRM）融入官网，堪称典范。

1994年之前，美国航空公司的订票服务主要通过免费电话进行。1995年初，美国航空公司通过调查发现，近九成的乘客会在办公室里使用电脑，近七成的乘客家中有电脑，这直接导致美国航空决定建立自己的官方网站。美国航空改造了公司的网站，将其定位为传播资讯。到1995年10月时，美国航空公司已经成为第一家在网上提供航班资讯、飞机起降、航班行程变更、登机门等诸多资讯的航空公司，甚至连可不可以带狗上机这样的问题也能在网上查到。网站提供的资讯准确快捷，有些更是每隔30秒更新一次，极大地方便了乘客。

如果说这一切还都是对网络的简单应用的话，那么接下来美国航空公司对自己的老主顾的关注则加入了电子商务的内容。通过对常客进行调查，美国航空公司发现，七成以上的公司A级会员愿意以电子化方式进行交易，他们非常在意能否自由地安排旅行计划，甚至希望视需要随时取消原定的行程与航班。于是，作为第一步，美国航空公司在1996年推出了一项新的服务——每周三定期发电子邮件给愿意接收的会员订户，提供“本周特惠”促销活动服务。这一服务推出一个月内就发展到2万名订户，一年内订户就突破了77万人。虽然后来其他航空公司也群起仿效，但美国航空公司始终都是领先者。同年，美国航空公司为A级会员特别开设了网络订票系统，使他们可以直接上网查询特价航班并预订机位，这再次促使A级会员人数激增。后来，美国航空公司又推出了新的互动服务，使A级会员可以直接上网订票并更改订单，然后公司将机票寄给订户。到了秋天，订户已经可以在飞机起飞前临时更改座位预订，无须到换票中心换票。

不过，公司不久便发现，通过网络订票的乘客比通过传统方式订票并拿到机票的乘客更需要保障，因为大多数乘客对最终能否拿到机票仍心存疑虑。因此，每当乘客订位或更改订位时，美国航空公司就会主动寄发一封确认电子邮件，以让乘客安心。通过这一系列手段，美国航空公司1997年网上订票的收入比年度计划高出98%。

到了1998年6月，美国航空公司又发布了新网站，新网站优化了浏览界面，功能更加强大，乘客甚至可以提出“从我住处所在机场到有海滩的地方票价低于500美元的班次有哪些”这样的查询条件。新网站最大的改善是依靠会员资料库中的会员个人资料，向A级会员提供更加个人化的服务，如果乘客将自己对座位位置的偏好和餐饮习惯等列入个人基本资料，就可享受到公司提供的各种体贴入微的服务。美国航空公司甚至还记录下乘客的各张信用卡信息，乘客下次使用信用卡时将不用再麻烦地输入卡号。

再后来，美国航空公司推出了电子机票服务，真正实现了无纸化操作；开始整合各种渠道的订票业务，使乘客通过网站、电话和旅行社都可以实现订票；对于乘客的电子邮件开始进行个人化的回复，优先处理A级用户的邮件，同时正在建设更加全面的个性化的自动化回信系统，以处理大量电子邮件；让乘客自行设立兑换里程的条件，获得自己想要得到的奖励；更为周到的是，美国航空公司正拟发行A级会员智能卡，使乘客订票、预订客房和租车等都可以用一张卡支付，免却乘客记各种卡的卡号和密码之苦。

美国航空公司在短短四五年时间里，就牢牢占据了航空业界电子商务领先者的位置，其中成功的客户关系管理可谓功不可没。

美国航空公司的成功，得益于其敏锐地利用了高速发展的网络与计算机技术这一工具。在客户关系管理上，该公司注意掌握乘客的背景资料，为他们提供量身定制的服务。特别是该公司对3200万公司A级会员提供的诸多便利，不但留住了大批常客，还吸引了大量新乘客加入会员行列。可以认为，美国航空公司成功的关键在于锁定了正确的目标乘客群，让乘客拥有愉快的消费体验与感受；敢于让乘客自助，同时协助乘客完成他们的各种交易操作。

结论和启示

启示之一：客户关系管理是电子商务成功的关键环节。现在的客户，包括个人和团体客户，都要求企业更多地尊重他们，在服务的及时性、质量等方面提出了更高要求。企业在电子商务环境下的竞争优势，很大程度上取决于对客户的了解程度以及对客户需求的响应能力，企业应通过管理与客户的互动，变革管理方式和业务流程，减少销售环节，降低销售成本，争取并保留客户，提升客户价值，实现最终效益的提升。

启示之二：在客户关系管理中，要充分发挥网络的作用。企业有许多同客户沟通的方法，如面对面接触、电话、电子邮件、互联网以及通过合作伙伴进行的间接联系等，而如今，网络发挥着最重要的作用。网络不仅改进了信息的提交方式，加快了信息的提交速度，还简化了企业的客户服务过程，使企业向客户提供和处理客户服务的过程变得更加便捷。基于网络的CRM系统可使企业逐步实现由传统的企业模式到以电子商务为核心的转变过程。

启示之三：通过客户关系管理提供个性化服务尤其重要。个性化的CRM不仅能让企业更好地留住现有的客户，还能帮助企业挽回失去的客户，凭借CRM的智能客户管理功能，为客户提供其所需的个性化服务，进而提升客户满意度和忠诚度，为企业带来忠实且稳定的客户群体。

【案例】

低成本航空公司电商模式

瑞安航空（Ryanair）是欧洲第一家也是最大的一家低成本航空公司，运营着346条跨越欧洲22个国家的短程点对点航线，1985年由飞机出租公司Guinness Peat Aviation的创立者Tony Ryan博士成立。起初瑞安航空在1995年成立的新管理团队中引进了低成本业务，直接拷贝了美国西南航空公司的模式：二线机场、直接预订、没有装饰、低价机票以及整个机组只有一种机型的飞机。从1995年起，瑞安航空每年的乘客量都在增长。2006年为3500万乘客，2017年，瑞安航空拥有383架飞机，运送旅客1.2亿人次，瑞安航空计划到2024年年旅客运输量达到2亿人次。

1.官方网站

2000年，瑞安航空发布了官方网站后，就实现了互联网在线预订功能。2005年，2750万个乘客座位中超过98%是通过互联网销售的。其余的2%也非常重要，因为这部分包括门市顾客，通常他们付费高于平均值。瑞安航空通过“容量控制”来处理打折机票，即在每架航班起飞之前，为各个费用级别保留一定数量的座位。因此，瑞安航空的预订座位量不会超出航班容量，且通常会为门市顾客预留一定数量的座位。通过在线预订系统，瑞安航空可以为每位顾客提供自己控制费用成本的功能。最近的一个例子就是与行李费用相关的。乘客在网上预订机票时或者在起飞前4小时内通过瑞安航空的呼叫中心进行行李托运，必须为每件行李单程支付3.5欧元，如果在机场托运行李则需要付费7欧元。据说，实施的结果是25%只携带随身行李的顾客不再与托运行李的顾客（其数量日益减少）互相干扰。（图6.7）

图6.7　瑞安航空官网

2.电子机票

瑞安航空于2006年的爱尔兰国庆节（圣帕特里克节，3月17日）前夕，在都柏林—科克航线上正式推出了电子机票Check’NGo服务，之后该服务扩展到从香农和库克机场出发的所有航线，以及从都柏林出发的所有欧洲航线。该服务允许乘客在航班飞行前3天到起飞前4小时在线值机。这个流程已经获得机场安检部门的许可。乘客可以携带提前打印好的电子登机牌，不必在机场的值机柜台排队，直接带着一件随身行李去安检门。在那里，安检人员扫描登机牌上的条形码，这样可以减少机票多次使用的可能，乘客可以优先登机。鼓励乘客尽量少携带行李登机，有利于加快机场值机柜台的办理速度。瑞安航空估计40%~50%的乘客最终会选择在线值机，这样公司可以减少值机柜台的数量和其他机场人工设施。人工成本的节约可以用于提供其他附加服务。

3.动态打包和其他附加收入来源

通过将机票与打折酒店房间、汽车租赁进行动态打包，瑞安航空的销售额和收入均有所增长。旅行者在选择完航班后，会被鼓励通过在线支付流程购买旅游保险。目前，瑞安航空主页上还设有其他选项，点击即可跳转至其他供应商的页面，购买相关产品。

4.结论和启示

瑞安航空实现信息化的特点是业务过程简单化，并在成本控制基础上精细聚焦。电子客票和内部电子商务系统使瑞安航空这类低成本航空公司能够有效监控并维持运营的低成本，因此，信息技术已经成为运营和战略层面的关键要素。

收入和利润目标需依靠增加乘客数量（机票费用以及机上消费等）来达成。更为重要的是，还可以通过与保险代理、目的地的汽车租赁公司、酒店等主要供应商绑定服务来获取额外收入，这对风险管理和营收增长都大有助益。与乘客数量相比，这些额外收入的增长速度更快。

客户服务质量非常重要。美国交通运输部门将航空公司依据飞行正点、行李管理以及客户投诉三项指标对航空公司进行排名，瑞安航空在这三项指标上均位列榜首。此外，它还通过公众在线预订系统实现了最低的现场管理成本。

瑞安航空的低成本航空业务市场模式还包括频繁推出的“分发”机票：2005年，23%的机票被“分发”；接下来的4年内一半的机票“免费”（即不包括税费和卸货费用）。当需求极低时，将空余的座位分发出去，结果发现乘客购买了机上食品和饮料等产品，还会通过租车并预订酒店。甚至有时即使乘客是免费乘坐飞机，瑞安航空也能够获得收入。

【案例】

国内航空公司在电商领域的创新尝试

1.春秋航空移动订票首超PC端

立减、返利、团购……各航空公司在移动互联网领域激烈竞争，妙招频出。然而，春秋航空手机订票业务占比从最高14%飙升至50%，短短半年时间，春秋航空的手机订票业务杀出重围，手机客户端订票业务占比达到50.6%。2013年9月3日，其移动订票业务占比首次超越了PC端和B2C直销渠道迎来大变革。

张武安说，春秋航空的机票85%以上都是B2C网络直销。2010年8月开始，春秋航空开发的手机客户端上线，限于当时的网络条件和手机推广程度，手机移动客户端订票比例最高只占B2C渠道的14%。（图6.8）

图6.8　春秋航空官方微信平台

移动互联网是航空公司的下一个增长点，谁能率先掌握移动互联网技术，谁就能掌握未来。移动互联网对于航空公司，尤其是对春秋航空这类以直销为主的低成本航空公司而言，其战略意义丝毫不亚于互联网萌芽阶段对于航空公司的意义。

2.深圳航空：传统航空业利用邮件营销活动掘金电子商务

深圳航空经过多年精耕细作，积累了庞大的用户群体。在看似传统的邮件营销方面，深圳航空尝试创新，打造新的电子商务突破点，开展以“深航电商分享日、6月好礼大回馈”为主题的邮件营销活动。同时，确保邮件营销活动从前期的发送策划、邮件设计、编码（coding），到发送执行、通道监控、数据细分，再到后期的审查报告、邮件营销优化，都能做到专业严谨、不出差错，从而实现资源利用和营销效果的最大化。

活动类邮件有效地推广了各种电商活动，与促销类邮件相结合，进一步推动了用户转化。通过对近期活动类邮件平均数据进行对比，可以发现深圳航空各项邮件营销指标绩效均有较大幅度的提升。其中值得一提的是，邮件中融入微博活动以及社交分享转发功能，使深圳航空在6月份微博粉丝数量增长迅速。

增加了用户互动性，大幅提升用户活跃度。深圳航空6月份活跃用户（独立点击用户）和一般活跃用户（独立打开用户）占到总用户数量的近1/2，活跃度提升50%以上。

3.东方航空：利用微博营销活动掘金电子商务

东方航空在微博应用方面较为领先，在其叫作东航凌燕（凌燕是东方航空空乘的一个品牌）的微博上仅空中乘务员就有几千人。（图6.9）

图6.9　东方航空手机App客户端

监测到部分旅客在飞机上过生日，远程航班在飞机上帮旅客举行生日派对，这为旅客带来了极佳体验。此外，东方航空还设有多个官方微博，如“东方航空”“东航官网”等。如果大家日常出行频繁，可以关注“东航官网”微博（东航95530）。若有问题，可在微博上直接@东航95530，还有“东航机务茶社”，由东方航空的工程技术公司运营，为什么做这个呢?大家都比较关注飞机安全的问题，这个是向7000万旅客传达一个信息：东方航空可以把你安全地送达目的地。

2）航空电子商务的概念

航空电子商务是指利用互联网和移动通信技术，在航空业务领域内开展电子商务活动。其涵盖了航空公司与消费者之间的各种交互，包括航班信息展示、机票预订、支付服务费用等。航空电子商务具有以下特点：

全球化与实时性。航空电子商务平台使航空公司不受时间和地点限制，为全球范围内的消费者提供服务。消费者可以随时随地获取航班信息、机票价格等，打破了时间和空间的限制。

个性化与定制化。借助大数据和人工智能，航空公司可以通过信息化手段收集消费者购买记录、搜索历史等数据，提供个性化的航班推荐、优惠信息等服务，实现精准营销。消费者可以根据自己的喜好和需求，定制机票套餐、行李托运等服务。

交互性与多媒体化。航空公司官网或OTA平台提供丰富的交互功能，如在线客服、用户评价、社区论坛等，便于消费者与其他用户或航空公司客服实时交流，获取更多信息与帮助。平台还运用多媒体技术，如视频、音频等，为消费者提供更加生动、直观的服务体验。

6.2 航空电子商务的应用

6.2.1 旅客服务

1）电子客票

客票是旅客航空运输的凭证，电子客票是客票的电子化形式。客票根据票款的不同结算方式，分为中性客票（也称BSP客票）和航空公司本票。所谓电子客票是指包括中性客票和航空公司本票在内的所有客票形式的电子化。2004年国际航协（IATA）提出简化商务的计划，目的在于提高行业效率，降低航空公司成本。经过几年的实践，国际航协在

2006年提出从2008年6月1日起，不再提供纸质机票，也就意味着全面进入电子客票时代。我国于2007年底，在全球率先实现100%电子客票。

【相关链接】

BSP客票

BSP（Billing and Settlement Plan）客票，也称中性客票，英文直译是开账与结算计划。BSP客票是国际航协顺应民航发展而推出的一项降低行业成本的服务，国际航协作为标准和服务提供方，在航空公司与机票销售代理人之间提供客票清结算服务，由此产生了客票这种形式。这种模式具体是：机票销售代理人从国际航协申领空白BSP客票，也就是中性客票，空白客票可用于销售任何加入BSP计划的航空公司的客票，代理人在销售时根据旅客选择，通过机票销售系统将信息补充完整，向旅客开具BSP客票。旅客持有BSP客票到机场完成乘机，与航空公司完成航空运输服务。航空公司则“见票运人”，最终的票款由国际航协来保障。国际航协提供一套结算清算服务，代理人根据BSP报表，将票款按照规定时间存入指定的银行账户，银行根据BSP系统的信息将票款结算给相应的航空公司。这避免航空公司和代理人之间存在多种票证、多头结算、多次付款的复杂状况，为双方节约了大量开支，提高了工作效率与服务质量。

电子客票与传统的纸质客票相比有以下几大优势：

第一，节约成本。纸质机票需要印制空白票证，为了防止造假，需要使用特殊的热敏纸印刷，将其当作有价证券管理，后续还需要进行保管、储存和分发，旅客持有多联机票成行，最后还要回收客票结算联，用作资金结算的凭证。经过评估，平均每张纸质机票生命周期产生的成本在20元左右。

第二，高效便捷。纸质机票作为旅客乘机的凭证，需要在旅客乘机前交付旅客。使用电子客票，旅客不需要携带纸票，避免丢失的风险，只需要携带身份证就可以乘机，提高了行业的整体效率，也方便了旅客出行。

电子客票的大力推广，给航空电子商务带来巨大机遇。电子客票对航空公司的销售体系带来的影响我们可以通过电子商务的三要素“信息流、资金流和物流”来进行分析。

一是信息流。通过前文对民航体系的介绍可知，航空业具有技术密集型特性，航空公司依靠庞大的信息系统支撑运营，因此机票的信息化水平在所有旅游产品中最高，在电子商务模式下，机票信息的获取和销售是容易实现的。所以从信息流上来看，机票产品是适合进行电子商务销售的。

二是资金流。电子商务依托互联网实现，交易双方无须见面。资金流需要基础技术工具的支撑，如信用卡普及和互联网支付技术。在美国亚马逊网站快速发展的时候，国内同类电子商务网站，由于没有像美国那样普及信用卡支付，资金流问题难以解决，制约了电商的发展。阿里巴巴推出淘宝网的时候，相比于美国eBay来说，没有成熟的支付工具支撑，于是推出了自己的支付工具——支付宝，来解决资金流的问题。航空电子商务也面临此类问题，因此，无论是航空公司还是在线代理（OTA），都需要配备线下送票与收款的团队来解决收款问题。

三是物流。在纸质客票时代，旅客在乘机前，必须拿到机票才可以去机场办理值机。要么在机场提供取票服务，要么为旅客配送上门。而电子客票没有实物，无须配送。同时，电子客票大规模实施的2007年，互联网支付工具已经相当成熟。所以电子客票在物流方面的特性，不仅为旅客提供了便利，还极大推动了航空电子商务的发展，促使行业格局发生改变。

首先是航空公司，航空公司可以大规模拓展官网业务，将最优惠的机票放到官网上销售。电子客票推广以后，航空公司纷纷加大对官网的投入。

其次是OTA。国内的OTA多以酒店业务起家，如今登录携程网站，酒店预订默认排在前列。国内的OTA开创的“鼠标+水泥”模式，是旅游电子商务领域的有益创新。在酒店业务中，OTA推广前台现付的预订模式，待客人入住并离店后，从酒店获取佣金。前台现付的模式规避了资金流和物流方面的问题，只需要关注信息流。而酒店的信息化水平相对较低，大多仍采用传统的人工电话和传真模式。因此，携程采用大规模呼叫中心模式，以人工方式采集酒店的房价和房态信息，集中信息后，通过互联网向广大旅客提供电子商务服务。因此，“鼠标+水泥”的模式是通过互联网的方式完成了预订，后续通过“水泥”（人工）的方式去实现交易环节。在机票方面，机票的产品特性和人们的消费习惯决定了机票需要完成交易而不是完成预订。如果通过互联网只完成机票预订，而没有付款，一旦旅客没有成行，航空公司就会发生实实在在的损失。酒店除非在几个特定的时间点，常年入住率不超过80%，才可以支撑旅客无理由未到的情况。所以在携程发展的初期，酒店相比于机票更适合电子商务形式，酒店业务发展迅猛。随着支付工具的成熟和电子客票的推广，机票可以通过互联网方便地完成交易，机票的发展开始加速。以携程为例，在2007年电子客票普及后，其机票业务在数量上迅速超过酒店，此后更是加速发展。

【相关链接】

怎样才能买到便宜的飞机票?

电子商务是航空公司重要的营销手段，凭借其技术的先进性和旅客使用的便捷性，正逐渐成为航空公司重要的直销渠道。在电子商务普及的环境下，怎样才能买到便宜的机票呢?

一般来说，机票价格会根据市场需求动态调整。以下几个可供参考：

1.航空公司类型。一般来说，低成本航空的基础票价低，所以如果有低成本航空承运的航线，可以优先选择低成本航空出行。

2.出行时间。因公出行的商务旅客对价格不敏感，大多会选择时段较好的航班。航空公司为了平衡客座率，会推出早班和晚班飞机特价票，吸引对价格敏感但对时间不敏感的旅客。

3.购票时间。商务旅客出行决策大多在3天之内，越临近出行，机票价格越高。因此，提前确定行程，有望获得优惠的机票价格。根据经验，国内行程购票时间在出行前2~4周，国际行程购票时间在出行前2个月，是折扣机票集中出现的时段。如果时间再提前，比如提前3个月，这时候航空公司运力计划尚未最终确定，销售策略也不清晰。

4.行程选择。中选联程比直飞价格优惠，尤其是国际航线上尤为明显。直飞航线多由基地航空公司运营，这些航空公司在当地市场份额大，品牌影响力强，能够吸引足够的客源，因此旅客多选择直飞。中转航班一般由非基地航空公司运营，会先将旅客运送到其基地，再安排中转换乘到目的地。相比于直飞，中转航班飞行时间更长，航空公司为了吸引旅客，会提供更具有竞争力的价格。

5.购买方式。建议多使用垂直搜索进行比价，各家航空公司均设有官方网站，垂直搜索引擎借助互联网技术抓取各家官网价格并汇总，购票前使用比价网站进行搜索，可以获知全面的价格信息。航空公司官网由于是直销，没有给代理人佣金，同时航空公司为了吸引直销客户，也会把最优惠的价格投放到自己的官网上，所以在比价网站上搜索后，可以直接到航空公司官网上购票，便于后续退改签等服务的办理。

6.最重要的是淡季出行。现在主流航空公司都借助复杂的收益管理系统对需求进行分析和预测，随着大数据技术的普及，数据得以高效汇总和处理。普通乘客与航空公司存在信息不对称，因此，最重要的是避开旺季，把假期用在淡季出行。民航运输的淡旺季明显，一般全年航空公司有两个高峰——春运和暑运。暑运从6月初持续到8月底，加上往后延展的“十一”黄金周。乘坐飞机可以选择在春暖花开的3—5月，或者11—12月。

2）常旅客会员

航空公司通过电子渠道（例如官网、App、小程序等），为旅客提供注册会员服务，会员可以通过飞行积累里程、兑换奖励等。

航空公司通过建立会员计划来吸引客户并增加客户忠诚度。会员计划可以为客户提供独特的优惠，如免费行李额、优先登机和积分回馈等。会员计划设有不同的会员级别，如东方万里行会员设有普卡、银卡、金卡、白金卡四个等级，根据客户的消费金额和飞行次数来评定其会员等级，给予不同级别的会员相应的特权。航空公司借助常旅客会员系统记录客户的航班、餐饮和座位偏好，并在客户登机前提前安排。此外，航空公司还可以为高价值客户提供个性化的服务和特殊礼遇，如优先安排座位、提供私人休息室的使用权和定制旅行路线等。航空公司利用客户数据进行更精确的市场营销。通过收集客户的个人信息和飞行偏好，航空公司可以针对不同的客户群体开展针对性的市场活动。例如，向指定客户群体发送个性化的优惠券、优惠码和提醒邮件，以增加客户参与度，并提高客户对公司的品牌认知度和忠诚度。航空公司常旅客会员管理采用数字化手段，通过官方网站、手机应用等方式提供会员服务。客户可以方便地进行航班查询、订票、选座、积分查询和兑换等操作。同时，航空公司也可以通过常旅客会员系统实时跟踪会员的飞行记录和积分情况，为会员提供更加精准的服务和优惠。

总之，常旅客会员提升了旅客客户体验，同时促进了航空公司业务增长和运营效率。

【相关链接】

金银卡无条件保级至2025年，航空公司为何如此“优待”常旅客?

2023年2月中下旬，不少南航贵宾会员收到一则短信通知：“为了回馈疫情以来您对南航的支持与信赖，我们特意将您的金卡/铂金会籍有效期延长至2025年2月28日，感恩一路相伴。”

据界面新闻获得的反馈，面对会籍有效期的延长，有些贵宾会员既惊又喜：“直接延期到了2025年，挺激进的会员政策。”也有贵宾会员表示感动，认为这是航空公司的暖心之举：“没想到疫情放开了，航空公司还放了一个大招——延期2年，保级压力一下消失了。”

过去三年，受新冠疫情影响，旅客出行受限、航旅需求被迫削减，连以往的“空中飞人”乘机次数也大幅下滑。针对旅行减少无法正常升续级的情况，不少航空公司推出特殊保级政策或延期保级方案，使常旅客得以平稳度过“风浪期”。

2023年是“乙类乙管”政策实施的第一年，民航市场正重回往日繁忙景象。这种背景下，航空公司再次推出无条件保级的优惠，除了回馈贵宾会员，背后也有自己的一笔“经济账”。

1.航空公司的诚意

南航2023年会员政策显示，2023年2月会籍到期的铂金卡、金卡、银卡会员可直接保级。

2023年1月初，国航也宣布了“无条件保级”政策，2023年到期的“凤凰知音”白金卡、金卡和银卡会员，均予以保级，保级评定周期内有无飞行均可。不仅如此，2022年下半年国航还推出了“飞行达标，快速升金”活动，帮助银卡会员快速升级为“凤凰知音”

金卡。

从种种优惠政策可以看出，航空公司确实大幅降低了贵宾会员保级和升级的难度。

目前，国内航空公司会员体系分为普卡会员和贵宾会员两大类，多数航空公司对普卡不做细分，贵宾会员卡则具体划分为银卡、金卡、白金卡（铂金卡），少数航空公司还设置了更高级别的会员卡片，例如厦航的黑钻卡、国航的终身白金卡和年度卓越终身白金卡。

会员级别的判定主要依据航段或飞行里程，例如，国航金卡正常升级标准为8万公里里程或40个定级航段，保级需7万公里里程或36个定级航段；南航铂金卡升级需16万公里里程或80个定级航段。

尽管普卡会员和贵宾会员同属航空公司常旅客，但从消费行为及收益贡献角度看，持有金银卡的贵宾会员消费频次更高，为航空公司贡献的价值也更高。这些会员通常是“两舱”的核心客源，在正常年份，头等舱和商务舱票价是经济舱的3到5倍，其中头等舱票价又是商务舱的2倍左右，是航空公司利润重要增长点。

通过实施快速升金或无条件保级政策，航空公司可以更好地稳定贵宾会员队伍，避免高净值旅客资源的流失。

2.优惠政策背后的“经济账”

航空公司降低会员保级、升级门槛，会带来额外成本吗？

航空公司对贵宾会员的奖励，主要分为定级里程和消费里程。消费里程可用于兑换商品（例如会员商城礼品）或服务（如奖励客票、升舱等）。

消费里程既然可以“拿来当钱花”，自然有相应的货币价值。厦门航空常客处前经理向界面新闻透露，业内较为合理的定价是1里程约0.1元。假设一名金卡会员拥有5万消费积分，相当于账户中有5000元余额。

但在实际使用过程中，消费里程的兑换往往有诸多限制条件，可兑换的商品大多缺乏吸引力，较为实用的兑换物则需消耗大量里程，例如一张单程机票通常需消耗8000至10000以上的里程。久而久之，旅客积累的消费里程就会闲置乃至作废。

据2018年中国航空营销峰会数据，国航系发放里程760亿，兑换率为41%；厦航2017年发放积分约80亿，兑换率为30%。这意味着，旅客手里的消费积分超过一半处于闲置状态，航空公司兑现消费里程所要付出的成本占比并不高。

因为上述原因，常旅客一般更看重定级里程，定级里程积累达标后，会员可升级至更高等级，从而可享受更为优质的出行服务及体验。

以南航为例，金卡、铂金卡会员权益包括座位保障、优先登机、专属柜台、贵宾休息室等，其中铂金卡会员还可享受远机位贵宾车等权益。

厦航常客服务处前经理向界面新闻表示，从成本收益角度看，航空公司为金银卡会员、铂金卡会员提供的服务都是利用一些边际服务资源，并不会造成额外的成本支出。

民航专家李瀚明此前接受界面新闻采访时也提到，高端会员享受的贵宾/公务舱休息室、优先登机、快速安检等服务，其成本结构以固定成本为主，例如贵宾休息室的成本主要是场地折旧，“多一个不多，少一个不少”。在这种情况下，使用服务的金卡会员变多了，成本不会明显增加，航空公司则会得到更高收益。

由此可见，航空公司降低贵宾会员保级、升级门槛，只赚不赔。随着新冠疫情影响逐渐消散，航空公司进入快速复苏阶段，经营目标是盈亏平衡甚至扭亏为盈，在这个时间点，维护好高净值客群至关重要。

资料来源：薛冰冰. 金银卡无条件保级至2025年，航空公司为何如此“优待”常旅客？［EB/OL］.（2023-02-24）［2024-08-26］.有改动.

3）线上商城服务

航空公司线上商城主要面向旅客，提供与航空旅行相关的商品和服务。商城提供美容护肤、科技好物、精选礼品等多个推荐频道的商品，满足旅客在旅途中的购物需求。旅客可轻松浏览商品、下单购买，并享受快速配送服务。线上商城可以通过官方网站、手机应用、社交媒体等渠道销售商品，提升商品的曝光度和销售量。航空公司线上商城有利于增强顾客忠诚度，顾客可以使用积分进行购物，为航空公司会员提供专属优惠和特权，如会员专享折扣、积分加倍等。

例如，厦门航空集团商城是厦航自主研发的综合性商城平台，面向中高端商旅人群，提供丰富而优质的产品与服务体验。商城内商品包括与全国非遗大师合作的“云想天境”品牌产品，以及以航空IP为核心的航空文创产品等。通过该商城，厦航不仅为旅客提供了便捷的购物体验，还展示了自身的品牌形象和服务特色。

6.2.2 航空公司的主要信息系统

1）运行控制系统

航空运输体系较为复杂，需要多个部门协同配合。运行控制系统（图6.10），主要功能是完成航班从准备到完成飞行任务的全过程管理，其中涉及诸多的专业领域和行业词汇。简单概括，录入航班计划并发布到销售系统，通过直销或者分销体系完成客票的销售，旅客到机场开始行程后，需要办理值机和行李交运，乘机到达目的地，提取行李，完成乘机过程。这一系列过程中，航空公司都会有相应的信息系统进行支撑。

图6.11概括了航空公司所涉及的众多信息系统。航空公司的核心系统是运行控制类系统和旅客服务系统。运行控制系统实现航空公司每日飞行调度安排等，航空公司内部的运营围绕着运行控制系统进行。销售与旅客服务功能是旅客直接接触航空公司的关键环节，

也是实现航空销售和电子商务的核心。

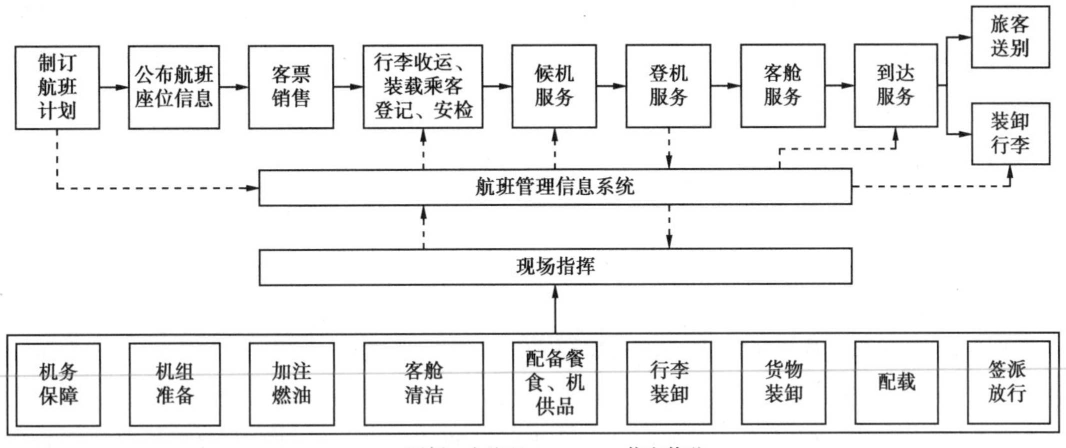

图6.10　航空系统运输示意图

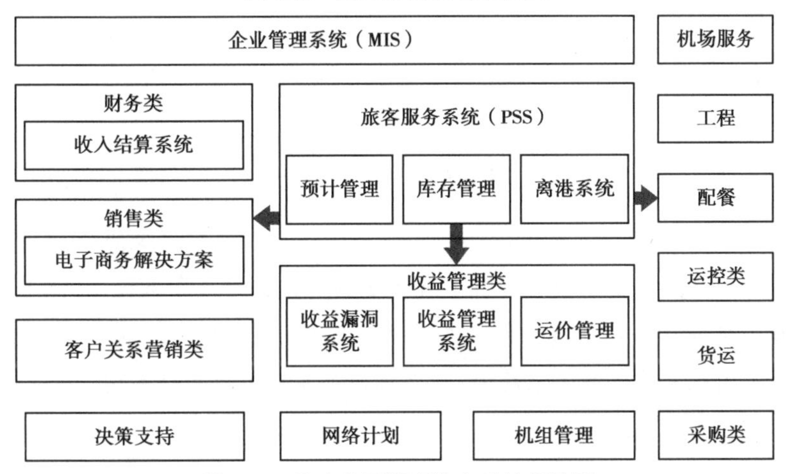

图6.11　航空公司管理信息系统架构图

2）旅客服务系统PSS

随着航空运输全球化与技术发展，旅客服务系统（Passenger Service System，PSS）需要与联盟内其他航空公司对接，实现旅客信息的共享等功能。因此，国际民航组织（ICAO）和国际航协（IATA）制定了多项国际标准，来实现系统的互联互通。因此，旅客服务系统既是航空公司的核心系统，体现出业务的复杂性，也是各个航空公司的通用功能，体现了通用性和标准性。所以，一家航空公司建立成熟的旅客服务系统也可以为别家服务。旅客服务系统呈现出外包和托管属性，实际发展历程也正是这样进行的。在航空业固定成本高，资金投入大，盈利较为困难的背景下，每家航空公司自建和维护旅客服务系统，是不划算的；而把旅客服务系统独立出去，为多家航空公司服务，反而能够实现盈利。

为说明民航信息领域的特点，可用“筒子楼”与“联排别墅”比喻民航与金融信息行业的差异。民航业固定成本高，长期来看盈利水平不到5%。同时航空公司核心产品“座位”具有时效性，决定了航空公司对于IT难以持续高投入。所以，不论是全服务航空公司还是低成本航空，都有相当大比例的公司将其旅客服务系统外包。正如比喻所示，民航业就像当年住房紧张时期的筒子楼，配备的是公用厨房、公共卫生间，设有澡堂等基础设施。而银行金融业因其盈利能力强且资金安全性要求高，如同联排别墅，享有专属厨房、卫生间、车位和花园。

旅客服务系统（PSS）是航空公司实现服务旅客的载体，主要功能包括库存管理、预订管理和离港服务。其最早形态为机票库存管理系统，英文简称“ICS”（Inventory Control System），即“航班库存控制系统”，起步于20世纪60年代的美国大型航空公司，当时在竞争的压力下，航空公司为了实现更精准、更方便的销售，纷纷建立以计算机订座控制和销售为主要功能的网络系统。该系统一般由一家航空公司单独与计算机公司联合建立，并只限于服务本航空公司。

【相关链接】

中国航信PSS系统

中国航信成立于2002年，是中国领先的航空旅游业信息技术及服务供应商。2016年4月，中国航信与台湾远东航空公司合作部署了中国航信客户服务系统（PSS）。PSS系统在桃园机场、松山机场、马公机场、金门机场投入使用，实现电子登机牌和电子客票销售自动化，标志着中国航信客户服务系统PSS在大陆以外市场首次成功应用。

3）全球分销系统GDS

随着旅游业和互联网的迅猛发展，全球分销系统（Global Distribution System，GDS）从航空公司订座系统中分流出来，目前的全球分销系统用于旅游服务方方面面，包括航空公司、酒店、旅行社等。

GDS系统起源于20世纪50年代，航空公司发展初期，订票信息需要人工处理，随着订票量的增大，提高预订效率迫在眉睫。GDS的远祖Sabre（世界上第一家航空公司航班控制系统）应运而生。Sabre的出现，实现了订票流程自动化，大大提升了公司效率。20世纪70年代，航空公司开始开发自己的预订系统ICS，代理人想要代理不同航空公司，必须安装不同航空公司的预订系统，这样产生了大量重复建设，代理人希望找到降低投资而确保收益的解决方案，ICS升级为CRS，因此，GDS进入了第二个阶段。20世纪90年代，GDS逐步独立于民航业，成为一大信息产业。目前，提供GDS系统的主要公司有Sabre、Amadeus、Travelport、TravelSky（中航信）等。

4）离港系统（DCS）

离港系统（Departure Control System，DCS），又称机场旅客处理系统，是旅客服务系统PSS的重要组成部分，也是现代机场关键的信息基础设施。离港系统包括旅客值机、配载平衡和航班数据控制三大部分。虽然不直接参与电子商务，但作为旅客乘机出行的重要环节，离港系统支持行李托运、付费座位选择、临时升舱等服务，是出行服务的重要交付平台。

6.3 航空电子商务的发展方向

6.3.1 新媒体与营销新模式

根据工信部发布的统计数据，截至2024年4月底，我国移动电话用户总数达17.59亿户，5G移动电话用户达8.89亿户，比2023年末净增6735万户，占移动电话用户的50.6%。5G技术、人工智能、大数据、区块链等新一代信息技术的快速发展，推动新媒体技术智能化水平提升，应用场景持续拓展，社会服务力逐渐增强，已经深刻地融入人们的日常生活中，催生了抖音等短视频应用、小红书等垂直细分应用，用户在社交更加便利化的前提下，也在追求个性化的发展。

技术手段的进步让电商业态出现了新的变化，如直播电商、内容电商、社交电商等，这些新电商模式以其强劲的发展韧劲与活力，规模持续扩大，成为助力消费升级的重要力量。新冠疫情期间，国内的OTA领军企业——携程，率先尝试直播电商模式，创始人亲自直播了18场，为600多家酒店带货，GMV突破7亿，让旅游行业体验到了直播电商的魅力。

新媒体以其丰富的传播形式与强大的互动性，为航空公司的营销带来了新机遇。从文字到图文、短视频乃至直播，社交载体的不断演进要求航空公司紧跟时代步伐，整合多渠道资源，实现品牌价值的全方位覆盖。对于资源有限的中小航空公司而言，“两微一抖”（微博、微信、抖音）等免费且高效的新媒体平台更是不可或缺的品牌营销阵地。目前，在多种新媒体平台中，“两微一抖”已成为航空公司营销新渠道。

微博平台比其他平台更开放，容易形成爆炸式的信息传播，意见领袖通过转发、点赞可形成推广效应。微信基于众多的使用者，传播效果具有优势。微信订阅号具有官方性质，是航空公司发布信息的平台。随着短视频的兴起，抖音平台迅速蹿红，航空公司注册抖音账号，通过发布短视频展示公司形象、营销产品。此外，直播带货也成为航空业营销新模式。直播带货的核心是构建营销场景与建立消费者信任，航空企业需要明确企业形象定位，打造独一无二的线上营销场景，从而促进消费转化。

在产品端，航空公司也不断探索适合新媒体的电商模式。其中值得重视的趋势是将产品的销售和交付分离，让消费者的购买决策变得简单，同时利用社交媒体的快速传播性，将旅客使用体验进行二次分享和传播，从而产生持续的品牌影响力。

东航在新冠疫情期间推出的“随心飞”是销售交付分离的典型案例。其简单的规则、激动人心的价格、真诚的售后政策（没有使用可以全退），迅速引发销售热潮。产品开售当日10万套立即售罄，带动行业推出周末随心飞、双城随心飞等各种随心飞产品。机票盲盒的销售模式是促成二次分享和传播的典型产品。用户在购买商品时，仅知道价格，使用后可获得“说走就走”的旅行体验，从而在个人社交账号上分享旅行体验，影响到周围的朋友和同事。

作为重要的内容供应商，航空公司通过新媒体，突出打造独有特色的产品，比如东航那碗面、东航那杯茶等，依托民航企业的规模优势，打造和提炼小而美的子品牌，吸引旅客进行体验，提升自身的地位。

【相关链接】

南航“畅游中国”发售，开始回血的航空公司为什么还要“随心飞”？

南航官方微信显示，南航“畅游中国”2023年3月21日正式发售，其中全国通用版3488元起，拼团价格3399元起，需提前5个工作日兑票，同一航线最多可往返2次，最多可同时存在3段未使用机票，航班有效期至2023年7月2日。此外，南航推出全国通用版、探索版、成都天府/北京大兴/东北/云南版等三种版本的产品。（图6.12）

畅游中国系列产品	全国版	探索版	成都天府/北京大兴/东北/云南版
适用群体	热爱旅游，致力打卡全中国的旅客	居住城市较少航线城市，需要中转出行的旅客	想深度旅游或始发出行在成都天府、北京大兴东北、云南省的旅客
拼团价格	¥3399-¥4599	¥4799	¥2499-¥4199
单独购买	¥3488-¥4688	¥4888	¥2588-¥4288
可用时间	分4款套餐 每周可用时间自选	每周7天可用	每周7天可用
可同时兑换最大航段数	可同时兑换 3个航段	可同时兑换 4个航段	可同时兑换 3个航段
兑换日期	2023年3月29日-2023年6月27日		
兑换价格	兑票需支付票面价20元（税费另付）		
航班日期	2023年4月3日-2023年7月2日		

图6.12　南方航空官方微信

“畅游中国”本质上是一款允许旅客在特定或不限时间段内进行多次订票的套票类产品，也就是“随心飞”。这类产品由东航于2020年6月首创，随后各大航跟进，南航也于当年推出“快乐飞”产品。

“随心飞”系列产品是否随着民航业的复苏而消失？也有人提到南航此次发售的“畅行中国”将成为“随心飞”的绝唱。事实是否如此？

1.“随心飞”返场的依据

《中国民航报》报道，2023年1月，国内航空公司实现盈利31.6亿元。

从数据上来看，进入2023年后，民航业的运力及客流确实在急速上涨，复苏迹象确实非常明显。航班管家数据显示，2月全民航旅客运输量约为4272万人次，比2019年下降20.6%，比2022年上升36.5%；2月民航国内运力是2019年同期的100.2%，国内客流量恢复至2019年的89.8%。（图6.13）

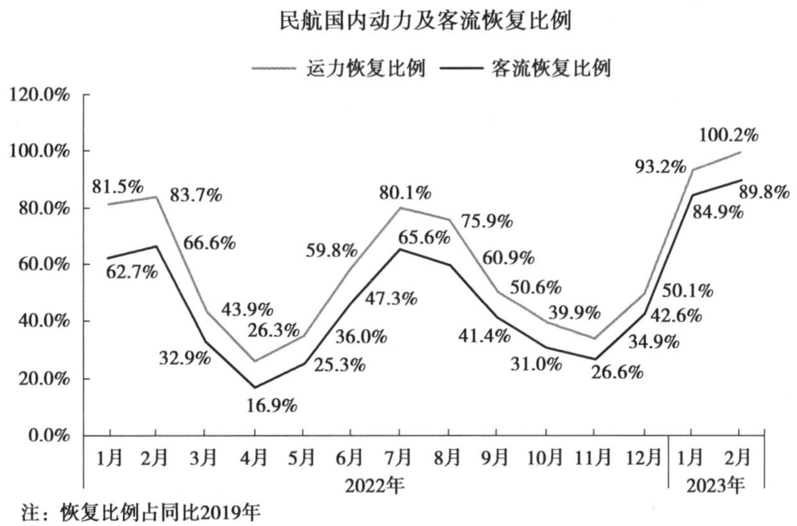

民航国内动力及客流恢复比例

运力恢复比例　客流恢复比例

注：恢复比例占同比2019年

图6.13　民航业的运力及客流恢复比例（图片来源：航班管家）

以上数据看上去光鲜亮丽，但是深思背后“隐忧”不少。

首先，2023年1—2月国内民航运力及客流的上升，主因是春运，此次春运是过去三年返乡需求积压的叠加，且疫情过峰速度快，为春运出行提供了有利条件。

其次，运力和旅客的恢复并不同步。以2月数据为例，国内民航运力已经恢复至2019年同期水平，但是客流则恢复不足九成，三大航二月平均客座率均刚刚超过七成，市场总体处于供大于求的态势。

最后，宏观经济环境对国内民航业的影响依然巨大。2023年两会提出5%的GDP增速目标，经济形势需乐观谨慎来看待；从CPI看，2023年2月飞机票价格环比下降12%，价格的回落反映出需求的普遍下滑。

上述的影响或许会在夏秋航季之后更明显，供过于求时，刺激需求是关键，最直接的手段莫过于“以价换量”，而在过去三年市场严冬时期火热的“随心飞”类产品就自然是不二之选。

如此看来，南航“畅游中国”的返场也是情理之中。事实上，在2023年2月25日，中联航也发售了一款踏春季“尊享飞”的随心飞季卡，但并没有引起较大的关注。

2.持续创新比救市更重要

在南航的官方微信上，关于“畅游中国”回归的文章阅读量已经超过10W+，评论区满是欢迎的声音，这在一定程度上是因为用户在过去三年习惯了经常出现的机票“白菜价”，希望能够继续“薅”航空公司的羊毛，甚至有用户留言希望南航推出“畅游国际”，该评论被点赞超过300次。

南航“畅游中国”对旅客的价值显而易见，其价格体系有助于刺激并满足一部分低频旅客的出行需求，唯一需要关注的是南航在具体航线上产品投放的数量，尽量减少购买“畅游中国”产品的旅客因订不到票而产生投诉的情况。但这款产品对于航空公司的价值，就相对复杂了。一般来说，套票类产品因其受众的特性，在航空公司内部饱受争议：这种产品究竟是带来新增客源从而增加收益，还是被原有客源转化而稀释收益？在以前用户身份识别技术不成熟时，这个问题难以厘清，所以从传统观念看，此类产品对于航空公司的价值聊胜于无。

但是，当下全社会都在强调用户运营，凭借成熟的技术和数据能力，对营销渠道和用户进行有效运营，这种创新未尝不是有益尝试与补充。

从用户的角度来看，这种套票产品的确符合一部分非商务旅客“低价、多频次”出行的潜在需求，满足用户需求是产品的重要准则，航空公司更需要考虑产品定价与受众匹配的精准度。

从航空公司收益补充的角度来看，此类产品可以作为原有渠道、旅行社低价客票的部分替代，其直接面向C端的属性使航空公司在获取同等现金收益的同时，能与用户产生更多的互动，给予用户更直接的实惠，有助于提升用户忠诚度。

从民航整体营销服务演化的角度来看，无论是“新零售”还是差异化服务，未来航空公司的产品都应该围绕用户需求进行开发与设计。因此，应该根据不同用户的需求，将每个座位设计成不同的产品，实现一座一价，最大化开发用户价值。目前，航空公司创新产品数量远远不能满足所有用户的需求，套票产品正好可以满足部分低频用户的需求，是座位产品化的有益补充，这也契合民航服务营销演化的方向，预计未来这种产品将不再是疫情时代的特有产物，而是民航产品的标准产品。

总体而言，南航“畅游中国”对于当下的民航业而言，往小处说是在航班淡季补充客源收益的产品，往大了讲也许是后疫情时期机票产品化的又一次探索。尽管“畅游中国”未必完美，但是所有的革新都需“不积跬步，无以至千里”般积累，希望此次南航真的能让旅客畅游。

资料来源：周博. 南航“畅游中国”发售，开始回血的航司为什么还要“随心飞”？［EB/OL］.（2023-03-22）［2024-08-28］.有改动.

6.3.2　辅营业务新模式

从旅客需求的角度来看，人们希望拥有美好的出行体验，这包括机票价格更实惠，航班不延误，值机和托运行李很方便等。航空公司需要根据自身的实际情况，充分利用数据，快速识别旅客需求，预测旅客的潜在需求，针对高端客户推出更加优质的服务，从而提高高端用户的忠诚度，获取高收益。同时，针对普通旅客，顺应潮流，将传统的经济舱打包服务进行拆分，使基础的运输服务价格亲民，去除不必要的餐食、行李等服务，让旅客按需选购。同时，借助移动互联网便利，在获知旅客位置的情况下，推出快速安检、登机口升舱、空中上网服务、机上特色（免税）商品销售等新型的服务模式，既方便旅客出行选购，也有助于辅营业务的收益。（图6.14）

图6.14　航空公司辅营产品

【案例】

重塑航空零售：辅营业务的发展是不可阻挡的潮流

航空公司辅营业务极具增长潜力，将推动航空业变革，为旅客带来更佳的体验，助力航空公司实现收入增长。

辅营产品是航空公司除机票之外提供的其他服务和产品，例如选座、优先登机、额外行李托运以及酒店预订、租车等。过去十年，辅营产品已经从附加服务转变为航空公司平稳运营的基石，在利润空间受挤压、竞争日益激烈的大环境下，成为航空公司的重要收入来源。

如今，越来越多航空公司通过官网直销机票，或者采用NDC（新分销能力）提供个性化产品，辅营产品也呈指数级增长，推动了航空客户服务和体验的深刻变革。为适应新的行业格局，航空公司更注重全面决策，将每个航班的总客运收入作为综合指标进行考量。

航空公司要提升总客运收入，除了提高票价，还可以通过增加辅营收入来实现目标。后者不仅能够为旅客提供更丰富、更个性化的服务，还能进一步推动行业的发展。（图6.15）

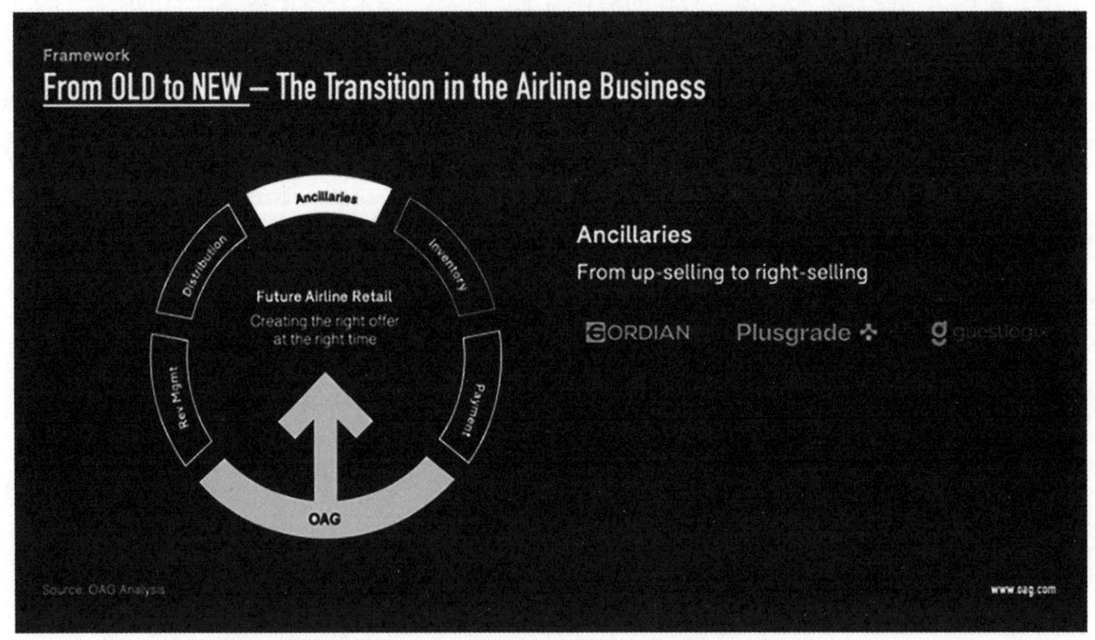

图6.15 航空业业务占比（图片来源：OAG Analysis）

1.辅营收入的重要性

要想真正了解辅营收入给航空业带来的颠覆性影响，我们需要先对其重要性进行定量评估。

辅营收入不仅仅是航空公司的额外收入，其已经成为航空公司实现财务稳健的关键推动力。

航空研究机构IdeaWorks联合B2B技术平台CarTrawler对这种转变进行了全面分析。

在不到十年的时间里，全球航空公司的辅营收入从2013年的426亿美元跃升至2022年的1020亿美元以上。值得一提的是，尽管新冠疫情带来了很大影响，但2022年的辅营收入几乎与2019年的1095亿美元持平。

从图6.16可以看出，航空公司辅营收入增长显著，成为维系航空公司财务稳健的支柱。

从辅营收入占航空公司总收入的比例可以看出，不少航空公司对辅营收入的依赖日渐增强。2022年，辅营收入占航空公司总收入的比例达到15%，达到历史新高。

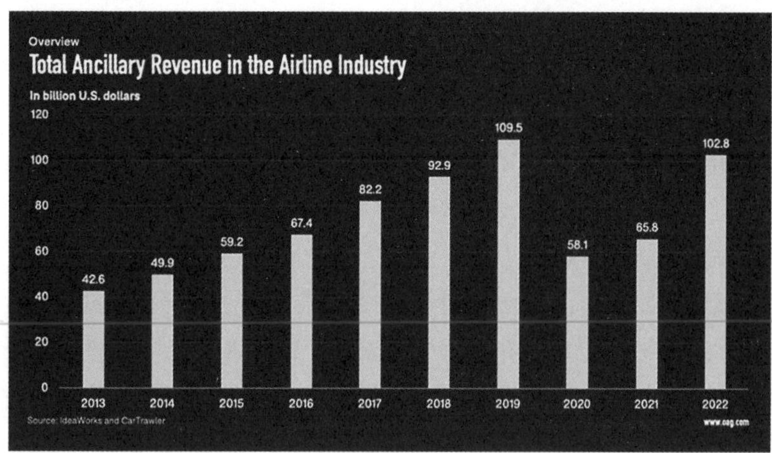

图6.16　航空业辅营业务总收入（图片来源：IdeaWorks and CarTrawler）

这既体现出辅营收入的战略意义，也体现了航空公司着力提升辅营收入的必要性。根据CarTrawler的数据，卡塔尔航空、汉莎集团和法荷航的辅营收入占比分别约为5.2%、8.5%和8.7%，进一步体现了技术进步和新分销模式（如NDC）对于挖掘辅营收入增长的重要性。（图6.17）

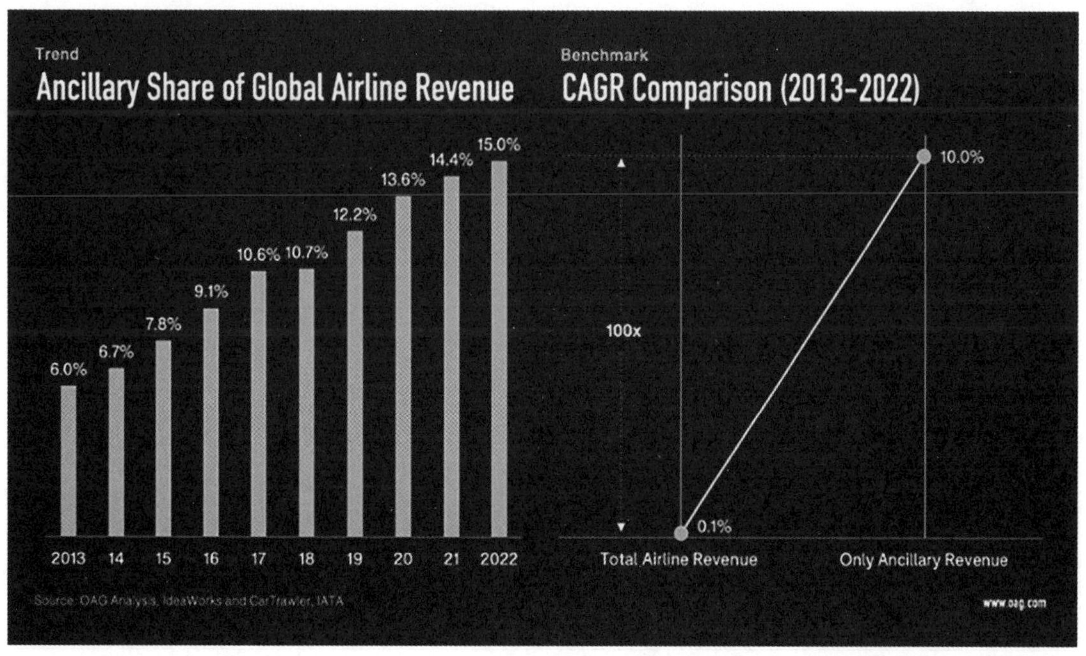

图6.17　全球航空公司收入中辅营业务占比（图片来源：OAG Analysis. IdeaWorks and Car Trawler. IATA）

2.辅营收入增长的推动力

辅营收入的显著增长并非毫无缘由，而是航空业发展趋势和消费者行为转变共同推动的结果。

低成本航空公司（LCC）和超低成本航空公司（ULCC）的崛起：这些航空公司的商业模式推动了整个航空业的变革，他们将基础机票的价格压低到极致，通过提供额外服务获取利润。这些航空公司使辅营收入成为盈利的关键杠杆，并对这种模式进行推广。在这种趋势的推动下，全服务航空公司也开始拆分其航空产品，这种拆分模式由此从低成本航空渗透至整个民航业。

辅营产品分销渠道更广：航空公司一直在拓展辅营产品的分销渠道（包括直销和OTA）。NDC的出现及发展与现有分销体系互补，使辅营产品在各个渠道上的销售更加顺畅。收益管理系统的升级也推动了这一趋势的发展。这些系统不仅有助于帮助辅营产品实现动态定价，也支持连续定价（continuous pricing，全面动态定价）。

消费者心态的转变：市场趋势的变化对消费者的心态也产生了一定影响。如今的旅客似乎更愿意为辅营产品付费。他们已经习惯甚至期望能够根据自己的喜好定制旅行体验。麦肯锡的研究表明，旅客在购买机票时关注的不再仅仅是价格和时间，而Wi-Fi、机上娱乐项目、座位具体信息和布局、准点率，甚至对环境的影响等因素，都会影响消费者的决策（虽然目前不确定他们是否愿意为这些因素买单）。（图6.18）

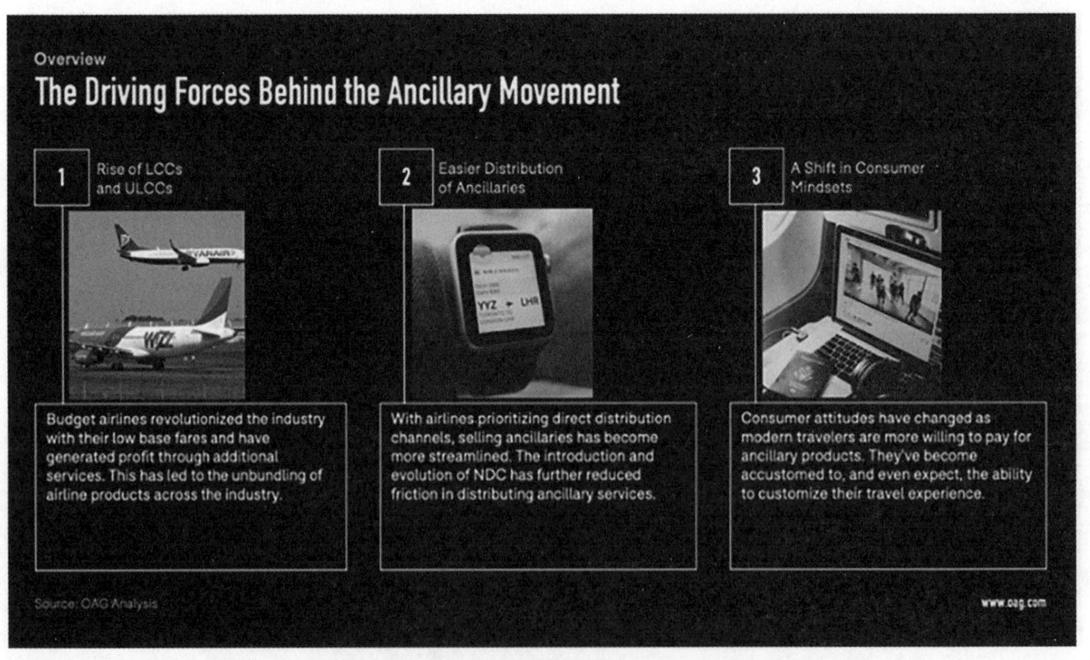

图6.18　辅营业务背后的推动因素（图片来源：OAG Analysis）

综合考虑，这些因素都推动了航空公司辅营业务的发展，为航空公司带来了积极变革，拓展了收入渠道。

在这些趋势的推动下，大多数分析师都预计辅营收入未来会持续增长。

如图6.19所示，辅营收入的增长并未放缓，而且在未来几年将持续保持两位数的增速，进一步巩固其在航空公司营收中的重要地位。

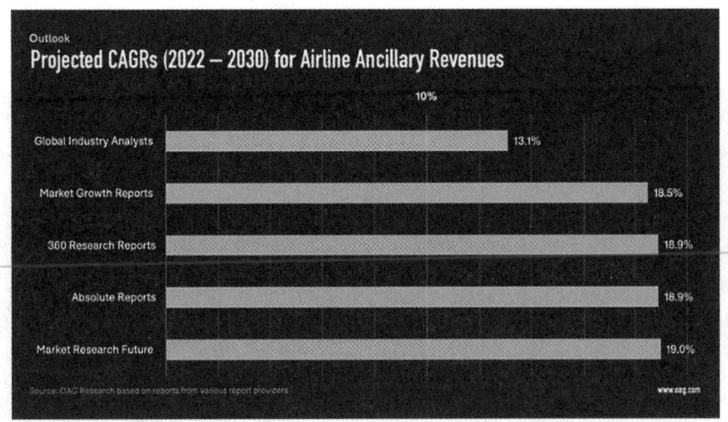

图6.19　辅营业务预计年增长率（图片来源：OAG Research on reports form various report providers）

这种持续增长表明，航空公司战略性投资并升级辅营产品。

深度学习和AI等技术的进步为辅营收入的增长提供了动力。在AI技术的支持下，航空公司可预测消费者行为，提供个性化辅营产品和服务，从而提高收入。随着这些技术的不断发展，它们将发挥越来越重要的作用，推动航空公司通过辅营产品的销售实现盈利。

3.辅营产品的双重作用

辅营产品不仅是机票之上的附加服务，更已经成为旅行体验和航空公司业绩的重要组成部分，重构了航空公司与旅客之间的互动模式，为双方都带来了实际的价值。

对航空公司的益处：辅营收入模式为航空公司提供了强大的零售系统。票价随着供求关系波动，而辅营产品为航空公司收入提供了稳定性，一定程度上降低了全球商业环境的影响。从2023年起，有越来越多的航空公司，尤其是在北美和欧洲等主要市场的航空公司，开始采用“菜单式”（à la carte）零售模式。航空公司将其作为战略工具，以适应市场环境的变化，并提升盈利能力。

对旅客的益处：辅营产品能够提供更个性化和灵活的服务，从而提升旅客体验。通过拆分产品，提供优先选座、升级Wi-Fi或休息室使用权限等附加服务，航空公司能精准满足不同客群的需求。旅客不仅能享受更个性化的服务，而且能够控制支出，仅为自己需要的服务买单。咨询机构Morning Consult的一份调查报告也指出，越来越多旅客认为拆分票价能够帮助他们节省支出，并让他们拥有更多自主选择权。

CarTrawler的数据显示，2013年，全球平均单程票价为306.2美元（按2022年的通货膨胀率计算）。到了2022年，根据国际航协（IATA）的数据，全球单程票价下滑至140.69美元。这意味着，过去十年里，票价降幅达到54%。

2023年，受通货膨胀和宏观经济变化等多重因素影响，机票价格预计将比新冠疫情之前高出35%~50%。而如果以2022年作为参考，数据可能会有所偏离，因为2023年大部分时间里，多个利润更高的长途旅行航线市场仍未恢复运营，拉低了平均票价水平。（图6.20）

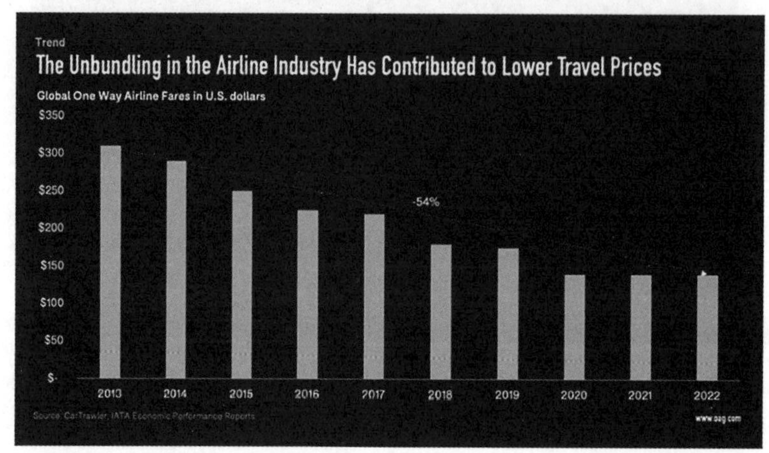

图6.20　全球单程机票价格（美元）（图片来源：Car Trawler.IATA Economic Performance Reports）

4.解码辅营产品：收入增长动力及挑战

虽然辅营业务呈积极发展势头，但是航空公司对于某些产品存在过度依赖的现象仍存在。麦肯锡的数据显示，选座及行李托运服务在辅营业务中的收入占比最高，超过了50%，仅行李费用（包括托运、超重和超大行李及额外随身行李）这一项就占据了辅营总收入的三分之一以上。（图6.21）

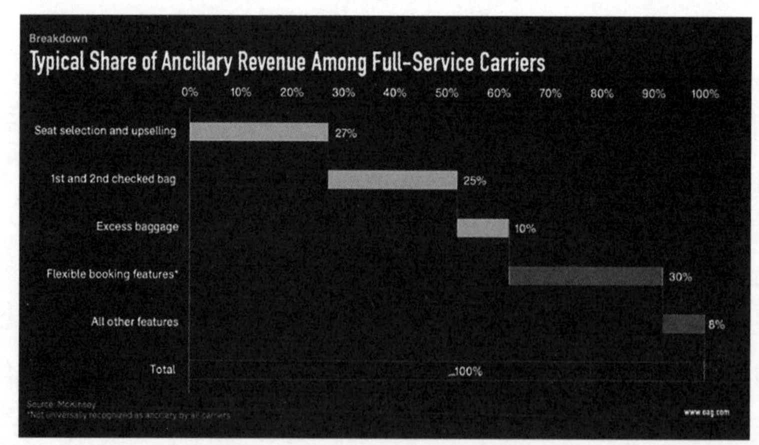

图6.21　辅营收入在提供全方位服务的运营商所占份额（图片来源：McKinsey）

携程子公司——天巡的一项调查也显示了类似的结果。该报告显示，选座和超额行李托运是最受欢迎的辅营产品。（图6.22）

Survey

"In 2023, how likely are you to spend money on any of the following flight upgrades?"

Select all that apply

	%
Pay for seat selection	32%
Insurance	31%
Pay for extra baggage	30%
Better quality of food	28%
More entertainment content	21%
Upgrade to business/first class	21%
Access to airport lounge	20%

Source: Skyscanner　www.oag.com

图6.22　在2023年你有多大可能花钱购买以下任何一种航班升级服务？（图片来源：Skyscanner）

从这些数据中，可以得出两个重要结论：

第一，对于低成本航空公司来说，辅营收入至关重要。部分低成本航空公司可能会对不愿付费选座的旅客随机分配座位。想要坐在一起的家庭和大型团体，则可以付费选座，从而为航空公司带来可观的收入。行李托运服务也是如此。例如，易捷航空、瑞安航空和维兹航空等航空公司只允许旅客免费携带一个可以放在座位下方的行李包，旅客要托运额外行李，就能够为航空公司带来丰厚利润。如此看来，全球辅营收入占比最高的前十家航空公司都是低成本航空公司，也不足为奇。（图6.23）

Ranking

Leading Airlines Based on Ancillary Contribution to Total Revenue

Rank	Name	Ancillary Share in 2021 (%)
1	Wizz Air	56.0
2	Frontier	54.9
3	Spirit	54.3
4	Allegiant	51.3
5	Viva Aerobus	44.8
6	Ryanair Group	44.7
7	Volaris	42.9
8	GOL	33.0
9	easyJet	31.4
10	Pegasus	30.8

Source: CarTrawler　www.oag.com

图6.23　航空公司辅营业务对总收入的贡献排行（图片来源：CarTrawler）

第二，行李和选座占据了主导地位，但很少有其他服务能够跻身前列。为什么会出现这种情况？如Skift的数据所示，仅仅给每个产品或服务贴上单独的价格标签，并不能让旅客为此买单。要想推动辅营收入的增长，航空公司需要在旅客预订的过程中，在合适的时机向其推送有效信息，匹配需求。实际上，有些航空公司曾经尝试向旅客提供行李和选座之外其他一些独特的辅营服务，但并没有取得显著效果。

2012年，精神航空（美国迈阿密市航空公司）试图向旅客收取除了随身行李和托运行李之外的基本服务费用，例如打印登机牌，但该策略引发了旅客的强烈抵制并造成负面传播，精神航空不得不重新考虑该做法。2010年，瑞安航空计划在飞机上推出付费使用的厕所，也遭到类似的抵制，该航空公司不得不放弃计划。辅营收入的主要来源还是选座和行李托运服务。除了这两项服务，其他辅营服务似乎很难带来可观收入，这也意味着，辅营业务有巨大的潜力有待开发。

资料来源：重塑航空零售：辅营业务的发展是不可阻挡的潮流［EB/OL］.（2023-06-21）［2024-08-29］.有改动.

6.3.3　通用人工智能带来的新变化

ChatGPT的横空出世引发了新一轮的人工智能（AI）浪潮，标志着通用人工智能时代的开启。2023年以来，以ChatGPT为代表的生成式人工智能取得了两大突破：一是通用性显著提升，这种通用性建立在预训练大模型的基础上，并推动数据、算法、算力在研发层面功能性的深度融合。二是实现了与自然语言的融合，使人工智能可以真正融入千行百业。随着技术迭代创新，人工智能将在更深层次上广泛赋能政务、新闻、金融、制造等垂直行业领域，不断形成新质生产力。民航业作为信息化程度比较高且行业整体效率要求较高的领域，“人工智能+民航”存在着丰富的应用场景。航站楼内，基于AI的人脸识别技术持续优化，旅客可以更高效地进行安检和通过边检，出示身份证件或登机牌的次数大大减少。这不仅加快了旅客通关速度、减少了安检时长，还提升了安全检查的准确性，既方便了旅客，又提高了安检效率。飞机上部署的数千个传感器持续收集关于飞机性能和健康状况的数据。人工智能技术能够对这些数据进行分析，预测可能出现的技术问题，实现预测性维护，减少意外停飞的风险。同时，这也意味着飞机可以在最佳状态下运行，节省燃油，减少碳排放。除此之外，人工智能技术还在航班调度管理、智能货运物流、飞行模拟培训等民航运行的各个重要节点改变着民航业的运行方式。

当前，航空电子商务聚焦于产品购买阶段，也就是说旅客在购买机票或者预订酒店时，向旅客推荐相关的产品。不论电子商务的形式和载体如何变化，其核心目标还是将产品销售出去。从电子商务的“5R”营销的角度来看，即在合适的时间（Right Time）、合适的地点（Right Location）将合适的产品（Right Product）以合适的价格（Right Price）销售给合适的旅客（Right Customer）。产品没有问题，旅客需求也没有问题，只是在时间上有点问题。旅客到了购买阶段，说明已经完成了旅行的规划，基本已经知道要预订什么样的酒店，买什么时候的机票，租什么样的车，所以旅客到了航空公司官网只希望快速达到目的，这时候给旅客不精准的推荐，成功的概率可想而知。随着新的通用人工智能的推广和使用，尤其是以智能体Agent为代表的应用，理论上Agent可以学习所有的出行知识，结合人们的具体需要，以及目前市场供需形势，学习专家的经验，通过快速收集信息和海量计算，帮人们规划出行程计划。人们无须耗费精力搜集各种信息，只需根据自己的预算，到单一平台完成机票、酒店、租车等的预订。

【案例】

同程艺龙上线VR机场服务，打造智慧机场生态

2019年春运前夕，致力于打造智慧出行服务生态的同程艺龙推出了VR机场服务，旨在为机票用户提供更加智慧的机场消费体验。

目前，同程艺龙在其微信小程序“同程艺龙酒店机票火车”的机票预订频道中上线了VR机场服务，可提供机场内VR导览及VR预订等功能，无锡苏南硕放国际机场作为该服务的首批试点机场，以该机场为出发地或目的地的同程艺龙机票用户可率先体验。实则显示，用户通过点击同程艺龙微信小程序机票频道底部的“贵宾厅”，进入贵宾厅预订页面，定位至无锡苏南硕放国际机场，即可看到机场VR体验及地图浏览入口。

点击“浏览地图”即可看到机场的外景三维图，用户可在此选择地图语言（暂时仅支持中英文切换），点击地图上的“菜单”按钮可以看到公交站、机场停车、贵宾厅、机场餐食等围绕机场的多场景服务。通过点击地图上的“进入室内”可进入机场室内三维导航和VR体验模式。另外，通过点击机场外景地图右下角的航班动态浮窗即可查看相关航班的时刻，还可以进行VR在线选座。

在室内导航和VR体验模式下，用户可以跟着VR地图上的箭头指示快速找到登机口、服务柜台、候机室、餐厅、购物商店等场所。通过点击VR地图底部的“场景选择”按钮可实现在上述不同场景之间切换，快速定位到用户要到达的场所。

同程艺龙的VR机场服务除了VR地图导航功能外，还支持机场消费场景的VR在线预订服务，目前暂时仅支持贵宾厅的在线预订。例如，通过VR导航进入同程艺龙VIP候机室后，通过点击地图上闪动的“贵宾厅在线预订”按钮即可完成预订。目前VR在线预订功能暂未覆盖机场餐食、购物商店等场景。

同程艺龙机票事业群表示，VR机场是同程艺龙打造机票预订多场景智慧服务的一项重要创新，未来将根据用户需要覆盖更多机场。在VR机场具体的服务体验方面，同程艺龙也将会根据用户体验反馈进行优化升级，VR在线购买功能未来会考虑覆盖机场内更多消费场景，为机场商家提供VR营销平台，为用户打造一站式机场VR消费平台，搭建一个智慧机场生态。同程艺龙一直在围绕机票用户出行场景推进智慧服务创新和生态体系打造，已初步搭建了一个涵盖机场接驳交通、机场线下服务、机场消费等场景的生态体系，未来将通过VR、人工智能等技术的应用持续提升该体系的智慧化水平。

公开信息显示，研发、应用VR及人工智能技术打造智慧出行生态，是同程艺龙向ITA（Intelligent Travel Assistant，智能旅行助手）转型的一项长期战略，也是其上市融资的主要用途之一。目前，同程艺龙在语音交互、AI客服等多个方面都有探索，94%的机票订单、75%的住宿间夜已经实现了全自动处理，接近75%的客诉和客户问询都是通过AI机器人完成处理。

资料来源：同程艺龙上线VR机场服务，打造智慧机场生态［EB/OL］.（2019-01-03）［2024-08-29］.有改动.

本章小结

· 航空业已有超过百年的历史，随着技术的进步，航空运输越来越安全、高效、便捷，越来越大众化。本章主要介绍了航空业务的基础知识和航空电子商务的发展历程，结合民航的特点，对航空电子商务发展模式进行分析，并展望了未来航空电子商务领域的趋势。

复习思考题

1.航空业技术密集的特性在电子商务发展过程中的作用是什么?

2.航空电子商务主要系统有哪些?

3.航空公司在移动互联网时代如何继续发展电子商务?

4.站在旅客的角度，航空电子商务目前还有哪些痛点？航空电子商务还应如何改进?

【案例分析】

澳洲航空从“经常乘坐飞机”（Frequent Flyer）到“经常来消费”（Frequent Buyer）

如何为航空公司平台创造与旅客“高频次”的接触行为，苏宁易购的做法对我们有一定启发。苏宁易购以电器销售为主营业务，电器消费为家庭的“大件”消费，消费频次低。为了增加客户黏性，2011年10月31日，苏宁易购正式上线图书频道，上线首年，总销售图书超过1500万册，尽管图书品类可能利润很薄，或者根本不赚钱，但受图书上线影响，苏宁易购整体复购率同比增长30%，吸引新增会员人数近200万人，约90%的会员在购买图书的同时，连带购买了包含家电、3C、百货等其他商品，实现站内交叉转化率超过98%。

航空公司的“高频次”产品是什么呢？澳洲航空（简称“澳航”）通过常旅客计划（Frequent Flyer Program，FFP）的航空里程产品实现了成功转型。

尽管澳航还称不上是一个平台型的公司，但它在客户关系管理上的成就令人刮目相看，它利用常旅客计划成功地吸引了众多乘客以及合作伙伴，2011年澳航在附加服务上的人均收入达到40.91欧元，其中80%以上都来自常旅客计划。

IdeaWorks联合Amadeus连续多年发布了航空公司关于附加服务方面的研究报告，尽可能地分析全世界各种类型航空公司的年度财务报告等资料，得出各个公司在附加服务上的发展情况。我们可以看到澳航在其中的卓越表现。

在附加服务总收入上，澳航仅落在旅客量以亿计的AA、Delta、United Continental之后。而在人均收入上，澳航则是打败了众多以附加服务收入作为主要盈利点的低成本航空公司。在2011年报中，澳航集团将其名下的枢纽航空公司Qantas Airways与低成本航空公司捷星（JetStar）分开做财务报表，我们惊奇地发现一个枢纽航空公司在附加服务收入上高居榜首。

航空公司可以将常客计划中的里程积分作为媒介，构建满足客户所有需求的营销平台，架起与合作伙伴之间的桥梁，同时也吸引旅客来到航空公司平台。

澳航的例子告诉我们，以常旅客计划为起点的转型之路有诸多的优势：在航空公司网站上用多种刺激里程积累的活动建立更牢固的客户关系；联合多行业合作伙伴，扩展客户市场范围；里程作为航空公司网站的另一种通用“货币”，反过来可以推动其他产品（酒店、租车、零售等）的销售，从而构建航空公司服务集成平台的基础。

虽然里程银行并不是一个新鲜事物，几乎所有的航空公司都在采用，但为什么澳航可以达到这种规模和效益?当然系统功能的完备、流程的完善等都是重要的原因，同时我们也要重点关注，航空公司首先需要转变观念，建立起积分不仅是航空公司对旅客的回报，更是航空公司维护客户关系的重要纽带。在这件事情上，航空公司只要努力付出，就有可能得到丰厚的回报。这与“以客户为中心”的理念是完全契合的。航空公司要建立营销平台，就需要将原先的经常乘坐飞机转变成经常来消费。

问题：根据案例，谈一谈航空公司将“经常乘坐飞机的旅客”转变成“经常来消费的旅客”的方式有哪些。

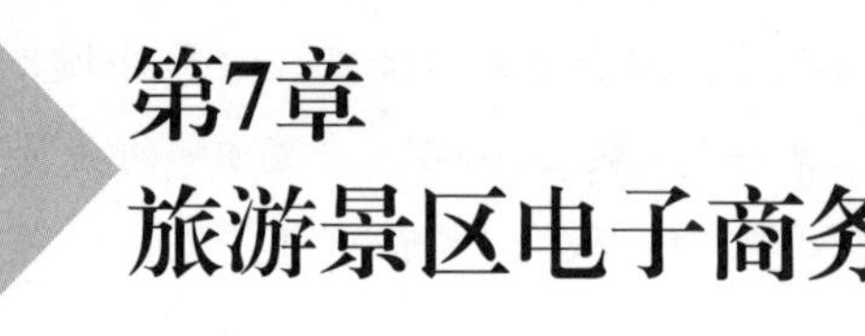

第7章 旅游景区电子商务

【教学目标与要求】

- 理解旅游景区电子商务的定义、范畴、基本内涵和特点。
- 掌握旅游景区电子商务发展概况。
- 了解旅游景区电子商务关键应用系统。
- 了解旅游景区电子商务未来发展的主要趋势。

【知识架构】

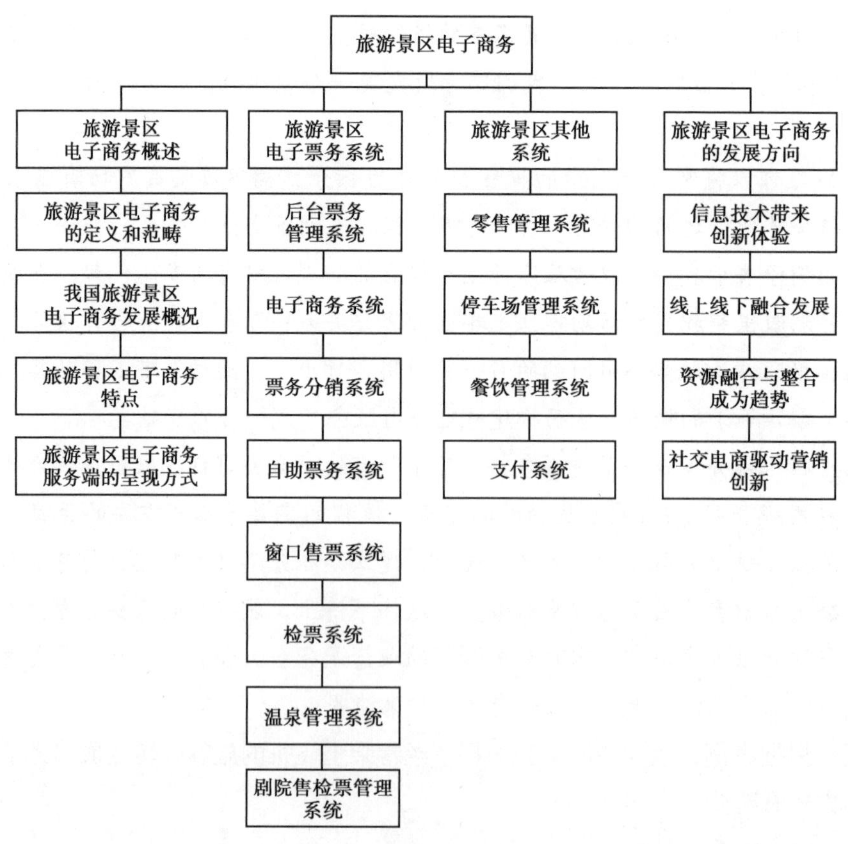

【导入案例】

紧跟技术发展及需求变化，智慧景区，乌镇“有数”

乌镇是一个传统和现代高度融合的景区，传统是因为它保留了原始风貌，留住了乡愁，也是首批中国历史文化名镇、中国十大魅力名镇、全国环境优美乡镇、国家5A级旅游景区；现代则是因为它融合了5G、物联网、大数据、人工智能等先进技术，为游客提供便捷化的服务，更是世界互联网大会永久会址。发展到现在，乌镇已经不仅是一个单一景区，更是一个旅游休闲度假综合体，除景区外，还有酒店、美术馆、餐饮、特产等业态，或自营，或租赁，但都是统一管理。

乌镇的信息化建设是与其发展同步的，大致可以分为基础设施建设、公共服务建设、综合管控建设、大数据应用建设和电子商务建设，且进行时间都相对较早，比如2003年乌镇西栅景区规划建设初期，乌镇就在地下预埋了网络光缆；2006年西栅景区正式对外开放时就向游客提供免费的Wi-Fi服务；2016年就实现了人脸识别技术与门票结合的应用，实现刷脸入园等，那时候业内还只是在探索人脸识别与门票的结合应用。乌镇的信息化建设相对全面，基础设施包括在地下预埋网络光缆、Wi-Fi、广播、视频监控、巡更巡检、智能灯杆、智慧垃圾箱、智能烟感等；公共服务如支持移动支付、智慧出行、信用系统、步行导航、语音导游、一键找点位、行李寄存、宠物寄养、活动预约等服务；综合管控如将景观灯、消防栓、垃圾桶、窨井盖等信息全部放在一张网上，随时掌握它们的运行状态；大数据中心如实现旅游数据统计、客源属性分析、游客行为分析、客流监测预警等，纵向上与国家级、省级、嘉兴市旅游部门以及涉旅企业贯穿联动；横向上与行政综合执法、交通、公安、统计、气象等相关部门、关联行业进行数据交换和共享；电子商务如在线订门票、酒店、餐饮、特产等，且支持扫脸入园、扫脸入住，信用借用雨伞、充电宝、住酒店等。

乌镇建有自营的电子商务平台，有官网、公众号、小程序等渠道，可在线订门票、酒店、美食、会议场地、特产礼品、休闲娱乐、套票，也提供了500元和3000元面额的一卡通电子消费卡，游客可以根据需要预订所需的产品，特产类的还支持邮寄，其中门票和酒店支持刷脸入园、入住。此外，在飞猪、携程、去哪儿、抖音、大众点评等OTA平台、社交平台和生活服务平台上也可以进行门票、酒店、景酒套票、景点联票的预订，甚至可以进行一日游行程预订，实现自营和分销同步。其中门票和酒店因为涉及核销，所以其预订需要实现票务系统和酒店预订系统以及各分销平台的对接，实现线上售票和线下入园、入住的一体化。在“乌镇旅游服务”小程序上还可以进行早客茶的预约。

在智慧出行上，建有智慧停车系统，位于乌镇西栅景区东门口，入口的电子屏可显示剩余车位，通过停车场电梯间的反向寻车系统自助服务终端机则可以找到车辆的停放位置，只需扫码即可支付，方便快捷；在低碳便捷出行上，通过手机扫描二维码，可实现公共自行车租赁，线上支付即可；建有车船智慧调度平台，游客只需在游览车站点扫码输入乘客信息，车船智慧调度平台就能立刻调动附近车辆接送，类似于滴滴打车，全流程在线化；在公共交通出行上，游客可以通过手机应用实时查看所有公交车位置、线路，科学安排候车时间。

乌镇通过与蚂蚁金服合作，开启信用租借模式，芝麻信用评分600分以上的游客，可以在乌镇西栅景区内免押金借用雨伞、充电宝、出入证、婴儿车、拐杖、轮椅等，酒店也提供了免押金信用住服务，芝麻信用借还点已经覆盖乌镇西栅景区游客中心、酒店、餐饮场所等地。

资料来源：智慧景区，乌镇“有数”［EB/OL］.（2023-11-09）［2024-08-29］. 有改动.

【关键术语】

旅游景区　景区电子商务业务流程　景区电子商务营销方式

7.1　旅游景区电子商务概述

7.1.1　旅游景区电子商务的定义和范畴

1）旅游景区电子商务的定义

旅游电子商务是电子商务系统在旅游行业的应用，旅游景区电子商务是旅游电子商务的组成部分，也许是因为上述关系，目前单纯“旅游景区电子商务”的研究相对较少，因此“景区电子商务”的定义能找到的也相对有限。柴寿升等认为旅游景区电子商务是旅游电子商务的重要组成部分，是电子商务在旅游景区管理中的应用，其本质是以旅游景区为核心，通过先进的信息技术手段改进旅游景区的内部管理，对外（包括旅游者和其他旅游企业）进行信息交换、网上贸易等电子商务活动。旅游景区作为旅游市场这个大系统的重要单元，它与整个市场系统必须保持密切的输入、输出关系，并进行大量的资金、服务、信息等的交换[1]。屈晓燕认为旅游景区电子商务指的就是现代电子商务环境背景下，通过整合旅游企业各方面资源，借助先进的计算机互联网技术、通信技术为平台，传播、推广旅游景区信息，在线发布与销售企业产品，分享出游体验的一种网络运营模式[2]。唐玉兔

1　柴寿升，鲍华，赵娟. 旅游景区电子商务典型发展模式研究 [J]. 山东社会科学，2010（9）：131-134.

2　屈晓燕. 旅游景区电子商务典型发展模式及创新分析 [J]. 科学中国人，2014（6）：92.

认为，旅游景区电子商务是通过计算机、通信等技术将旅游景区相关产业要素串联为整体，为游客提供各种服务的旅游商务活动[1]。百度百科上的定义是：景区电子商务系统是通过先进的信息技术，以风景名胜区为中心，整合景区门票、酒店、餐饮、娱乐、交通、观光车、演出表演等各方面相关资源，可为游客提供饮食、住宿、出行、游玩、购物、娱乐等全方位高质量的个性化旅游服务。

结合上述定义以及编者的理解，本书将旅游景区电子商务定义为：以电子设备为载体，以互联网平台、信息化、通信技术和电子支付为依托，将景区交易需求和电子商务相结合，通过官方网站、移动应用、社交媒体及第三方旅游平台等渠道，实现吃、住、行、游、购、娱、研、学、养等旅游景区要素资源的在线交易和管理，包括但不限于产品发布、在线预订、支付结算和客户互动等环节，旨在提高游客体验并优化景区运营效率。

2）旅游景区电子商务内涵

旅游景区电子商务的建设，其本质就是以旅游景区为核心，通过先进的信息技术手段改善旅游景区的内部管理，对外包括与旅游者和其他旅游企业进行信息交换、网上贸易等电子商务活动。旅游景区电子商务在以游客为中心的起点上，实施依靠两个基础：一是旅游产业及互联网发展环境，二是游客实际需要。

旅游产业及互联网发展环境逐渐成熟。个性化、特色化、多样化旅游消费渐成主流，自助游、自驾游持续攀升。深度体验渐成主流，市场竞争正逐步转向以产品质量、服务质量和差异化为主的产品和服务。互联网上的订单越来越多，景区在售票处放置各家OTA提供的众多设备，给景区换票窗口的工作人员带来了越来越大的压力。每一家的二维码码制不同，结算方式不同，也给游客和景区造成了很大的不便。通过新技术可以把这些设备统统替代掉，统一管控：权限管理、系统设置、订单管理、财务管理、市场管理、售票管理、终端管理、报表管理；统一规范：对接各类互联网在线销售渠道；统一落地：游客预订电子票后，通过短信或彩信发送电子票给游客，游客通过二维码或者身份证通过窗口统一换票或者通过闸机验票直接入园。

游客的实际需要更趋多样化。轻点手机，旅游资讯、旅游线路全在掌握，酒店查询、下单，还可看到景点的客流量情况，调整自己的出游计划——A级以上景区实现无线宽带网络覆盖成为普遍现象，移动客户端逐渐普及。携程、同程、途牛、欣欣旅游、微天下、游多多、一村网、周末去哪玩、一块去旅游、去哪儿、飞猪、途家网、驴妈妈、马蜂窝、酷旅网、美团网等旅游电商成为景区重要的分销渠道。

3）旅游景区电子商务的范畴

什么是旅游景区电子商务？所有依托电子设备开展景区要素资源的交易活动都属于旅

1　唐玉兔. 旅游景区电子商务发展策略分析[J]. 西部旅游：2022（23）：73–75.

游景区电子商务的范畴，包括线上交易和线下引导到线上交易的所有交易活动。结合上述旅游景区电子商务的定义，满足以下三个条件的都可以算作是旅游景区电子商务活动，第一个是以电子设备为载体，包括电脑、移动端和固定设备；第二个是电子支付，即无现金交易；第三个是完成旅游景区要素资源的交易。纯电子支付不算是旅游景区电子商务的范畴，比如景区内店铺买瓶水，是移动支付，就不属于旅游景区电子商务活动，但是在移动售货柜上完成的购水活动就属于，因此三个条件缺一不可。

7.1.2　我国旅游景区电子商务发展概况

1）我国旅游景区电子商务发展历程[1]

无论是国内外，旅游景区电子商务的发展都是伴随着旅游电子商务的发展而发展的，是旅游电子商务的重要组成部分，由于能找到的关于国外旅游景区电子商务的资料相对有限，就不作展开，主要介绍国内景区电子商务的发展历程。但总体上来说，由于国外旅游电子商务的发展先于国内，国外景区电子商务的发展也会比国内早四五年左右，阶段的划分是大致相同的，只是时间略早几年。

萌芽阶段（1996—1998年），国内互联网开始普及，一些旅游企业开始尝试在线提供旅游信息服务，为旅游电子商务的后续发展奠定了基础，如1997年创办的华夏旅游网，标志着国内旅游电子商务预订网的兴起，但应用还非常有限，景区层面更是。

起步阶段（1999—2006年），旅游电子商务市场开始进入实质性发展阶段，一方面国内旅游电子商务的发展，尤其是OTA的创立，对景区电子商务的发展起到了推动作用，如1999年携程和艺龙的创建，2004年同程创建，2005年去哪儿创建，2006年途牛创建。另一方面是官方的要求，2003年改版的《旅游景区质量等级的划分与评定》明确提到了电子商务建设的要求。这一时期一些知名景区开始探索电子商务应用，但更多的是在B端分销上的应用，面向C端游客的应用还不是非常普遍。

高速发展阶段（2007—2016年），随着电子商务技术的成熟、消费者认知的提升以及电子支付的发展，更多的景区开始建立自己的官网电子商务平台，提供面向B端和C端的在线预订、购买等服务。这个时候旅游景区电子商务更多的是电脑端的应用，部分景区结合公众号以H5的方式提供在线购票服务，另外就是通过OTA平台的分销。

创新探索阶段（2017年至今），随着大数据、云计算、人工智能等技术的发展与应用，旅游景区电子商务进入高速发展的黄金时期，开启智能化、个性化的新阶段，开始探索更多新模式。尤其是2017年小程序的诞生，票务系统加前端小程序入口成为票务系统重要的组合形式，A级景区、大型非A级景区基本上都提供了自建的在线购票应用，极大地方便了游客。

1　中国旅游研究院：《中国旅游电子商务发展报告》。

2）我国旅游景区电子商务的发展现状

多渠道、多形式融合发展。目前大部分旅游景区电子商务的建设和应用都不仅限于一个平台或一个渠道，自营和分销同步开展，自营包括PC官方网站、小程序或者基于公众号的微官网，分销除了自建的与旅行社的合作系统外，还有携程、去哪儿、飞猪、同程、途牛等各OTA渠道，当然也不排除某一个OTA做独家的情况，但是这种情况很少。此外，线上线下的融合发展也是趋势之一，依托自营的电商平台开展线上线下联合宣传推广活动，或者依托OTA平台本身的营销活动，进行线上线下的联动，加强线下服务和设施的完善。这种融合发展使景区更加多元化和智能化，为游客提供了更加丰富的旅游体验。

与营销相结合成趋势。无论是自营平台，还是OTA分销，抑或是所在地目的地整合营销平台，与营销相结合都是各平台发展的趋势。大部分景区的目标都是吸引更多的游客，从而带来更多的收益，那么清晰的游客画像能为营销决策提供有力支持。因此依托于各平台自身积累的数据，无论是大数据还是小规模数据，进行数据分析和应用，洞察游客需求和偏好，辅助营销决策，是各平台追求的目标，也是发展趋势，最终目标是为每个目标客户提供满足需求的个性化产品和服务。

不断探索新技术应用。旅游景区电子商务虽然只是基于电子设备开展的要素交易，但随着技术的发展，会有不同的应用结合方式，比如门票销售的方式、形式，甚至是产品本身，随着新技术的产生，景区也在不断探索其在旅游景区电子商务上的应用。

比如信息技术深化应用带来的分时预约，景区实名分时预约已经在大部分A级景区落地实现。区块链技术应用带来的数字藏品门票，据海鳗云统计，截至2022年5月份，2022年度发行数字藏品中5A级景区共计41家，约占5A级景区总数（306家）的 13.4%，其中圆明园、黄山、泰山、嵩山少林寺、华山景区截至统计日期，进行了两次及以上藏品的发行。5G、云计算、人工智能、虚拟现实、区块链、数字货币、物联网、人机交互技术结合带来的元宇宙，2023年上线的泰山元宇宙沉浸式体验空间《幻境泰山》，通过立体成像、3D投影、交互体验等手段，将泰山元素与视觉呈现融合，为游客带来开放式、沉浸式数字体验[1]。《幻境泰山》就是作为一个独立的体验项目，可在官方公众号和美团单独购票。

3）我国旅游景区电子商务存在的问题

发展不均衡，地区差异大。不同地区的旅游景区电子商务发展水平存在显著差异，一线城市和发达地区受大环境影响，旅游景区电子商务起步早、发展快，并不断探索和新兴技术的结合应用。而一些偏远地区或经济欠发达地区，由于基础设施不完善、缺乏相应的技术支持和人才储备，旅游景区电子商务则相对滞后，甚至一些5A级景区也只能提供最

1　震撼！数字沉浸式展演《幻境泰山》盛大开幕［EB/OL］.（2024-01-10）［2024-08-09］.

基础的门票电子商务服务。

服务内容单一，且缺乏创新。旅游景区电子商务平台的建设很多都是抄袭，无论是PC网站还是小程序抑或是微官网，从形式上、布局上看基本都一样，且和OTA类似。从功能上也是大同小异，以在线售票和信息查询为主，产品基本上都是围绕着景区门票或者演艺票类核心吸引物的销售，顺带提供其他要素的在线交易服务，且产品更新、维护有限，缺乏多元化、个性化的服务。

运营能力不足，难以发挥作用。旅游景区电子商务平台普遍都存在重建设、轻运营的情况，很多景区开展电子商务平台建设是为了完成既定任务，上线即“下线”，完成任务之后不再运营。即使持续运营的，使用率也相对有限。艾媒咨询发布的《2021中国景区门票预约服务专题研究报告》提到2020年景区门票线上化率仅为22.4%，中国旅游研究院发布的《2022年全国旅游景区门票预约大数据报告》指出全年景区平均预约率为53%，除了像故宫这种已经全面要求在线预约的景区外，其他景区自营平台的使用率相对较低，尤其是一些小景区。

7.1.3 旅游景区电子商务特点

1）基于景区的旅游电子商务与其他领域的合作

景区围绕游客需求，在旅游产业市场方面，旅游景区电子商务与旅游产业链间的各环节进行整合，实现旅游景区规模效益。旅游景区的开发会催生大量相关的旅游企业，如酒店、旅行社、旅游交通等，然而，这些企业普遍存在着规模小、整体服务质量低、市场竞争无序等问题。开发旅游电子商务，可有效缓解旅游信息的不对称，增加市场透明度，整合旅游资源，树立旅游服务品牌，实现产业链的整合和优化；可以降低旅游景区的运营成本，提高市场营销效率。为拓展业务，增进与协作企业的共同发展，旅游景区必须与各业务相关者保持密切联系，通过景区电子商务系统可以顺畅地进行交流沟通，而且费用低廉，从而有效地降低旅游景区的营销成本；通过电子商务系统提供的先进平台，旅游景区能够广泛地搜集各类信息，如旅游者需求动向、相关旅游企业情况、旅游市场热点等，同时也可以将自身信息如服务项目、营销活动等及时迅速地传播出去。这不但提高了信息传输的通达性，还具有传统媒体不具备的交互性和多媒体性，可以实时传送声音、图像、文字等信息，直接为信息发布方和接收方架设起沟通桥梁，促进旅游景区市场交易效率的提高。

在旅游消费市场方面，旅游景区电子商务与非旅游企业间广泛合作。当前个性化、零散化的旅游消费正逐步取代传统的团队旅游，旅游景区电子商务可以全天候跨地域地为散客旅游者提供旅游景区预览和决策参考信息。旅游者可以通过互联网提供的可视、可查询、可实时更新的信息搜寻自己需要的旅游产品；旅游景区可以在与潜在旅游者交流沟通的基础上，根据旅游者个人偏好和要求设计旅游产品，提供个性化的旅游方案，使旅游者获得更大程度的满足和被重视的心理好感，为企业赢得更多的利润空间。

2）景区电子商务的新应用

旅游景区电子商务的新应用可以满足旅游者个性化需求，提高旅游自由度。新的旅游景区电子商务的实施是借助物联网、互联网/移动互联网、虚拟现实等技术，通过软件系统的应用和数字化网络的部署，建立起便捷的旅游商务体系和高效的景区管理运营体系，在“以应用体验创新满足游客体验需求”的过程中，实现旅游景区经营资源和服务设施相统一的作业体系，进而促进旅游景区的效益化经营和可持续发展。

【案例】

数字藏品赋能旅游景区

数字藏品是指使用区块链技术，对特定作品、艺术品生成的唯一数字凭证，在保护其数字版权的基础上，实现真实可信的数字化发行、购买、收藏和使用。数字藏品门票是区块链技术在景区门票上的应用，借助区块链技术，为每一张门票生成一个独一无二的数字凭证，同时融合景区独特的风光或文化元素，兼具艺术性和数字化，使门票具有纪念和收藏价值，并确保门票真实性和不可篡改性。

数字藏品门票不仅具有传统门票的功能，比如作为进入景区的凭证，还能为游客提供更多个性化的服务和体验，比如游客可以通过手机或其他设备随时查看、分享自己的门票，甚至参与一些与门票相关的互动活动。对于景区来说也是一种创新的营销手段，通过限量发行、限时抢购等方式，能够吸引更多游客的关注和参与，提高景区的知名度和影响力。

据海鳗云统计，截至2022年5月，2022年度发行数字藏品中5A级景区共计41家，约占5A级景区总数（306家）的 13.4%，其中圆明园、黄山、泰山、嵩山少林寺、华山景区截止到统计日期，进行了两次及以上藏品的发行。这些景区发行数字藏品共计50次， 124款，约73万份，发行金额累计近2100万元。

数字藏品作为一种数字化文创新形态，更易于将传统文化以更年轻化的方式展现出来。如圆明园推出的“创世徽章”“并蒂圆明”两款数字藏品，融合了多个圆明园代表性的文化元素，并以创意设计进行呈现，如“创世徽章”正面为星河照耀的圆明园大水法，背面的清宫插屏画中是荷花与圆明园四十景之万方安和构成的夏日怡景，塑造了瑰丽的皇家园林气派。（图7.1）

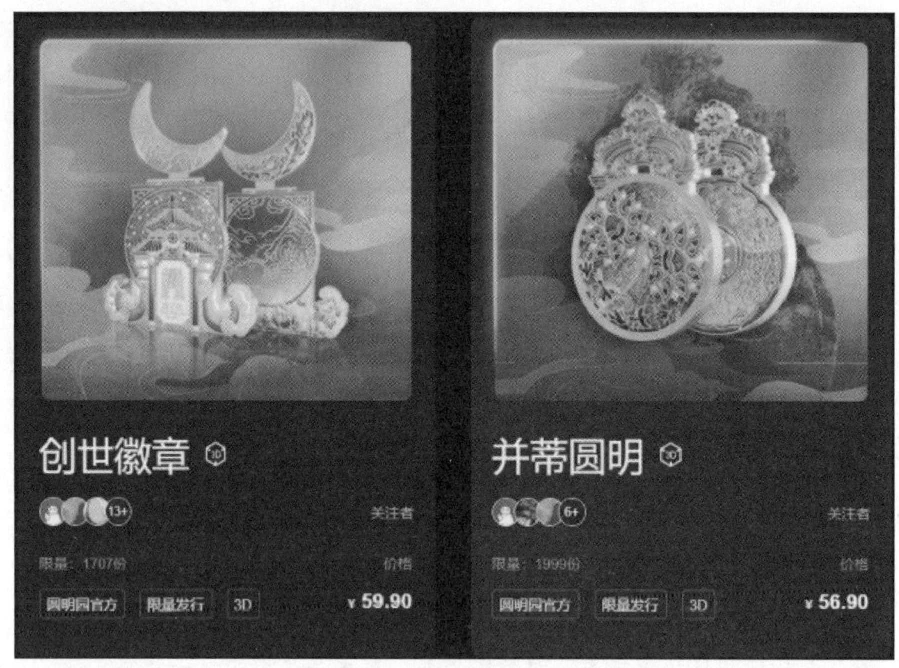

图7.1 圆明园数字藏品

数字藏品是景区的衍生物，既可赋能传统文化，又能迸发新的商业能量，数字藏品不仅能观赏、可收藏，还能带动景区线上线下互动，如购买“数藏大理·崇圣寺三塔”的收藏者可享受门票、索道、游船、购买文创产品等优惠，购买江苏镇江金山焦山北固山旅游景区推出的数字藏品《游在镇江》，可获得手绘数藏图、景区门票、酒店住宿、特色文创袋等礼品。

资料来源：数字藏品赋能旅游景区［EB/OL］.（2022-11-18）［2024-09-04］.有改动.

7.1.4 旅游景区电子商务服务端的呈现方式

1）电脑端

电脑端即PC官方网站和应用，电脑端的应用包括面向游客和面向分销渠道两种，虽然随着移动信息技术的发展，面向游客侧的应用在慢慢减少，但是面向旅行社、OTA等分销渠道还是以电脑端为主。面向游客侧的应用就是大家常见的各类官方网站的电子商务模块，提供景区门票或者相应要素的在线预约。面向旅行社等分销渠道的操作界面通常是以后台的形式进行展示，包括充值、选择产品、填写导游信息、填写游客信息或游客名单导入、选择产品数量、确认订单、支付或扣款、订单管理、导游管理等功能。（图7.2）

图7.2　长隆旅游官网售票系统页面截图

2）移动端

移动端包括基于自建的App或微信、支付宝、抖音等第三方平台建设的官方旅游景区电子商务平台，实现景区与游客的在线互动，即时推送最新商品消息给目标用户，实现景区电子商务功能，免去窗口排队购票的烦琐步骤，可直接用于进门核销，同时为景区扩展了销售渠道。

主要功能模块有：基础设置（关注设置、文本回复、图文回复、语音回复、LBS回复、回答不上来设置等）；官网管理（分类设置、活动设置、宣传栏图片设置、模板选择等）；电商管理（DIY宣传页、微相册、团购设置、商城设置、通用订单、在线收款接口等功能）；活动管理（问卷调查、报名、预约、幸运大转盘、优惠券、刮刮卡等互动设置及数据查看）；会员管理（会员卡设计、会员详情、会员特权、积分设置、在线开卡、会员资料查看）。（图7.3）

图7.3　故宫博物院小程序购票页面截图

7.2　旅游景区电子票务系统

旅游景区电子门票销售管理系统可以将产品采购、分销、收款、发票、验票等票务业务流程统一整合至系统平台，让景区、分销商、游客能够通过票务系统快速发布产品、进行交易、获取票证、利润分成。通常成熟的景区票务系统会支持常规景区票务、影剧院类票务、滑雪场类票务、溜冰场类票务、温泉类票务，并支持观光车、游船、索道等交通类票务。除单类型票务外，也可进行组合票、联票等类型的产品组合。

一般情况下，旅游景区的电子票务系统是由几大系统组成的，通常包括后台票务管理系统、前端电子商务系统、分销系统、自助票务系统、售票系统和检票系统，同时为了满足在线交易、对账、查账的需求，还需要支付系统提供支持。随着技术的进步，上述几大子系统的耦合性越来越弱，后台票务管理系统、售票系统和检票系统是实现票务流程闭环的必选系统，电子商务系统和支付系统都是可选的。

7.2.1　后台票务管理系统

后台票务管理系统是景区票务管理人员操作的界面，主要是景区票务产品管理、价格配置、检票类型配置、分销渠道、价格分组、订单管理、统计分析、对账结算等功能，以对景区门票的类型、价格、销售渠道等进行管理，各功能描述如下文所述。

1）组织架构管理

企业管理：景区信息的维护，可以进行新增、修改、删除，并维护景区部门信息。

部门管理：对景区的组织架构进行详细划分，在部门管理模块中可以新增、修改、删除部门信息，维护部门的员工信息。

员工管理：对部门中的人员信息进行管理维护，增加登录后台系统人员，进行新增、修改、删除员工信息，并对员工的登录密码、认证码进行初始化。

日志管理：查看后台日志、前台日志、订单日志、IC卡操作日志。（图7.4）

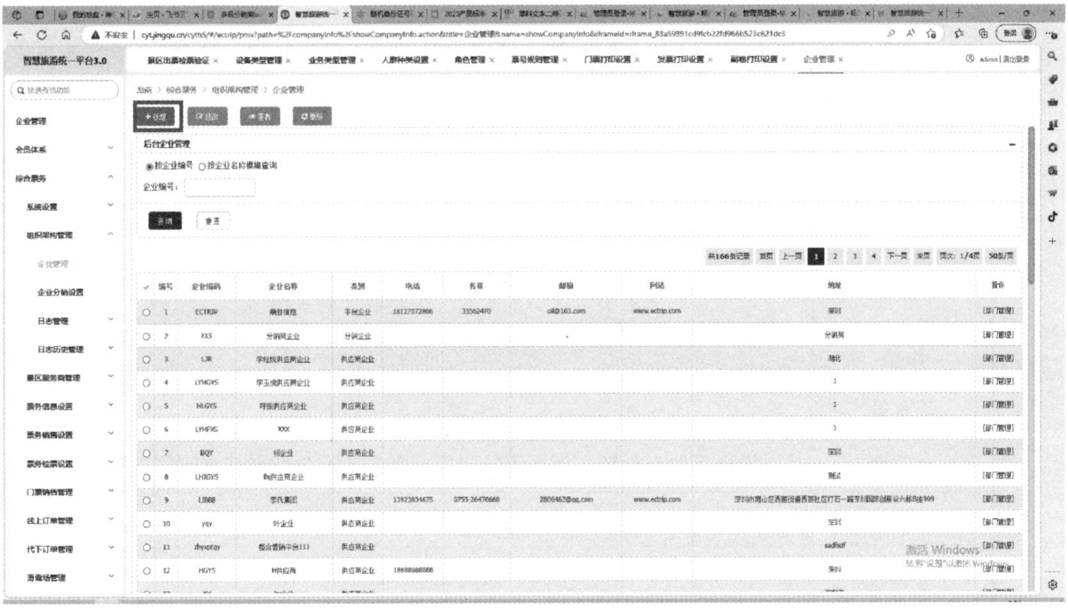

图7.4　票务系统景区企业管理

2）景区服务商管理

景区服务商设置：设置景区服务商的信息，进行增、删、查、改操作，并进行预订天数、退订、打印回执、打印发票、消费日期修改、核验方式等功能配置。（图7.5）

设备类型管理：配置对应服务商的设备类型，如闸机、手持机、售票电脑、自助机等。

业务类型：配置对应服务商能够开展的业务类型，如散客业务、旅行社业务、接待业务等，业务类型可以按照企业实际的运营进行自行管理与维护。

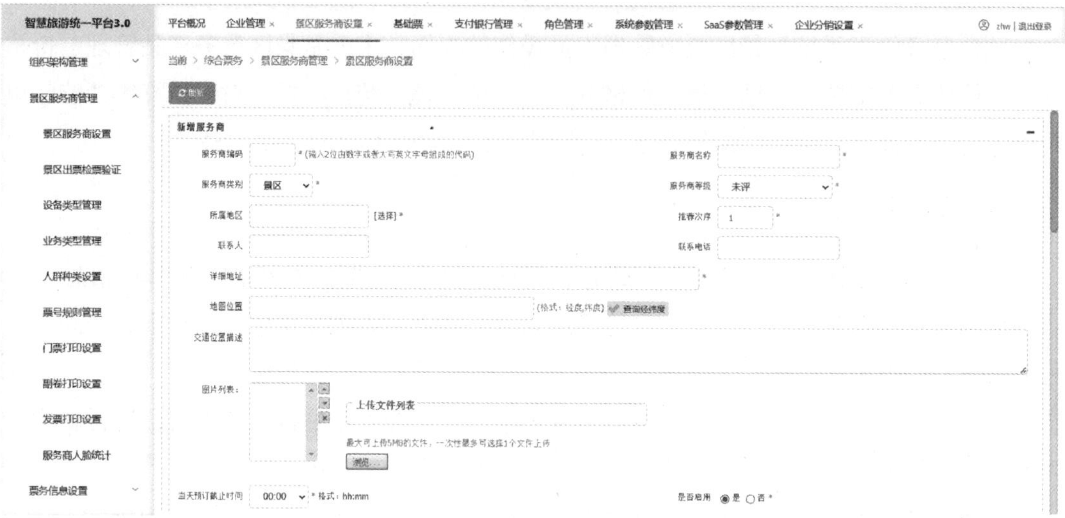

图7.5　票务系统景区服务商设置

门票打印设置：设置打印门票上显示的信息内容，如票种、人次、价格等，可配置的内容如表7.1所示。

表7.1　旅游景区服务商管理系统功能

选项名称	选项描述
票种	对应产品名称，在票务管理中维护票产品时的产品名称
人次	显示票包含的人次数，主要是针对一票多人
价格	实际售价时的价格
流水号	票号
有效期	票售出后的有效期，如果不设置检票激活，有效期默认为浏览日期
竹筏时间	针对竹筏票使用时间
竹筏趟次	针对竹筏票的趟次
导游名称	带团导游名称
旅行社名称	订单的客户名称
客源地	客源地信息
订单号	此票销售时的订单号
游客类型	人群种类名称
有效票类	组合票中包含了哪些基础票
身份证	针对实名制的票显示证件号码

3）票务信息设置

票务产品设置：分为基础票管理与组合票管理，基础票都是单景区的门票产品，组合票是多景区、服务商组合的新产品。票务信息设置是为景区增加票信息，设置票的属性及其价格管理。

检票方式设置：检票方式分为一票一人的票或者一票多人的票。如果是一票一人的票表明售票时必须是每人一张票，而一票一人的票对应的检票方式只能是一检一人。一票多人表示几个人可以共同使用同一张票，即在售票端一次性出售多张票只打印出一张票，一票多人的检票方式包括一检一人和一检多人，一检一人表示刷一次票进一个人，一检多人表示刷一次票进多人，这里的多人主要决定于一票多人中有几个人。

出票方式：现场打印、现场激活，现场打印表示在票介质上售票时打印票种、票号、条码。现场激活即提前预制好的票，未激活（售出）前是无效的，只有售出时激活后有效，激活才能使用的票分为两种：预制票和IC卡。

价格管理：配置不同产品的价格，以及对应价格的分销渠道和有效期等。

游客黑名单：配置黑名单游客信息。

价格分组：同一个门票产品可以根据分销渠道的不同设置不同的价格分组，同一组的分销商享受同一个价格。

退票规则管理：设置退票时收取退票手续费、退票时间等；如果没有设置则表示退票时不收手续费，没有限制规则。

售票优惠管理：针对线上的旅行社以及线下的散客旅行社优惠的规则设置，主要是免票优惠，设置哪些票可以优惠，优惠的基数，即多少张可以免1张。（图7.6）

图7.6　票务系统票务产品管理

4）窗口售票设置

窗口售票设置是指景区窗口人工售票的相关设置，通过配置可以控制哪些窗口可以售票、可以售哪些票、可以售票的哪些价格；每个售票员可以售哪些票、可以售票的哪些价格等销售的权限。一个售票员登录售票电脑后，所能售的票的权限是此售票的权限与此售票电脑权限的交集。（图7.7）

图7.7　票务系统售票窗口管理

窗口支付信息配置：用于配置窗口及自助售票设备的在线支付。

售票点管理：配置景区售票窗口的信息，如东门售票窗口、北门售票窗口等。

售票电脑管理：配置不同售票窗口的售票电脑，包括电脑的MAC电子、窗口代码、售票站点以及对应售票电脑能销售的票务类型等信息。

销售权限管理：配置不同员工销售的产品类型及价格。

5）票务检票管理

检票管理即配置不同园门的检票方式，如人脸识别、二维码检票、纸制票等，具体如下：

园门管理：当一个景区有多个园门的时候，可以配置不同的园门信息。

检票方式管理：根据不同的园门，配置不同的检票设备，如闸机、手持机、检票软件等，并根据设备配置不同的检票方式，如人脸识别、二维码检票、纸制票等。

检票设置管理：设置各种票的使用规则，设置方法就是设置票在各园门的验票规则，验票都是按次数进行验票消费。能够验票的前提是有效票，不能是过期票、未激活的票等。如果票没有在园门下配置，则表示此票不能在此园门下使用。

身份识别类型：验票时是否要加身份认证，没有则选择无。指纹验证表示第一次使用票时需要登记指纹，登记成功后，系统会把登记的指纹与此票绑定，后续再用此票时会提示请验证指纹，验证通过后才予以放行。人像抓拍表示第一次使用票时闸机会抓拍使用者照片，系统会把抓拍的照片与此票绑定， 后续再使用此票时系统会调出照片为检票人员参考。

员工卡证管理：员工入园卡证管理，需提前在景区人员管理中进行人员维护，选择对应员工卡，一般可分为身份证、IC卡、二维码三种类型。（图7.8）

图7.8　票务系统园门管理

6）用户管理

管理注册的相关用户，包括散客、旅行社、导游等，每个客户都属于某一种业务，享受此业务的销售政策。注册用户管理是可以在后台增加、修改、禁用客户信息的同时提供对客户信息进行审核、找回密码等功能。

散客用户管理：通过前端电子商务平台注册的游客，要想在前端下单，就必须在对应的平台上注册，注册后系统会自动为此用户建一个账户。散客注册是不需要审核的，在后台主要是能查询用户信息及帮助用户重置密码。

旅行社用户管理：旅行社业务下的客户，享受旅行社业务下各产品的价格（在价格管理中设置的价格信息，当然针对其他服务商的产品也是如此），后台实现的主要功能是对在电子商务网站上注册的旅行社用户进行审核确认，在未审核旅行社注册用户是不能登录的。

导游用户管理：新增导游信息，可进行增加、修改、删除等功能。导游用户需要进行审核才能有效使用。（图7.9）

图7.9　票务系统用户管理

7）订单管理

订单查询：可根据游客信息、订单编号、订单状态等查询订单信息，点击具体订单可查看订单明细详情，包括订单所包含的产品、出票检票信息。

订单导出：根据一定的条件，导出订单信息，以供核对。

员工代下单：适用于景区外来工作人员临时入园，景区申请部门填写临时入园人员相关身份证信息后可直接入园。

临时员工审核：景区决策部门审核申请部门填写的临时入园人员信息，审核通过后临时员工可以入园。（图7.10）

图7.10　票务系统团队管理

8）团队管理

团队类型管理：成团人数、实现票务价格优惠的设置。

成团条件管理：成团人数、游玩天数等设置。

团队价格管理：根据成团人数的不同，配置不同的价格。（图7.11）

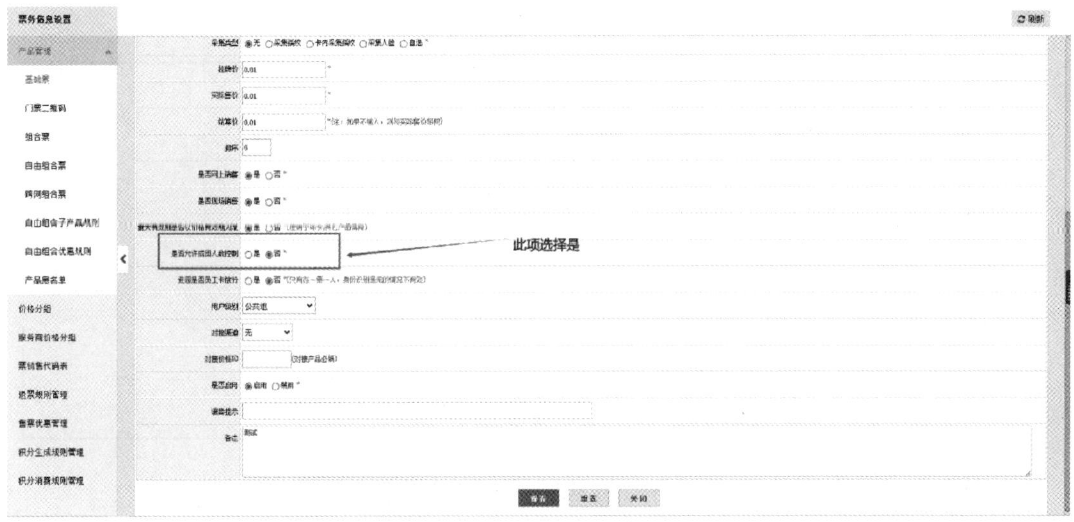

图7.11　票务系统售票报表查询

9）售票报表查询

根据售票站点、售票窗口、售票人员、分销渠道等查询销售报表，可设置日、月、年等报表查询维度，也可自定义查询范围。（图7.12）

图7.12　票务系统检票报表查询

10）检票报表查询

查询对应园门、售票站点、售票人员等信息查询检票信息，或者对应游客信息、订单信息查询检票信息，包括检票人数、检票时间、检票设备等。（图7.13）

图7.13　票务系统售票站点查询

7.2.2　电子商务系统

游客通过景区自营前端进行在线交易的界面，一般情况下也会单独配置后台管理界面，包括产品管理、用户管理、订单管理、数据统计分析等功能，可进行票价设置、门票开放时间设置、每天预订数量限制设置、每人最大预订数量等限制条件设置。前端游客在注册并填写身份信息后，可选择一种或多种门票，以及出票日期数量、取票日期等，然后进行在线支付，基本功能模块包括会员管理、资讯发布、访问统计和分析、广告管理和发布、天气预报模块、综合管理模块、门票预订等。

1）前台预订

（1）门票预订

目的地景区划分以及票价页面，各类门票预订开放的时间页面，每天预订数量限制页面，每人最大预订数量限制页面，由后台管理功能进行设置呈现。游客在注册并填写身份信息后，可选择一种或多种门票，以及出票日期数量、取票日期等，然后进行在线支付。门票预订系统能完成整个预订、支付等交易流程，为个性化的游客提供轻松的旅行服务，所获得的预订信息，也将作为游客流量预测系统中用于分析的重要原始依据之一。（图7.14）

图7.14　阿坝旅游网票务预订图

（2）线路预订

发布目的地旅游线路产品信息，包括组团方式、出发/返回日期、价位、每天可预订的数量等信息。用户在注册并填写身份信息后，可选择某个旅游线路产品，明确出行日期、出行人数、出行天数等相关细节，然后进行在线支付。

（3）酒店预订

管理各种规模的酒店住宿机构，每个经营户都有专门的网站页面或频道来介绍商家的资质、特色、荣誉、文化，展示酒店内部设施或房间的全景动画，并在指定页面或频道发布相关的预订信息，包括套房规格、数量、价位、每天预订的数量等信息。用户在注册并填写身份信息后，可选择订房日期、数量、规格、预计退房日期等，然后进行在线支付。经营酒店的商家除了可以提供住宿预订外，还可以提供餐饮、会议、停车位等相关预订服务。（图7.15）

（4）餐饮预订

管理各种规模不等的餐饮机构，实现商家的资质、特色、荣誉、内设或包厢的全景展示，预订酒店发布相关产品，包括套餐规格、人数、菜谱、价位、每天预订的数量等信息。用户在注册并填写身份信息后，可选择订餐时间、规格、详细菜谱、人数等，然后进行在线支付。收到预订信息后，商家将及时通过必要的联系方式与客户进行确认、反馈。

（5）会议预订

管理各种规模的会议场所，展示会议场所所处的位置、环境、特色、会场内设的全景

图7.15　阿坝旅游网酒店预订图

动画发布相关预订信息，包括会场数量、会场规模、会议时间段、价位、配套服务提供、每天预订的数量等信息。用户在注册并填写身份信息后，可选择会议预订日期及时间段、会议类型及主题、参会人数、所需配套服务等，然后进行在线支付，收到预订信息后，商家将及时地通过必要的联系方式与客户进行确认、反馈。

（6）停车位预订

管理各种规模的停车场，发布相关预订信息，具体包括停车位数量、租用时间段、价位、配套服务提供、预订开放时间、每天预订的数量等信息。用户在注册并填写身份信息后，可选择停车位具体的预订日期及时间段、所需配套服务等，然后进行在线支付。收到预订信息后，商家将及时通过必要的联系方式与客户进行确认、反馈。

（7）导游预订

为游客提供一个专业、可靠的导游预订服务平台。导游个人信息由当地旅游管理部门提供，也可以由导游自行注册，认证后统一管理调配。详细介绍导游个人资料、导游风采、从业资质及等级、语言技能、费用、接待人数、预订时间、集合地点及时间等。用户查询符合自己要求的、合适的、尚有人数名额的导游后，选择同行人数、接待日期、语言种类等，然后进行在线支付。收到预订信息后，导游将及时通过必要联系方式与客户进行确认、反馈。

（8）特产购物

商家在网站注册并被认证后，可以维护、管理自己的网站页面或频道，展示、发布各类商品，并能及时更新。每件商品都有多张图片可以用轮播形式展示热门推荐、相关商品。用户可按商家或商品名称进行搜索，再通过购物车进行在线支付。商品在线下单后，商家仔细核对、发货，游客收到商品后确认收货，完成整个交易过程。

2）后台管理

（1）产品管理

信息管理：主要对门票、酒店、线路、餐饮、停车场、会议场所、导游、特产商品等产品信息进行维护，其中包括产品类型管理、价格管理、基本属性管理设置等，可进行录入、维护、更改、删除等操作。

销售管理：根据市场需求为不同类型的游客提供不同的优惠政策，主要通过积分管理、优惠管理以及价格设置来实现。（图7.16）

图7.16　电子商务系统后台产品管理

（2）用户管理

游客用户管理：游客要在系统上购买产品一定要先注册，注册信息包括用户名、密码、电话号码等，后台会对游客注册时的信息进行统一的管理，并协助游客找回密码；游客注册时不需要审核。

商户管理：景区、酒店、旅行社、餐厅、会议场所等名称、地址、联系方式、联系人等信息管理，商户注册时需进行审核；审核通过后才可发布产品；商户发布的产品经管理员审核后才能上线。此外，还可对商户的信誉情况进行监督，对违规的商户可进行警告、禁用、下线等操作。

导游管理：导游用户注册模块只能新增导游信息，而导游管理可以做增加、修改、删除所有管理功能。主要是权限分开，在权限管理中灵活分配。导游用户也可以在电子商务

网站上进行自行注册，但是必须在后台审核确认后才能登录使用。（图7.17）

图7.17　电子商务系统后台用户管理

（3）订单管理

订单查询：对于线上售票订单可通过此系统进行查询，其中包括预订订单查询、订单变更查询、订单明细查询等。

订单统计：商户和分销商可根据条件搜索、查询订单状态；退改订单操作，查看退改订单状态；可根据时间段、消费日期、下单日期等统计订单信息；可根据时间段、消费日期、下单日期等统计退改订单信息。

订单强制退订：游客由于一些不定因素需要退票时，系统需要提供相应功能支持，此处主要是针对退票原因、退票规则进行设置。（图7.18）

图7.18　电子商务系统后台订单管理

3）旅行社预订流程

旅行社预订流程如图7.19所示。

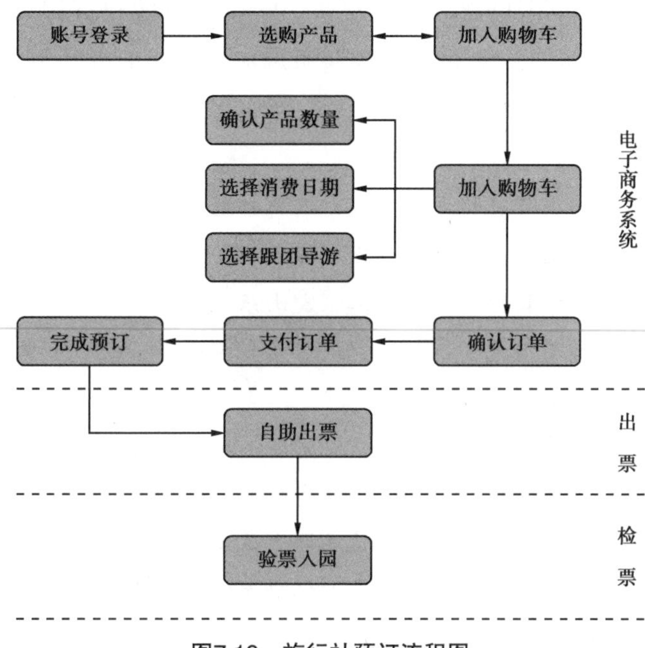

图7.19　旅行社预订流程图

4）游客预订流程

游客预订流程如图7.20所示。

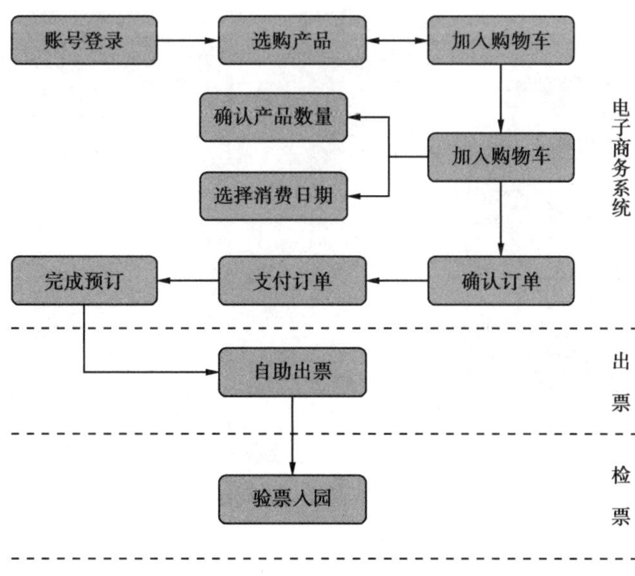

图7.20　游客预订流程图

［案例］

泰山景区“无证明”智慧旅游项目

2022年11月，泰山景区“无证明”智慧旅游项目入选全国“2022智慧旅游创新项目”；2023年12月4日，泰山景区“无证明”智慧旅游项目荣获第六届山东省文化创新奖。

泰山景区积极顺应科技信息化发展潮流，创新打造“无证明”智慧旅游项目，依托数据资源整合共享，打通数据壁垒，破解数据“堵点”，以数据核验替代证明证件，以技术创新推动业务创新，推出学籍信息网上认证、爱山东“景区码”、适老化购票三大创新举措，建成全国首个“无证明智慧景区”，打通智慧旅游服务“最后一公里”，实现“一部手机在手、畅游泰山无忧”。

景区智慧化管理从购票、入园、服务、安全4个方面实现无缝衔接。游客无须携带身份证、学生证、老年证等实体证件出行，一部手机即可全部替代，无证明畅游泰山。通过学籍信息数据资源的共享应用，实现学籍信息网上认证，无须人工核验学生证，学生游客在网上即可购买学生票。对接“爱山东”身份证电子信息数据，研发“景区码”替代实体身份证，游客手机扫码即可实现实名制检票。在全网限量预约的大形势下，如何兼顾老年人等特殊群体的体验是一项重要课题。泰山景区推出“老年关怀版”购票服务，实现大数据识别直接进入适老化界面、老人票自动置顶、大字体展示、界面交互自动化等功能，大幅简化了预约流程，为老年人网上购票提供了贴心服务。（图7.21）

图7.21　游客现场扫码购票

“无证明”智慧旅游项目，在大幅提升游客旅游体验的同时，确保了景区票务管理规范运行，破解了全网预约、实名认证、适老服务等景区服务瓶颈，带动景区游客量更加均衡，旅游秩序、安全能力、运营效能显著提升。2023年，“无证明”智慧旅游已服务游客

850余万人，预约购票线上化占比达95%。

资料来源：一部手机畅游泰山！“泰山景区‘无证明’智慧旅游项目”喜获山东省文化创新奖［EB/OL］.（2023-12-05）［2024-09-04］.有改动.

7.2.3 票务分销系统

票务分销系统不是整个票务系统的必选项，而是景区拓宽分销渠道、进行财务管理和订单管理、开展营销的B2B平台，是景区和分销商交易环节的中间桥梁。能够独立作为产品的分销系统大部分都已经对接好了市面上大部分的第三方平台，如携程、去哪儿、飞猪、同程、驴妈妈、途牛等OTA，也支持与景区特定的第三方分销渠道对接。分销系统一般包括企业管理（供应商管理）、企业管理（分销商管理）、供应商与分销商关联、分销管理、账户管理、手机短信、订单管理、汇总统计等功能模块。

1）平台功能

企业管理（供应商管理）：供应商管理就是在平台中增加和管理一家供应商的功能，可以实现新增供应商、修改供应商信息、查看供应商信息、关联供应商景点。（图7.22）

图7.22 分销系统供应商管理页面图

企业管理（分销商管理）：平台可以对分销商进行管理，增加分销商，对分销商进行分组，修改分销商状态，选择是否禁用。（图7.23）

供应商与分销商关联：将供应商和各分销商进行关联，使分销商可代为销售供应商产品。（图7.24）

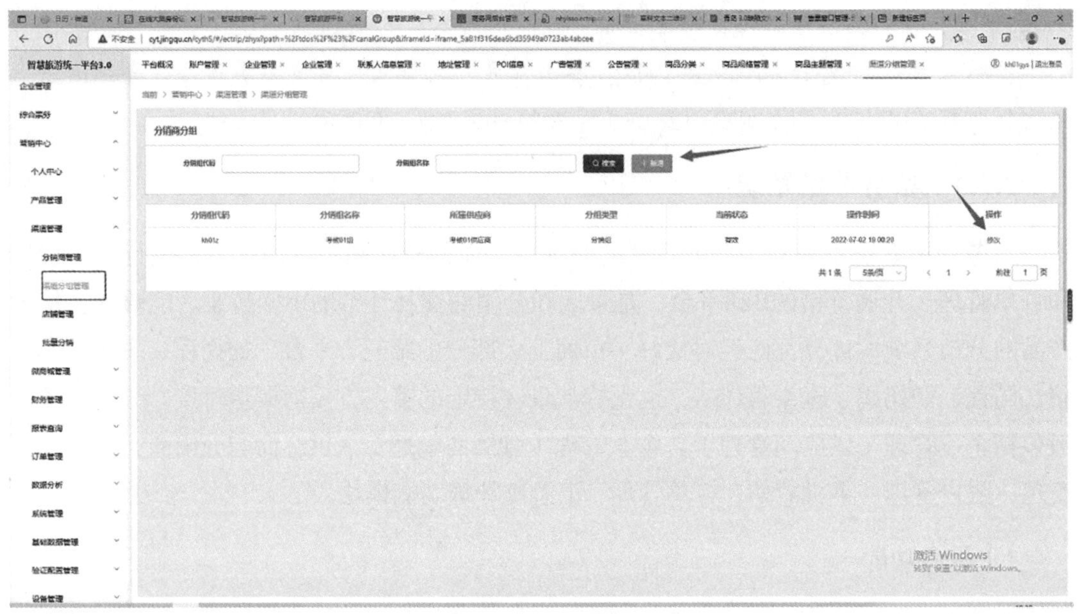

图7.23　分销系统分销商管理页面图

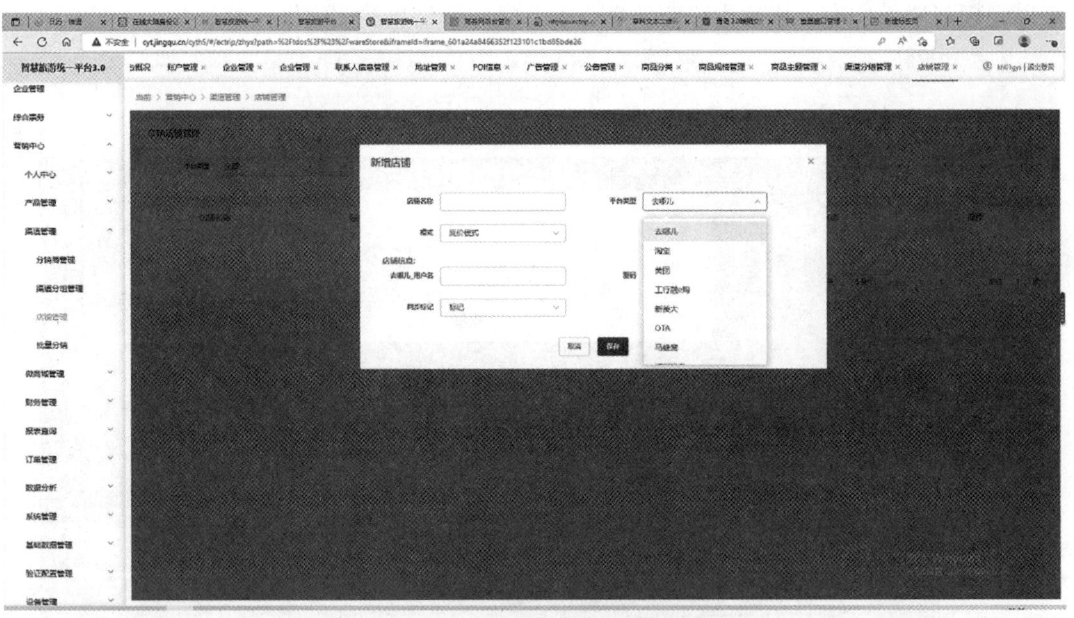

图7.24　分销系统供应商与分销商关联页面图

分销管理：在供应商管理里面采用分销码的方式进行管理，可以对分销码与其对应的分销商进行分销价格管理。（图7.25）

账户管理：平台中采用的是预付款方式支付，可以有效地保证供应商的票款安全。在账户安全中可以实现以下的管理操作：账户充值、账户充值审核、账户充值查询、账户余额查询、消费记录查询。（图7.26）

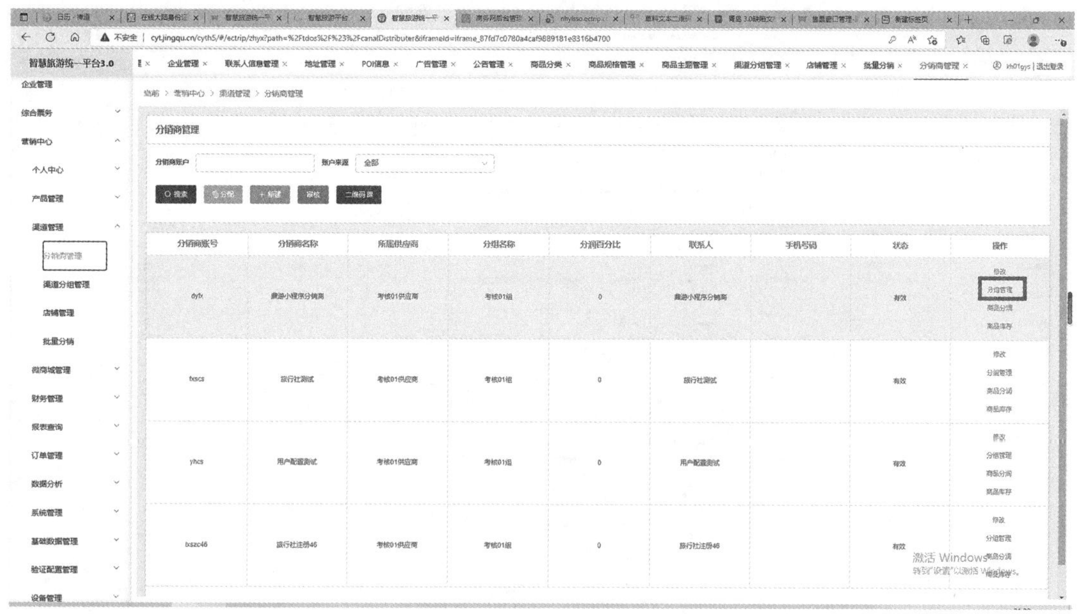

图7.25　分销系统分析管理页面图

图7.26　分销系统账户管理页面图

手机短信：供应商在平台中可以进行短信模板设置、信息内容发布和短信通道配置。

订单管理：产品预订、已购买订单、已销售订单、消费订单、退订通知、消费通知、PMS异常订单、订单退款明细、订单处理和出票通知等查询、查看功能。（图7.27）

汇总统计：完善的报表统计功能，可以实现购买汇总、销售汇总、短信发送汇总、机具消费统计、到付汇总等功能。（图7.28）

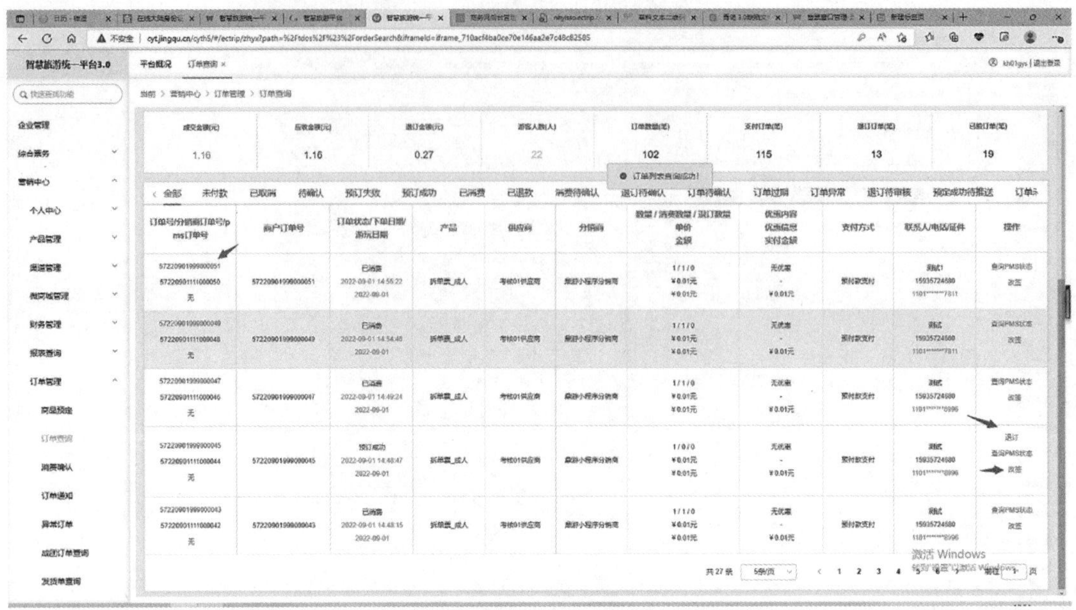

图7.27　分销系统订单管理页面图

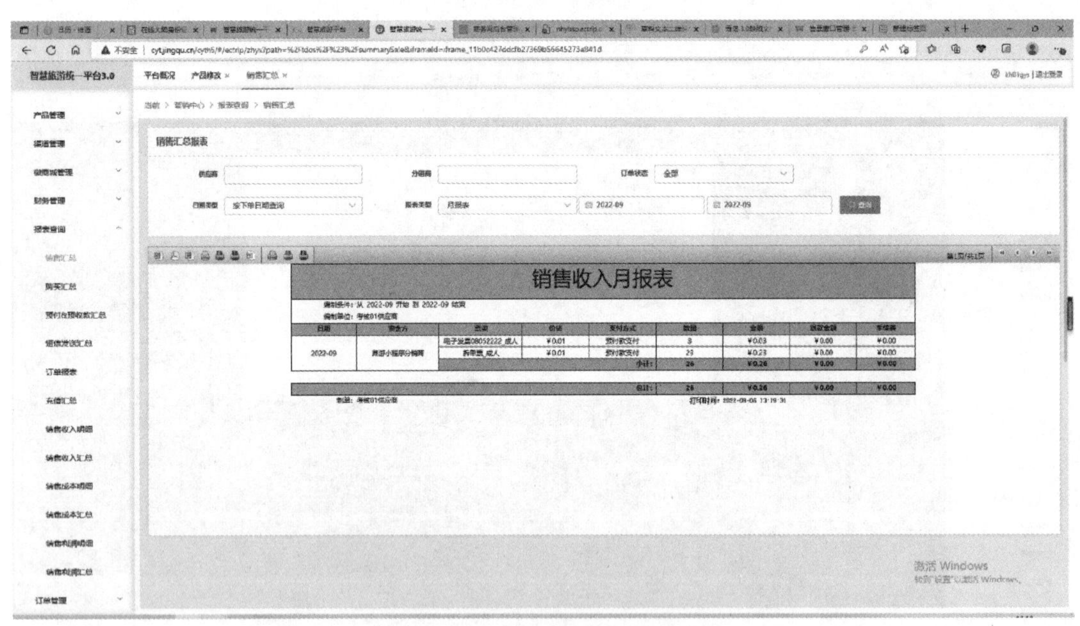

图7.28　分销系统报表查询页面图

2）操作流程介绍

（1）下单流程

电子凭证以短信的方式发送到游客手机上，根据实际情况，可以去窗口（或自助取票机）取票入园，或者刷二维码检票入园；发给游客的二维码是二维码链接，通过链接获取

二维码图片。（图7.29）

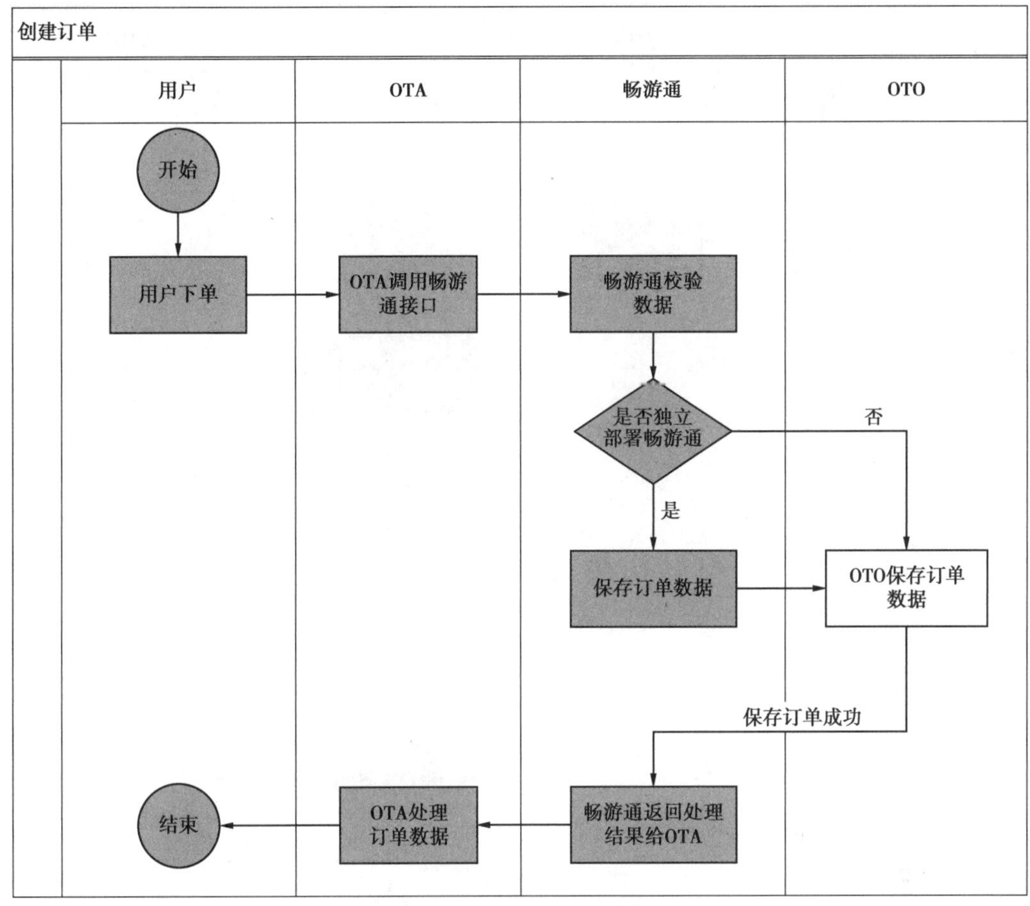

图7.29　分销系统下单流程图

（2）退订流程

已消费的订单不能退订。

退订需联系OTA，由OTA向畅游通申请退订，线下不能退OTA订单。（图7.30）

（3）取票入园流程

取票窗口（或自助取票机）不能修改订单，修改订单需联系OTA，由OTA修改订单后同步到畅游通。

取票即认为是已消费，不能再退订。（图7.31）

（4）刷二维码或身份证入园流程（图7.32）

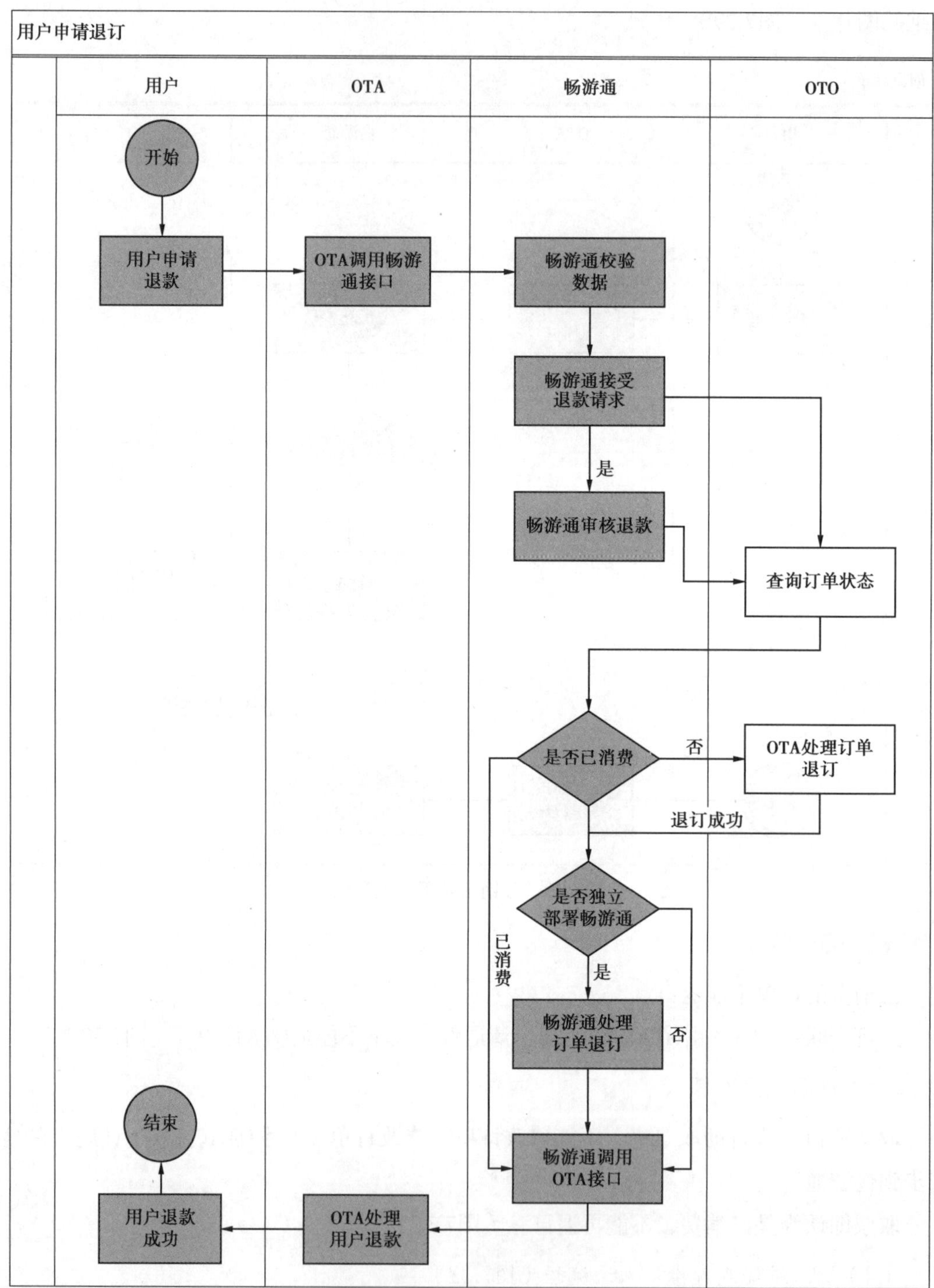

图7.30　分销系统退订流程图

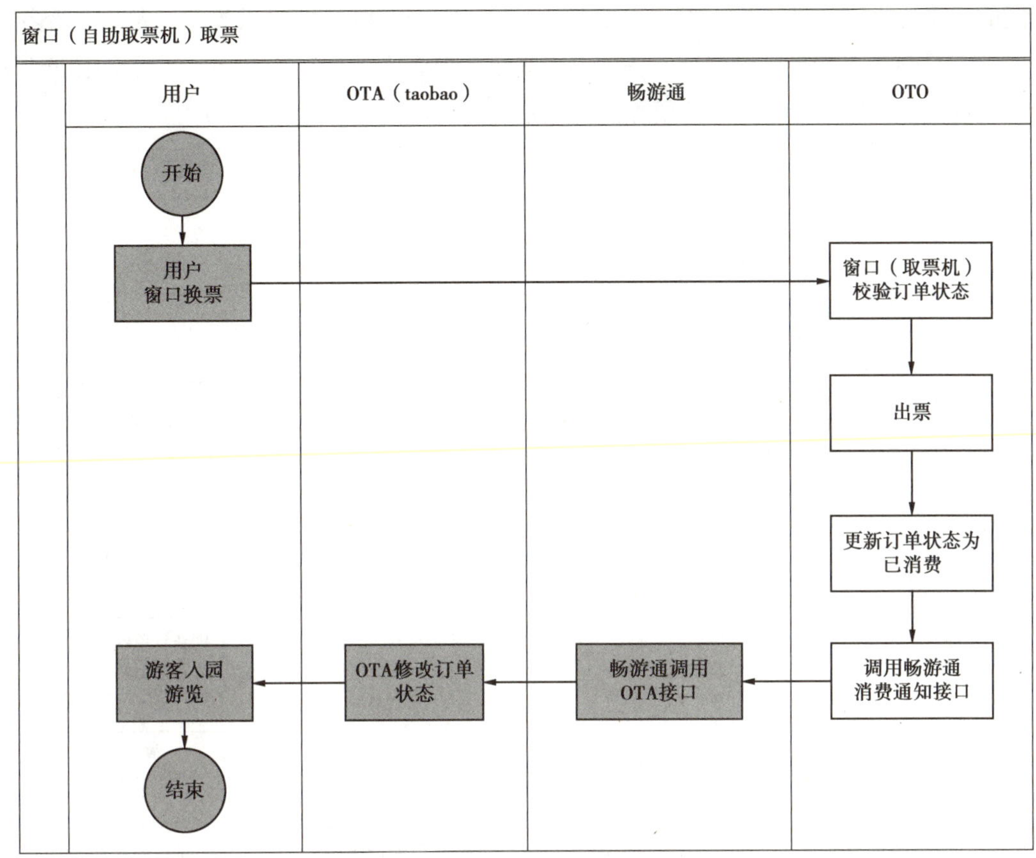

图7.31　分销系统取票流程图

7.2.4　自助票务系统

自助票务系统依托自助机，实现游客自助购票、取票。游客购票时可选择微信、支付宝、银联等支付方式；取票时可通过输入订单号或者直接刷身份证取票。自助票务系统和整个票务系统各环节的数据是联通的，自助机上售取票数据会直接反馈到综合票务系统数据中心，且与检票系统关联，支持票务系统自带的各种验票方式。（图7.33）

7.2.5　窗口售票系统

窗口售票系统可实现窗口售票、预制票售票、网络订单出票、补录、退票、重打印/制卡等功能，售票和预制票售票时可选择业务和客户、票种及数量和生效日期等，并进行修改、删除等操作；网络订单出票可根据身份证号或订单号出票。（图7.34）

7.2.6　检票系统

检票系统集成在闸机、手持机和手机等检票设备上，现在检票系统都支持条码票、IC票、指纹、二维码、身份证和人脸等票质。票质和检票方式是在后台票务管理系统上进行配置的，检票方式包括一检一人和一检多人，检一人表示刷一次票只放行一人，一票多人的票则需要刷多次进行检票放行；一检多人表示一票多人的票只刷一次，系统会根据票上的人次数进行控制放行，并且检票界面会显示剩余通过人数。（图7.35）

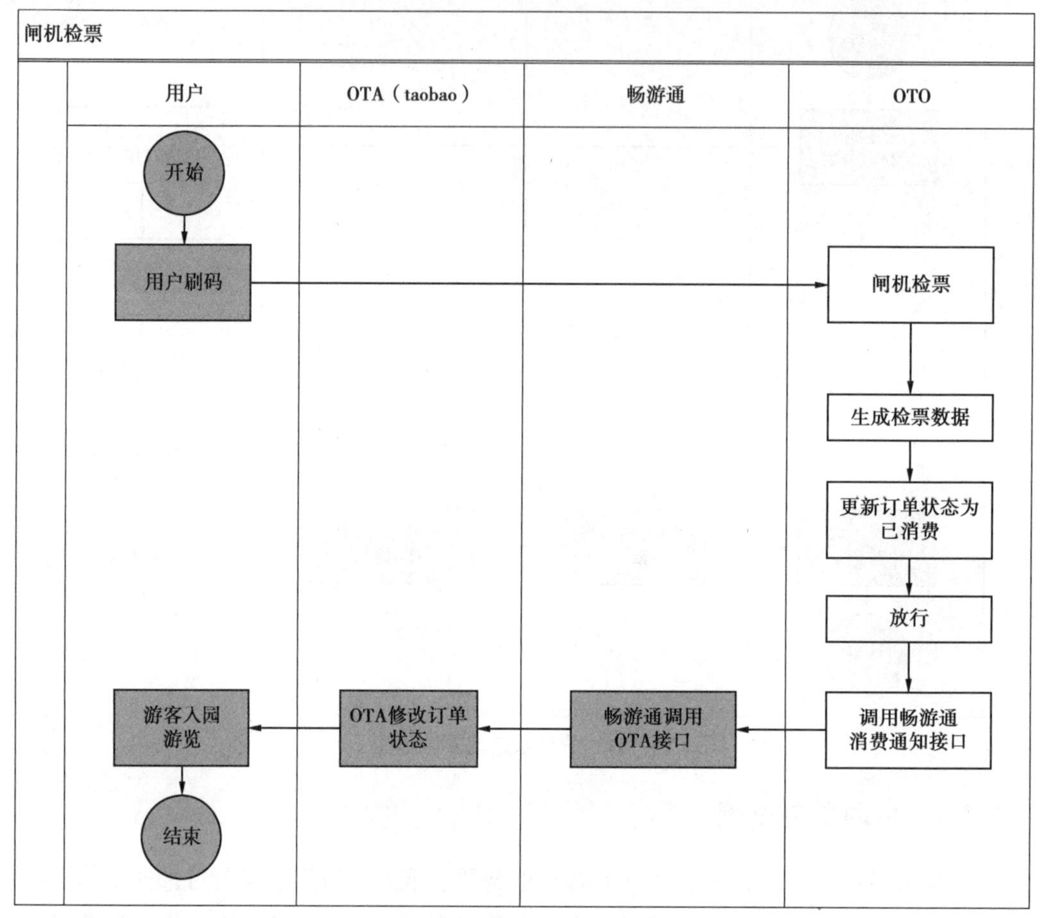

图7.32　分销系统检票流程图

［案例］

票务系统助力景区客流预警

2019—2022年的新冠疫情在一定程度上改变了大家的生活方式，也改变了出行方式，疫情之前实名预约虽然也在推行，但执行上有一定的难度，疫情之后景区实名预约已成必然。实名预约的实施，为景区客流预警提供了极大的便利，景区"超载"滞留的事情越来越少，景区实名预约票务系统在景区客流预警上的应用主要体现在以下几个方面。

实时数据采集与分析：根据线上售票平台（官网、第三方平台、手机应用等）和线下售票窗口，获取景区实时门票销售数量，结合游客需提前预订入园时间段，为预测未来短时间内的客流提供基础信息，有助于景区提前调配资源和制定应对策略。

图7.33　自助票务系统页面图

图7.34　窗口售票系统页面图

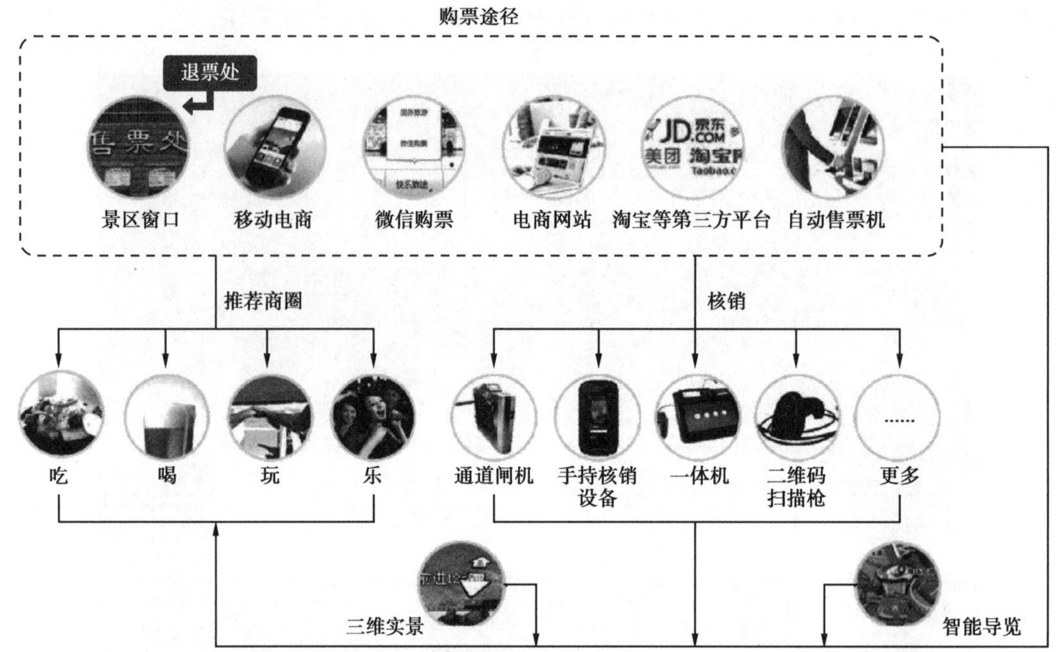

图7.35　景区购票途径示意图

客流预测与预警：短期预测，根据实时销售数据和预约数据，结合历史同期数据、节假日效应、天气预报等外部因素，运用数据分析模型预测未来数小时至数天内的游客流量。当预测值接近或超过景区承载能力上限时，系统自动触发预警，提醒管理人员采取调控措施。长期预测，基于历年销售数据、季节性规律、重大活动安排等，进行中期（如月度、季度）和长期（如年度）客流预测，帮助景区提前规划设施升级、人力资源配置、市场营销活动等。当预测到即将到来的客流高峰时，系统及时发出预警，景区可采取临时增设售票窗口、增派工作人员、调整公共交通班次、发布限流公告等措施，引导游客错峰游览。（图7.36）

动态容量管理：分时分段调控，通过门票管理系统，设置不同时间段的门票配额，实现分时入园，当某一时间段的门票即将售罄时，系统自动停止售卖，避免短时间内大量游客集中涌入，减轻景区瞬时压力。或者根据入园检票游客量和出园游客量，明确当前景区的入园人数。（图7.37）

实时信息发布与引导：信息发布，门票系统与景区官网、社交媒体、手机应用、电子显示屏等信息传播渠道集成，实时发布当前入园人数、预计等待时间、停车位余量等信息，帮助游客作出游览决策，避免扎堆。智能导航与导览，结合实时客流数据，通过手机应用提供动态导航建议，引导游客避开拥堵区域，均衡分布至各景点，优化游览路线。（图7.38）

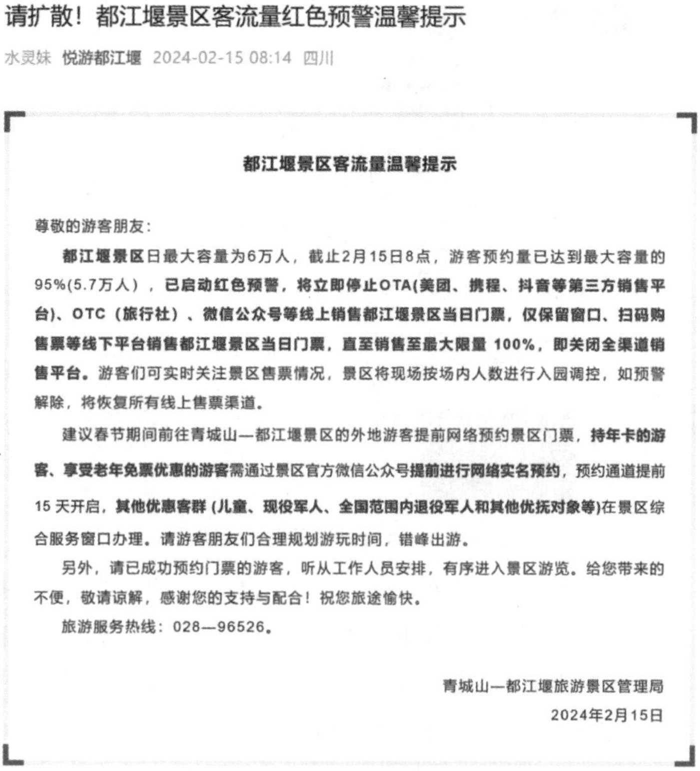

请扩散！都江堰景区客流量红色预警温馨提示

水灵妹 悦游都江堰 2024-02-15 08:14 四川

都江堰景区客流量温馨提示

尊敬的游客朋友：

都江堰景区日最大容量为6万人，截止2月15日8点，游客预约量已达到最大容量的95%(5.7万人），**已启动红色预警，将立即停止OTA(美团、携程、抖音等第三方销售平台)、OTC（旅行社）、微信公众号等线上销售都江堰景区当日门票，仅保留窗口、扫码购售票等线下平台销售都江堰景区当日门票，直至销售至最大限量100%，即关闭全渠道销售平台。**游客们可实时关注景区售票情况，景区将现场按场内人数进行入园调控，如预警解除，将恢复所有线上售票渠道。

建议春节期间前往青城山—都江堰景区的外地游客提前网络预约景区门票，**持年卡的游客、享受老年免票优惠的游客**需通过景区官方微信公众号**提前进行网络实名预约**，预约通道提前15天开启，**其他优惠客群(儿童、现役军人、全国范围内退役军人和其他优抚对象等)**在景区综合服务窗口办理。请游客朋友们合理规划游玩时间，错峰出游。

另外，请已成功预约门票的游客，听从工作人员安排，有序进入景区游览。给您带来的不便，敬请谅解，感谢您的支持与配合！祝您旅途愉快。

旅游服务热线：028—96526。

青城山—都江堰旅游景区管理局

2024年2月15日

图7.36　都江堰景区客流量提醒

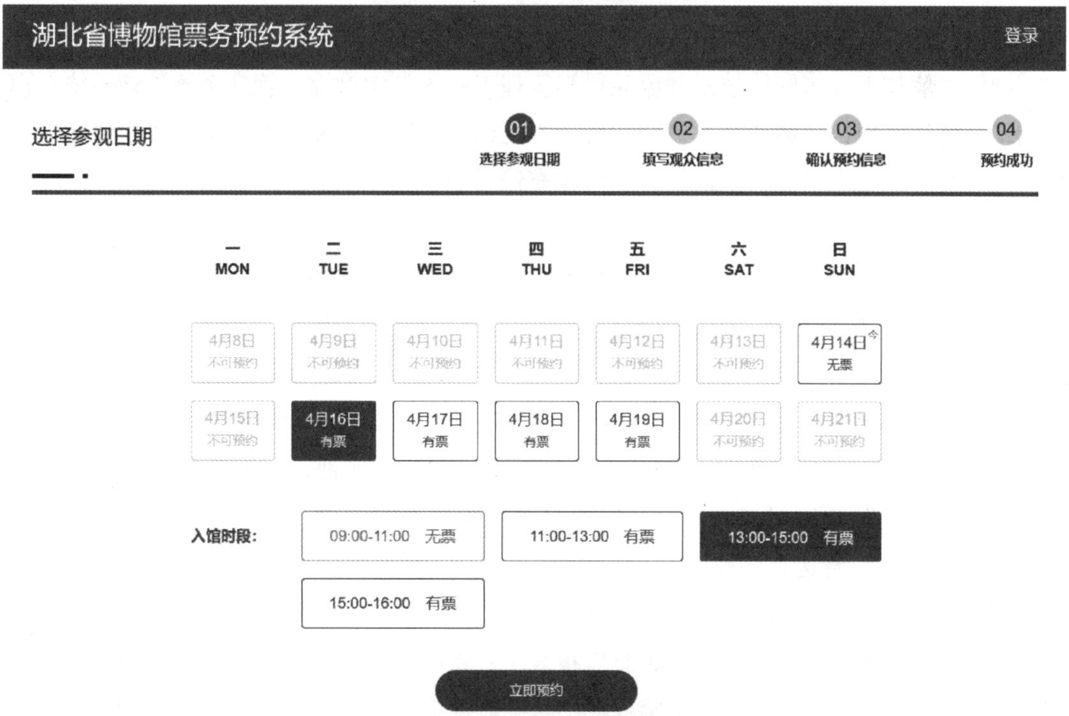

湖北省博物馆票务预约系统　登录

选择参观日期

01 选择参观日期　02 填写观众信息　03 确认预约信息　04 预约成功

一 MON	二 TUE	三 WED	四 THU	五 FRI	六 SAT	日 SUN
4月8日 不可预约	4月9日 不可预约	4月10日 不可预约	4月11日 不可预约	4月12日 不可预约	4月13日 不可预约	4月14日 今 无票
4月15日 不可预约	4月16日 有票	4月17日 有票	4月18日 有票	4月19日 有票	4月20日 不可预约	4月21日 不可预约

入馆时段：

09:00-11:00　无票

11:00-13:00　有票

13:00-15:00　有票

15:00-16:00　有票

立即预约

图7.37　湖北省博物馆票务预约系统

峨眉山景区
35分钟前 来自 iPhone客户端
#温馨提示# 尊敬的游客朋友：
您好！2月15日12:30，峨眉山景区2月16日（大年初七）发往雷洞坪车站（金顶）的观光车票已售罄。峨眉山景区门票有效时间为 48 小时，未购买2月16日（大年初七）发往雷洞坪车站（金顶）观光车票的游客，请您调整行程，2 月 16 日（大年初七）不要前往零公里、金顶等高山区域，并及时购买 2 月 17日发往雷洞坪车站（金顶）的观光车票，也可先到万年寺、清音阁、报国寺等中低山景区和《只有峨眉山》戏剧幻城、数游峨眉体验中心、峨眉山博物馆、灵秀温泉欢乐谷等周边景区错峰游览。由此给您带来的不便，敬请谅解。请您关注峨眉山景区官方网站和微博、微信、抖音等平台账号，了解景区最新情况。
祝您节日快乐、旅途愉悦！
旅游咨询投诉电话：0833—5533355
应急救援电话：18080664119
峨眉山风景名胜区管理委员会
2024年2月15日 收起

图7.38　峨眉山景区官方微博

应急响应与联动：门票系统与公安、交通、气象等部门的数据平台对接，实现信息共享与联动响应。当出现极端天气、突发事件等情况可能导致客流剧增或锐减时，各方协同调整预案，确保游客安全与游览秩序。在预测到可能出现超负荷客流时，景区可灵活调整退改签政策，鼓励游客调整行程，缓解高峰压力。（图7.39）

7.2.7　温泉管理系统

以高档次、大规模、综合型、高客流量温泉管理为标准，是一个集计算机、信息技术、网络通信技术、多媒体技术和温泉科学管理于一体的大型综合管理系统。该系统在模块构造上灵活多用、功能齐全，模块化设计方便以后系统升级和扩展。该系统主要实现了入园门票消费和温泉里面二次消费，支持先充钱后消费和先消费后结算两种模式，二次消费模式可以灵活定义。

温泉管理系统主要功能模块有：预订模块（客户档案管理功能、预订管理功能等）；前台接待模块（散客登记、团队快速登记、会员客户登记、折扣、组合、换钥匙、退钥匙、赠送、客流统计、各种数据查询）；消费管理模块（商品快速录入、时价商品的录入、赠送商品及报表统计、商品销售报表、部分转账、全部转账及转账报表、部门销售情况统计报表）；钟房管理模块（技师预约、上钟、下钟、加钟、退加钟、点钟、提成报表、到时提醒、其余消费录入等）；餐饮管理模块（无线录单、出品分单打印、餐台管理、清台、换台、赠送、转账、并台、折扣）；收银管理模块（结账及时、不同结算方式、预览账单、交班报表、日结报表、押金报表）；财务管理及报表模块（收银对账报表、营业情况报表、销售报表、各种日志报表）；系统维护模块（员工操作权限管理、折扣权限、赠送权限、系统日志、电脑权限、基础数据维护）。

哈尔滨冰雪大世界闭园日期公告

哈尔滨冰雪大世界 2024-02-13 21:27 黑龙江

亲爱的游客朋友们：

近日，因气温回升和大风天气，为保障您的安全和良好的游玩体验，哈尔滨冰雪大世界景区将于2024年2月15日24时起闭园。由此给您带来的不便，我们深表遗憾。已预约的游客可通过原购票渠道申请全额退款。如需要帮助请拨打咨询电话：400-639-1999。

无数冰雪工匠用心用情搭建起来的冰雪大世界即将融化在春风里，虽然我们和您一样万般不舍，但冰雪艺术从来都是消逝之美，而她与您的每度相逢都是不一样的邂逅。期待在丁香盛放和下一个雪花飘舞的时节，与您再聚哈尔滨，共赴冰城夏都的独有浪漫！

哈尔滨冰雪大世界

2024年2月13日

图7.39　哈尔滨冰雪大世界公告

7.2.8　剧院售检票管理系统

剧院售检票管理系统主要由后台管理、座位预订、座位排位、售票、旅行社管理、报表统计分析、查询等系统模块组成。其融计算机技术、信息技术、机电一体化技术、信息加密技术于一体，实现了计算机售票、检票、查询、汇总统计、报表等功能，适应现代化剧院票务管理智能化的需求。排座模块可以方便地对剧场内座位进行分区管理，根据实际情况建立座位模型，灵活地调整座位模板。

主要功能模块有：系统管理子系统（维护系统基础信息）；剧院管理子系统（进行座位预订、座位管理）；剧院设置子系统（对剧院场所、座位分布进行设置，并对演出节目进行安排）；库存管理子系统（对门票进行库存管理）；客户管理子系统（对团队客户及其预付款、优惠条件等进行管理）；售票管理子系统（进行排位销售管理）；财务报表子系统（主要是对每日产生的售检票数据，生成各种类型的基础日报表，产生查询统计子系统的基础数据）。

除此之外，游船、游艇排航管理系统、主题乐园、体育场馆、演出等系统均可作为景区电子商务平台建设的参考。景区内部的办公管理系统，如视频系统、安保系统、财务系统、应急系统等均是景区电子商务平台的有益组成部分。景区营销系统与内部管理及应用紧密结合。

【案例】

鼎游信息助力山水田园打造一体化的票务系统应用

深圳观澜山水田园旅游文化园（以下简称“山水田园”）位于深圳市龙华区观澜镇，是一家集餐饮、住宿、温泉、康体娱乐于一体的生态旅游景区，也是国家AAAA级旅游景区，以绿色环保为主题，以岭南客家风情为基调，以休闲度假、运动娱乐为辅。现已建成集生态文化、客家文化及乡村民俗文化、国画创作、革命历史文化为主背景的旅游观光度假酒店，文化娱乐、休闲养生、会议、演艺等于一体的旅游文化产业园。

由于日常工作的需求，山水田园已经陆续建有票务系统、零售系统、酒店管理系统，但是各系统相互独立。另外，有年卡应用的需求，年卡应用独立于票务系统之外，且需要制作实体卡。还有二消、温泉、剧院、餐饮、住宿等业务，都是以传统的方式开展的。各业务相互独立、分散，业务流程分开且烦琐，很多流程对人工的依赖性过强，这就导致一方面对游客来说体验不够便捷，另一方面管理上没有量化数据做支持，管理效率低下，决策依据不足。

从管理的角度考虑，山水田园管理方希望票务系统能实现景区门票、二消、租赁、剧院、温泉的融合，实现线上、线下票务一体化，增强票务管理能力，减少景区人力成本的投入，让游客快速消费的同时还能节省游客排队游玩的时间，提升服务水平。最终实现业务流程的数字化、自动化和智能化，从而提升客户满意度，提高管理效率，并为未来的业务拓展提供数据支持。

基于此，2021年山水田园与鼎游信息技术有限公司（以下简称“鼎游信息”）合作，对票务系统进行升级改造，通过票务系统和电子码通系统一体化应用，整合园区门票、二消、租赁、温泉、剧院等场景，升级后的应用在原有业务流程基调不做大的调整情况下，以电子票码为主、身份证及纸质凭证为辅，游客入园及各项目游玩均采用票务电子票码作为消费方式，涉及收取押金及计时项目采用电子码通进行消费，经营性数据纳入统一报表业务管理并提供领导移动端查看关键信息。升级后系统，除基础的电子商务、电子检票、电子售票等功能外，也支持自营和分销（如高德、OTA等）应用，并支持二维码、人脸、身份证等多种验票方式，解决游客预订及使用不便、内部管理流程烦琐及数据分析困难等问题。（图7.40）

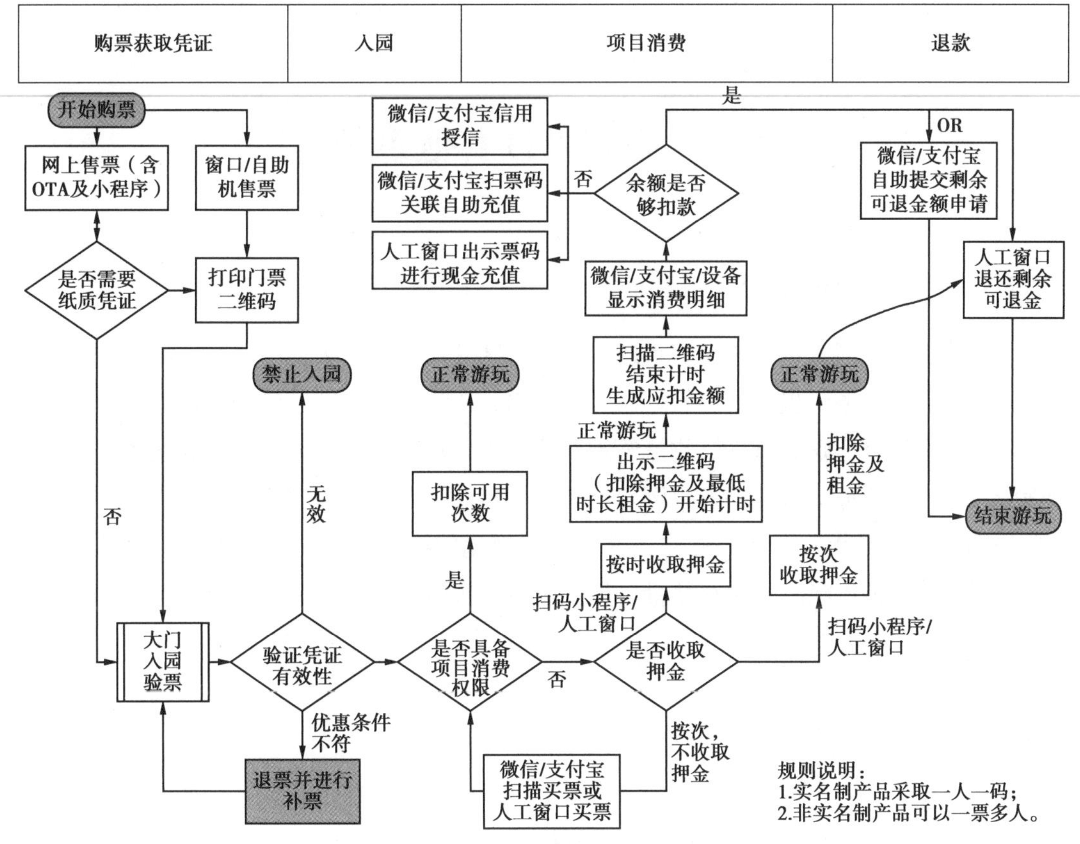

图7.40　升级后的票务应用流程图

此外，还建了零售系统、租赁系统、小程序购票服务（微信和支付小程序）、短视频平台及地图导航聚合平台等应用，其中零售系统实现商品分类、商品资料多规格、付款方式维护、收银员资料维护、营业员资料维护、前台收银管理、POS每日状态查询、POS机实时状态监控、实收金额录入、后台POS销售退货和各类数据报表的查询等功能，租赁系统实现商品管理、产品库存管理、产品核销管理和租赁产品报表等功能。

升级后的应用，针对票务系统和园内二消的应用，实现了门票和二消线上线下一体化的整合，一线人力成本降低80%，释放出来的人力用于游客引导、秩序维护等服务性工作，每年节省约20万元纸质票制作成本；针对游客便捷服务上，提供了微信及支付宝小程序，减少游客排队次数，客流高峰期时，游客平均排队时间缩小60%~70%；针对景区多门店零售系统新增了供应商管理、库存盘点功能；针对年卡会员服务，提供人脸识别快速通行，减少人为干预，提升用户体验；针对演艺剧场，支持在线选座、座位管理、场次管理等功能。

鼎游信息成立于2004年，是文旅行业信息化建设的供应商，以票务系统为切入点为景区提供完整信息化解决方案，主要产品有景区电子票务系统、景区门户系统、景区电子商务系统、景区人力资源管理系统、景区TRP系统、景区协同办公系统等。

7.3 旅游景区其他系统

7.3.1 零售管理系统

零售管理系统通常也叫进销存系统，面向景区开展客户、销售、采购、库存、财务、管理人员等管理业务，提供客户管理、客户跟踪、销售管理、产品管理、供应商管理、采购管理、仓库管理、财务管理、物流管理等业务管理功能，帮助景区餐饮、便利店等企业全面管理进销存业务。系统一般以浏览器为软件界面，图形化导航式操作，完成日常业务管理中的进货、出货、存货等操作，并提供可视化的统计报表，较为清晰地展示往来款项、发票情况、销售状况、库存数量、员工业绩、费用情况等。

1）后台管理

（1）商户管理

商户管理用于管理服务商、场地、收银机、供应商信息等功能。

服务商管理：包括服务商名称、服务商类别、所属地区、推荐次序、联系人、联系电话、详细地址、地图位置。

场地管理：包括名称、所属服务商、所属仓库、联系人电话和地址。

收银机管理：包括收银机设备名称、所属、IP地址、MAC地址、设备编码、支付渠道。

供应商管理：包括用户名、所属地区、电子邮件、联系人、地址、手机号码、企业名称。

（2）商品管理

商品管理是为服务商管理产品，包括新增、修改、查询、删除等功能。

商品查询：根据服务商、产品类别、产品名称查询产品。

产品管理：包括服务商名称、产品名称、条形码号、产品类别、产品规格、产品包装、产品颜色、产品单位、产品图片、有效天数、排序。

产品价格：包括价格开始日期、价格结束日期、挂牌价、实际销售价、排序。

（3）库存管理

库存管理是为服务商管理商品库存的模块，方便企业开展日常的库管工作，库管中心是核心功能之一。

仓库管理：用于服务商仓库的管理，可以添加多个仓库。

采购入库：向供应商订货，作为进货依据的进货入库单，包括入库仓库、日期、经办人、供应商、手工订单、备注、产品名称、规格、单位、成本、实价、数量。可以实现多个产品批量入库，入库后需要审核确认才生效。

仓库调拨：适用于不同仓库之间的商品调拨，包括调出仓库、调入仓库、日期、调拨单号、经办人、备注、产品名称、数量，调拨后需要审核确认才生效。

仓库盘点：对非正常进销调盘而影响库存变化的出入库，可以通过仓库盘点调平库存。

供应商供货：用于供应商供货记录查询汇总。

进销存：用于库存全部商品信息查询，方便库存盘点工作，包括商品编号、商品条码、名称、规格、单位、入库数量、出库数量、库存、销售量、剩余库存。

（4）销售报表

销售报表用于统计和销售员销售数据统计。

销售报表：用于统计销售数据。

当日快捷统计：用于统计当日的销售数据。

近期统计：用于统计近期的销售数据，按日期段查询。

统计报表：用于统计销售数据，按日期段查询。

销售员销售报表：根据销售员的数据统计销售数据。

销售员当日快捷统计：用于统计销售员当日销售数据。

销售员近期统计：用于统计销售员近期的销售数据，按日期段查询。

销售员销售统计：用于统计销售员销售数据，按日期段查询。

（5）销售员管理

销售员是企业部门下的员工，主要用于登录前台收银系统。

企业部门员工：可对员工进行角色设置；可对员工进行增加、删除、修改操作；后台可以控制员工的权限。

系统默认设置“相同收银员禁止同时登录”，可防止一个收银员在不同收银机上同时登录的情况。

2）前端应用

前台收银系统程序完成的主要功能是记录每一笔销售业务，还具有常用的商品查询、重打小票、商品退货、锁屏系统、前台交班功能。

收银结账：除正常收银结账外，还提供了丰富的业务功能，如扫商品条形码入单、清空商品、挂单、手工抹零、退选商品、支持多种付款方式，包括现金和扫码付款。

重打小票：用于小票补打。

商品查询：用于查询商品信息，包括价格和库存。

锁屏系统：用于特殊情况对收银机的安全保护。

前台交班：用于收银员交班，交班信息包括当天或当班的销售额、现金和扫码收款金额统计。

7.3.2 停车场管理系统

停车场管理系统是通过计算机、网络设备、车道管理设备搭建的一套对停车场车辆出入、场内车流引导、收取停车费进行管理的网络系统。通过采集记录车辆出入记录、场内位置，实现车辆出入和场内车辆的动态和静态的综合管理。前期系统一般以射频感应卡为载体，使用广泛的光学数字镜头车牌识别方式代替传统射频卡计费，通过感应卡记录车辆进出信息，通过管理软件完成收费策略实现、收费账务管理、车道设备控制等功能。

车辆入场：当车辆入场无法识别到车牌时，岗亭操作员可直接点击车辆入场按钮，弹出入场窗口，输入未识别车牌，点击确定入场，有车牌的可以手动输入，无车牌的扫二维码入场。

车辆离场：当车辆离场时，无法识别到车牌时，岗亭操作员可直接点击车辆出场按钮，弹出出场窗口，输入未识别车牌，点击确定弹出收费窗口，可现金收费和微信付费，现金收费后点开闸放行，微信收费自动放行。

无牌车入场：当无牌车入场时，因为没有车牌无法识别到有效车牌，岗亭操作员可点击无牌车入场按钮，弹出无牌车入场窗口，可输入车辆颜色等车辆信息，方便无牌车出场时查找到入场的车辆。点击添加产生入场记录，开闸进场。

无牌车离场：当无牌车离场时，因为没有车牌无法识别到有效车牌，岗亭操作员须点击无牌车出场按钮，弹出无牌车出场窗口，可通过查询条件，筛选出场内无牌车，选择正确的车辆后点击计算收费，收费后点击开闸放行。

黑名单车辆：因为各种原因，该车场拒绝某车辆进出车场时，可对车辆进行黑名单登记。

场内车辆：通过查询条件查询在场车辆记录。

收费记录：所有车辆出场后产生的记录，可以查看一段时间内的车辆收费情况。也可以通过条件查看具体的某一条记录。

换班登录：一般岗亭操作员都是两班倒，白班下班的时候夜班需要登录自己的账号进行收费，在线监控的累计现金金额就是当天值班收费金额。

7.3.3　餐饮管理系统

餐饮管理系统是面向餐饮企业实现点餐、库存管理、厨房管理、财务管理、会员管理等功能的一套完整的软件解决方案，以提高餐饮企业的运营效率，优化顾客体验，为管理决策提供支持。总体上，餐饮管理系统可以分为前端应用页面和后台管理页面两大模块，前端应用页面又包括服务员点餐页面和自助点餐页面，现阶段自助点餐用得会更多，各功能模块描述如下文。

1）后台管理

（1）库存管理模块

库存跟踪：实时监控库存水平，查看各类物品的库存情况，为库存预警提供支持。

采购管理：根据库存情况，开展采购计划和安排，包括供应商选择、采购物品、采购物品数据、订单管理、到货跟踪等。

库存预警：物品库存低于设定的数量时进行自动提醒。

（2）厨房管理模块

订单管理：接收来自前台的订单，明确菜品的类别及数量，并实现厨房订单分配。

菜品制作跟踪：实现菜品制作状态的跟踪，包括菜品下单、制作中、已上菜等状态，实现厨房从接单到上菜完成全过程的跟踪。

厨房效率分析：计算厨房菜品制作各环节的时间，分析厨房工作效率，为流程优化提供支持。

（3）财务管理模块

销售记录：记录所有销售交易，包括订单数量、菜品的类型及数量，可进行报表查询。

收入与支出：管理日常收入和支出，包括菜品销售带来的收入和日常采购的支出，可进行报表查询。

财务报告：根据财务管理需要，生成各类财务报表，如收入表、支出表、利润表、资产负债表等。

（4）报表与分析模块

销售分析：分析销售数据，包括不同时段不同菜品的销售数量，以了解畅销菜品、时段等，为营销决策提供支持。

顾客行为分析：包括不同用餐人数的统计，不同类型人群对菜品的偏好、口味的偏好等。

运营分析：根据翻台率评估餐厅整体运营效率。

（5）供应链管理模块

供应商管理：管理供应商基本信息，如所在位置、供应商类型、经营品类、结算周期、结算方式等，供应商合同管理、行为评价等。

物流跟踪：下单物品物流状态监控，以确保能及时送达。

（6）预订与在线订单模块

网上预订：管理顾客在线预订桌位或外卖的情况，及时安排出餐。

外卖管理：处理外卖订单，及时安排配送。

预订跟踪：预订订单管理，包括预订状态、预订确认、顾客提醒等。

2）前端应用

前端应用一般包括点餐系统、桌位管理和排队等功能，点餐系统又有服务员点餐、自助触摸屏点餐和线上小程序点餐，各功能描述如下：

服务员点餐：服务员进入点餐的页面，包括PC端和移动设备两个入口，功能包括菜单查看/菜品查找、菜品选择、下单、等待、叫起、订单查看等功能。

自助触摸屏点餐：餐厅提供的线下自助点餐设备，用户在线下自助点餐，功能包括查看菜单、选择菜品、下单、选择堂食或外带、支付等功能。

线上小程序点餐：顾客自助下单的界面，场景是各餐厅前面扫码点餐的页面，一般包括查看菜单、下单、修改订单等功能。

桌位管理：桌位分配、状态跟踪、桌位预订。

排队系统：顾客排队等待、叫号服务。

会员管理模块：包括会员信息收集、管理和查看；会员权益的查看和管理；会员积分累计、兑换、奖励；会员营销，如会员专属优惠、生日祝福等。

收银管理：无论是服务员点餐系统还是移动端自助点餐系统，都会集成各种支付方式，如支付宝、微信、银联等。（图7.41、图7.42）

图7.41　服务员点餐页面图

图7.42　农耕记自助点餐页面图

7.3.4 支付系统

支付系统是由提供支付清算服务的中介机构和实现支付指令传送及资金清算的专业技术手段共同组成的，用以实现债权债务清偿及资金转移的一种金融安排，有时也称为清算系统。支付系统的实现必须具备电子支付牌照，否则会涉嫌二清，因此一般与各银行、微信、支付宝等合作开展，主要功能概括如下：

收款：通过线上线下的支付码进行收款，如银行卡支付、POS机刷卡、聚合收款码等收款，收款的方式可以是主扫也可以是被扫，即商家放收款码游客来扫，或者游客出付款码商家来扫。

聚合支付：商家只出示一个收款码，根据游客扫码的来源自动区分对应的支付渠道，并扣款，如聚合微信、支付宝、银联等支付方式。

分账：商家完成订单收款后的资金清算服务，根据商品组成自动向生态内的其他参与者分账，如游客在前端购买了景区门票和酒店的组合产品，且两个产品不是同一个收款主体，那么支付系统可以根据设定好的收款主体和支付比例自动分账到对应的收款账户。由于分账要求具备电子支付牌照，否则会涉嫌二清（第二次清算），因此分账的功能只能具有电子支付牌照的企业才能提供，如支付宝、微信、银联、各大电商平台等。否则只能提供数据记录的功能，不能实现资金流转，即数据流和资金流不同步。

分账资金归还：将已分账的资金从分账接收方的账户回退给分账方，不同于退款的时候退款要求先支付前端申请退款再退回，资金归还可以不要求前端有退款的操作。（图7.43）

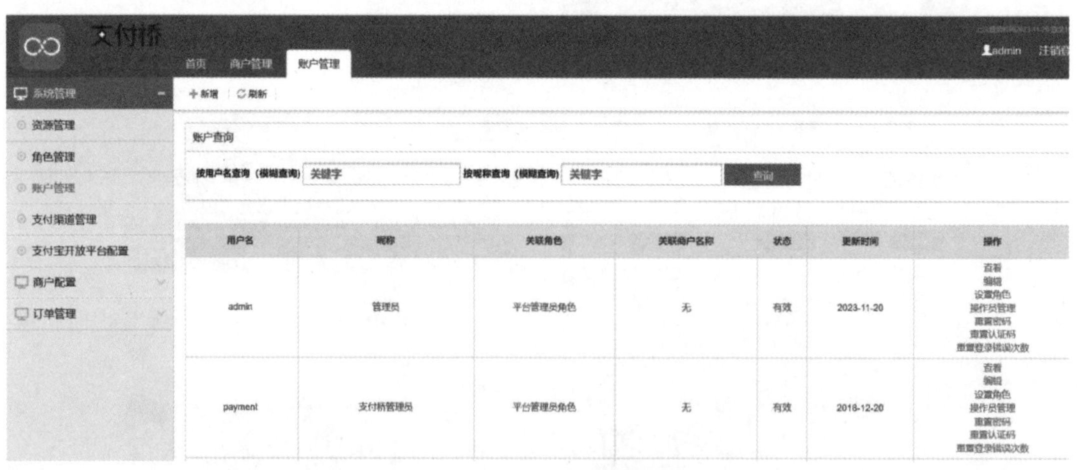

图7.43　支付桥账户管理页面图

图7.44　支付渠道管理页面图

7.4　旅游景区电子商务的发展方向

7.4.1　信息技术带来创新体验

1）个性化、定制化旅游体验

随着游客需求的多样化和个性化，景区电子商务将更加注重提供定制化的旅游产品和服务。依托票务系统，利用人工智能、大数据等技术，融合不同渠道的销售数据，通过数据分析，构建游客画像，更好地了解不同游客的偏好，结合前端条件输入，为游客提供个性化推荐和定制化服务。

2）数字货币支付应用

数字货币是电子货币形式的替代货币，数字金币和密码货币都属于数字货币，比如比特币、狗狗币、以太坊等。目前，数字货币只在特定的虚拟社区内流通，随着技术的发展和人们观念的转变，景区电子商务的应用也可能实现，其去中心化、低交易成本和高交易速度的特性，将极大提升支付的便捷性，降低游客和景区的交易成本。同时，数字货币的可追溯性有助于提升交易透明度，增强消费者信任。

3）区块链带来增值服务

随着信用体系的发展和消费观念的转变，2015年飞猪联合芝麻信用推广“信用住”模式，而后2019年开始提出了“信用游”的概念，且 2019年3月广西桂林成立了“先游后付诚信联盟”，同年4月，山东省日照市成立了“先游后付”诚信联盟。然而几年过去了，“信用游”并没有像“信用住”一样普及，除了市场因素外，技术也是限制之一，住宿实名制基本普及，但出行还没有完全实现，因此出行的约束不足。

区块链具有不可篡改、安全可信、去中心化的特点，其不可篡改的特性既确保了交易记录的真实性，也保证了游客行为的不可更改性，增强了景区和游客间的信任，可以为“信用游”提供保障。另一方面，区块链技术的发展，也为整个社会信用体系的建设提供支持，实现自动交易、扣款、退款、验票等，进一步推动“信用游”的普及。它还可以助力个性化旅游产品开发，通过追踪消费者行为，提供定制化服务。

7.4.2 线上线下融合发展

1）XR加元宇宙带来沉浸式体验

通过XR（Extended Reality，XR，扩展现实）技术，一方面游客可以在家体验景区虚拟游玩，增强景区实地参观的决心。另一方面，结合元宇宙技术，创造一个可以互动体验的空间，作为一个虚拟旅游产品，与实体旅游互为补充，实现线上线下无缝融合，带来新型消费体验，推动旅游消费模式的创新升级，并拓宽收入来源。尤其是针对一些具有季节性、民俗风情等体验性的活动，消除时间和空间带来的限制，如少数民族的特定婚俗、节庆、遗址遗迹复原、非遗活动等，通过虚拟空间的制作，游客既可以进行互动，又可以实现沉浸式体验。

2）线下泛在化入网实现便捷服务

现阶段手机是入网的主要设备，然后就是各种线下屏幕，要实现泛在化入网，一方面要求设备分布广泛，另一方面要求网络随时可接入。随着技术的发展，以后的入网设备可能不再是大小屏，而是各种可穿戴设备，在资源整合的基础上，再结合通用AI的应用，通过通用AI指令即可准确调用、打开所需软件，获取所需产品、信息，实现线上线下的无缝切换。比如将眼镜作为设备载体，只需要通过语音指令即可在普通眼镜和应用集成的AI设备之间切换，通过指令准确地购买景区门票，再结合个人偏好，规划定制化的线路，加上XR的应用，获得独一无二的体验。

7.4.3　资源融合与整合成为趋势

1）跨界融合：跟文创、体育、健康等融合

一直以来，门票是景区最主要的收入来源，一度被称为“门票经济”，随着文旅融合的发展，旅游跟其他业态的融合越来越普遍，越来越广泛，比如故宫，根据公开可查到的数据，2017年故宫的文创收入就已经达到15亿元，门票收入只有8亿元，文创收入几乎是门票收入的2倍。又如华山景区举办了多届华山国际登山节，吸引了众多国内外登山爱好者前来参与，探索体育与旅游的融合，不仅丰富了游客的旅游体验，还推动了当地体育产业的发展。比如国家4A级旅游景区人祖山景区，打造“康养”品牌，通过生态观光度假区向文旅康养产业升级，形成了多业态的康养产业；山西运城芮城县的芮城黄河金三角文旅康养项目则通过建设三级甲等医院（医疗中心）及其附属设施，实现医养结合的康养旅游。

现阶段已经有很多景区开始探索门票收入以外的其他收入来源，开展与体育、文化、养生、休闲度假等业态的融合，在自营商城上提供门票以外的其他产品形态，未来也将会有更多的景区挖掘门票收入以外的收入来源，探索跨界融合发展，提供文创、康养等类型的电子商务服务。

2）资源整合：建成目的地资源整合营销平台

一方面是大IP景区带动周边资源整合。大IP景区自带流量属性，但往往只需要1天的游玩时间，可以通过大IP景区，整合周边的小景区、特色体验性景区、住宿资源、餐饮资源、康养资源、体验资源、文化资源等各类资源，将自营的电子商务平台打造成目的地电子商务平台，建成综合性电子商务平台。

另一方面，在政府领导下，以区、县、市甚至省为单位的目的地都开始建设统一的整合平台，景区是其中重要的核心组成板块，比如大家都知道的“一部手机游云南”、郴州的“乐游郴州”、南京的“莫愁旅游”、韶山的“又湘游”等。（图7.45）

7.4.4　社交电商驱动营销创新

1）群体参与共享经济

未来的营销，游客的参与感会越来越重，共享经济会成为其参与的一种直接形式，比如共享经济中的认养模式。景区基于电商平台，推出某一类可认养的产品，被认养的可以是动物、植物、农作物等，平时由景区代为打理，但收成归游客，且游客可不定期到景区进行体验，并附加门票、餐饮、体验项目等权益。认养模式一方面增加了游客的

参与感，游客可到现场进行实际的劳作体验；另一方面让游客有主人翁意识，增加自主推广的动力。

图7.45 又湘游相关页面截图

比如浙江的永安稻香小镇，通过数字化平台实现农田的认养，消费者可以远程监控农作物生长状况；湖南桃仙岭推出“共享一棵桃树”公益计划，参与者可以认养桃树并获得果实享有权，同时获得相关荣誉证书和景区门票优惠；西湖景区推出茶山植树认养活动，邀请市民参与植树并认养树木，增强公众对生态环境保护的意识；南京红山森林动物园提供动物认养服务，认养者可以获得认养纪念品和与动物相关的互动体验。

2）全民营销与会员体系

利用社交网络和数字平台，搭建不超过三级的分销体系和会员体系，鼓励周边其他资源方进行营销，如周边餐饮、住宿、交通等，一方面鼓励相关资源方进行相互引流，相互带客；另一方面搭建会员体系，通过积分、等级和定制服务，增加会员带客的权益，提升会员客户的体验感。

比如《又见平遥》的出品方通过和平遥古城内的民宿合作，分销演出票，一方面多了一个分销渠道，另一方面民宿也多了一份收益，这是因为民宿会直接接触游客，且游客也会在民宿咨询可参观游玩的地方，有直接的需求。又如，大理古城的民宿可以分销一日、两日的短途游玩产品，也是一样的意思。再如长隆主题乐园内的酒店通常都可以选择含有景区门票的套票，一方面游客享有一定的优惠，比单独购买门票加酒店优惠；另一方面也享有一定的权益，比如一票多园。

本章小结

· 旅游景区作为旅游者活动的主要吸引物，旅游景区电子商务包括票务系统平台、其他景区电子商务系统。本章分析了旅游景区电子商务要解决的主要问题，提供了典型的案例，并对景区电子商务的未来发展趋势进行了多角度的探讨。

复习思考题

一、简答题

1.景区电子商务具备什么样的特征？

2.景区电子票务系统主要模块有哪些？功能有哪些？

3.在景区的文创商店购买文创产品时，使用电子支付是否属于电子商务的行为？为什么？

二、讨论题

1.除文中提到的景区电子商务的发展趋势外，请结合技术的发展与进步，大胆想象，讨论景区电子商务发展趋势还有哪些。

2.找一个你觉得做得好的景区电子商务系统进行分享，讲述你为什么选取这个案例，案例中哪些是值得借鉴的，哪些是有待改进的。

【案例分析】

白鹿原影视城电子商务建设案例

随着互联网的兴起和发展，白鹿原影视城景区在“互联网+”下广泛使用信息技术发展智慧旅游，2020年开展智慧旅游景区的建设，推动景区新基建、数字化运营、智能化服务，制定“1·3·6·9”策略。以数据为基础，以营销为核心，完善建立数字陕旅“营销、服务、管理”三大体系 。

1个标准：集团主导制定数据标准，汇集集团体系数据源，建立集团自有数据资产。

3个覆盖：营销全覆盖、服务全覆盖、管理全覆盖。

6个工作：开展全面调研与宣讲工作，建设集团数据中台并建立数据标准，搭建数字化营销云平台，完善数字化服务体系，提升数字化管理能力，植入人工智能、区块链等创新科技 。

9个实现：实现科技赋能集团全产业链发展，实现数据资产互联互通，实现数字化营销体系建立，实现渠道推广营销协同，实现会员大数据精准营销，实现游客服务流程统一，实现游客服务体验品质的提升，实现数字化管理能力提升，实现数字陕旅成果可视化。在此基础上，以白鹿原影视城为试点，展开数字化转型大步伐。

一、票务系统

通过O2O（Online to Offline）线上线下一体化综合票务系统建设，实现白鹿原门票出售、检票、票务统计的智能化管理。在售检票方面，项目建设完成了售票窗口的升级，实现电子二维码或身份证作为门票介质；在票务统计方面，系统支持丰富的自定义报表功能，可满足景区的个性化应用需求。为统计、分账等提供强有力的数据支持，并实现了与美团网、携程网等电商平台的系统对接，便于渠道管理、电子票务管理。

1.系统硬件

景区建设了出入口闸机、手持机、电脑打印机等票务设备，支持景区售检票业务。（图7.46）

图7.46　景区售检票设备

2.产品管理中心

主要用于景区所有品类的线上线下一体化发布，通过统一的入口，对所有景区内的产品进行管理与维护。实现基本产品管理、组合套票管理、自由组合票管理、价格配置、实名购票限制、销售库存管理及预警等功能。（图7.47）

图7.47　产品管理界面

3.售检权限管理中心

平台设置商家员工、岗位角色，分级可操作的相关票务功能权限、可售产品权限；管理产品检票时的检票规则，满足不同场景的检票需求。（图7.48）

图7.48　售检管理界面

同时，系统支持将销售数据进行系统化、图形化的设计，使数据能以报表的形式更加清晰地呈现出来，支持按年、季、月、日不同时间段进行统计，按售票、检票、财务、网络、库存、OTA分销平台、B2B旅行社等不同业务类型进行统计，为景区管理层运营决策统计、查询、分析，以及财务部门核账、对账提供更加简便的数据支持。（图7.49）

图7.49　报表管理界面

二、数字化收银系统

白鹿原影视城向游客提供便捷的移动支付，提升游客消费便捷度，同时实现对园区内二消商户的数据化管理，动态调整园区二消经营业态品类，提升整体服务质量。覆盖景区游客的各类消费场景，聚集景区高品质会员，实现会员营销触达，满足游客在入园领取优惠券、消费后获取优惠券，实现营销多样化。功能展示如下：

1.商户端

园区内每个商户都有前端App，可实时查询店铺经营状态和经营数据，对历史订单可进行处理操作。（图7.50）

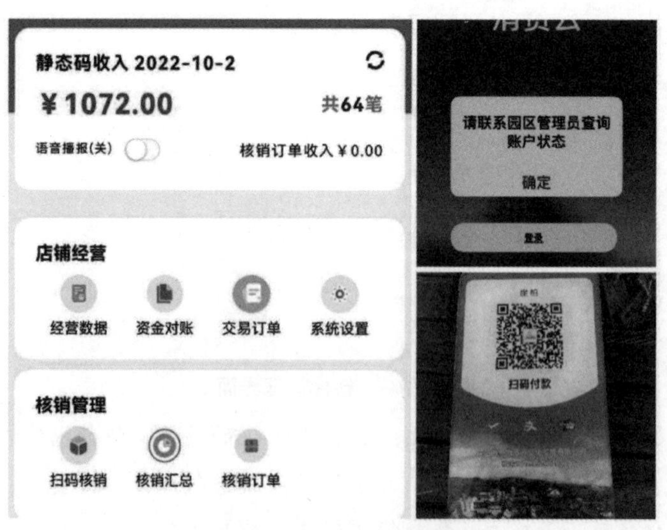

图7.50　商户前端App界面

2.商户管理系统

通过商户管理系统对景区商户进行管理，包括信息管理、数据管理、报表管理、收付款管理、分账管理等。（图7.51）

综合消费商户系统

登录名

密码

登 录　□ 记住我7天（公共场所慎用）

默认主题▾

Copyright © 2020-2021 Powered By 骏途云 Version 0.1

图7.51　综合消费商户系统界面

3.商户信息管理

通过商户信息管理，统计商户基础信息，绑定收付款账号，商户登录账号密码等管理。（图7.52）

图7.52　商户信息管理界面

4.订单管理

商户日交易订单明细查询展示，异常订单可在此查询处理。

5.营收数据展示

当日营收数据的线性展示及历史数据的对比，为经营决策提供一手信息。（图7.53）

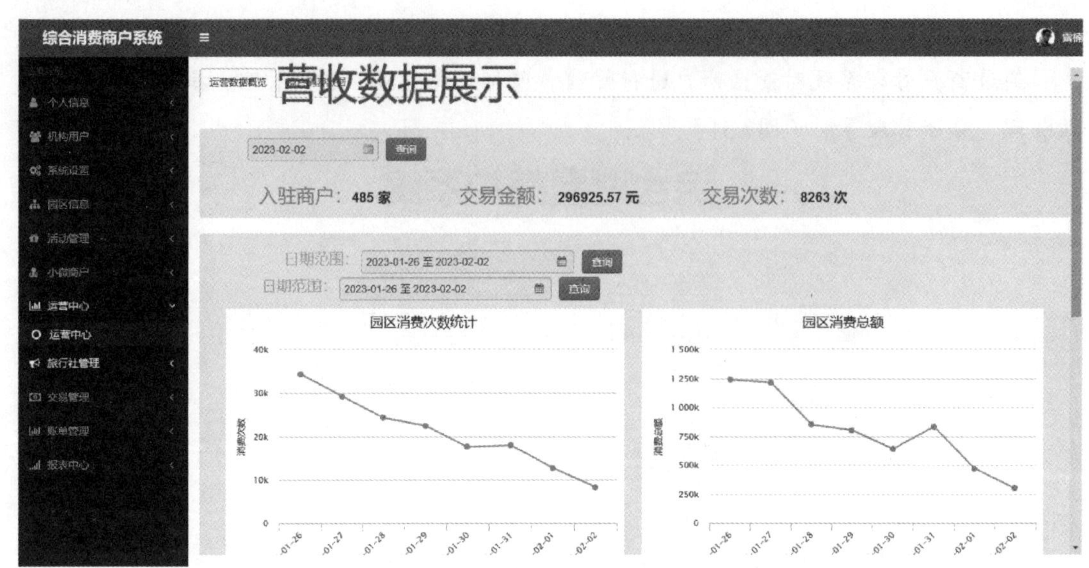

图7.53　营收数据展示界面

6.账单管理

每位商户的账单数据、日数据、月数据、提现数据。

三、营销云平台

白鹿原影视城智慧化建设实现园区信息全覆盖、游客服务线上化，电子导览精准导航，演出信息即时更新；同时实现售票自助化、检票标准化，园区公众服务平台内提供便捷的自助导览服务，满足游客在游玩过程中随时通过手机自行查看问题，上线智能客服系统，满足游客实时在线咨询的服务需求；助力运营，实现全员分销功能，调动员工销售积极性。

1.白鹿原影视城微信小程序

小程序首页有园区内的电子导览、演出时间、景区讲解、智能客服等相关服务入口，点击即可体验服务。其中，电子导览可实时定位游客在景区的位置，以及景区所有景点、项目场馆、厕所等服务设施设备的位置，支持步行导航，同时每个景点、场馆都可点击查看介绍导航。演出时间以时间轴的方式展现，使游客可以更加直观地找到最近的最适合的演出场次，且有演出图文详情介绍，场馆导航等配套链接，提升游客体验。电子讲解方面，服务平台配套景区所有景点的文化讲解，配有语音和文字两版，同时提供图文详情增加体验度，主要是免费提供的。（图7.54、图7.55）

2.电子商城

景区自营票务销售入口，支持虚拟票销售，也支持实体物流产品销售，为游客提供便捷的购票通道，同时提升景区营销入口。（图7.56）

图7.54　白鹿原影视城微信小程序首页界面

图7.55　白鹿原影视城电子导览界面

图7.56　白鹿原影视城电子商城界面

3.电子讲解

服务平台配套景区所有景点的文化讲解，配有语音和文字两版，同时提供图文详情增加体验度。（图7.57）

图7.57　白鹿原影视城电子讲解界面

4.全员分销

在电子商城的基础上，实现了全员分销的功能，鼓励员工共同销售，为员工提供良好的分销环境。

四、移动数据驾驶舱

在景区实现数字化后，做好数据统一汇总与智能分析，实现白鹿原影视城的移动端数据驾驶舱，让景区运营人员实现对经营数据、业务运营数据的实时查看，后台提供一线运营人员自助查询的服务。

1.驾驶舱首页

驾驶舱首页展示当日客流、收入、年累计、票务等汇总收入数据。（图7.58）

图7.58 移动数据驾驶舱首页

2.客流维度

在客流维度内，可查看当日、当月、当年客流数据和客源数据，以及同期对比，精准定位客源结构，以及停车数据和车辆客源。（图7.59）

3.业态维度

进入景区收入界面，里面展示景区当日各项业态的统计数据，点击每项业态可查看精确至每家商户和每个渠道的当日收入准确情况。（图7.60）

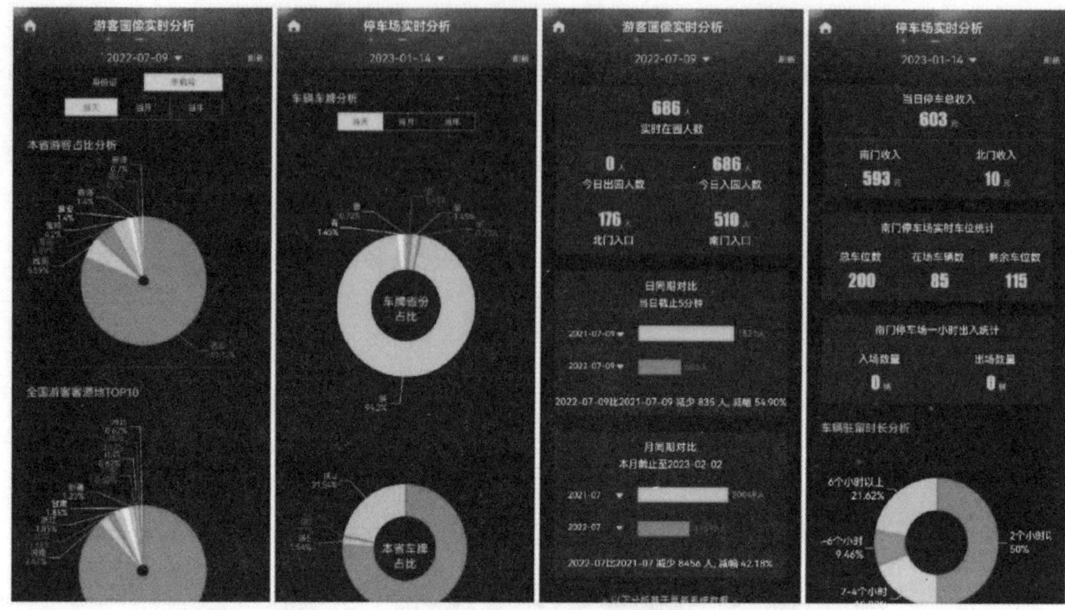

图7.59　客流维度界面

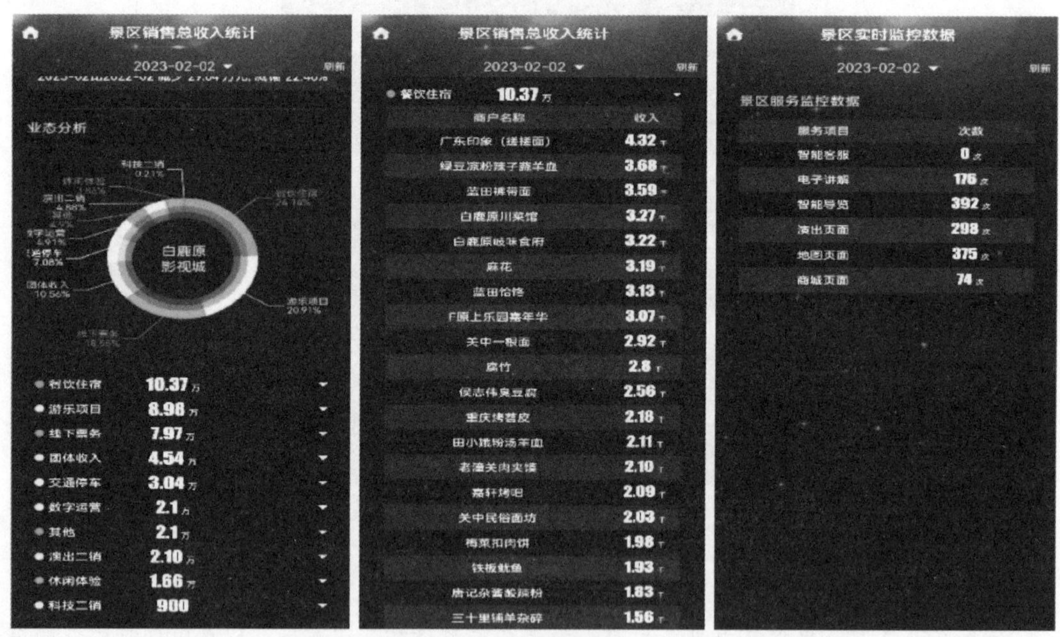

图7.60　业态维度界面

4.历史同期

无论在客流界面、收入界面、票务界面、停车数据界面，都可自由选择历史日期查看对应数据。（图7.61）

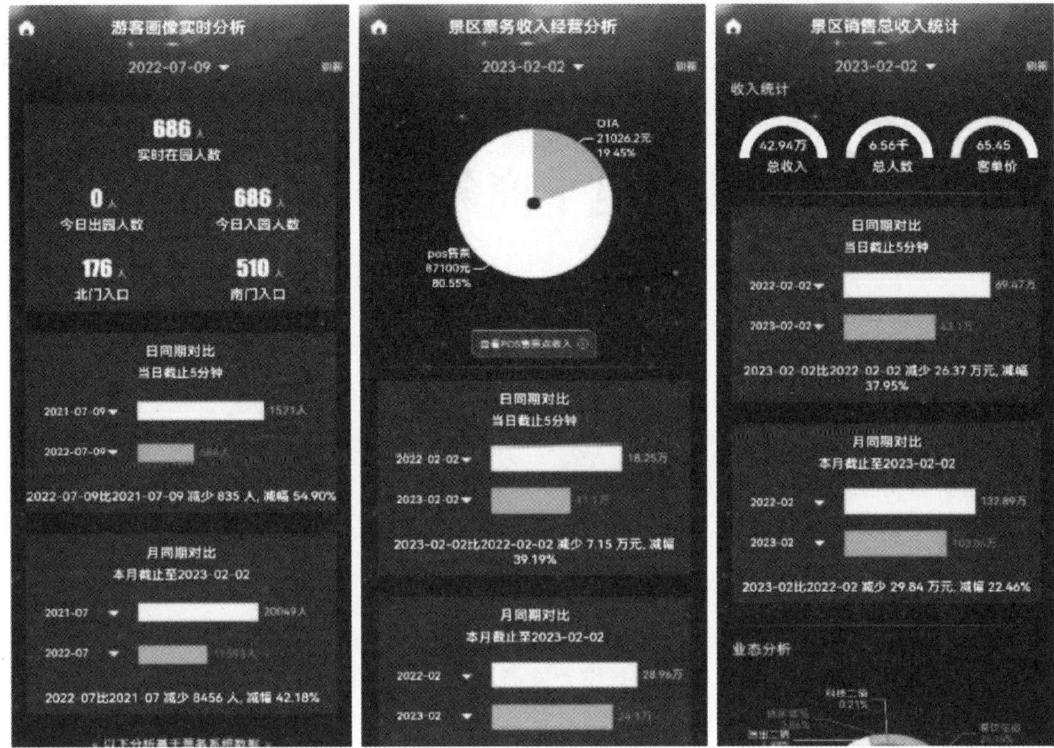

图7.61　历史同期对比界面

资料来源：李云鹏，等.全域智慧旅游：面向目的地实践的系统升级[M]. 首都经济贸易大学出版社，2024.有改动.

问题：你认为白鹿原景区电子商务系统建设在哪些方面值得借鉴？哪些方面还可以继续完善？

第8章 其他旅游业态电子商务

【教学目标与要求】

· 了解旅游业态电子商务的多样性。

· 掌握乡村旅游电子商务的内涵。

· 掌握滑雪旅游电子商务的特点。

· 掌握购物旅游电子商务的模式。

· 了解新兴旅游业态电子商务的新模式及新技术应用。

· 了解新兴旅游业态电子商务的未来发展趋势。

【知识架构】

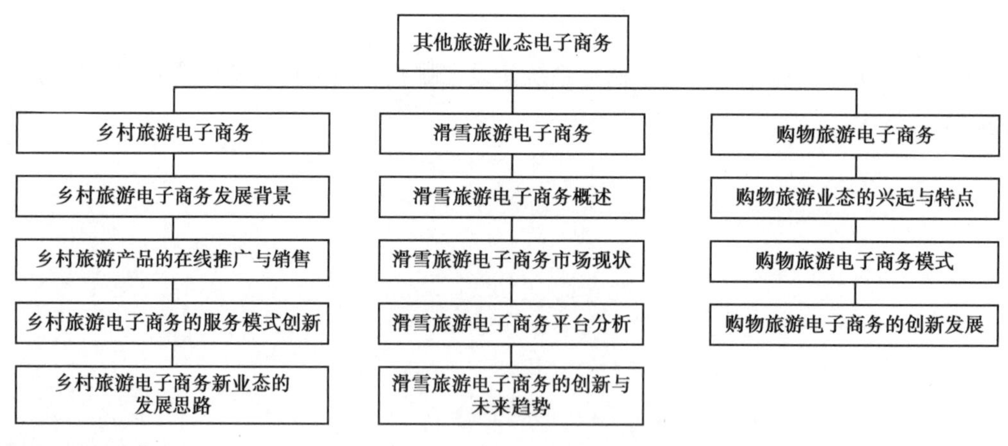

【导入案例】

广东旅游业首家“旅游+新零售”跨境电商

广东中旅新零售品牌“SOMEWhere”零关税集合店于2024年1月21日在广州市沙面白天鹅宾馆北门盛大开业。悦旅惠主要负责人介绍：“SOMEWhere”零关税集合店以“国企控股 正品保证 惠买全球”为品质保证，利用自有国际供应链资源集合了来自全球各地的优质商品，包括化妆品、护肤日化、保健品、酒水等。“SOMEWhere”不仅是一个跨境购物的体验休闲之所，更是一个文化交流的平台。广东中旅董事长胡依明表示，希望通过这个平台，让广大市民及游客了解和接触到全球好货，同时也希望能够推动广州乃至广东省的新零售业发展。有了跨境电商的入驻，有望助力当地丰富业态，助力当地旅游目的地转型升级。此次推出的“SOMEWhere”零关税集合店是广东旅控集团在新零售领域的重要布局，而跨境电商业务是广东中旅在新零售领域的一次重要尝试，也是广东传统旅行社在旅游主业之外开拓新业态的创新之举。

“三只鹅全球甄选”小程序同步上线，丰富了线上线下相结合的购物体验，让消费者在享受一站式跨境购物的同时，也能享受更周全的购物保障。（图8.1）

图8.1　三只鹅全球甄选小程序（图片来源：微信小程序）

“SOMEWhere”作为广州地区首家实行零关税政策的旅行社零售体验店，其成功运营将为广东中旅在新零售领域的发展积累宝贵的经验。

资料来源：广东旅游业首家“旅游+新零售”跨境电商开业［EB/OL］.（2024-01-30）［2024-09-04］. 有改动.

【关键术语】

其他旅游业态　乡村旅游电子商务　滑雪旅游电子商务　购物旅游电子商务

在前面的章节中，我们深入探讨了旅游电子商务的多个方面，包括其基本概念、发展历程、商业模式以及移动旅游电子商务的兴起和特点。我们分析了在线旅游服务商的类型和销售模式，以及传统旅游企业如何通过电子商务实现转型和创新，还详细讨论了旅行社、住宿业、航空业和旅游景区电子商务的现状和发展趋势，展示了这些领域如何利用科技提升服务质量和用户体验。

随着电子商务的不断深入发展，旅游业态也在不断地创新和扩展。在本章中，我们将转向探讨一些其他的旅游业态，它们代表了旅游电子商务领域的新趋势和发展方向。这些业态不仅丰富了旅游市场，也为旅游电子商务带来了新的机遇和挑战。我们将重点讨论乡村旅游电子商务、滑雪旅游电子商务和购物旅游电子商务，分析它们的发展背景、市场现状、服务模式创新以及未来的发展趋势。通过这些讨论，希望能够帮助读者更深入理解旅游电子商务的全貌，并探索这些新兴业态如何为旅游行业带来新的活力和增长点。

8.1　乡村旅游电子商务

8.1.1　乡村旅游电子商务发展背景

乡村旅游电子商务的发展是社会经济、政策支持、技术进步、市场需求等多方面推动的结果，将乡村旅游电子商务发展成为旅游业的一个重要分支，也为乡村振兴和农民增收提供了新的途径。

随着小康社会目标的提出，人们对美好生活的向往推动了乡村旅游的发展。城市化的快速发展、城市人口密度的提高以及环境污染的日益严重，促使城市居民开始寻求乡村的自然风光和田园生活，而返乡的新市民也在寻找乡愁记忆。随着居民消费水平的提升，传统的农家乐形式已经不能满足人们的需求，乡村旅游开始向休闲农业、生态旅游、农家民宿等多元化方向发展，电子商务的普及为乡村旅游提供了新的销售渠道和宣传途径，使乡村旅游能够更有效地触达潜在游客，电子商务为这种转型升级提供了新的动力[1]。

信息技术与旅游业的结合成为必然趋势，这为乡村旅游电子商务的发展提供了技术支撑。2015年，我国提出了“互联网+”行动计划，将互联网作为推动各行各业发展的新平台。这一政策的实施为乡村旅游电子商务的发展提供了政策支持和发展方向。2024年，国家通过中央一号文件等文件，明确强调大力发展休闲农业和乡村旅游。这些政策不仅提出了具体的扶持措施，如以奖代补、财政贴息等，还鼓励乡村旅游与数字技术深度融合，推动新业态的发展。这一系列政策旨在通过提升乡村旅游的品质和影响力，促进农村经济的

1　魏延安：乡村旅游转型与经营电商化［EB/OL］.（2021-09-15）［2024-09-16］.

多元化发展。为确保乡村旅游的可持续发展，文化和旅游部等部门积极行动，实施乡村旅游数字提升行动，依托互联网平台对乡村旅游进行推广和扶持。同时，国务院和其他相关部门也出台了一系列配套政策，如金融支持政策、用地保障政策等，为乡村旅游提供全方位的支持。这些政策从资金、技术、土地等多个方面入手，为乡村旅游的发展提供了坚实的保障。

国家对乡村振兴的重视及相关举措，推动了农村电商的发展，这不仅有助于农产品的销售，也促进了乡村旅游业的发展。随着政策的要求和乡村地区基础设施的不断完善，乡村旅游在中国旅游业中的份额逐渐加重，成为旅游发展的重点之一。中国已成为世界上最大的农村电子商务国，农产品网络零售额保持高速增长。特别是在新冠疫情期间，农村电商的线上化、非接触等优势得到了凸显，成为活跃城乡市场的重要渠道。“互联网+旅游+电商”模式为乡村旅游与精准扶贫的融合发展带来了新的机遇，成为贫困乡村地区发展的新动能和经济增长点。随着信息技术的发展，农村电商不断创新，出现了直播电商、社区团购、跨境电商等新业态新模式，这些新模式为乡村旅游电子商务的发展提供了新的思路和方法。

8.1.2　乡村旅游产品的在线推广与销售

我国现有乡村旅游产品在线推广与销售策略充分利用了互联网技术和数据分析手段，乡村旅游产品的在线推广与销售主要通过精心设计的网络平台和社交媒体渠道，将独特的乡村风情、丰富的农业体验、地道的农家美食等多元旅游产品呈现给广大游客。利用SEO和SEM策略、内容营销、合作推广、在线活动营销、用户评价和互动分享等手段，提升乡村旅游品牌的知名度和影响力。同时，通过在线预订系统、移动支付等便捷服务，为游客提供一站式解决方案，使乡村旅游的推广与销售更加高效、便捷，满足不同游客的个性化需求。

1）在线推广策略

（1）多元化平台利用

乡村旅游产品广泛利用了各类在线平台进行推广，包括但不限于社交媒体、旅游预订网站、博客和论坛等。这些平台具有用户基数大、覆盖广的特点，能够快速触达潜在消费者。如利用微博、微信、抖音等社交媒体平台发布乡村旅游的精美图片、短视频和旅游攻略，吸引用户关注和转发。与旅游博主、网红合作，进行乡村旅游产品的体验直播或撰写推广文章，利用他们的影响力提升产品的知名度。

（2）SEO和SEM策略

通过搜索引擎优化（SEO）和搜索引擎营销（SEM），对乡村旅游产品的官方网站或在线预订平台进行优化，提高乡村旅游网站在搜索结果中的排名，提高曝光率和点击率，进而将更多潜在游客导向乡村旅游产品页面。

（3）内容营销策略

在线推广内容不仅包括传统的文字和图片介绍，还结合了视频、直播等多媒体形式，提供更直观、生动的乡村旅游体验展示。例如，通过直播展示乡村风光和民俗活动，增强游客的感知和兴趣。制作乡村旅游的专题文章、旅游攻略和旅行故事，通过博客、旅游网站等平台发布，吸引潜在客户，鼓励游客分享自己的乡村旅行经历，通过游记、评论等方式增加产品的口碑传播。

【案例】

广元昭化区探索“乡村电商+本土旅游节”模式

近日，广元市昭化区柏林沟镇樱花飘香，春意渐浓，伴随着隆隆的礼炮和礼花，2024柏林古镇第九届樱花文化旅游节开幕。（图8.2）

图8.2　樱花文化旅游节（图片来源：广元文旅公众号）

在开幕式活动现场，昭化本地电商企业万农合创直播团队一边对特色农产品进行展示介绍，一边现场解答消费者提出的问题。借助旅游节热点，通过线上线下互动交流，让网友在观看旅游节活动的同时购买本地特色农产品。

近年来，昭化区充分整合优势资源，发展区域特色经济，积极借助各乡镇旅游节，将非遗文化、农副产品、特色小吃等进行线上展示展销，将旅游文化节打造成可看、可听、可体验、可购物的多元化创意电商直播展销场景。

截至目前，“电商+旅游”直播已开展5场次，累计收入超120万元，单场最高在线观看人数上万人次。

资料来源：以节为媒，昭化区探索“乡村电商+本土旅游节”模式促线上消费［EB/OL］.（2024-03-08）［2024-09-16］.有改动.

（4）合作推广策略

乡村旅游产品的在线推广与销售不仅依赖于独立平台，还通过广泛的合作策略实现多渠道营销。例如与在线旅游平台如携程、飞猪、去哪儿、马蜂窝等建立合作关系，将独特的乡村旅游产品纳入其推广体系，从而扩大产品销售渠道。同时，与农业、文化等相关产业进行线上联动推广，共同打造乡村旅游品牌，形成产业链的互补效应，提升整体市场竞争力，为游客带来更加丰富和独特的旅游体验。

【案例】

嗨走乡村

嗨走乡村是由深圳市嗨走科技有限公司负责运营，以建立中国乡村资源数字化信息化为基础，以挖掘传播乡村文化内容为核心，主要以虚拟“村”中图、文、影多种内容形式做展示，以推动引导乡村旅游及优质农产品电商为主要业务的乡村综合信息生态平台。平台为用户提供乡村旅游、乡村民宿、乡村康养旅居、农特产土货等信息，目前，平台内容已覆盖全国60余万个村庄，致力于智慧乡村，数字乡村的建设，助力乡村振兴。（图8.3）

图8.3　嗨走乡村小程序

嗨走乡村平台主要功能如下：

回老家：建村加村，把家乡搬到网上，让漂泊在外的心有个温暖的港湾。这是平台与用户建立最基础的链接和关系的地方，在这里，用户可以参与家乡的建设，同时可以和乡亲们一起打造乡村名片，共同宣传推广自己的家乡。

游乡村：平台的乡村旅游业务板块。可以尽情浏览全国各个乡村的风光、历史沿革、美食特产等。搭建全国各地的乡村旅游供应链，建立一个平台化、工具化和流程化的乡村旅游服务体系。

村聊：可以在线即时与村民互动，聊生活，聊趣闻，聊美景，聊美食。

动态：分享乡村风土人情，记录“日出而作，日入而息”的乡野生活。

共享老家：乡村旅居，平台微创新的产品，解决市场消费者对乡村生活的向往，是一种新的乡村生活方式。筛选出更多环境优美，有基础配套服务的老村古寨、自然村，满足市场消费者的乡村旅居生活需求。

去赶集：农特产品电商板块，汇集全国各地原生态农副产品，产地直采。

民宿：全方位了解民宿环境并在线预订，开启乡村旅游模式。

（5）在线活动营销

为了提升乡村旅游的在线影响力，许多乡村旅游目的地会精心策划一系列在线活动营销方案。例如通过举办乡村旅游摄影比赛和旅行日记征集活动，鼓励用户积极参与并分享他们的乡村旅行故事，从而增强用户对乡村旅游的感知和兴趣。此外，还会利用节假日或特定主题（如赏花季、丰收节等）开展在线促销活动，通过限时优惠、发放折扣券等方式刺激用户的购买欲望，进一步提升乡村旅游产品的销量和知名度。

【案例】

广西南宁市兴宁区电商大集助力乡村振兴

广西南宁市政府、文旅厅等为加强“线上+线下”品牌营销，培育乡村旅游品牌，充分挖掘当地文化，组织企业策划开展具有本地特色的活动。一是立足乡村振兴，举办苦瓜文化旅游节、“党旗领航 · 乡村振兴我为家乡代言”电商大集市等活动，打造巩固拓展脱贫攻坚成果同乡村振兴有效衔接的重要平台，展示推广兴宁区优质特色农产品。二是深挖少数民族文化，在节假日组织景区举办具有壮族风情的活动，将传统民族文化与乡村旅游有机结合，在创新体验的同时传承传统文化。三是联合城区内各旅行社，结合市场所需，推出精品旅游路线，为游客量身定制游玩方案。

资料来源：电商大集助力乡村振兴［EB/OL］.（2021-11-20）［2024-09-16］.有改动.

（6）F2O营销模式

F2O（Farm to Office）营销模式是一种直接将农产品从生产者（如农场）送到消费者（如办公室）的营销策略。这种模式旨在减少传统供应链中的中间环节，为消费者提供新鲜、健康、可追溯的农产品，同时也帮助生产者获得更高的收益。

F2O（Focus to Online）模式，即"焦点事件+电子商务"。焦点事件通过电视等媒体渠道形成扩散效应，而电子商务平台则迅速响应推出相应商品例如美食、服饰或化妆品等，以迎合这一时期消费者激增的购买需求，不仅满足了消费者对热点相关产品的兴趣，也进一步推动了事件的热度，形成电子商务和媒体的良性互动。例如，《舌尖上的中国》成功掀起了人们对地方特色美食的关注，在节目的刺激下，引发消费者搜索购买美食的狂潮，使之前知名度不高的地方特产销售量迅速增长。

2）在线销售策略

（1）官方在线预订系统与在线预订平台

部分乡村旅游目的地都建立了自己的官方在线预订系统，提供详细的乡村旅游产品信息和在线预订服务，游客可以直接在网站上预订住宿、门票、导游服务等，实现一站式购买，同时提供多种支付方式（如支付宝、微信支付等），方便用户进行在线支付，提升购物便利性。有的官方在线预订系统还配备专业的客户服务团队，提供24小时在线客服服务，解答用户疑问和解决问题，会定期对用户进行回访和满意度调查，收集用户意见和建议，不断优化服务质量和产品体验。除此之外，多数乡村旅游目的地会选择与在线旅游平台合作，将乡村旅游产品纳入其预订系统中，方便用户进行选择和预订。

【案例】

吉林白山市靖宇县花园村

花园村围绕"心往长白山-松花江上游"的文旅主题，借助"长白山之夏""长白山之冬"节庆品牌影响力，不断丰富游船节、蓝莓节、露营节等沉浸式体验，大力开展森林康养游、水上赛事游、运动休闲游、民宿度假游、乡村体验游等项目，积极承办"长白山之夏"开幕式、"松花江冬捕节"等活动，彻底打响花园村品牌。同时全面启动"吃住行游购娱"一船通（一票通）旅游新业态，让游客尽享白山松水美景，更好兑现良好生态价值。

资料来源：靖宇县花园口镇花园村荣登中国美丽休闲乡村名单榜［EB/OL］.（2023-09-05）［2024-09-19］.有改动.

（2）合作与分销

乡村旅游产品与主流的在线旅游平台合作，如携程、去哪儿等，利用这些平台庞大的用户基础和流量优势，将乡村旅游产品更广泛地推向市场。同时，也通过分销模式，与旅游相关的其他网站或App建立合作关系，通过共享资源、互通有无，共同推广和销售乡村旅游产品，从而扩大销售渠道，提高产品的市场覆盖率和知名度。

【案例】

乡土网

乡土网是一个LBS（基于位置的服务）的传媒平台，助力中国乡村文化IP释放新活力。

2023年12月20日，乡土网进行了系统测试。乡土网整合了多家农家乐，然后到旅行社、企业，个人进行宣传推广，以此吸引顾客去农家乐进行消费，从中获得佣金。同时，乡土网开展以媒体交换入口，兑换推广费的专项业务计划，凡是将该站搜索入口植入企业网站的，均可获得5000元的推广费激励。（图8.4）

图8.4　乡土网官网截图

资料来源：乡土网官网.有改动.

（3）优惠促销活动

在乡村旅游的在线销售中，经常会开展各种优惠促销活动，以吸引并留住消费者。例如定期举办的限时折扣、团购优惠等活动，刺激消费者的购买欲望。同时，为了增强客户黏性，有的还提供会员专享价，让忠诚客户感受到更多的价值，提高复购率。在价格策略上，根据市场需求、竞争情况和不同的客户群体，会灵活制定优惠套餐、提前预订折扣方案、推出定制化的价格方案，以满足不同消费者的需求，让消费者享受到满意的乡村旅游体验。

（4）用户评价与推荐

在乡村旅游的在线销售中，用户评价与推荐的作用不可忽视。有的乡村旅游目的地重视用户在线评价系统的建设，鼓励游客在购买后对乡村旅游产品进行评价。游客评价中的正面评价能够显著提升产品的信誉度，而负面评价则被视为改进服务的宝贵反馈。此外，还通过用户推荐奖励机制，激励用户分享和推荐乡村旅游产品给亲朋好友，提升乡村旅游产品的市场竞争力和用户体验的满意度。

【案例】

村游富农

湖州市作为浙江省下辖地级市，自2019年以来依托其得天独厚的交通、生态、文化和物产优势，大力发展乡村旅游，通过用户评价与推荐机制，实现了乡村旅游产品的在线销售增长。湖州市在乡村旅游发展中，注重用户评价与推荐的收集与利用。通过各类在线平台，如官方网站、社交媒体、旅游App等，鼓励游客在游玩后对乡村景点、民宿、餐饮等进行评价和推荐。这些评价和推荐不仅为其他游客提供了宝贵的参考信息，也帮助湖州市乡村旅游产品不断优化和提升。

资料来源：村游富农［EB/OL］.（2022-07-22）［2024-09-19］.有改动.

8.1.3　乡村旅游电子商务的服务模式创新

乡村旅游电子商务的服务模式创新主要体现在乡村旅游与农村电商的深度融合、数字化电商平台整合服务、乡村旅游数字能力提升、用户评价与推荐、数据驱动的服务优化等方面。这些创新服务模式不仅提升了游客的旅游体验，也为乡村旅游的发展注入了新的活力。

1）乡村旅游数字化平台服务模式

文化和旅游部资源开发司指导抖音、飞猪旅行、小红书等互联网平台，开展乡村旅游数字提升行动，旨在将新兴技术与在地资源相结合，推动产业转型升级。这些平台通过构建乡村旅游数字化平台，整合乡村旅游资源，提供一站式在线旅游服务，包括乡村旅游产品的预订、支付、评价等功能。通过智能推荐系统，平台能够根据用户的浏览和购买记录，为用户推荐相关的乡村旅游产品，提高用户的购物效率，提升用户体验。

例如，携程旅行网于2021年3月启动的乡村旅游振兴计划，以打造携程度假农庄、提升目的地住宿体验为核心，配套一系列产业升级、产品研发、人才培育、品牌定位等措施，促进乡村旅游高质量发展。按照规划，到2025年底，携程旅行网将打造10家乡村度假农庄，规模化赋能100家联营度假农庄。

同程旅行发布了“生态乡村”林渡暖村主题数字藏品，以数字化形式展现乡村美好图景。生态乡村系列数字藏品，是同程旅行充分发挥数字、科技等自身优势，拓宽乡村旅游和乡村振兴发展路径的积极尝试。

在林渡暖村项目的开发运营中，同程旅行借助“互联网+”，瞄准“一站式乡野度假目的地”的定位，对林渡暖村进行了全方位升级改造，且以村庄为基础、平台共建为载体，打造了数字乡村系统。同时，开发了集线上导览、电子地图、购票、住宿、研学及惠农于一体的小程序，以数字乡村建设激发乡村振兴新动能。

【案例】

飞猪助力永顺县 数字攻略文旅服务平台

在数字化浪潮的推动下，数字攻略文旅服务平台为游客提供一站式永顺旅游解决方案。游客不仅可以通过平台轻松预订永顺的景区门票、酒店住宿、地道美食和特色农产品，还能在线预览实景建模的景区，享受沉浸式的导览体验。此外，平台特别针对乘高铁到达永顺县的游客，在火车站进行数字攻略的精准推送，依托平台的强大消费分析能力，为每位游客量身定制乡村旅游行程，涵盖农耕体验、文化沉浸、美食尝鲜等丰富内容。

飞猪联合阿里巴巴公益和阿里巴巴技术官共同上线推出了“云游永顺”Vlog智能短视频和“凌云镜”景区慢直播系统。这一创新举措充分利用了物联网、人工智能和大数据技术，构建了游前、游中和游后的全方位体验链。游客在出行前就能被永顺的自然风光和人文魅力所吸引，游览过程中可以实时感受景区的美，并通过智能系统自动生成精美的个人Vlog，分享给亲朋好友，留下难忘的回忆。

永顺县人民政府携手阿里巴巴公益，通过淘宝直播平台举办了“云游芙蓉 食在永顺”专场直播活动。在这场别开生面的直播中，网红主播们热情洋溢地推介了永顺县的老司城、芙蓉镇等独特的人文景观，同时直播带货，将永顺的猕猴桃、莓茶、油茶、腊肉等优质农特产品推向全国，让更多的人品尝到永顺的美味。

资料来源：世界旅游联盟.旅游助力乡村振兴案例［EB/OL］［2023-11-23］.有改动.

2）“乡村旅游+电商”深度融合模式

乡村旅游与电商的融合发展，为乡村旅游带来了新的发展机遇。乡村旅游内容丰富、产品繁多，与电商融合能丰富乡村旅游经济结构，为电商产业带来巨大商机。通过电商平台，整合分散的旅游资源，乡村旅游产品能够直接面向消费者，打破了传统的销售渠道和地理限制。同时，电商平台还为乡村旅游提供了在线营销和推广的渠道，帮助乡村旅游产品更好地触达目标市场，强化线上推广和品牌建设，打破传统销售渠道的限制，提升产品的知名度和美誉度，实现数字化赋能。

例如，广西武宣县通过电商平台推广旅游产品，利用大数据、大平台、大流量的优势，打造“互联网+智慧旅游”发展新模式。安徽省合肥市“三瓜公社”，由合巢经济开发区管委会引入安徽淮商集团，联合成立安徽三瓜公社投资发展有限公司作为开发主体，融入“互联网+三农”发展理念，构建集一、二、三产业与农旅相结合的“美丽乡村”发展系统。产业规划中的南瓜电商村被定位为电商村、农特产品大村、互联网示范村，入驻了多家电商企业，包括自有的“三瓜公社”官方旗舰店、天猫官方旗舰店、京东等，开发了茶叶、温泉、特色农副、乡土文创等四大系列千余种特色商品和旅游纪念品。“三瓜公社”被评为安徽省首批特色小镇第一名。

3）乡村旅游数字能力提升服务

在数字经济背景下，乡村旅游商业模式创新路径包括加大数字化技术应用，拓宽产品销售渠道，创造新模式，以及通过数字化人才培养和引进，来助力乡村旅游的提升。其中，乡村旅游数字提升行动注重提升乡村旅游经营主体的数字能力，可通过举办培训班、开展校企合作等方式，培养一批具备数字化技能和乡村旅游知识的专业人才。这些专业人才能够运用数字技术，提高乡村旅游的服务质量和游客体验，推动乡村旅游的数字化转型。

【案例】

湖南泸溪：“人+货+乡”特色乡村农旅电商模式　打造乡村振兴新业态

2018年，泸溪县成为全国电子商务进农村综合示范县。当地引进了惠农网共同开展项目建设，以椪柑和旅游为媒，以农村电商为主要抓手，以乡村振兴为契机，结合独具特色的泸溪地域文化，持续探索并深度落地“人+货+乡”的特色乡村农旅电商模式，为当地经济发展注入强劲引擎，一大批老百姓搭上农业电商这趟致富列车。

“人+货+乡”是泸溪电商发展助力乡村振兴的三个关键因素，即“电商人才、特色网货、乡土文化”——通过电商人才培训，培育本土化的电商网红，助力乡村人才振兴；通过提供农产品网货化服务，让农产品出乡，赋能乡村产业振兴；以乡土文化赋能农村产品，衍生新业态，促进乡土文化振兴，打造美丽新农村。三个因素共同发力，最终形成泸溪县“人+货+乡”特色乡村农旅电商模式，共同打造泸溪乡村振兴新业态。

资料来源：泸溪县“人+货+乡”特色乡村农旅电商模式 让老百姓生活更甜 泸溪县建设“人+货+乡”特色乡村农旅电商模式 走上电商致富路［EB/OL］.（2020-05-19）［2024-09-25］.有改动.

【案例】

四川凯歌农旅园区数字能力提升项目

四川凯歌农旅园区位于四川省遂宁市，曾是以沼气文化著称的乡村，如今通过数字技术的赋能，已经转变为集旅游、文化、农业于一体的综合性乡村旅游目的地。

园区内建设了高速网络、智慧监控等基础设施，确保游客和村民能够享受高速、稳定的网络服务。安装了智能导览系统，游客可以通过手机或园区内的触摸屏获取景点信息、导览路线等。建立了园区公共服务平台，整合了票务预订、餐饮住宿预订、特产购买等旅游服务。

引入了三大智慧旅游应用系统（智慧服务、智慧营销、智慧管理），通过数据分析优化服务流程，提升游客体验。建立景区运营大数据平台，通过收集和分析游客数据、销售数据等，为园区的运营管理提供数据支持。通过数据分析，园区能够精准地了解游客需求，制定个性化的营销策略。建立了应急指挥调度平台和综合管控集成平台，确保在紧急情况下能够迅速响应、有效处置。通过智能监控和数据分析，园区能够实现对人流、车流等信息的实时监控和预警。

园区与当地高校合作，开展乡村旅游电子商务和数字技术应用相关的培训课程，提升当地村民的数字技能。引入专业的技术团队，为园区的数字化建设提供技术支持和咨询服务。通过数字化手段，游客能够享受到更加便捷、个性化的旅游服务，提升了游客的满意度和忠诚度。数字化平台的建设使园区的运营管理更加高效、精准，降低了管理成本。

资料来源：数字乡村案例样板！四川凯歌农旅园区实现“数字化+农文旅”结合，全力发展乡村旅游多元业态［EB/OL］.（2024-01-25）［2024-09-29］.有改动.

4）用户评价与推荐服务

重视用户在线评价系统的建设，鼓励游客在购买后对乡村旅游产品进行评价。正面评价能够提升产品信誉，而负面评价则作为改进服务的依据。通过用户推荐奖励机制，激励用户分享和推荐乡村旅游产品给亲朋好友，提升用户体验和满意度。用户评价和推荐成为乡村旅游产品的重要宣传和推广方式，帮助乡村旅游产品吸引更多潜在游客。

【案例】

大众点评乡村旅游用户评价与推荐服务

大众点评作为中国最大的消费者点评平台之一，在乡村旅游领域也积累了大量的用户评价和推荐数据。通过用户真实的评价和推荐，大众点评不仅为游客提供了有价值的参考信息，还为乡村旅游商家提供了重要的营销和改进依据。

用户可以在大众点评平台上对乡村旅游景点、餐厅、民宿等发表评价。评价内容涵盖服务质量、产品口味、环境氛围等多个方面，为其他游客提供了丰富的参考信息。平台通过算法对评价进行筛选和排序，确保展示的评价真实、客观、有参考价值。基于用户的浏览、收藏、评价等行为数据，大众点评能够为用户推荐符合其兴趣和需求的乡村旅游产品和服务。推荐算法综合考虑了用户的历史行为和偏好，以及商家的服务质量和产品口碑等因素，确保推荐的准确性和有效性。用户可以在平台上查看推荐列表，快速发现感兴趣的乡村旅游产品和服务。

通过用户评价和推荐服务，游客可以更加便捷地了解乡村旅游产品和服务的情况，作出更明智的消费决策，从而提升旅游体验。商家可以通过用户的评价了解自己的优势和不足，及时调整经营策略，提升服务质量和产品口碑。同时，通过平台的推荐服务，商家可以吸引更多潜在游客，扩大市场份额。用户评价和推荐服务有助于实现旅游资源的优化配置。通过用户的反馈和推荐，平台可以更加准确地了解市场需求，引导旅游资源的合理分配和有效利用。

大众点评平台上的乡村旅游用户评价数量庞大，涵盖了众多热门和冷门景点、餐厅、民宿等。根据用户反馈和数据分析，大众点评的推荐算法在乡村旅游领域取得了显著成效。据统计，通过推荐服务吸引的游客数量占比逐年上升，且游客满意度和忠诚度也得到提高。

资料来源：大众点评官网.有改动.

5）数据驱动的服务优化

数据驱动的服务优化模式使乡村旅游电商服务更加精准、高效和个性化。它通过监控网站流量、用户行为、销售数据、转化率、用户反馈等指标，进行数据分析与优化，以优化推广策略和销售流程。例如，根据用户浏览和购买数据调整产品展示顺序和推荐算法，提高用户购买意愿和满意度。

这些新型的乡村旅游电子商务服务模式体现了数字技术在乡村旅游领域的广泛应用，不仅提升了乡村旅游的服务质量和游客体验，还推动了乡村经济的多元化发展，为乡村振兴注入了新的动力。同时，这些模式也充分利用了现代网络信息技术和大数据技术等先进技术手段，为乡村旅游产业的可持续发展提供了有力支持。

8.1.4 乡村旅游电子商务新业态的发展思路

2024年3月，商务部、中央网信办等9部门联合印发《关于推动农村电商高质量发展的实施意见》（以下简称《意见》）。《意见》以技术和应用创新为驱动，从搭建多层次农村电商综合服务平台、加快农村现代物流配送体系建设、培育多元化新型农村电商主体、提高农村电商产业化发展水平、开展多种形式的农村电商促销活动、巩固拓展电子商务进农村综合示范政策成效等六个方面着手，提出14条具体政策举措，着力推动农村商贸流通企业转型升级，促进电商与农村一、二、三产业全方位、全链条深度融合，构建协同、创新、高效的农村电商生态圈。《意见》还从加强统筹协调、做好配套支持、创新监管方式等三方面健全工作保障机制，确保取得实效，为乡村旅游电子商务新业态的未来发展思路提供了借鉴之处。

1）完善乡村信息技术设施

加强乡村旅游地区的基础设施建设，包括网络、交通、服务设施等，为电子商务的发展提供良好的硬件支持。在乡村旅游区域建立高速、稳定的网络覆盖，确保游客和乡村旅游从业者能够实时、便捷地获取和传递信息。

推进智能化硬件设施和软件系统的应用。引入先进的智能硬件设施，如智能导览系统、智能客服等，提升乡村旅游的服务质量和游客体验。同时，开发适用于乡村旅游的软件系统，如旅游预订平台、支付系统等，方便游客进行在线预订和支付。

2）整合资源，推动产业深度融合

通过电子商务平台整合乡村旅游资源，推动其与农业、文化、教育等产业深度融合，形成多元化的旅游产品，发展特色农业旅游、休闲农业旅游等新业态。深入挖掘乡村地区的文化特色，包括传统文化、民俗风情、自然景观等，为乡村旅游电子商务提供丰富的文化内涵。通过乡村旅游电子商务平台，积极推广当地特色文化，提高乡村旅游的知名度和吸引力。可以通过线上展示、线下体验等方式，让游客深入了解当地文化，增强旅游体验的深度和广度。

3）以市场为导向，提升服务质量

以市场需求为导向，开发符合消费者需求的乡村旅游产品和服务。发展以体验为核心

的乡村旅游，提供定制化、个性化的旅游体验。注重景区人性化建设，以游客为中心，设置人性化的管理标准和操作规范，提供舒适、优雅、文明的旅游环境。同时，加强旅游相关信息的披露和宣传，通过真实的图片和视频引导游客了解当地特色。

4）利用新技术推动创新发展

运用大数据、云计算、移动互联网等技术，提高服务效率和用户体验。通过收集和分析游客的行为数据和消费习惯，利用大数据和人工智能技术为游客提供更加精准的推荐和服务。这不仅可以提高游客的满意度和购买转化率，还可以为乡村旅游电子商务的决策提供支持。

依托智能手机的普及和移动互联网的发展，推动乡村旅游电子商务的移动端应用。通过开发移动应用或优化网站移动端体验，游客可以随时随地查询旅游信息、预订旅游产品并进行支付。

利用虚拟现实和增强现实技术为游客提供更加真实、沉浸式的旅游体验。通过开发虚拟现实景区或增强现实导览系统等方式，让游客可以在家中沉浸式体验旅游景点，从而更好地了解目的地的情况和选择合适的旅游产品。

5）加强多元媒体整合和宣传

利用新媒体和社交媒体平台进行创新营销，提高乡村旅游的知名度和吸引力。通过直播、短视频等形式吸引游客，通过与社交媒体平台的整合，利用用户分享和口碑传播提高乡村旅游电子商务的知名度和用户黏性。可以定期发布旅游资讯、旅游攻略、游客评价等内容吸引更多用户关注和参与。打造具有地方特色的乡村旅游品牌，提升品牌影响力和市场认知度。

鼓励社区参与乡村旅游开发，形成共享经济模式，让当地居民受益。建立乡村旅游社区平台或社交媒体群组等方式将乡村旅游从业者和游客紧密联系起来形成一个互动交流的社区环境。通过社区平台可以收集游客反馈意见、分享旅游经验、推广当地特色文化等内容促进乡村旅游产业的可持续发展。

除此之外，还要争取政府的政策、技术支持和资金投入，为乡村旅游电子商务的发展创造有利的政策环境。探索与旅游平台、电商平台等的合作，拓宽销售渠道和市场。加强对乡村旅游电子商务人才的培养和引进，提升从业人员的专业素养和创新性。建立严格的质量控制体系，确保乡村旅游产品和服务的质量。在发展乡村旅游的同时，注重生态环境保护，确保乡村旅游的长期健康可持续发展。

8.2　滑雪旅游电子商务

8.2.1　滑雪旅游电子商务概述

2015年，北京成功获得冬奥会举办权，随之确立了“三亿人参与冰雪运动”的宏伟目标，旨在广泛动员民众参与冰雪活动。2016年，习近平总书记提出“冰天雪地也是金山银山”，为推动我国冰雪旅游向高质量发展阶段迈进注入了强劲动力。

2022年，北京冬奥会圆满落幕，标志着“三亿人上冰雪”的宏伟蓝图从梦想照进了现实。冰雪运动与旅游不仅成为新兴的生活风尚与文化习俗，更逐渐融入民众的日常生活，实现了从单一的冰雪景观观赏向以滑雪为核心的冬季旅游体验的深度转变，同时促进了冰雪观光与滑雪运动的融合发展新趋势。

为进一步推动冰雪旅游产业的繁荣发展，文化和旅游部与国家体育总局分别于2022年1月及2023年3月发布了重要公告。公布了首批共12家国家级滑雪旅游度假地的名单，这标志着我国在冰雪旅游领域的高标准建设迈出了坚实步伐；后又揭晓了第二批共7家国家级滑雪旅游度假地的入选名单，持续扩大了优质冰雪旅游资源的供给，促进了冰雪旅游市场的多元化与精细化发展。在国家、政策扶持和资金投入的同时，随着居民收入水平的提升和休闲消费观念的升级，滑雪旅游市场需求持续增长，越来越多的人开始追求这种健康、刺激的运动休闲方式，尤其在冬季，滑雪旅游成为重要的消费热点，展现出强劲的发展潜力和市场前景。

滑雪旅游电子商务是以信息技术为载体，对滑雪旅游相关的服务和产品进行在线展示、推广、交易和管理等一切与数字化相关的商务活动。从载体上来分类，可分为移动端、电脑端和云端。从电子商务服务流程分，可分为滑雪旅游经营、滑雪旅游服务、滑雪旅游者。

滑雪旅游电子商务改变了传统的经营模式。传统的滑雪旅游业的经营模式容易受到时间与空间这两大不可抗力因素的影响，是支付方式单一的固定消费模式，而且大部分都是线下经营，包括传统旅行社的线下经营和景区本身的经营，旅游者想要进行旅游活动容易受到多方因素的影响。自从电子商务进入滑雪旅游市场之后，其经营模式改变了，突破了空间的限制，利用现代电子科技手段把生产经营模式由线下转变为线上线下相结合的模式，让旅游目的地与旅游者之间的交流通道更加顺畅，滑雪景区也能更好地整合滑雪资源、监控流量与市场需求、把控门票价格，通过多种支付手段和高质量多样化的活动与服务，满足滑雪旅游者日益变化的个性化需求，从而提升旅游质量，提高服务水平，扩大滑雪旅游收入。

滑雪旅游电子商务改变了滑雪旅游业的消费结构与形式。电子商务的产生，使滑雪旅游的消费结构和形式产生了巨大的变化，不仅仅是消费结构的多样性，其重点更在于增加了供应商、旅游者、经销商、政府等供应链环节的信息交流途径，也提高了信息交流的完整度和商务活动的供应。旅游企业之间通过电子商务平台进行信息共享、交易合作，提高了整个行业的运作效率。直接面对旅游者的消费模式，有助于景区本身或者旅行社能够快速捕捉到旅游的需求，做到有针对性地提供相关旅游服务和产品，从粗略的产品经营转变为精细的需求经营，也是滑雪旅游电子商务经营进步的一个重要体现。此外，随着气候变化对滑雪旅游的影响，滑雪胜地需要调整活动安排和管理策略，以适应这些变化，电子商务平台可以在这个过程中发挥关键作用，帮助滑雪胜地通过在线营销策略和电子商务活动，提高其适应能力和市场竞争力。

滑雪旅游电子商务扩大了滑雪旅游市场。滑雪旅游电子商务在PC端及移动端的网络营销，一定程度上提供了更加多元、广阔的信息窗口让滑雪旅游者去掌握更多的滑雪信息和攻略，可以说它为滑雪旅游的资源进行了分析介绍及宣传，让更多消费者了解滑雪旅游，从而产生旅游体验的渴望，进而满足滑雪旅游需求，放大来说就是扩大了滑雪旅游市场，把潜在旅游者变成真正的滑雪旅游者[1]。

8.2.2　滑雪旅游电商市场现状

随着北京冬奥会的成功举办，国内滑雪旅游市场迎来了新的发展机遇，电商平台上冰雪运动产品及相关周边商品销量大幅增长，显示出线上市场的巨大潜力。同时，政策也在推动冰雪旅游与科技、文化等其他行业的融合，促进冰雪旅游电子商务平台的创新发展。

1）市场规模与增长

随着滑雪运动的普及和冬奥会的带动，滑雪旅游市场正在快速增长、不断扩大，其中电商市场作为新兴力量，整体规模也在持续增长。滑雪旅游市场规模增速显著，显示出其潜力和吸引力。滑雪旅游电商市场的增长率尤为突出。根据《中国滑雪行业白皮书》，我国滑雪产业发展驶入快车道，滑雪人次超过2000万，市场规模接近900亿元。

在特定时期（如12月和春节期间），滑雪订单量出现大幅增长，如出境滑雪订单增长460%，春节滑雪订单大涨16倍。这直接反映出滑雪旅游电商市场的需求旺盛，消费者对在线预订滑雪旅游产品的接受度越来越高[2]。

2）市场构成

滑雪装备市场规模达到一定水平，随着技术的不断创新和滑雪装备的不断改进，滑雪运动变得更加安全、舒适和便捷，吸引了更多人参与。滑雪装备电商市场也因此受益，提

1　李云鹏,方琰.滑雪旅游概论[M].北京：首都经济贸易大学出版社，2021.

2　许琨.出境滑雪订单增长460%，有用户五一就预订冬季瑞士滑雪［N/OL］.南方都市报，2023-12-07.

供了更多样化的产品和服务。

滑雪旅游市场规模增速最为惊人，增长率显著。随着人们对滑雪旅游的需求增加，滑雪度假村纷纷提升服务质量、丰富旅游项目，以吸引更多游客。滑雪旅游电商市场作为连接消费者和滑雪度假村的桥梁，也在不断扩大其影响力。

3）市场机遇

随着人们生活水平的提高，越来越多的人具备滑雪活动的条件和经济实力，为滑雪旅游电商市场提供了广阔的市场空间。消费者的滑雪消费习惯正在发生变化，越来越多的人倾向于体验型和重复消费，而非一次性体验。滑雪旅游的消费者趋于年轻化，“80后”成为消费主力军，同时“90后”“00后”群体也占到较高比例，这表明冰雪运动更受年轻群体的青睐[1]。

冰雪旅游度假区和特色小镇等产品正在成为主流，可以满足游客一站式冰雪度假需求。滑雪旅游电子商务平台通过数字化和在线化服务，为消费者提供便捷的预订和服务体验。

政府重视冰雪运动的推广，为滑雪旅游电商市场提供了政策支持和发展机遇，推动其健康发展。户外企业如三夫户外、探路者等正在积极布局冰雪旅游领域，通过赛事活动和滑雪场项目推广品牌及滑雪产品。从滑雪场地设计及运营企业、滑雪装备供应商到滑雪服务环节，整个产业链正在逐步完善[2]。

4）市场挑战

滑雪旅游电商市场正处于快速发展期，同时也面临一些挑战，如季节性限制、产品同质化和尝鲜者消费黏性低等问题。滑雪旅游电商市场竞争激烈，品牌之间的竞争日益加剧。为了在市场中脱颖而出，滑雪旅游电商平台需要不断提高自身的服务质量和竞争力。随着市场的不断成熟和消费者需求的多样化，预计未来滑雪旅游电商市场将呈现出更加多元化、品质化和个性化的发展趋势。

【案例】

冬奥明星推介特许商品　奥粉共度“MY 冬奥”狂欢夜

在2020年7月31日，北京冬奥会申办成功五周年纪念日之际，奥林匹克官方旗舰店“My 冬奥”主题首场直播在淘宝直播平台开启，北京冬奥组委运动员委员会主席杨扬、国际奥委会委员张虹、自由式滑雪空中技巧世界冠军李妮娜，以及冰壶世界冠军王冰玉，

1　“三亿人上冰雪”瞄准万亿产业规模，滑雪装备人均花费万元起［EB/OL］.（2022-02-10）［2024-09-29］.

2　《2024年中国滑雪行业深度研究报告》——华经产业研究院发布［EB/OL］.（2024-01-25）［2024-09-29］.

齐聚直播间参与互动。

在直播过程中，根据活动规则设计，每当点赞数达到1万的整数倍时，便会赠送出由姚明、邹市明等体育明星亲笔签名的“北京2022年冬奥会和冬残奥会成功申办五周年纪念封”。数款于7月27日发布的北京2022年冬奥会特许商品国旗款运动服装也亮相直播间。在三个多小时的直播期间，活动累计收获了10.12万个点赞，并吸引了近8000名网友在线观看。

资料来源：奥林匹克中心区管委会［EB/OL］（2020-07-31）［2024-09-29］.有改动.

8.2.3　滑雪旅游电子商务平台分析

滑雪旅游电子商务平台在近年来得到了迅速发展，这主要得益于冬奥会的举办以及国家政策的支持，激发了人们对冰雪运动的兴趣。滑雪旅游电子商务平台正随着中国冰雪运动的普及和消费升级而快速增长，展现出巨大的市场潜力和发展空间。我国现有的滑雪旅游电子商务平台根据不同的分类维度可以有不同的类型，如按照参与主体进行划分，可以分为滑雪旅游供应商电子商务平台、滑雪旅游企业电子商务平台、滑雪旅游市场电子商务平台，按照平台特色进行划分，则可以归纳为以下几种类型。

1）综合性旅游电商平台

在滑雪旅游领域，综合性旅游电商平台为游客提供了丰富的滑雪旅游产品和服务。商品种类丰富，用户基础庞大，提供一站式购物体验。

例如，携程旅行网除了提供机票、酒店、旅游线路等基本服务外，还针对滑雪旅游推出了多种产品，如滑雪套餐、滑雪+住宿组合等。携程旅行网凭借强大的供应链和客户基础，为游客提供了便捷、全面的滑雪旅游预订服务。去哪儿网与多家滑雪场合作，推出了多种滑雪旅游产品和优惠活动。飞猪推出了多种“滑雪+”类商品，如“滑雪+住宿+温泉+水乐园”等组合产品，为游客提供了更加丰富的滑雪旅游体验。此外，飞猪还针对滑雪旅游推出了多种优惠活动和特色服务，如专属客服、行程定制等。途牛旅游网还针对滑雪旅游推出了多种个性化服务，如民宿搭配周边雪场雪票的组合、民宿房间拆成单间售卖等灵活选择。其他如京东、淘宝等平台，在自己的旅游板块中，也会提供滑雪旅游相关产品。

2）社交媒体电商平台

在滑雪旅游领域，社交媒体电商平台通过整合社交媒体与电商功能，为滑雪爱好者提供了全新的购物和体验方式。社交媒体电商平台在滑雪旅游领域发挥着越来越重要的作用，它们通过提供直观、互动、便捷的购物和体验方式，满足了滑雪爱好者的多样化需求。

抖音电商平台通过短视频和直播等形式，直观展示滑雪装备、滑雪场地和滑雪体验，吸引大量用户关注和购买。春节期间，抖音电商平台上冰雪运动产品及相关周边商品持续畅销，总体销量同比增长高达924%。消费者购买最多的商品包括防寒滑雪帽、滑雪造型钥匙扣、儿童滑雪裤、速干衣、桌面冰壶球等[1]。

滑雪爱好者可以在小红书平台上分享滑雪经验，推荐滑雪装备和目的地。越来越多的滑雪品牌、滑雪场和旅行机构在小红书上开设账号，进行产品推广和目的地营销。小红书上的滑雪相关话题和内容，对滑雪旅游的消费趋势和消费者选择产生重要影响。

微博作为一个综合性社交媒体平台，拥有庞大的用户基础和高度互动性，滑雪话题和活动在微博上广受欢迎。滑雪场、滑雪品牌和旅游机构经常通过微博进行营销和推广，发布滑雪赛事、优惠活动和旅游攻略等信息。滑雪爱好者可以在微博上参与话题讨论、分享滑雪照片和视频，与其他用户互动交流。

微信小程序作为微信生态内的重要组成部分，为滑雪旅游电商提供了便捷的入口和支付功能。许多与滑雪旅游相关的商家和服务商在微信小程序上开设店铺，提供滑雪装备购买、滑雪场地预订、滑雪教练预约等服务。微信小程序具有即用即走、无须下载的特点，用户可以随时随地进行滑雪旅游相关操作。

【案例】

“长白天下雪”全媒体营销活动获旅游影响力营销推广典型案例

在2022年至2023年的雪季，吉林省文化和旅游厅精心策划了“长白天下雪”品牌营销活动。这一活动通过多元化的视角和创新的传播方式，全面、立体地展现了吉林冰雪的壮丽之美和文旅产业的蓬勃发展态势。活动期间，成功营造出“全网热切期待吉林冬游”和“此生必游吉林”的热烈氛围。（图8.5）

依托抖音和快手两大热门平台，推出了“长白天下雪”话题挑战活动，并邀请了包括255位网络滑雪领域知名达人在内的优质创作者，深入吉林省各大冰雪旅游胜地采风，创作出富有创意的宣传内容。这些内容的全网曝光量高达10亿以上，尤其是在元旦和春节假期期间，吉林的国风滑雪更是成为全国关注的焦点。

同时，还通过小红书平台开展了“长白天下雪”等一系列“吉林冰·雪全民种草活动”。这些活动结合了高质量的内容策划、热点追踪、达人招募采风、优质内容流量扶持以及热门话题等方式，成功吸引了超过480万人次的曝光，相关图文视频攻略的阅读量更是突破了1700万人次。

在科技创新方面，与长光卫星合作，首次推出了卫星遥感创意雪道图，并打造了“长

1　郑瑜.乘风“3亿人上冰雪”消费金融再起航［N/OL］. 中国经营报, 2022-02-26.

白天下雪·瞰”系列文章，这些文章得到了主流新媒体的广泛转载。此外，还通过悠游吉林微信公众号开设了“长白天下雪”专栏，其阅读量超过了45万人次。

图8.5　“长白天下雪”话题挑战活动抖音截图

在媒体宣传方面，新华社客户端、人民网法人微博、央视新闻客户端等主流媒体共同构成了强大的媒体矩阵，他们以最优的方式展现了吉林冰雪旅游的亮点，进一步提升了吉林冰雪旅游的知名度和影响力。

资料来源：殷维.“长白天下雪”全媒体营销案例荣获全国十佳！［N/OL］.中国日报网，2024-05-15［2024-09-29］.有改动.

3）专业滑雪旅游预订平台

在滑雪旅游中，专业滑雪旅游预订平台为滑雪爱好者提供了全面、专业的服务和体验。专注于滑雪旅游的预订服务，提供滑雪场门票、滑雪装备租赁、教练服务等。提供专业化、定制化的滑雪旅游服务，满足滑雪爱好者的特定需求。

GOSKI去滑雪是一个专业的滑雪社交平台，提供包括优质教学、最惠雪票、滑雪活动、雪友圈和图文资讯等在内的服务。GOSKI平台拥有原创汉化的单双板滑雪教学视频，方便滑雪爱好者学习提高技巧。

中国滑雪票网与全国各地滑雪场合作，为滑雪爱好者打造一个网上滑雪票预订平台。

提供滑雪票预订、滑雪场信息查询、滑雪教练预约等服务。利用网络优势，成为滑雪爱好者交流和沟通的桥梁和纽带，推动滑雪产业在北京及周边地区的发展。

乐冰雪，张家口乐冰雪体育发展公司自主研发的滑雪App，一站式购票服务平台。除了购票外，还提供冰雪娱乐、滑雪培训等消费功能，以及滑雪赛事报名通道。用户可以在“每日特价、双重补贴、惠民补贴”等通道中找到合适的特价票。（图8.6）

图8.6　乐冰雪官网截图

4）垂直电商平台

专门销售滑雪装备和相关用品的电商平台，针对滑雪爱好者的专业需求，提供专业的滑雪装备和服饰。国外滑雪旅游垂直电商平台与国内的相比，各有特点和优势。国外平台往往拥有更多国际知名滑雪品牌，产品线更加丰富，包括高端和专业级别的滑雪装备，且更注重品牌故事和文化，提供更加个性化的购物体验，如Snowinn、Backcountry等。（图8.7）

国内平台近年来迅速发展，除了引入国外品牌外，本土品牌也在不断涌现，提供更多性价比高的选择，同时侧重于价格竞争和促销活动，利用“双11”“618”等购物节进行大规模促销，国内市场正在加强线上线下融合，电商平台与线下雪具店、滑雪场等进行合作，提供更全面的服务。如Vector作为国产滑雪品牌，在电商平台上销售数据亮眼，通过社交平台上的高声量和电商平台的营销策略，实现了销售额的显著提升。京东通过“燃冬滑雪季”购物专场，联合了多个国际品牌，如挪威专业户外品牌Helly Hansen和“运动眼镜之王”Oakley等。京东还担任了“2023—2024赛季国际雪联自由式滑雪及单板滑雪U型

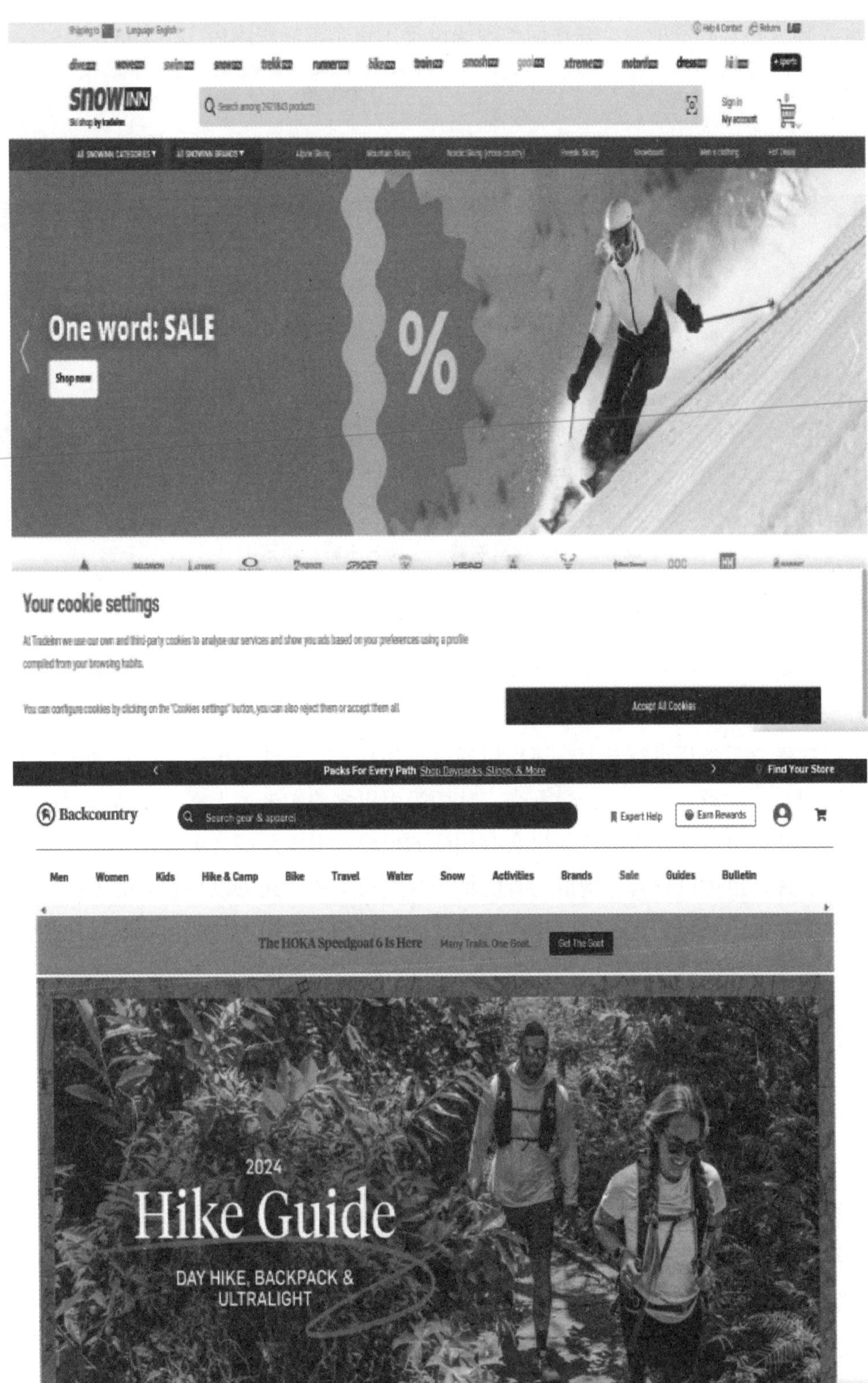

图8.7　Snowinn、Backcountry官网截图

场地世界杯”的官方赞助商，并在活动现场设置了京东雪场快闪店[1]。（图8.8）

图8.8　Vector官网截图（图片来源：京东）

5）旅游社区和分享平台

滑呗、滑雪族、GOSKI等虚拟社区属于提供滑雪旅游专项信息的电子商务平台，在这些软件或者网站上，滑雪者可以进行虚拟社区活动并分享日常，可以购买相关滑雪设备器材，可以搜索滑雪教程进行学习，还可以通过这些平台参与线下俱乐部的活动，通过科学技术手段把每一次滑雪体验都记录下来，从而吸引更多旅游者爱上滑雪旅游，促进滑雪旅游产业的发展。滑雪场在这些社区里会有相应的板块，滑雪爱好者可以在其中发表自己的滑雪体验点评，也可以查看其他滑雪者的帖子并进行交流，还可以找到该滑雪场的雪票情况、举办的相关活动与参与途径。该类虚拟社区板块的存在增加了滑雪旅游者的黏性，为滑雪场的经营管理提供与滑雪消费者的交流窗口，提高滑雪场的消费收入。

【案例】

滑呗

滑呗App由北京粉雪科技有限公司开发，粉雪科技成立于2015年5月，是一家专注于滑雪行业的互联网体育智能科技公司。公司团队成员拥有多年滑雪行业、互联网行业、金融行业、云存储和大数据分析的从业经验。

滑呗App是一款为滑雪爱好者提供的，基于地理信息定位的滑雪运动数据记录和滑雪影像服务的应用，是国内领先的滑雪领域移动社交平台。为雪场、赛事活动、品牌等提供目标用户、信息展示、品牌传播、产品销售的优质平台；App已开展线上滑雪赛事、影像

1　波司登、蕉下“杀向”滑雪服，万亿冰雪赛道谁主沉浮？［N/OL］.澎湃新闻, 2023-12-20［2024-09-29］.

服务、线上教学、赛事活动、线上商城、户外保险等多种业务，得到了滑雪爱好者和行业喜爱，在过去4年多积累超过85万的精准用户。（图8.9）

资料来源：粉雪科技官网.

图8.9　滑呗官网截图

滑雪助手

北京自由地带户外用品有限责任公司滑雪助手是一个手机上的滑雪服务平台，用户可以通过手机随时制订滑雪行程，平台依托自由地带雪具强大的实体网络，为每位滑雪者提供贴心、舒适的线上+线下服务。

滑雪助手是一款以“让滑雪更简单”为核心理念，将滑雪相关行程的一站式消费功能、国内外滑雪相关的独家资讯与教学资源、基于位置定位服务的雪场社交功能、国外各类定制装备购买等滑雪服务O2O功能集于一身的手机App。与移动互联网技术、O2O（线上消费+线下体验）商业模式相结合，让“说走就走”的滑雪成为现实。

滑雪助手App在2022年冬奥会落户北京之后，滑雪垂直行业平台的兴起就成为定局。滑雪助手App应势而生，滑雪助手为滑雪用户提供资讯、交易、工具、社区、视频教学等全品类内容，其中一些功能也将实现与线下雪具店的互动。

滑雪票：在线购买，现场取票。

灵动计划：全新滑雪装备不用钱，二手雪具随便换。

滑雪教学：引入国外专业的滑雪教学体系。

拼车去滑雪：约伴，滑雪交通服务。

滑雪资料库：原创内容，解决关于滑雪的问题。（图8.10）

图8.10　滑雪助手App截图

Goski

Goski去滑雪隶属于北京自然力量科技贸易发展有限公司，专业滑雪社区平台，提供雪票购买、活动报名、雪友社交、滑雪测速等功能服务。（图8.11）

图8.11　Goski官网截图

PowSki

PowSki App是一款滑雪专用的App，滑雪用户可以在平台上学滑雪、认识雪友、跟踪滑雪轨迹、享受滑雪周边产品超值优惠折扣。（图8.12）

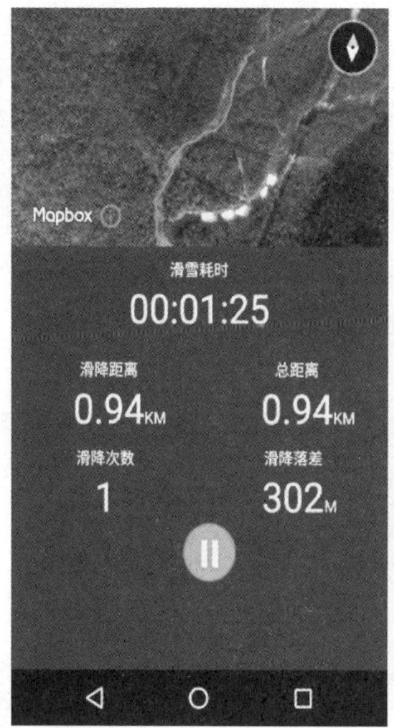

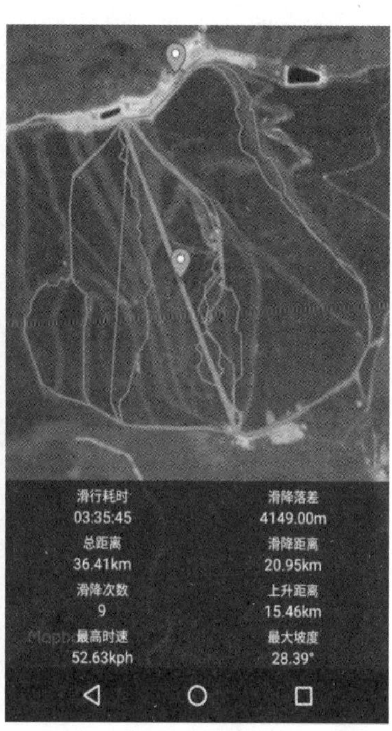

图8.12　PowSki App截图

6）四季运营景区电子商务平台

四季运营的景区电子商务平台为游客提供全年旅游服务，不仅限于特定季节或活动，而是覆盖春、夏、秋、冬四季的旅游需求。在冬季旅游板块，游客可以轻松预订滑雪场的门票、滑雪装备租赁、滑雪课程、滑雪度假套餐等相关服务及产品，方便了游客的预订流程，也提升了整个滑雪旅游的体验。无论是初学者还是资深滑雪爱好者，都能在这些电子商务平台上找到适合自己的滑雪旅游产品，享受一个难忘的冬季假期。

【案例】

太舞小镇旅游景区官网

太舞小镇旅游景区位于河北省张家口市崇礼区，一个因2022年冬奥会而声名鹊起的地方。太舞小镇以其得天独厚的自然景观和丰富的四季活动，成为一个全年无休的旅游胜地。

太舞小镇在春季举办各种会展和团建活动，利用其山地环境，为企业提供户外拓展和团队建设的机会。同时，它也是踏青和赏花的理想之地。在夏季转型为避暑胜地，太舞小镇为家庭游客提供休闲度假的完美选择。夏季活动包括山地自行车赛、徒步活动和各种文化艺术节。夏季的文化艺术活动包括户外音乐会、艺术展览和文化节，为游客提供了丰富的文化体验。秋季以赏景和摄影为主，太舞小镇的秋季景色吸引了大量摄影爱好者和游客。金黄的落叶和山地景观成为秋季旅游的亮点。冬季作为冬季旅游的核心，太舞小镇提供了世界级的滑雪设施。除了滑雪，还举办冬令营、冰雪赛事，冬季的冰雪音乐节结合了滑雪和音乐，吸引了国内外知名的音乐家和乐队参与，丰富了冬季旅游的内容。

太舞小镇为游客提供了便利的数字化服务。太舞小镇的官方网站提供全面的旅游信息和服务，包括活动日程、景点介绍和旅游攻略。游客可以在官网上方便地预订酒店住宿、滑雪门票和餐饮服务，享受一站式的旅游预订体验。同时，太舞小镇推出了官方App，提供实时天气更新、雪道状况和在线客服支持，增强了游客的互动和体验。（图8.13）

图8.13　太舞小镇官网截图

在营销与推广方面，太舞小镇通过微博、微信和抖音等社交媒体平台，积极与游客互动，推广四季活动和特色服务。与旅游机构、航空公司和酒店集团等建立合作伙伴关系，提供套餐优惠和定制旅游产品。

太舞小镇也非常注重社区参与与可持续发展。太舞小镇与当地社区紧密合作，推广当地文化和手工艺品，为游客提供深入了解当地生活的机会。实施多项环保措施，包括垃圾分类、节能减排和生态保护项目，确保旅游活动的可持续性。（图8.14）

图8.14　太舞小镇新媒体账号截图（图片来源：抖音、微博、公众号）

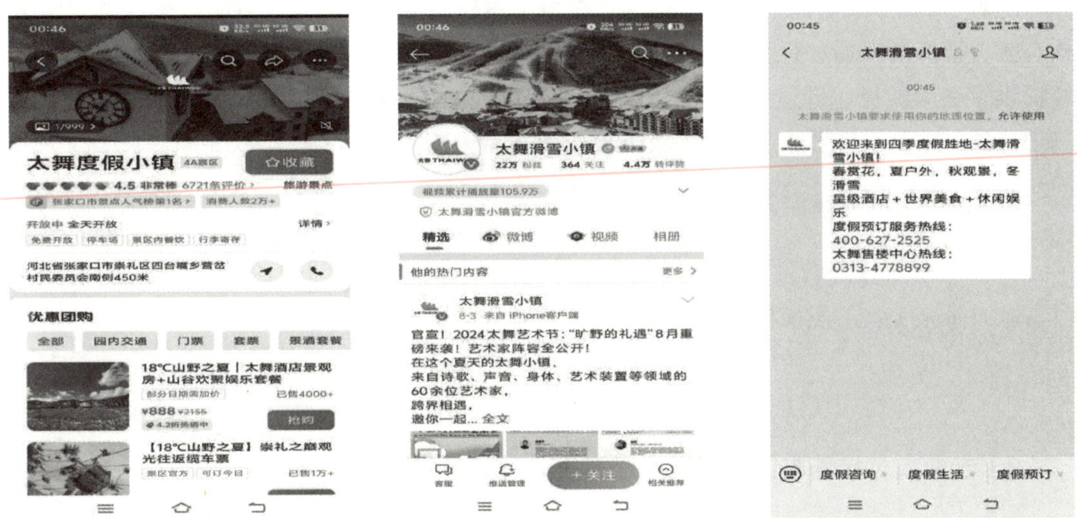

资料来源：太舞滑雪小镇官网——只为更懂山地生活的人［N/OL］.［2024-07-15］.有改动.

7）本地生活服务平台

在滑雪旅游中，本地生活服务平台扮演着重要的角色，它们提供多样化的服务以满足游客的需求。美团、大众点评等平台通过整合各类滑雪旅游资源，为用户提供了全面的滑雪旅游信息。用户可以在这些平台上查看滑雪场的详细介绍、地理位置、开放时间、票价等信息。同时，平台还提供了用户评价和攻略，帮助用户更好地了解滑雪场的实际情况和游玩体验。

美团、大众点评等平台以本地生活服务为核心，为用户提供了丰富的周边服务选择。在滑雪旅游方面，这些平台不仅提供了滑雪场的预订服务，还为用户推荐了周边的餐饮、住宿、交通等服务。用户可以根据自己的需求选择相应的服务，享受更加便捷的滑雪旅游体验。

8.2.4　滑雪旅游电子商务的创新与未来趋势

滑雪旅游电子商务正迎来其发展的黄金时期，不仅是因为冰雪运动的普及和冬奥会的推动，更是得益于智慧旅游、数字化基础设施、科技与冰雪旅游的深度融合等多方面的创新。滑雪旅游电子商务的创新与未来趋势体现在智慧旅游、数字化基础设施、科技与冰雪旅游的融合、专业人才培养、四季旅游产品开发、政策支持、市场火热、数字科技应用以及后疫情时代的复苏等多个方面。这些创新与趋势将共同推动滑雪旅游电子商务的持续发展，为游客带来更加丰富多彩的滑雪体验。

1）智慧旅游与数字化基础设施的崛起

随着“旅游+互联网”的深度融合，智慧滑雪旅游成为新的发展方向。智慧滑雪旅游核心区、智慧滑雪场和智慧滑雪小镇的建设，不仅提升了滑雪旅游的智能化水平，也为游客提供了更为便捷、舒适的服务。数字化基础设施的强化，如“互联网+”绿色智能交通行动计划，更是为滑雪旅游的可持续发展提供了有力支撑[1]。

2）科技与冰雪旅游的融合

科技与冰雪旅游的融合，不仅提升了冰雪基础设施和配套服务的质量与效率，也为滑雪旅游带来了新的发展机遇。室内滑雪场的建设、无接触旅游服务设施、电子商务平台等，都是科技与冰雪旅游融合的生动体现。这些创新不仅为游客提供了更为丰富的滑雪体验，也为滑雪旅游市场注入了新的活力。

3）专业人才培养与四季旅游产品开发

滑雪旅游的发展离不开专业人才的培养。加快滑雪教育培训产业发展，系统开展各类冰雪教育培训，对于提升专业人才培养质量至关重要。同时，拓展冬季滑雪旅游产品体系，培育休闲度假游、文化体验游等多元化的四季生态文化旅游产品体系，也是实现滑雪旅游四季持续发展的关键。

4）政策支持与市场火热

国家相关主管部门和地方政府对滑雪旅游电子商务的发展给予了高度重视，从顶层设计、标准化建设、旅游用地、安全应急管理等方面给予了帮助和支持。随着冬奥会的成功举办，冰雪运动从小众走向大众，滑雪旅游市场也迎来了前所未有的发展势头。特别是南方市场的崛起，为滑雪旅游电子商务的发展带来了新的机遇。

5）数字科技应用与后疫情时代的复苏

数字技术与冰雪产业的融合发展，为滑雪旅游电子商务带来了新的创新点。人工智能、可穿戴设备等科技手段在冰雪运动场馆中的应用，不仅提升了用户体验，也推动了整个产业的数字化转型。随着滑雪旅游市场逐渐回暖，预计将迎来强劲复苏。在这一背景下，滑雪旅游电子商务将继续发挥其重要作用，为游客提供更加便捷、高效、个性化的服务。

1　6问6答，冰雪产业专家李宇解读首批国家级滑雪旅游度假地［N/OL］.（2022-01-26）［2024-09-29］.

8.3　购物旅游电子商务

8.3.1　购物旅游业态的兴起与特点

国际知名的旅游零售媒体DFNI发布的2023年中国旅游零售业报告，揭示了中国游客消费行为的新动向。该报告指出，受新冠疫情的影响，中国游客的购物习惯已经从传统的购物模式转变为更加注重体验的购物方式。

途牛旅游网发布了《2023年度旅游消费报告》的分析报告，对一年来的旅游消费趋势、用户偏好和热门旅游目的地进行了详细的梳理和总结。报告特别强调了旅游消费群体的年轻化趋势，年轻用户的消费观念正在向“自我愉悦”“兴趣追求”和“社交需求”转变。他们倾向于选择具有个性化、自由度高和沉浸感强的旅游体验，这种消费理念对旅游市场产生了深远的影响，成为推动旅游消费趋势和旅游产业发展的新引擎，不断激发新的消费模式和旅游产业新形态的诞生。消费者行为的变化也成为推动购物旅游发展的重要因素。

购物旅游是一种以购物为主要目的的特殊的旅游方式。在旅游体验中，购物扮演着至关重要的角色，是整个旅程的重要组成部分。韩国观光公社在购物旅游的专题研究中认为，购物不仅仅包括旅游者购买商品的行为，也包括旅游者为购物而四处观光的行为。他们认为购物的主体毕竟是游客，其购物行为与当地居民的一般购物行为有很大差距，游客的购物中更重要的是在购物过程中所附带产生的其他行为，如购物中品尝当地风味食品或了解当地风土人情等[1]。

很多国家和地区为了招揽游客，利用游客渴望购买旅游目的地具有地方特色的传统产品的心理，大力发展具有民族特色的手工艺品、土特产和精美的各种纪念品，甚至迎合国外游客口味的化妆品、日用消费品和名牌烟酒，以此来创汇，并促进当地经济的繁荣[2]。

购物旅游与旅游购物存在一些明显区别。购物旅游是一种以购物体验为主要吸引力的旅游形式，游客的出行目的往往是到特定地区购买当地的特色商品、享受免税优惠或参与特定的购物活动。这种旅游模式常见于那些以购物而闻名的城市或地区，如香港、纽约的第五大道等，它们通过提供独特的购物体验和丰富的商品选择，成为吸引游客的重要旅游目的地。旅游购物则是指在旅游过程中发生的购物行为，它是旅游体验的一个组成部分存在，但并非旅游活动的核心目的。旅游购物可能包括购买纪念品、当地特产或作为旅行中的消遣活动。这种购物行为普遍存在于各种类型的旅游活动中，无论是探险旅游、文化旅游还是休闲度假，游客都可能在旅途中进行购物，以获取旅行纪念或满足个人需求。

1　石美玉.中国旅游购物研究［D］.北京：中国社会科学院研究生院，2003.

2　孙治，包亚芳.浙江购物旅游消费行为模式实证研究［J］旅游研究，2009，1（4）：67-72.

购物旅游作为一种新兴的旅游方式，将购物与旅游体验相结合，为游客提供了一种新的休闲方式。与传统的观光旅游不同，购物旅游更注重游客的购物体验和对地方文化的理解。这种旅游方式不仅为游客带来了全新的体验，也反映了文旅市场的变革趋势。购物旅游利用个性化和差异化的购物体验来打造文旅优势，成为一些城市的“出圈密码”，吸引游客前来体验原产地“进货”。这种旅游方式已经逐渐成为文旅市场中的一股新兴潮流。购物场所成为文旅市场的主角，如超市、菜市场、博物馆等地也能成为游客探索的热门景点，这种变化说明旅游产品正从传统资源导向型转变为生活导向型。

例如，一些城市的购物场所变身为“景区”，如许昌的胖东来超市被网友封为“8A级景区”，吸引了大量游客前去体验。游客通过购物，不仅能够以更低的价格购买到心仪的商品，而且还能深入了解商品的原产地和文化背景。这种旅游方式既满足了游客对个性化和文化体验的追求，同时也为文旅市场带来了更广阔的发展空间和商业机会[1]。

此外，购物旅游业态的兴起也反映了消费者对体验感的追求，以及对情感消费的重视。在“进货式”旅游中，游客更注重购物过程中的情绪价值满足，追求深度化、沉浸式的文旅体验。通过购买当地特色商品、参与文化活动，游客能够深入感受当地文化的魅力，这种旅游方式满足了游客对个性化和文化体验的需求。在快节奏的现代生活中，消费者越来越注重购物过程中的情绪价值满足，而不仅仅是物质消费。这种旅游方式的出现，正是文旅市场对个性化需求的深度挖掘和满足。与一些旅游活动受季节影响不同，购物旅游一般没有旅游季节性，为游客提供了全年无休的旅游选择。参与购物旅游的旅游者通常具有较高的旅游消费综合水平，对价格和质量都比较敏感[2]。总的来说，购物旅游业态的兴起是旅游业发展的一种新趋势，它不仅满足了游客对个性化和文化体验的需求，也为文旅市场带来了新的发展机遇，为地方经济的发展带来了新的活力，同时对文旅市场的服务供给提出了更高的要求。

【案例】

把宽窄巷子造在“云上”

宽窄巷子一直是成都市井生活的典型代表。2020年，成都文旅集团旗下成都宽窄文创产业投资集团与阿里巴巴天猫在宽窄巷子启动战略合作——宽窄巷子官方旗舰店正式上线，这标志着作为成都的城市名片——宽窄巷子景区将通过互联网体系正式进入电商赛道，迈出“云上宽窄”第一步。利用智能化、互联化和数字化的“新经济”模式，全面赋能省内各大景区和文创品牌，助力成都文创产品线上销售，进一步提升宽窄巷子的传播力和影响力。

1　王臻儒.购物场所变“景区”，城市吸引力不再局限于自然风光［N/OL］.大众日报，2024-03-24［2024-09-29］.
2　旅游新业态：不断满足人民的消费生活新需求［N/OL］.社会科学报，2023-08-28［2024-09-29］.

阿里天猫相关负责人表示，本次宽窄巷子天猫官方旗舰店的上线，是宽窄巷子和天猫的强强联手，也是线下超级流量和线上超强渠道的一次强强结合。这是阿里天猫首次集合“天猫直播”“天猫美食家乡的味道”“天猫 Club”三大板块与单一景区进行深度合作。

新冠疫情对整个四川的文旅行业造成了极大影响和冲击，宽窄巷子天猫旗舰店的上线，也是四川旅游打响电商融合第一战的强烈信号。这意味着，除了宽窄 IP 的产品以外，省内所有景区、所有文创品牌、所有文创企业的产品，都可以通过宽窄巷子天猫官方旗舰店进行销售。游客挑选成都旅游伴手礼时，不再会受到时间、体积、重量等各方面的限制。

成都宽窄文创产业投资集团有限公司副总经理李翔宇表示，希望通过开辟天猫店，把川菜之魂郫县豆瓣、担担面、串串等地方小吃带到全国，同时根据用户需求，不断研发新品，把四川传统美食变为像网红螺蛳粉那样的“现象级爆款”。把每年 2000多万的游客变为固定粉丝，让他们随时能“云游宽窄”。这也是通过电商服务，给各地景区提供了一条数字化的解决思路。

资料来源：电商创新案例之文化旅游篇：“电商+文旅”展示城市风采令成都更具魅力［EB/OL］.（2021-01-11）［2024-09-29］. 有改动.

8.3.2　购物旅游电子商务模式

购物旅游作为一种结合了购物和旅游的新型业态，近年来在全球范围内受到了广泛的关注和追捧。其电子商务模式的多样化不仅满足了消费者的不同需求，也为旅游和零售行业带来了新的增长点。

1）在线旅游平台

在线旅游平台是购物旅游电子商务模式中最常见且发展最为成熟的一种。这些平台不仅提供旅游套餐和预订服务，如酒店、机票、景点门票等，还涵盖了从旅游规划到行程结束的全方位服务。例如，携程、去哪儿、Booking.com等平台通过整合各种旅游资源，为消费者提供了一站式的旅游服务体验。消费者可以轻松地在线预订酒店、机票，并查看旅游目的地的各类信息，包括购物场所、特色商品等。

2）旅游购物平台

旅游购物平台专注于为消费者提供旅游目的地的购物信息和优惠。这些平台通常与当地的免税店、奥特莱斯等购物场所合作，为消费者提供丰富的购物选择和优惠信息。消费者可以在平台上查看各种商品的价格、评价等信息，并通过在线预订或线下取货的方式购买心仪的商品。这种模式不仅方便了消费者的购物体验，也促进了旅游目的地的经济发展。

【案例】

旭航的全球购&关免全球购

旭航集团成立于2014年，最初以传统的数字化广告起家，后来推出了新媒体综合内容营销服务。公司通过创建和分发有吸引力的内容来推广品牌并销售产品和服务。旭航集团的业务包括新媒体整合内容营销服务和数字广告服务，利用多个自媒体平台（如微信公众号、微博、小红书、今日头条、抖音、快手和百度百家号）进行品牌推广。

旭航全球购是旭航集团旗下的一部分业务，助力海南自由贸易港建设。旭航全球购依托微信平台，设置小程序入口，是受中国海关监管的跨境电商直卖平台，为消费者提供关免国内自营体验店及跨境境外采购进口商品的线上购买渠道，同时支持部分商品线下自提的服务。（图8.15）

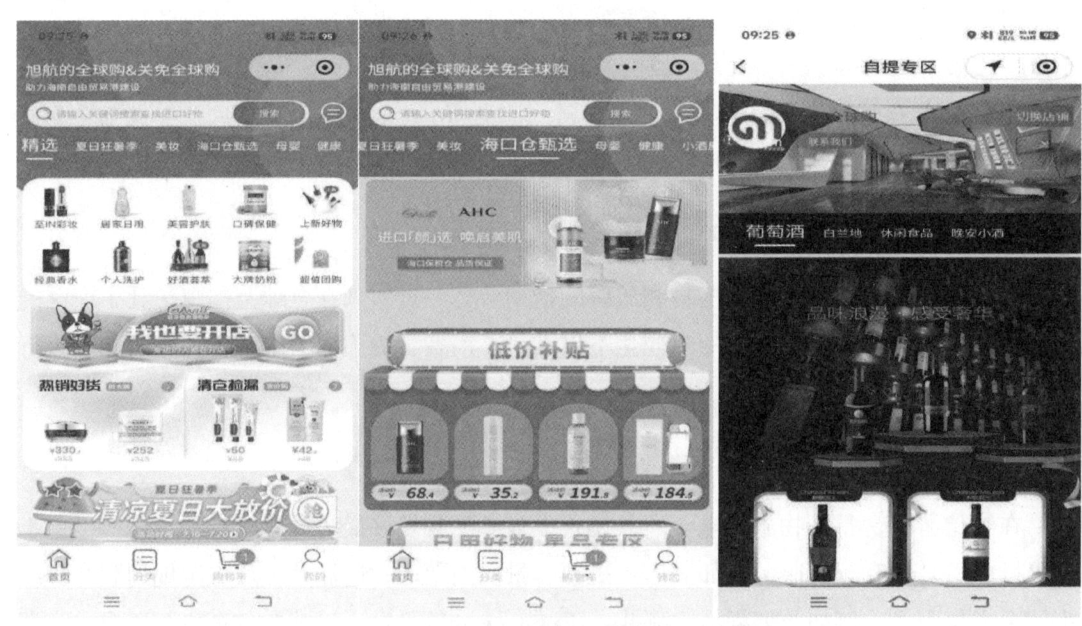

图8.15 旭航全球购小程序截图

3）跨境电商平台

跨境电商平台允许消费者购买国外商品，享受旅游地的购物体验，同时避免了携带不便的问题。这些平台通常与国外的零售商或品牌商合作，为消费者提供丰富的国外商品选择。消费者可以在平台上浏览各种国外商品，了解商品的特点和价格，并通过在线支付和物流配送的方式购买商品。跨境电商平台不仅满足了消费者对国外商品的需求，也促进了国际贸易的发展。

【案例】

首免全球购

在全球化消费趋势日益显著的背景下，首旅如家集团凭借其深厚的酒店业基础与广泛的国际视野，于2021年9月创新性地推出了“首免全球购”跨境电商平台。该平台不仅是对传统酒店服务边界的拓展，更是首旅如家布局新零售、探索多元化增长路径的重要战略举措。通过整合全球优质商品资源，结合酒店场景，为旅客打造集住宿、购物、体验于一体的全新消费生态，旨在成为酒店行业内跨境电商的领军者。（图8.16）

图8.16　首免全球购小程序截图

首免全球购充分利用首旅如家遍布全国的酒店网络作为天然流量入口，这些酒店不仅地理位置优越，且覆盖广泛消费群体。平台通过酒店大堂、客房内宣传物料、前台咨询等多种方式，引导住客及访客关注并使用“首免全球购”。同时，依托首旅如家庞大的1.35亿会员体系，平台能够精准推送个性化商品推荐，提升用户转化率和复购率。会员制度还设有积分兑换、会员专享折扣等激励机制，进一步增强用户黏性和忠诚度。

平台实现了从商品采购、库存管理、物流配送到售后服务的全链条数字化管理，确保高效、精准地满足消费者需求。通过一键式供应链管理系统，首免全球购能够实时追踪商品动态，优化库存结构，减少运营成本。同时，平台与全球知名品牌及优质供应商建立长期合作关系，确保商品品质与价格竞争力。此外，利用大数据分析技术，平台能够深入分析用户行为，为商品选品、营销策略提供数据支持，实现精准营销。

为了提升用户体验，首免全球购创新性地举办了线下品鉴会和“全球好物市集”等活动。这些活动在酒店内举办，将酒店空间转化为品牌展示和商品体验的窗口。消费者可以在轻松愉悦的氛围中，亲身体验来自世界各地的优质商品，感受不同文化的魅力。同时，活动还邀请品牌代表进行现场讲解，增强消费者对商品的认知与信任。通过场景化体验，平台不仅促进了商品销售，还加深了消费者对首免全球购及合作品牌的印象。

在追求商业成功的同时，首免全球购也积极履行社会责任，致力于可持续发展。平台优先选择环保、可持续的商品，倡导绿色消费理念。同时，通过公益活动、环保倡议等方式，提升公众对环境保护的认识与参与度。此外，平台还关注供应链上的劳工权益问题，确保所有商品均符合国际劳工标准，促进公平贸易。

首免全球购作为首旅如家旗下的跨境电商平台，凭借其独特的流量入口、强大的会员体系、高效的数字化运营、丰富的场景化体验以及积极的社会责任感，正逐步成为酒店行业内跨境电商领域的佼佼者。

资料来源：郭佳罚.一脚踏入跨境电商赛道，首免全球购正带给首旅如家更大想象空间［EB/OL］.（2022-10-08）［2024-09-30］.有改动.

4）旅游体验平台

旅游体验平台结合旅游和购物体验，为消费者提供定制化旅游套餐，包括购物行程安排。这些平台通常与当地的旅游机构或导游合作，为消费者提供个性化的旅游服务。消费者可以根据自己的需求和兴趣选择适合的旅游套餐，并在旅行中享受购物的乐趣。旅游体验平台不仅提供了丰富的旅游和购物选择，还为消费者提供了更加便捷和个性化的服务体验。

5）社交电商旅游模式

社交电商旅游模式结合了社交网络和旅游购物，消费者可以在社交平台上分享旅游购物经验，获取优惠信息。这种模式通过社交网络的传播效应，提高了旅游购物的互动性和趣味性。例如，小红书、马蜂窝等平台上的旅游购物分享和推荐，不仅为消费者提供了购物参考，也促进了旅游目的地的知名度和影响力。

6）移动应用平台

移动应用平台利用智能手机等移动设备，提供基于位置的服务，推荐附近的商店、餐厅和旅游景点。这些平台通常具有用户友好的界面和便捷的操作方式，使消费者能够随时随地获取旅游购物的相关信息。例如，美团、大众点评等提供本地生活服务的App，不仅为消费者提供了丰富的购物选择，还提供了优惠信息和用户评价等参考信息。

7）虚拟旅游购物

虚拟旅游购物利用虚拟现实（VR）技术，为消费者提供虚拟旅游购物体验。消费者可以在家中通过VR设备，身临其境地体验旅游购物的乐趣。这种模式不仅为消费者提供了全新的购物体验，也促进了虚拟现实技术的发展和应用。例如，国内首个文旅沉浸式数字化云平台云游中国，平台运用区块链、虚拟现实、3D引擎、AI交互技术，以及文旅数字资产解决方案，计划从行、游、娱、购四方面，为中国的文旅景区实现基于数字孪生技术的沉浸式景区游览、虚拟演出、云端文化活动等数字文旅体验，为用户提供丰富的虚拟旅游和购物体验。

8.3.3　购物旅游电子商务的创新发展

购物旅游作为一种新兴业态的电子商务，其未来的创新发展将受到多个因素的推动。

1）技术创新引领产业升级

人工智能与大数据的深度融合。随着人工智能（AI）技术的飞速发展，其在购物旅游电子商务中的应用将更加广泛。AI与大数据技术的深度融合，将使电商平台能够更准确地洞察消费者需求，提供个性化的购物和旅游体验。例如，通过分析消费者的购物行为、喜好和偏好，电商平台可以为消费者推荐更符合其需求的旅游产品和购物选择。

虚拟现实（VR）技术与增强现实（AR）技术的广泛应用。VR技术和AR技术将为购物旅游电子商务带来全新的体验。消费者可以通过VR技术“身临其境”地体验旅游目的地的环境和商品，提高购物满意度和购买意愿。AR技术则可以将虚拟商品叠加到现实场景中，帮助消费者更直观地了解商品的使用效果和搭配效果。

2）个性化定制服务的深化

个性化旅游推荐。电商平台将通过分析消费者的历史数据和偏好，提供个性化的旅游推荐。消费者可以根据自己的兴趣爱好、预算和时间安排，选择适合自己的旅游线路和购物选择。

定制化购物体验。电商平台将根据消费者的需求和喜好，提供定制化的购物体验。例如，为消费者提供私人定制的购物清单、特色商品推荐等，满足消费者对不同购物体验的需求。

3）线上线下融合的趋势

线上预订与线下体验。越来越多的电商平台开始将线上线下进行融合，提供从旅游前的规划到旅游中的导航和购物，再到旅游后的用户评价的一站式服务。消费者可以通过线上平台预订旅游产品和服务，然后在旅游目的地享受线下的实际体验。

线下实体店与线上平台的互动。电商平台可以与线下实体店进行合作，通过线上平台为线下实体店引流，同时线下实体店也可以为电商平台提供实体展示和体验服务。这种互动将促进线上线下的深度融合，提升消费者的购物体验。

4）社交电商的崛起

社交媒体的影响力。社交媒体在购物旅游电子商务中发挥着越来越重要的作用。人们通过社交媒体分享自己的旅游和购物经验，这些信息对其他用户来说具有很大的参考价值。电商平台可以利用社交媒体数据来提供更加精准的旅游推荐和购物服务。

社交电商平台的兴起。社交电商平台将社交媒体和电子商务相结合，为用户提供更加便捷的购物体验。例如，小红书等平台上的旅游购物分享和推荐，不仅为消费者提供了购物参考，还促进了旅游目的地的知名度和影响力。

5）安全可靠的平台建设

支付安全和个人信息保护。电商平台需要加强支付安全和个人信息保护，确保消费者的交易安全和隐私保护。通过加强安全技术和措施，建立用户信任和满意度，促进购物旅游电子商务的发展。

诚信经营和监管机制。电商平台需要遵守诚信经营的原则，加强自律和监管机制。同时，政府和相关机构也需要加强对电商平台的监管和规范，保障消费者的权益和市场的公平竞争。

综上所述，购物旅游电子商务未来的创新发展将受到技术创新、个性化定制服务、线上线下融合、社交电商和安全可靠的平台建设等多个因素的推动。这些因素将共同促进购物旅游电子商务的升级和发展，为消费者提供更加便捷、个性化和安全的购物和旅游体验。

本章小结

- 在本章中，我们深入探讨了新兴旅游业态电子商务的多个方面，包括乡村旅游、滑雪旅游和购物旅游的电子商务模式，并分析了它们在数字化时代下的发展现状和未来趋势。乡村旅游电子商务展示了如何利用互联网技术推动乡村振兴和农民增收，通过在线推广和预订服务，拓宽了乡村旅游的市场，并提供了更加便捷的游客体验。政策支持和数字技术的应用是推动乡村旅游电子商务发展的关键因素。
- 滑雪旅游电子商务反映了冰雪运动普及和冬奥会举办所带来的积极影响。智慧旅游的建设、数字化基础设施的完善以及科技

与冰雪旅游的深度融合，为滑雪旅游电子商务提供了新的发展机遇。同时，专业人才培养和四季旅游产品开发是确保滑雪旅游电子商务可持续发展的重要途径。

- 购物旅游电子商务的兴起标志着旅游市场对个性化和文化体验需求的增长。购物旅游电子商务通过整合线上线下资源，提供个性化推荐和便捷的购物体验，满足了消费者对深度化、沉浸式旅游体验的追求。技术创新，如人工智能、大数据、VR和AR的应用，将进一步丰富购物旅游的业态。
- 本章强调了新兴旅游业态电子商务在促进旅游业创新和高质量发展中的重要作用。随着技术的不断进步和消费者需求的不断演变，电子商务将继续为旅游业带来新的增长点和更加多元化的服务模式。未来，旅游电子商务将更加注重个性化服务、线上线下融合、社交电商的利用以及安全可信的平台建设，以满足游客对高品质旅游体验的期待。

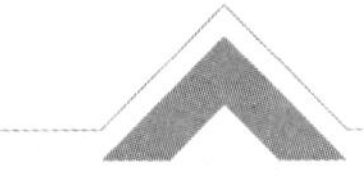

复习思考题

一、选择题

1.下列不是新兴旅游业态电子商务的特点的是（　　）。

A.结合了传统旅游业与信息技术

B.仅在旅游高峰期提供服务

C.利用现代信息技术进行在线推广和销售

D.提供个性化和多样化的旅游产品

2.在滑雪旅游电子商务中，推动其发展的关键因素是（　　）。

A.地理位置的便利性　　B.季节性气候条件

C.科技与冰雪旅游的深度融合　　D.单一的旅游服务项目

3.购物旅游电子商务模式中，以下（　　）技术的应用可以为消费者提供更加沉浸和真实的购物体验。

A.社交媒体营销　　B.虚拟现实（VR）技术

C.电子邮件通知　　D.传统电视广告

二、简答题

请简述乡村旅游电子商务在推动乡村振兴方面的作用和意义。

三、讨论题

我国的经济结构在加快转型，经济的动力也发生了新的转换，消费已经替代投资，成为经济增长第一位的推动力，2015年北京最终消费超过60%，第二消费对于经济增长的贡献率是70%，在消费中，电子商务的贡献率是80%。换句话说，北京本地的GDP之中，60%以上来自消费的拉动。每年的GDP增量之中80%来自消费，消费之中又有80%来自电子商务的发展。电子商务的网上零售额占整个社会消费品的比例已达19.5%，换句话说，北京老百姓花100元钱就有19元5角是在网上消费的。

讨论：电子商务给我们商业开拓了全新的视野，为什么中国电子商务在短短的几年时间内能够如此快地接近世界领先水平？

【案例分析】

美食游产品“CityEat Pass”

2024年3月28日，在线旅游服务平台飞猪正式发售杭州城市旅行逛吃卡“CityEat Pass”，将本地景区特色体验及杭州本地的热门餐厅权益组合出售，为喜爱深度自由行的消费者提供了一种感受地道杭派生活方式的新玩法。

飞猪官方公告显示，该产品前期仅发售400份。飞猪逛吃卡系与全网粉丝近200万、探店上千家的美食博主米雪食记联合打造，旨在以“食”为媒介，让消费者用深度体验城市生活方式的理念去旅行。

这款杭州“CityEat Pass”中，包含了西溪国家湿地公园摇橹船乘坐权、西溪湿地网红懒懒咖啡兑换券、高庄电瓶车乘坐权及西溪湿地特色明信片。6家餐厅则由美食博主“米雪食记”实地打卡挑选得出，其中包括杭州常年排队的江湖小店、米其林指南入选餐厅、杭州唯一一家拥有米其林侍酒师奖的餐厅等。搜索社交媒体可发现，这些餐厅中，多则需要提前半个月预约，少则排队2小时以上。而飞猪杭州“CityEat Pass”的体验权益包括免预约、免服务费、招牌菜赠送等，在一些餐厅，还可以点出菜单上没有的“隐藏菜”。

此外，飞猪同步推出了“酒店版逛吃卡”，消费者预订杭州西溪宾馆溪墅亲水房一晚，可获赠4家“米雪食记”同款餐厅逛吃卡。

Citywalk在2023年迅速通过社交平台走红，在小红书上相关话题浏览量超过10亿次，单是杭州一个城市，Citywalk相关笔记就超过4万篇。业内分析认为，不再流连于景点，用更自由、简单的方式探索城市生活、深入了解本地文化已成为年轻人热衷的旅游方式。2023年至今，陆续迎来“泼天流量”的淄博、哈尔滨、天水等，最出圈的话题也与地域文化、美食等要素有关。

飞猪试水的“CityEat Pass”引入了类似的理念。飞猪CityEat Pass产品邀请人气博主推荐优质、有趣的本地美食，整合成为逛吃卡，希望让用户在游历杭州、品味杭州的过程中，发现它在标签之外的另一种面貌，比如简单、多元、对“小而美”的追求等。这种鲜明的反差感也可以带来难忘的旅行体验。

“米雪食记”曾与飞猪合作推出过限定10人的“美食团”，邀请全国各地的粉丝前往杭州体验杭州美食，该行程共3天2晚，包含7家杭州餐馆，一经上线就迅速售空。而此次的杭州“CityEat Pass”使用时间为4月1日至5月31日，可以玩得更松弛，消费者有两个月的时间慢慢品尝“米雪食记”同款餐厅。

资料来源：飞猪试水美食游产品“CityEat Pass”，那些要提前2周预约的餐厅也加入了［EB/OL］.（2024-03-29）［2024-09-30］.有改动.

问题：通过本案例，请深挖旅游购物与时下热点该如何很好契合。

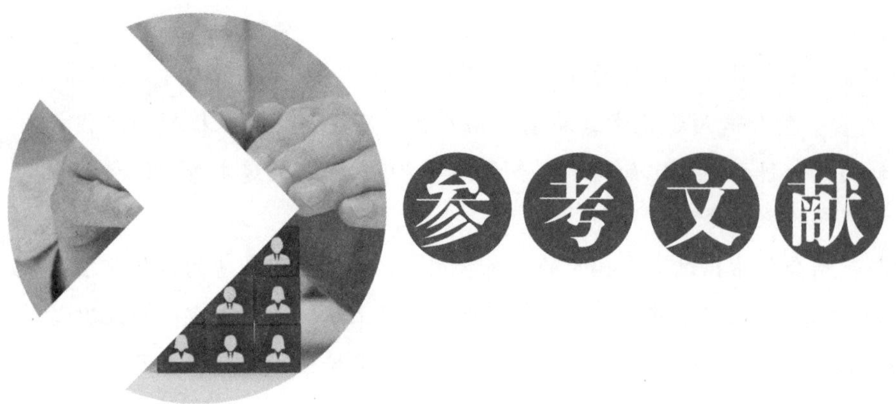

参考文献

［1］巫宁，杨路明.旅游电子商务［M］.北京：旅游教育出版社，2004.

［2］杜文才.旅游电子商务［M］.北京：清华大学出版社，2006.

［3］朱若男，辛江，刘娜.旅游电子商务［M］.北京：中国旅游出版社，2008.

［4］董林峰.旅游电子商务［M］.天津：南开大学出版社，2009.

［5］张浩宇.旅游电子商务［M］.北京：中国旅游出版社，2011.

［6］周春林，王新宇，周其楼，等.旅游电子商务教程［M］.北京：旅游教育出版社，2013.

［7］宗乾进.国外社会化电子商务研究综述［J］.情报杂志，2013，32（10）：117–121.

［8］孔庆琰，徐明.基于电子商务视角农村经济发展策略分析［J］.商场现代化，2024（9）：53–55.

［9］胡文岭，阎立波，关军锋.基于电子商务发展视角的数字经济与实体经济融合机制研究［J］.商业经济研究，2024（3）：123–127.

［10］赵立群，梁露，李伟.旅游电子商务［M］.北京：清华大学出版社，2013.

［11］巫宁，杨路明.旅游电子商务理论与实务［M］.北京：中国旅游出版社，2003.

［12］王庆生，张亚州.我国旅游电子商务研究新进展述评［J］.天津商业大学学报，2014，34（4）：18–26.

［13］徐颖.浅谈中国旅游电子商务［J］.旅游纵览，2014（6）：15–16.

［14］吴思锐."互联网+"时代旅游电商发展概况［J］.商场现代化，2016（18）：36–37.

［15］苏杭.互联网+时代的旅游电子商务创新［J］.农村经济与科技，2016，27（6）：122，126.

［16］朱佳利，隋智勇.广西旅游电子商务人才培养对策研究［J］.中国集体经济，2017（21）：83–85.

［17］陈坤.关于旅游电子商务发展的现状、问题与对策研究［J］.佳木斯职业学院学报，2019（9）：54，56.

［18］金振江，宗凯，严臻，等.智慧旅游［M］.2版.北京：清华大学出版社，2015.

［19］薛聪，吴满琳.在线旅游企业商业模式综合评价研究［J］.企业活力，2011（6）：15-18.

［20］易慧玲.在线旅游企业顾客价值研究［J］.邵阳学院学报（社会科学版），2012，11（5）：45-49.

［21］王莹.携程网商业模式创新的影响因素研究［D］.北京：北京交通大学，2017.

［22］丁雪，蒋晨辉，周曼.在线旅游服务商盈利模式研究［J］.中国市场，2017（13）：133-135.

［23］凌超，张赞."分享经济"在中国的发展路径研究：以在线短租为例［J］.现代管理科学，2014（10）：36-38.

［24］殷英梅，郑向敏.共享型旅游住宿主客互动体验研究：基于互动仪式链理论的分析［J］.华侨大学学报（哲学社会科学版），2017（3）：90-98.

［25］李力，苏俊仪.共享住宿：主客关系的变化与影响［J］.旅游论坛，2019，12（3）：15-21.

［26］郑志来.共享经济的成因、内涵与商业模式研究［J］.现代经济探讨，2016（3）：32-36.

［27］张润钢.饭店业前沿问题［M］.北京：中国旅游出版社，2003.

［28］闫雨萌.SCRM理论框架构建及关键功能实现研究［D］.北京：北京林业大学，2022.

［29］吴连强.酒店前台管理信息系统的设计与实现［D］.成都：电子科技大学，2012.

［30］刘为军，叶平.共享住宿业线上线下互动安全保障体系研究［J］.中国人民公安大学学报（自然科学版），2018，24（4）：68-73

［31］柴寿升，鲍华，赵娟.旅游景区电子商务典型发展模式研究［J］.山东社会科学，2010（9）：131-134.

［32］屈晓燕.旅游景区电子商务典型发展模式及创新分析［J］.科学中国人，2014（6）：92.

［33］唐玉兔.旅游景区电子商务发展策略分析［J］.西部旅游，2022（23）：73-75.

［34］石美玉.中国旅游购物研究［D］.北京：中国社会科学院研究生院，2003.

［35］孙治，包亚芳.浙江购物旅游消费行为模式实证研究［J］旅游研究，2009，1（4）：67-72.